权威·前沿·原创

皮书系列为
"十二五""十三五"国家重点图书出版规划项目

文化蓝皮书

BLUE BOOK OF CHINA'S CULTURE

中国区域文化产业发展报告
（2016~2018）

ANNUAL REPORT ON REGIONAL DEVELOPMENT OF CHINA'S CULTURAL INDUSTRIES (2016-2018)

主 编／李 炎 胡洪斌

图书在版编目(CIP)数据

中国区域文化产业发展报告.2016-2018/李炎,胡洪斌主编.--北京:社会科学文献出版社,2018.10
(文化蓝皮书)
ISBN 978-7-5201-3567-2

Ⅰ.①中… Ⅱ.①李…②胡… Ⅲ.①区域文化-文化产业-研究报告-中国-2016-2018 Ⅳ.①G127

中国版本图书馆 CIP 数据核字(2018)第 219709 号

文化蓝皮书
中国区域文化产业发展报告(2016~2018)

主　编／李　炎　胡洪斌

出 版 人／谢寿光
项目统筹／邓泳红　陈　颖
责任编辑／薛铭洁　陈　颖

出　　版／社会科学文献出版社·皮书出版分社（010）59367127
　　　　　地址：北京市北三环中路甲29号院华龙大厦　邮编：100029
　　　　　网址：www.ssap.com.cn

发　　行／市场营销中心（010）59367081　59367018
印　　装／三河市龙林印务有限公司

规　　格／开　本：787mm×1092mm　1/16
　　　　　印　张：19.75　字　数：295千字
版　　次／2018年10月第1版　2018年10月第1次印刷
书　　号／ISBN 978-7-5201-3567-2
定　　价／98.00元

皮书序列号／PSN B-2018-751-11/11

本书如有印装质量问题，请与读者服务中心（010-59367028）联系

▲ 版权所有 翻印必究

编 委 会
（按姓氏笔画）

于良楠　马英娟　王万鹏　王　佳　王敬儒
任　珺　刘婉娜　李　炎　杨传张　何继想
张　军　陈良璧　赵婷婷　胡洪斌　胡慧源
钟雅琴　饶　蕊　耿　达　贾　佳　高学武
潘博成

主要编撰者简介

李 炎 云南鹤庆人，法学博士、教授，云南大学文化发展研究院院长、云南大学国家文化产业研究中心常务副主任、文化部文化产业专家委员会委员。主要研究领域：文化产业理论与实践，跨文化研究，中国少数民族艺术等。主持或参与30余项国家级和省部级课题研究。近年来，在《思想战线》《探索与争鸣》《同济大学学报》《中国文化产业评论》《文化产业研究》等各级刊物发表学术论文40余篇，出版著作10余部。

胡洪斌 云南昆明人，经济学博士、副教授，云南大学文化发展研究院副院长。主要研究领域：文化产业理论与实践，服务业发展理论与实践，产业经济学等。主持或参与20余项国家级和省部级课题研究。近年来，在《财贸经济》《经济问题探索》《中国文化产业评论》《文化产业研究》《学术探索》等各级刊物发表学术论文20余篇，出版著作7部。

摘　要

基于不同地域资源禀赋、人文地理特质、经济基础、市场条件等的差异性，文化产业在发展过程中不断呈现生产组织方式、文化产品与文化服务的多样性，其区域化特征越来越明显。持续关注和研究我国文化产业发展的区域动态、发展特征、现状与未来趋势，全面深入理解我国文化产业发展的区域不平衡，谋求基于差异化发展之上相对平衡的产业空间格局，探索有效分类指导的区域发展策略，具有重大意义。本书以2015～2017年中国文化产业区域发展为对象，分析了环渤海、长三角、东北、东南、中部、西南和西北七大区域的文化产业发展，探究了长江文化产业带、藏羌彝文化产业走廊、粤港澳大湾区以及台湾地区文化产业的发展态势、困境及对策，并对区域文化产业竞争力进行评估，对区域文化产业的研究成果和发展的重要事件进行了综述和梳理。本书由云南大学国家文化产业研究中心组织编写，是国内第一部从区域角度持续关注和研究中国文化产业发展的蓝皮书。

Abstract

Based on the distinctiveness of different regional resources attributes, human geographical characteristics, economic basis and market condition, diversity is seen in the development of cultural industry in terms of production organizational measures, cultural products and cultural services. Therefore, the regional characteristics of cultural industry become obvious. It is meaningful to continuously pay attention to, and research on, Chinese cultural industrial development in the fields of regional current situation, developmental characteristics, current and future trends, to comprehensively understand the regional imbalance in the development of Chinese cultural industry in-depth, to pursue a relatively balanced industrial space layout based on differentiated development, and to explore regional strategies that can effectively direct categorized development. This book studied regional development of Chinese cultural industry from 2015 to 2017, analyzing the cultural industrial development in seven great areas in China, namely Bohai Rim, Yangtze River Delta, Northeast, Southeast, Central China, Southwest China and Northwest China, investigating developmental trends, dilemma and approaches to the cultural industries in Yangtze River Cultural Industrial Belt, Tibetan-Qiang-Yi Cultural Industrial Corridor, Guangdong-Hong Kong-Macau Greater Bay Area and Taiwan Region, assessing competitiveness of regional cultural industries, and examining research results and significant events in the development of regional cultural industry. This book, edited by the National Research Centre of Cultural Industries of Yunnan University, is the first blue book in China which continuously pays attention to, and researches on, Chinese cultural industrial development from a regional perspective.

目 录

Ⅰ 总报告

B.1 2015～2017年中国区域文化产业发展
……………………… 李 炎 胡洪斌 何继想 王 佳 / 001
    一 发展现状 ……………………………………………… / 003
    二 发展态势 ……………………………………………… / 012

Ⅱ 区域篇

B.2 环渤海地区文化产业发展报告 ……………………… 杨传张 / 019
B.3 长三角地区文化产业发展报告 ……………………… 胡慧源 / 039
B.4 东北地区文化产业发展报告 …………… 高学武 赵婷婷 / 056
B.5 东南地区文化产业发展报告 …………… 张 军 刘婉娜 / 071
B.6 中部地区文化产业发展报告 ……………………… 于良楠 / 089
B.7 西南地区文化产业发展报告 ……………………… 胡洪斌 / 107
B.8 西北地区文化产业发展报告 ………… 王万鹏 马英娟 王敬儒 / 128

Ⅲ 专题篇

B.9 粤港澳大湾区文化产业发展报告 …… 钟雅琴 任 珺 陈良璧 / 151

B.10　长江文化产业带发展报告 …………………… 耿　达　饶　蕊 / 177
B.11　藏羌彝文化产业走廊文化产业发展报告 …… 胡洪斌　于良楠 / 200
B.12　台湾地区文化创意产业区域发展报告 ………………… 潘博成 / 224

Ⅳ　区域文化产业竞争力

B.13　区域文化产业竞争力分析报告 ………………………… 何继想 / 243

Ⅴ　理论综述与大事记

B.14　2015~2017年区域文化产业研究综述 ………………… 贾　佳 / 253
B.15　2015~2017年中国区域文化产业大事记 …………………… / 277

Ⅵ　附录

B.16　关于对本书"区域"划分与板块设置的说明 ……………… / 289

CONTENTS

I General Report

B.1 Regional Development of China's Cultural Industries (2015-2017)
Li Yan, Hu Hongbin, He Jixiang and Wang Jia / 001
   1. Development Status / 003
   2. Development Trend / 012

II Regional Reports

B.2 Report on the Cultural Industrial Development in Bohai Rim
Yang Chuanzhang / 019

B.3 Report on the Cultural Industrial Development in Yangtze River Delta *Hu Huiyuan* / 039

B.4 Report on the Cultural Industrial Development in Northeast China *Gao Xuewu, Zhao Tingting* / 056

B.5 Report on the Cultural Industrial Development in Southeast China
Zhang Jun, Liu Wanna / 071

B.6 Report on the Cultural Industrial Development in Central China
Yu Liangnan / 089

003

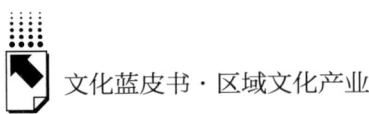

B.7 Report on the Cultural Industrial Development in Southwest China
Hu Hongbin / 107

B.8 Report on the Cultural Industrial Development in Northwest China
Wang Wanpeng, Ma Yingjuan and Wang Jingru / 128

Ⅲ Special Reports

B.9 Report on the Cultural Industrial Development in Guangdong-Hong Kong-Macau Greater Bay Area
Zhong Yaqin, Ren Jun and Chen Liangbi / 151

B.10 Report on the Cultural Industrial Development in Yangtze River Cultural Industrial Belt
Geng Da, Rao Rui / 177

B.11 Report on the Cultural Industrial Development in Tibetan-Qiang-Yi Cultural Industrial Corridor
Hu Hongbin, Yu Liangnan / 200

B.12 Report on the Cultural Industrial Development in Taiwan Region
Pan Bocheng / 224

Ⅳ Competitiveness of Regional Cultural Industries

B.13 Analytical Reports on the Competitiveness of Regional Cultural Industries in China
He Jixiang / 243

Ⅴ Research Review and Significant Events

B.14 Research Review of the Regional Cultural Industries from 2015 to 2017
Jia Jia / 253

B.15 Significant Events of the Regional Cultural Industries in China
from 2015 to 2017 / 277

Ⅵ Appendix

B.16 An Definition of the Regional Division in this book, and the
Explanation of the Structure of this book / 289

总报告

General Report

B.1 2015~2017年中国区域文化产业发展

李炎 胡洪斌 何继想 王佳*

摘 要: 2015~2017年,中国区域文化产业的发展成果显著,文化产业在地区优化升级产业结构、推动地区经济发展和改善民生方面发挥的效能日益突出。"互联网+"时代,市场形势的变化、技术能力的广泛应用和产业新业态的涌现,促使区域文化产业的发展呈现更为明晰的差异化特征。长三角、环渤海与东南地区通过文化产业生产要素的升级,推动了资源配

---

* 李炎,云南大学文化发展研究院院长,教授,主要研究方向:文化产业理论与实践,跨文化研究、中国少数民族艺术;胡洪斌,云南大学文化发展研究院副院长,副教授,主要研究方向:文化产业理论与实践、服务业发展理论与实践、产业经济学。何继想,云南和昶文化传播有限公司总策划师,主要研究方向:数据分析、产业规划;王佳,云南大学文化发展研究院战略咨询研究中心主任,副教授,主要研究方向:文化产业理论与实践。

置效率提升，促使区域文化产业发展走出对要素投入的依赖，进一步巩固了引领全国的地位。中部、西北、西南和东北地区立足自身特色，依托资源禀赋的差异化优势和要素投入的持续增长，通过发展特色文化产业和文化服务业，探索出创新性路径和广阔发展空间。区域间文化产业发展路径的差异化愈加明显，区域不平衡发展将是中国文化产业在相当长一段时期内的基本特征与态势。

关键词： 区域文化产业　资源配置　要素　效率

区域文化产业，是特定区域依托其文化资源与文化消费市场，创作、生产、传播和销售文化产品，提供文化服务等经济活动的总和。它主要反映统一市场条件下文化产业的空间布局，以及区域间横向文化经济关系。中国区域文化产业形成因素有三个：一是长期计划经济体制下形成的公共文化设施和文化发展的基础条件造成的起始条件的不同；二是改革开放以来差异化经济发展战略，特别是以环渤海、长三角和珠三角三大城市群为主导，东中西部差异化发展的国土经济空间布局的形成；三是几十年来地方政府主导的发展模式导致的同质化竞争。这三重因素推动形成了我国区域文化产业发展的复杂态势。[①] 本文依据历史自然地理、区域社会经济、区域文化资源和文化产业发展四个因素，把中国区域文化产业划分为七大区域：即环渤海地区（北京、河北、天津、山东）、长三角地区（上海、江苏、浙江、安徽）、东北地区（黑龙江、吉林、辽宁）、东南地区（广东、福建、海南）、中部地区（山西、河南、湖南、湖北、江西）、西南地区（重庆、四川、贵州、云

---

① 李炎、胡洪斌、王佳：《区域文化产业的发展现状与态势》，载《中国文化产业发展报告（2014）》，社会科学文献出版社，2014，第91~92页。

南、西藏、广西),以及西北地区(陕西、甘肃、青海、新疆、宁夏)。① 目前,中国文化产业发展已经进入从政府主导向市场主导发展时期,市场在资源配置、产品生产与服务中的作用将进一步加强,跨地区之间的资源配置与产业合作、行业之间的融合发展将促进中国文化产业的区域竞争与合作。而区域之间的竞合发展也将进一步促使文化产业在市场、产业业态、服务体系及产业发展路径等方面呈现多元化发展态势。

一 发展现状

2015~2017年,中国区域文化产业的发展成果显著,文化产业在地区优化升级产业结构、推动地区经济发展和改善民生方面发挥的效能日益突出。在产业规模、产业结构、文化消费、资本投入、文化企业、产业集聚、研发投入等方面,各区域文化产业发展在总量与增量之间呈现多向度发散性趋势,统计数据上的"差距化"与发展路径中的"差异化"并存。区域不平衡发展将是中国文化产业在相当长一段时期内的基本特征与态势。

(一)区域文化产业稳态发展,长三角地区持续领跑

2014~2016年,中国七大区域的年均文化产业增长率,除东北地区因经济结构失衡导致经济总体下滑拖累文化产业负增长之外,均呈现稳态发展势头,保持在9%以上的增长水平,均超过同期区域GDP的年均增长率。长三角地区文化产业增加值历年位居七大区域榜首,年均增长率达到12.40%,超过同期GDP年均增长率3.59个百分点,超过同期东北地区14.66个百分点。与此同时,也只有长三角地区历年的文化产业增加值占GDP比重突破5%,而东南地区与环渤海地区每年仅以0.1%左右的增速接近5%,其余地区的文化产业增加值占GDP比重都在4%以下(除西南地区2016年为4.01%)。长三角地区领跑中国区域文化产业发展(见表1、图1)。

---

① 李炎、胡洪斌:《中国区域文化产业研究》,云南人民出版社,2014,第55~65页。

表1　2014～2016年各区域文化产业增加值、占GDP比重及年均增长率

单位：亿元，%

地区	2014年		2015年		2016年		文化产业年均增长率	区域GDP年均增长率
	文化产业增加值	占GDP比重	文化产业增加值	占GDP比重	文化产业增加值	占GDP比重		
环渤海	5439.56	4.32	6154.03	4.65	6834.98	4.76	12.10	6.81
东北	1172.96	2.04	1197.11	2.07	1120.59	2.14	-2.26	-4.50
长三角	7477.37	5.00	8333.87	5.20	9447.45	5.33	12.40	8.81
东南	4636.85	4.86	4830.07	4.71	5561.65	4.89	9.52	9.20
中部	3870.55	3.28	4219.75	3.38	4621.36	3.39	9.27	7.53
西北	1267.62	2.24	1391.67	2.43	1564.67	2.60	11.10	3.04
西南	2613.78	3.97	2799.02	3.95	3140.85	4.01	9.62	9.15

资料来源：《中国文化及相关产业统计年鉴2015～2017》。

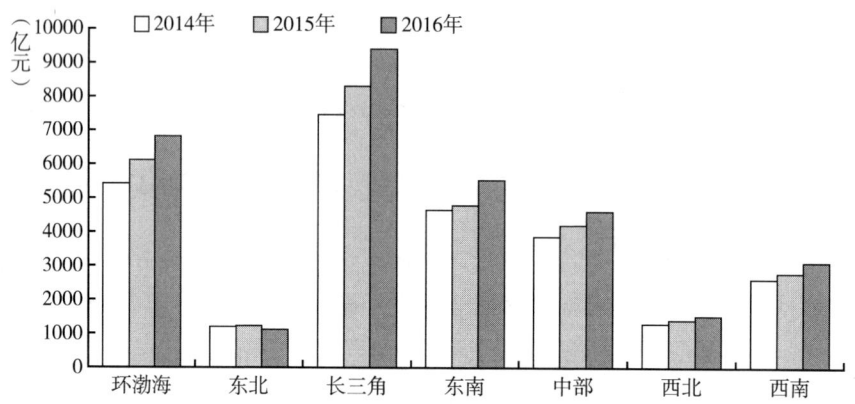

图1　2014～2016年中国七大区域文化产业增加值

资料来源：《中国文化及相关产业统计年鉴2015～2017》。

（二）文化娱乐消费持续高涨，区域差异较为明显

随着国家经济发展的增速放缓，社会消费品零售总额增速却呈现稳中有升的走势。2016年最终消费支出对经济增长的贡献率为64.6%，高于

2015年4.9个百分点,高于2014年15.8个百分点,① 表明消费在我国经济发展中扮演了越来越重要的角色。2013~2016年,全国居民人均消费支出年均增长率为8.68%,而同期人均文化娱乐消费支出达到9.15%,超越了全国人均消费支出的增速,成为消费支出中的一大亮点。长三角地区与东南地区居民人均文化娱乐消费支出位居前列,从2015年起突破1000元大关,超出同期全国居民人均文化娱乐消费支出1.4倍,但是年均增速低于10%。相反的,其他地区虽然居民人均文化娱乐消费支出没有突破1000元,但是年均增速均在11%以上,成为文化娱乐消费支出增速较为活跃的地区。其中,西南地区较为突出,居民人均文化娱乐消费支出历年排名倒数第一,但是年均增长率却达到12.93%,增速排名第二(见图2)。

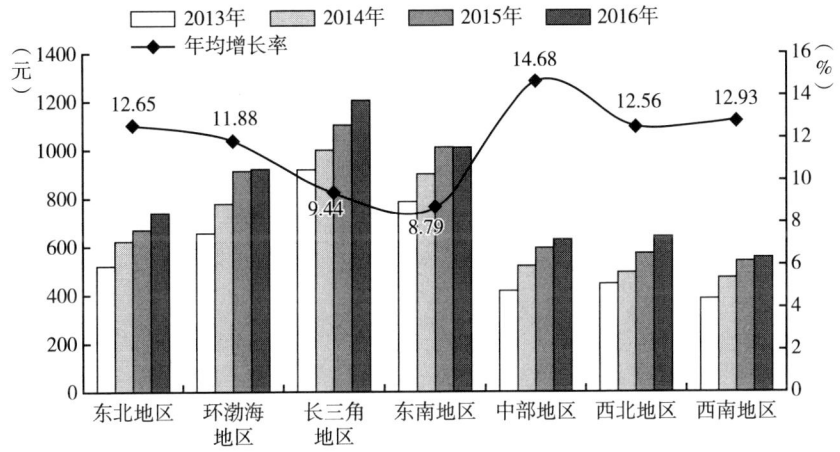

图2 2013~2016年各区域居民人均文化娱乐消费支出及增长情况

资料来源:《中国文化及相关产业统计年鉴2014~2017》。

(三)资本投资趋向中部地区,区域分布趋向均衡

党的十八大以来,各地区文化产业政策和资金扶持计划密集出台,文化

---

① 孟庆欣:《2016年消费品市场保持平稳较快增长》,国家统计局官网,http://www.stats.gov.cn/tjsj/sjjd/201701/t20170122_1456823.html,最后访问日期:2018年7月5日。

产业固定资产投资热度逐步从东向西进行转移,区域间固定资产投资的差距呈现逐步缩小态势。2012~2016年,西北地区与中部地区固定资产投资年均增速达到33.45%和28.65%,分别位居全国第一和第二。西南地区增速尽管只有16.35%,却已超过环渤海地区、长三角地区和东北地区,成为文化产业投资的另一热地(见图3)。

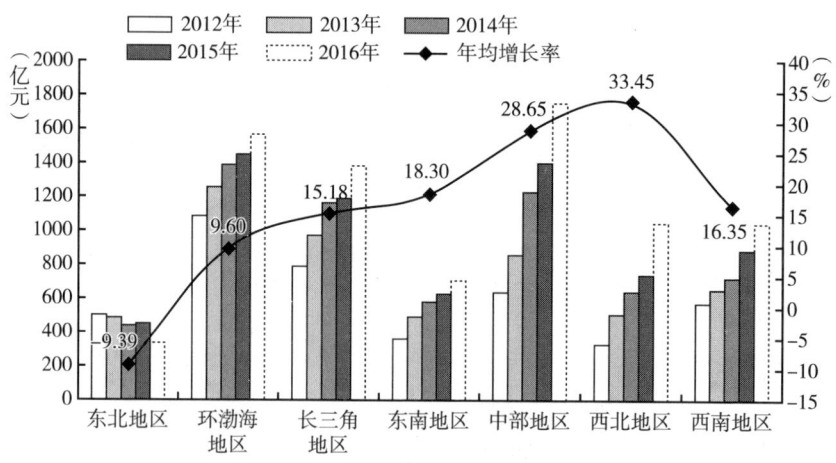

图3 2012~2016年各区域文化产业固定资产投资及增速

资料来源:《中国文化及相关产业统计年鉴2013~2017》。

在文化产业固定资产投资的地区结构中,2016年中部、环渤海、长三角、西北、西南、东南及东北地区的占比分别是:22.38%、19.96%、17.64%、13.35%、13.34%、9.01%与4.32%。自2012年以来,环渤海与东北地区文化产业固定资产投资占全国的比重持续下降,中部地区持续上升,其余地区相对平稳,维持在1%的范围内上下波动。文化产业固定资产投资在不同区域之间分布趋向均衡(见图4)。

(四)规模以上文化企业增速较快,区域差距趋向缩小

2012~2016年,规模以上文化企业(规模以上文化制造业、限额以上文化批发和零售业、规模以上文化服务业)的数量年平均增长率达到

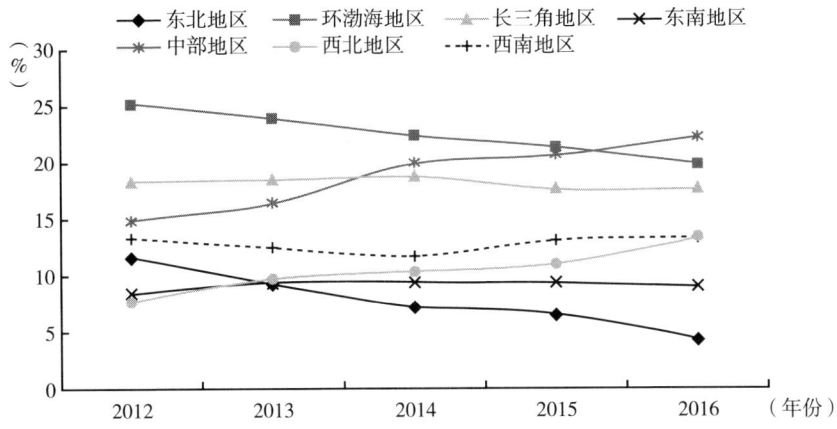

图4　2012~2016年中国各区域文化产业固定资产投资区域构成

资料来源：《中国文化及相关产业统计年鉴2013~2017》。

25.02%。从业人员数的增长幅度保持在14.99%。同期，资产的年平均增幅高达34.47%，远远超过从业人员的增长幅度，规模以上文化企业呈现从劳动密集型向资本密集型转变的趋势。同时，规模以上文化企业的营业收入和利润率增长水平都超过了国家同期行业平均增长水平，[①] 为文化产业的持续发展奠定良好基础。中部、西北和西南地区规模以上文化企业在企业数、从业人员数、资产、营业收入、利润等相关指标的增幅上基本都超过全国平均水平，进一步说明了文化产业资本投入向中西部倾斜的趋

---

① 2017年，规模以上工业企业实现主营业务收入116.5万亿元，比上年增长11.1%；发生主营业务成本98.9万亿元，增长10.8%；主营业务收入利润率为6.46%，比上年提高0.54个百分点。在41个工业大类行业中，37个行业利润总额比上年增加，1个行业持平，3个行业减少。主要行业利润情况如下：农副食品加工业增长4.5%，纺织业增长3.6%，石油加工、炼焦和核燃料加工业增长27%，化学原料和化学制品制造业增长40.9%，非金属矿物制品业增长20.5%，黑色金属冶炼和压延加工业增长1.8倍，有色金属冶炼和压延加工业增长28.6%，通用设备制造业增长13.5%，专用设备制造业增长29.3%，汽车制造业增长5.8%，电气机械和器材制造业增长5.2%，计算机、通信和其他电子设备制造业增长22.9%，石油和天然气开采业由同期亏损转为赢利，电力、热力生产和供应业利润总额比上年下降15.4%。王腾腾：《结构调整加快　经营能力大幅提升》，《南方日报》2018年1月31日，第A15版。

向，不同区域之间文化产业发展的规模差距呈现缩小态势。尤其是东南地区，资本投入引致的拉动效应较为明显，要素资源配置进一步得到优化（见表2）。

表2 2012~2016年各区域规模以上文化企业相关指标增长幅度

单位：%

区域	企业数增长率	从业人员数增长率	资产增长率	营业收入增长率	利润增长率
东北地区	15.53	9.78	22.08	2.70	5.16
环渤海地区	20.43	17.38	35.23	28.16	27.99
长三角地区	22.83	14.55	32.83	25.71	41.55
东南地区	21.28	8.26	35.34	20.79	31.03
中部地区	35.19	22.44	38.09	29.41	28.02
西北地区	42.89	20.97	33.61	28.61	50.82
西南地区	37.70	21.93	37.62	27.98	36.19
全国	25.02	14.99	34.47	25.29	33.92

资料来源：《中国文化及相关产业统计年鉴2013~2017》。

（五）产业集聚更加凸显，区域差距较为突出

2012~2016年，从资本投资和企业规模的增速来看，首先，中部、西北、西南地区的文化产业表现出良好的发展势头，但就产业集聚程度来看，根据区位熵①计算长三角、东南、环渤海地区文化产业的空间集聚与专业化程度远高于其他区域（见图5）。其次，从2012年起，长三角、东南、环渤海地区规模以上文化企业数占全国的比重超过65%，规模以上文化企业营业收入占全国的比重维持在76%~81%，利润总额的占比高达77%以上。到2016年，尽管三大区域规模以上文化企业数量占比下降到67.95%，却吸纳了全国70.25%的规模以上文化企业从业人员，实现营业收入和利润总额占全国总量的比值高达79.97%和81.16%，上缴国家税金占全国的比重更是达到67.21%。以长三角、东南、环渤海地区为代表的东部在文化产业

---

① 以区域文化产业增加值占比地区GDP为衡量指标，计算文化产业的区位熵。

的集聚发展层面占据了绝对优势。也就是说,产业集聚是当前文化产业发展的一条重要路径,是今后中部、西北、西南、东北地区文化产业发展需要探索的一个重要方向(见图6)。

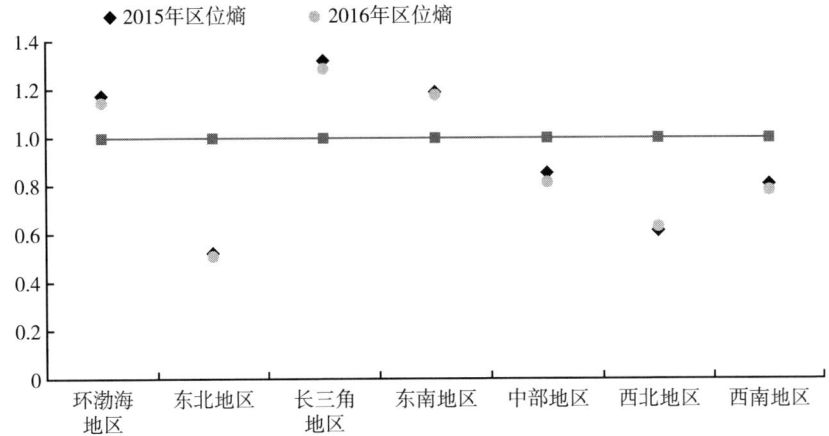

图5　2015年、2016年不同区域文化产业区位熵

资料来源:《中国文化及相关产业统计年鉴2013~2017》。

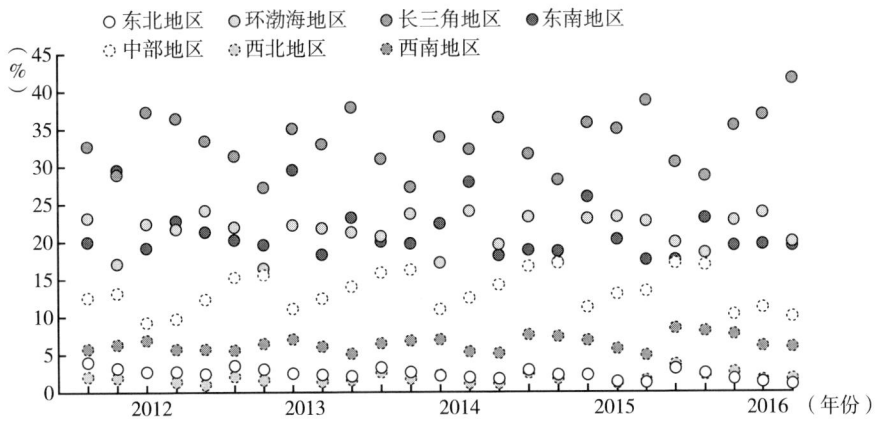

图6　2012~2016年各区域规模以上文化企业相关指标占全国总量比值的散点图*

* 规模以上文化企业相关指标分别为:企业单位数占全国比重、年末从业人员占全国比重、资产总计占全国比重、营业收入资产总计占全国比重、利润总额资产总计占全国比重。

资料来源:《中国文化及相关产业统计年鉴2013~2017》。

（六）文化服务业发展迅猛，区域特色日益显著

2004～2016年，文化制造业、文化批发和零售业以及文化服务业三类文化企业法人单位数比例结构从21.68∶16.07∶62.25调整到14.10∶12.90∶73.00，文化服务业所占比重逐年上升，而文化制造业与文化批发和零售业的所占比重逐年下降（见图7）。2015年，中部地区、西北地区、西南地区和东北地区文化服务业企业的占比分别为75.24%、77.22%、77.61%和76.19%，高于全国67.65%的平均水平。在某种程度上显示出中西部地区尤其是民族地区文化产业发展的区域特色。相应的，文化产业发展水平较高的东部地区，文化服务业所占比重也超过50%，其中生产性的文化服务业占文化服务业的比重相对也较高。2016年，规模以上文化服务业企业数占三类规上文化企业数的比重为45.25%，其中西北地区、西南地区和东北地区，均超过中部地区、长三角地区和东南地区。这也进一步说明了文化服务业在民族地区的特色发展和优先发展的地位（见表3）。

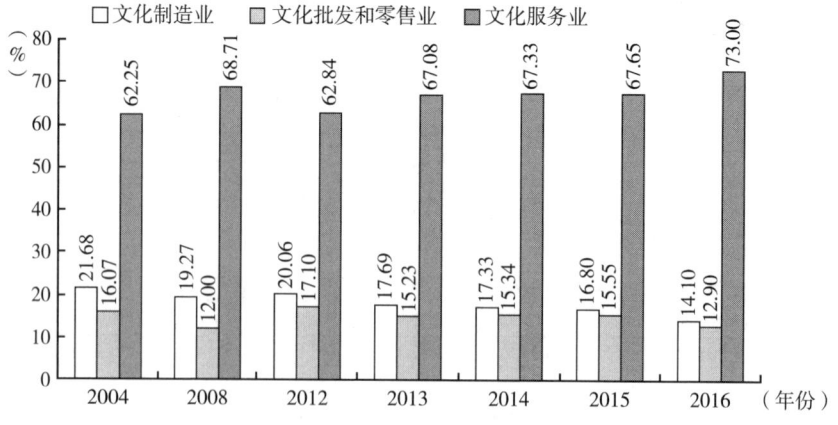

图7　2004～2016年三类文化法人单位数占比情况

资料来源：《中国文化及相关产业统计年鉴2013～2017》。

表3　2012~2016年各区域规模以上文化服务业企业数占规模
以上文化企业数比重

单位：%

年份 地区	2012	2013	2014	2015	2016
东北地区	37.85	41.17	41.66	43.87	53.44
环渤海地区	55.18	52.59	51.78	52.04	53.97
长三角地区	38.61	38.09	39.33	42.25	44.74
东南地区	26.93	29.27	31.91	31.73	34.46
中部地区	21.77	27.08	30.83	36.07	41.37
西北地区	39.10	39.82	49.75	55.51	60.46
西南地区	32.93	36.80	44.86	45.96	51.57
全国	37.66	37.87	39.81	41.85	45.25

资料来源：《中国文化及相关产业统计年鉴2013~2017》。

（七）研发投入持续增长，可持续发展基础夯实

2013~2016年，规模以上文化制造业企业的研发活动持续增长，研发投入与有R&D活动企业数量年平均增长率分别达到14.64%和21.55%。其中，研发投入除东北地区呈现负增长之外，中部地区增速最快，长三角地区、西北地区和环渤海地区的增速均超过全国平均增长水平（见表4）。从研发效率的表现来看，全国单位研发资本的投入产出比呈现相对稳定态势。长三角和中部地区研发活动的投入产出比一直在全国平均线以上，而西北地区则后来居上，分别在2014年和2015年位居全国首位，2016年略低于中部地区。就单位R&D项目的资本投入看，西北地区则从2013年、2014年的全国最低水平发展到2015年首位，单位新产品的销售收入也跃居全国首位，是环渤海、长三角和东南地区的2~3倍（见表5和图8）。研发活动从数量的增长已经开始转向对质量和效率的追求，提高研发成果向市场开发的转化效率成为推动区域文化产业快速增长的有效途径之一。

表4　2013~2016年各区域规模以上文化制造业科技活动情况

单位：%

区域	规模以上文化制造业企业研发投入增长率	有R&D活动企业数增长率
东北地区	-2.08	-1.41
环渤海地区	16.72	28.55
长三角地区	19.06	17.73
东南地区	5.58	25.95
中部地区	21.25	20.82
西北地区	17.95	45.81
西南地区	4.57	15.37
全国	14.64	21.55

资料来源：《中国文化及相关产业统计年鉴2014~2017》。

表5　2013~2016年各区域规模以上文化制造业研发活动单位投入产出比

单位：%

区域	2013	2014	2015	2016
东北地区	6.20	4.82	3.48	8.64
环渤海地区	21.62	15.69	15.77	14.24
长三角地区	19.04	16.79	16.85	17.46
东南地区	14.70	12.29	13.98	13.51
中部地区	22.18	18.07	16.78	20.67
西北地区	15.22	27.61	21.31	20.65
西南地区	4.54	4.11	5.40	13.45
全国	17.39	15.81	15.79	15.82

资料来源：《中国文化及相关产业统计年鉴2014~2017》。

二　发展态势

"十三五"后三年是中国全面建设小康社会的最后三年，也是城乡文化消费快速增长、以互联网为代表的现代科技与文化融合创新发展的最佳时期，随着国家深化文化体制改革政策红利的进一步释放，地方政府对文化产业在地方转型发展中价值的认识进一步提升，国家和地方政府推动文化产业

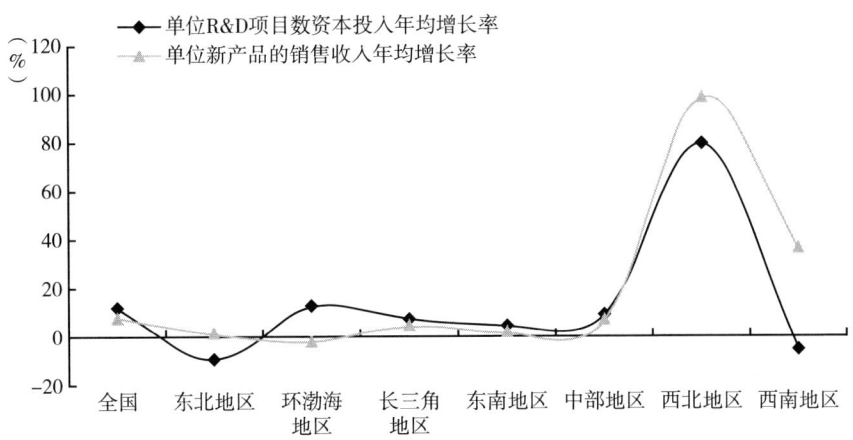

图 8　2013～2016 年各区域规模以上文化制造业研发项目
投入产出年平均增长情况

资料来源：《中国文化及相关产业统计年鉴 2014～2017》。

发展系列扶持政策的出台和落实，中国区域文化产业在七大空间板块的发展，将在业态、规模、发展模式和功能作用方面呈现不同程度的变化。

（一）不同区域间文化产业发展方式及平均增速差异更加明显，全国整体保持高增长态势

"十三五"期间，全国文化产业年平均增速基本保持在两位数的高增长态势，全国文化产业增加值在"十三五"期间将超过 4 万亿元，期末有望突破 5 万亿元。以 2014～2016 年国家统计公布的文化产业增加值为计算依据，通过计算年平均增长率、历年文化产业增加值增速的算术平均值，并在同等赋权情况下，以二者算术平均值为增长率的预测参数，以 2016～2017 年国内外经济形势和文化产业发展条件为假定不变前提，为"十三五"期间区域文化产业的发展状况做出基本判断。全国文化产业增加值占 GDP 比重有望提升至 4.8%，为实现文化产业作为国民经济支柱性产业的目标进一步夯实基础。

"十三五"期间，环渤海地区、长三角地区继续保持超过全国平均增长

水平的高速增长态势。环渤海地区文化产业增加值占GDP比重在"十三五"中期有望突破5%，实现文化产业成为地区国民经济支柱性产业的发展目标。2020年末，其文化产业增加值总和将突破万亿元。长三角地区文化产业增加值占GDP比重有望突破6%，其文化产业增加值总和将在2020年达到1.5万亿元。长三角地区将继续巩固文化产业作为国民经济支柱性产业的地位。

东南地区的广东尤其是珠三角城市群区域的文化产业发展增速"一骑绝尘"，因此该区域有望在"十三五"后期达到文化产业成为国民经济支柱产业的发展目标，但区域内福建和海南的发展一定程度上拖缓了地区的整体增速，东南地区若能充分发挥广东和珠三角城市群文化产业增长极的辐射作用，实现区域内的相对均衡发展，其文化产业成为支柱性产业的目标应能够提前实现。

西北地区文化产业增加值占GDP的比重在"十三五"期间将逐步走出2%~3%的区间，并以较快增速超过3%，由于其GDP的基数不大且发展速度较为稳定，文化产业增加值的占比将增加到3%以上，其增长速度会超过西南地区并向中部地区靠拢。

从结合区域文化产业增加值的绝对数来看，中部地区文化产业投入增速、企业规模扩张和研发投入增速均处于全国前列，但从研发成果的转化率、文化企业的利润率和文化产业增加值的增速与占比等产出结果来看，投入产出的效率并不显著，若资源配置效率无法得到有效改变，"十三五"期间中部地区文化产业发展的态势将依旧平缓。

资源禀赋的突出优势构成了西南地区文化产业发展的先天优越条件，但在市场成为资源优化配置的决定力量的当下，长期依赖资源优势所形成的发展惯性也将成为制约西南地区文化产业可持续发展和创新性增长的束缚。"十三五"期间，西南地区文化产业的发展若在相关领域无法形成创新突破、转型升级，其文化产业发展在西部地区也只能保持体量上的绝对值优势，其增速会明显放缓甚至被西北地区超越。东北地区发展文化产业内外条件急需改良，其在"十三五"期间的负增长态势很难扭转。

（二）区域文化产业资源配置效率提升、竞争力进一步增强，区域文化产业发展对文化资源要素的单一依赖度降低

要素升级[①]引致全要素生产效率的提升将是未来中国区域文化产业角逐竞争高地的重要基础。通过不断追加要素投入的数量进而获得产业快速发展是任何一个新兴产业在发展初期所必经的路径，但随着产业发展周期的推进，这种粗放式的增长将不足以支撑产业长期发展。区域文化产业也将顺应产业发展的规律，要素升级将成为区域文化产业资源配置效率改进的主要路径。

自21世纪以来，中国文化产业作为一个新兴的朝阳产业获得了快速发展，对要素市场产生了重大吸引力，各类生产要素快速向文化产业形成密集投入。随着文化产业成熟度的逐步提升，依赖于要素投入带动增长的现象开始发生变化。2012~2016年，文化产业固定资产投资年平均增长率达16.4%，高出同期全社会固定资产增长率5.4个百分点。但从同比数据来看，文化产业固定资产投资当年增速呈现下降的趋势。而2012~2015年，文化产业劳动从业人员数年平均增长率仅为2.7%。分区域来看，中西部地区的要素投入保持了较高的增速，而长三角地区、环渤海地区和东南地区这三个东部地区的要素投入自2014年开始减缓。东部地区（除东北地区外）无论在文化产业增加值、文化产业增加值的增长情况、文化产业增加值占地区GDP的比重，还是在区域文化产业竞争力的水平、文化企业营收能力和研发水平上，始终保持着全国领先的地位。投入产出效率的区域分化，将在今后较长一段时间内影响中国区域文化产业发展，文化产业发展所呈现的东、中、西部三个层级的发展态势将进一步显著。因此，中西部地区在寻求要素投入体量增长的同时，应着力于要素升级带动的全要素生产效率的提升。

---

① 要素升级：指在要素投入过程中，将对应的同质的要素区分、分解为不同质量水平要素的投入，进而通过人力资本、技术进步、信息化水平等不同层面衡量经济增长的影响因素。

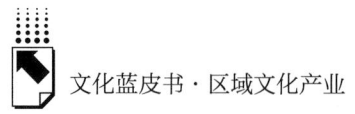

（三）国家体制机制的深化改革将激活产业融合创新，为中西部地区文化产业转型升级发展创造更大空间

国家文化和旅游部的成立推动了文化与旅游的深度融合，对不同区域文化产业的发展将产生深远的影响。西部民族地区依托封存较好的民族文化、生态文化和地方文化资源，在促进文化旅游产业转型升级过程中，民族文化旅游产品与服务的创新、创意将带动传统民族工艺、民族演艺、文化体验和文化创意产业的发展。

西南地区文化旅游产业发展将进一步得以激发，东部地区金融资本、文化企业和人才将更多关注西南地区的文化资源的开发，带动文化产业发展。西南地区文化产业的增长速度会在原有的基础上进一步加快；西北地区依托丰厚的历史、民族文化资源，通过培育内外消费市场、完善文化旅游基础设施，形成中心城市和基础设施投入的文化旅游产业发展模式，文化产业增长速度会有较快增长；东北地区在传统工业转型升级过程中，由于本土消费不足，加之环境气候条件不优、文化旅游基础设施相对不足，丰富的工业遗产得不到有效利用，文化旅游产业在地区国民经济中的比重较小、增长缓慢。围绕中心城市所形成的文化产业空间集聚格局在一定程度上限制了区域文化产业的整体发展，区域内文化产业的结构和布局无法得到全局的统筹和优化；中部地区历史文化资源的价值将进一步凸显，在新型城镇化和产业转型升级过程中，人口红利将带动中部文化产业的发展，但南北发展不平衡，南部文化消费市场活跃，产业业态多样，北部历史文化富集，但文化产品和服务创意相对不足的现状在短期内难以得到改变。

（四）新型城镇化与城市群发展迅速，为东部三大区域文化产业持续发展注入新的活力

新型城镇化进程的不断深化和城市群区域协作体的不断发展，将加快大中小城市的协调发展和以区域为中心，不同层级城市之间文化消费、资本、技术和人才的流动，将为环渤海、长三角和东南区域文化产业的发展注入新

的活力。都市文化消费、科技文化融合，国家重大文化基础设施和国有文化企业在文化产业中引领作用的发挥，将成为三大区域文化产业发展的重要引擎，东部三大区域仍将成为中国区域文化产业的引领。

以北京为中心的环渤海地区，拥有国家政治经济文化中心的优势，人才、科技、金融以及国有大型文化企业将在区域文化产业发展中继续承担重要的引领作用，优质资源配置将促进文化产业的快速集聚，成为引领中国文化产业发展的中心；长三角地区以上海、南京、杭州为中心的大中小城市群作为中国城市群发育最完善的区域，其良好的文化基础、城市文化品质和现代服务业体系在推动区域文化产业发展中的作用将进一步凸显，上海、浙江和江苏推出的文化产业相关政策及发展目标，助推长三角地区文化产业在体量的快速增长，产业结构的不断完善，产业的转型升级；东南地区拥有活跃的市场经济和外向型的文化贸易，科技与文化融合的态势将进一步彰显，科技与文化，大众文化消费与创意、现代制造业和文化贸易作为东南地区文化产业发展的主要内容将不断升级，引领中西部文化产业的发展。

（五）文化产业统计标准的调整和统计的规范，将进一步影响区域文化产业发展的格局和路径选择

在2012年国家《文化及相关产业分类（2012）》的基础上，为适应文化产业市场形势的变化和新型业态的呈现，国家统计局发布了《文化及相关产业分类（2018）》的新统计指标体系。《文化及相关产业分类（2018）》强化了互联网时代文化新业态不断涌现的形势，满足了文化体制改革与文化产业新发展的需求。新的统计指标体系将促使东中西部不同区域之间文化产业在规模、国民经济中的比重的差距进一步拉大，东高中西低的格局将在未来较长一段时间内成为常态，不同区域文化产业发展的路径和文化产业在国民经济中的地位将进一步明晰。

东部环渤海（京津冀）、长三角和东南地区（珠三角）在都市文化消费、科技、金融与人才的优势将促进三大区域现代文化产品、现代服务业的快速发展，动漫、影视、现代科技文化产品、网游等数字人文经济将成为区

域文化产业的主体。在西部西南、西北两大区域持续以中小文化企业、传统工艺美术、文化旅游、休闲度假为主的产业路径中，大量中小微企业成为文化产业市场主体。由于大量中小微企业的相关统计存在困难，抽样统计的方式又难以精准覆盖全部中小微企业，西部地区文化产业统计数据与现实发展存在较大的差距。西部地区国有文化企业数量较少，体量不大，规模以上文化企业数量不足，文化产业在地方国民经济发展中的地位和作用难以体现，一定程度上影响中西部地区区域文化产业的发展。但文化产业对活跃地方经济、提供就业、促进民族地区的可持续发展，对民族文化保护、传承、创新发展的促进带动作用明显，因此西部地区仍然会在很长一段时间内延续以特色文化产业为主要业态、以中小微企业为主要生产力量的发展模式。中部地区在"十二五"期间和"十三五"前两年，通过加大对中心城市现代文化服务体系建设，实现产业结构调整，以武汉、长沙、郑州、山西、南昌为代表的区域中心城市将更加注重文化与科技、国有文化企业与科技的融合，强化对具有市场竞争力的现代文化企业的培育，以此带动中部地区文化产业的发展。

党的十九大报告在论述新时代文化建设目标时提出，要"激发全民族文化创新创造活力，建设社会主义文化强国"，强调要"提升文艺原创能力，推动文艺创新"。在论及文化事业与文化产业发展时，则要求"深化文化体制改革，完善文化管理体制"。根据第十三届全国人民代表大会第一次会议批准，在国家新闻出版广电总局广播电视管理职责的基础上，组建中华人民共和国国家广播电视总局，并将国家新闻出版广电总局的新闻出版管理职责划入中央宣传部，明确了文化建设在中国特色社会主义建设总体布局中的定位，提出了新时代文化建设的着力点。国家文化体制改革的红利将进一步释放，成为未来一段时间引领中国区域文化产业发展的重要动力。七大区域的文化产业将随着国家建设小康社会、城乡文化消费的快速增长、国家综合实力的提升，进一步凸显特色，明晰发展路径，区域竞争力进一步增强，以满足不同区域人民群众对更加美好生活的诉求。

区域篇

Regional Reports

B.2 环渤海地区文化产业发展报告

杨传张*

摘 要： 环渤海地区经济社会稳步发展，处于全国领先水平，拥有良好的人才、资本、技术和政策条件，文化产业发展的基础相对优越。近两年，环渤海地区文化产业总体上保持快速增长态势，文化消费和创新驱动力不断提升，"互联网+"文化创新创业活跃，文化资本投资力度大，规模以上文化企业效益不断提升，文化产业竞争力不断增强。虽然存在区域内部发展不平衡、结构仍需优化等问题，但是作为京津冀等区域发展战略的中心，近年来，在文化产业跨区域协作、协同发展方面进行了较多探索，取得了良好成效，为不同地区文化产业协同发展提供了良好借鉴。

关键词： 京津冀 协同发展 产业升级

---

* 杨传张，中国传媒大学，博士研究生，主要研究方向：文化产业、文化政策与文化管理。

环渤海是指以北京为中心，包括河北省、天津市和山东省范围内的地区。近两年，随着国家加强部署区域发展战略，环渤海地区区域协同发展趋势和要求不断增强。充分发挥环渤海地区经济合作发展协调机制，建设以首都为核心的世界级城市群，促进环渤海地区文化产业协同发展，探索区域文化产业协同发展的示范区，成为环渤海地区文化产业发展的重点任务，也是环渤海地区未来文化产业发展的重要方向。

受全国经济增长持续放缓的影响，近年来，环渤海地区经济增长速度有所下降，但总体上看，仍然高于全国平均水平。2016年，环渤海地区国民生产总值达141621亿元，比2015年增长7.03%，占全国GDP总量的19.03%，其增长速度高于全国6.7%的平均水平（见图1）。从国民经济增长速度来看，2016年天津市GDP增长速度较快，达9.0%，远超全国平均水平，其次为山东省，GDP增速达7.6%。北京和河北GDP增速基本与全国平均水平持平，分别为6.7%、6.8%。

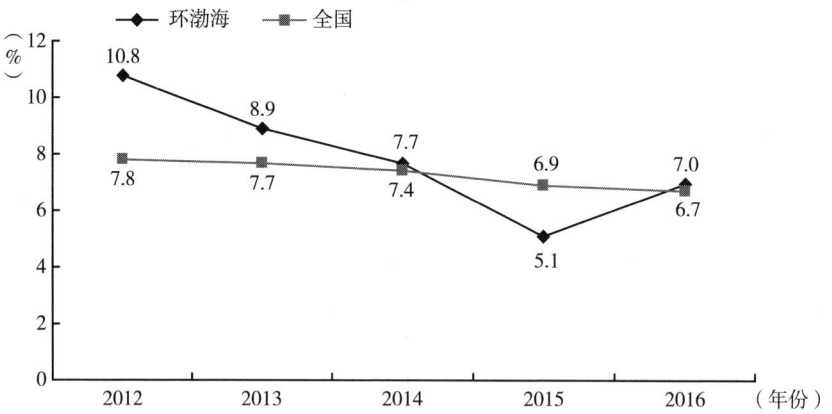

图1　2012～2016年环渤海地区GDP增速与全国GDP增速对比情况

资料来源：2012～2016年各省市国民经济和社会发展统计公报。

一　环渤海地区文化产业发展现状

总体来看，环渤海地区文化产业保持良好的发展态势。文化产业规模保持较高增长速度;人均文化娱乐消费支出呈快速增长态势,年均增速超过全国平均水平,文化娱乐消费需求旺盛;文化产业投资保持高速增长态势;文化服务企业数量占比较大,规上文化企业发展效益提升明显;文化产业集聚程度不断提升;文化科技研发投入稳步增长。但从环渤海内部各省市发展情况来看,各地区发展情况差异较大,发展不平衡问题显著。

(一)产业整体发展状况

2016年,环渤海地区文化产业增加值为6835.1亿元,比上年增长11%,占GDP的比重为4.76%,比全国水平高出0.62个百分点,接近成为支柱产业的发展目标。除河北外,其他三省市文化产业增加值占GDP的比重均高于全国水平。其中,北京市文化产业增加值为2105.8亿元,占GDP比重达到8.2%,成为支柱产业。天津市文化产业增加值占GDP比重为4.49%,但文化产业增加值增长速度较慢,比上年仅增长2.3%,远低于全国13%的增速。河北省文化产业增加值虽然占GDP比重较低,但其增长速度较快,比2015年增长13.5%。山东省文化产业增加值增速最快,比2015年增长14.3%(见表1)。

表1 2015年、2016年环渤海地区文化产业增加值情况

单位:亿元,%

地区	2015年		2016年	
	文化产业增加值	占GDP比重	文化产业增加值	占GDP比重
北京	1928.3	8.38	2105.8	8.20
天津	784.4	4.74	802.3	4.49
河北	960.4	3.22	1090.2	3.40
山东	2481.0	3.94	2836.8	4.17
环渤海	6154.1	4.65	6835.1	4.76
全国	27235	3.95	30785	4.14

资料来源:《中国文化及相关产业统计年鉴2017》。

（二）城乡居民文化消费情况

总体上看，近三年来，环渤海地区人均文化娱乐消费支出呈快速增长态势，由2014年的723.4元增长至2016年的857.5元，略高于全国800元的同期人均文化娱乐消费支出。年均增速达到8.9%，低于全国平均增速0.2个百分点，如图2所示。但是，与全国其他地区一样，环渤海地区居民文化消费的潜力巨大，人均文化娱乐消费支出占人均消费总支出的4.7%，居民文化消费需求仍需进一步挖掘。

分地区来看，北京作为全国经济最发达的城市，近三年虽然人均文化娱乐消费支出增长缓慢，但2016年，其人均娱乐文化消费支出是全国平均水平的近3倍，是河北省平均水平的4.2倍，远超全国平均水平和环渤海其他地区，文化娱乐消费需求旺盛。2014~2016年，天津市人均文化娱乐消费支出总体上略高于全国平均水平，在平均增速上低于全国平均水平。2014~2016年山东和河北两省，人均文化娱乐消费支出均低于全国平均水平，但是，从增速上看，3年间平均增速均处于10%以上，高于全国平均水平，文化娱乐消费需求增长较快（见图2）。

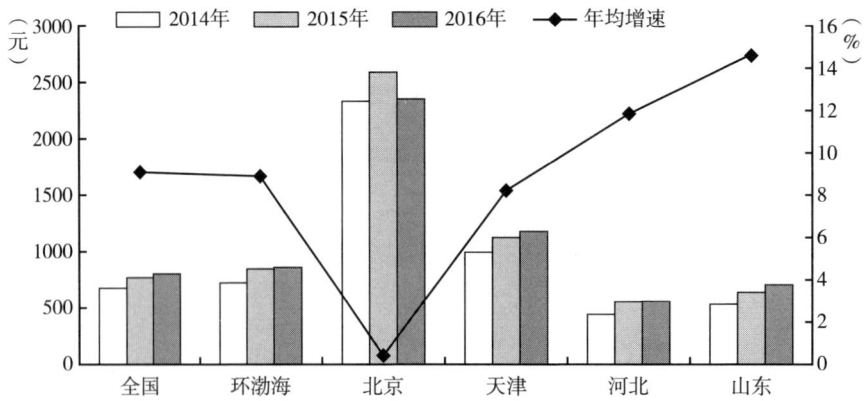

图2　2014~2016年全国和环渤海地区人均文化娱乐消费支出情况

资料来源：《中国文化及相关产业统计年鉴2017》。

2016年环渤海地区，人均文化娱乐消费支出占人均消费支出的比重为4.7%，与全国平均水平持平。环渤海四省市，除北京人均文化娱乐消费支出为6.6%外，其他省市均在3.9%~4.5%，均略低于全国平均水平。从城镇人均文化娱乐消费支出占人均消费支出比重来看，北京城镇和农村均高于全国平均水平。其他各省市城镇及农村人均文化娱乐消费支出占人均消费支出比重基本都略低于全国平均水平，文化娱乐消费需求亟须进一步提升（见图3）。

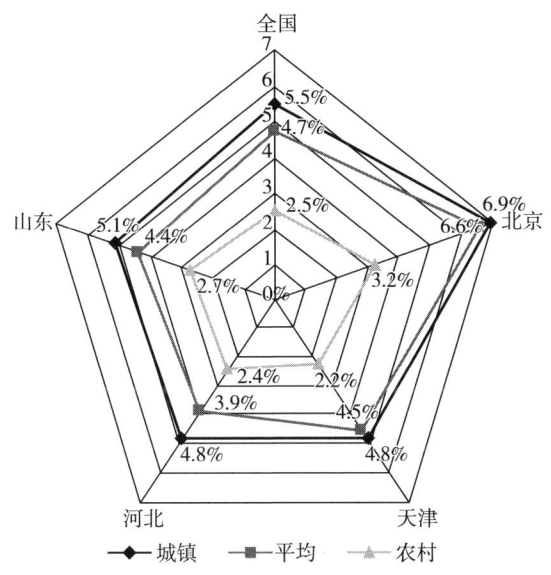

图3　2016年环渤海地区人均文化娱乐消费支出占人均消费支出比重

资料来源：《中国文化及相关产业统计年鉴2017》。

（三）文化及相关产业固定资产投资规模

近年来，我国文化产业固定资产投资呈快速增长的态势，2012~2016年，我国文化产业固定资产投资年均增速达21.2%。2012~2016年，环渤海地区文化产业固定资产投资也呈快速增长态势，年均增速达14.1%，但仍然比全国平均增长速度低7.1个百分点。虽然,环渤海地区文化产业固定资产投资快速增长,但是从占全国文化产业固定资产投资的比重来看,总体上呈下降趋势,从2012年的23.5%下降到2016年的18.5%,下降5个百分点(见表2)。

表2 2012~2016年环渤海地区和全国文化产业固定资产投资

单位:万元,%

区域	2012年	2013年	2014年	2015年	2016年	年均增长率
全国	156426250	190460073	236950339	288979574	337129263	21.2
环渤海	36833522	42047614	47623683	56352094	62376063	14.1
占比	23.5	22.1	20.1	19.5	18.5	—

资料来源:《中国文化及相关产业统计年鉴2016》。

从各省市来看,在文化产业固定资产投资规模上,山东文化产业投资规模最大,远高于其他三个省市,河北次之。由于所占面积限制,北京和天津文化产业固定资产投资规模较低,北京在文化产业固定资产投资规模上最低,说明北京文化产业发展主要还是依靠创新、创意等无形资产。在文化产业固定资产投资年均增速上,北京和天津近年来文化产业固定资产投资年均增速较低,分别比全国平均增速低16.2个和14个百分点。山东文化产业固定资产投资增速较快,年均增速达到13.1%,但仍然落后于全国8.1个百分点。河北文化产业固定资产投资增速呈现快速增长势头,年均增速达到20.6%,这与近年来,河北省大力调整经济结构、化解过剩产能有很大关系(见图4)。

2012~2016年,环渤海地区文化产业固定资产投资占全社会固定资产投资的比重增长缓慢。从2012年的5.6%提升到2016年的5.8%,上升了0.2个百分点。从各个省市来看,除了河北省文化产业固定资产投资占全社会固定资产投资的比重从2012年至2016年上升速度较快以外,其他省市文化产业固定资产投资占比都呈下降趋势(见表3)。

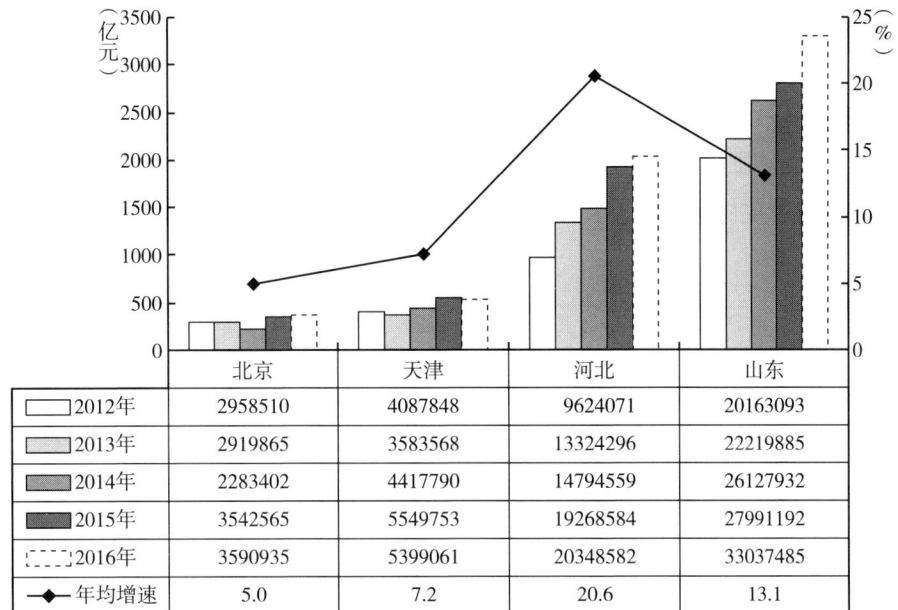

图4 2012~2016年环渤海地区各省市文化产业固定资产投资情况

资料来源：《中国文化及相关产业统计年鉴2017》。

表3 2012~2016年环渤海地区文化产业固定资产投资占全社会固定资产投资比重

单位：%

地区\年份	2012	2013	2014	2015	2016
北京	4.6	4.2	3.0	4.4	4.2
天津	4.6	3.5	3.4	3.8	3.7
河北	4.9	5.7	5.5	6.5	6.4
山东	6.4	6.2	6.3	5.9	6.3
环渤海地区	5.6	5.5	5.4	5.7	5.8
全国	4.2	4.3	4.6	5.1	5.6

资料来源：《中国文化及相关产业统计年鉴2017》，2012~2016年各省市国民经济和社会发展统计公报。

（四）文化企业发展

2015年，环渤海地区文化产业法人单位数达232866家，比2014年增加8921家，增幅达4%。其中文化制造企业26195家，比2014年增加1316家，增幅达5.3%；文化批发和零售企业43908家，比2014年增加946家，增幅达2.2%；文化服务企业162763家，比2014年增加6659家，增幅达4.3%。文化服务企业占环渤海地区文化企业的大多数，比重达到70%，文化产业发展层次较高（见图5）。

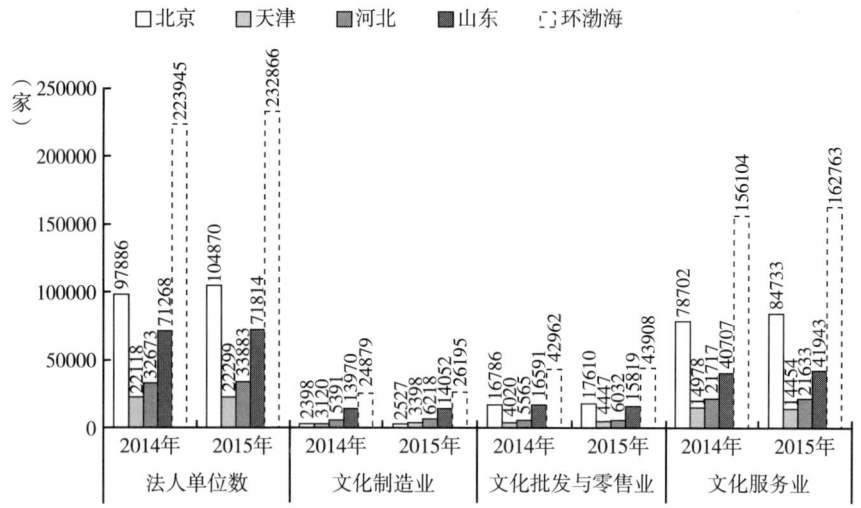

图5　2014~2015年环渤海地区文化产业法人单位情况

资料来源：《中国文化及相关产业统计年鉴2016》。

从各省市来看，北京文化产业法人单位总数最多，甚至超过山东，2015年文化产业法人单位总数突破10万家。山东文化企业总数达71814家，比2014年增长546家，增幅较小。天津和河北文化企业总数分别为22299家、33883家，比2014年增加181家、1210家，增幅较小。从文化服务企业占文化产业法人单位的比重来看，北京市文化服务企业占比最高，达到81%。其次为河北和天津，占比分别为66.2%、65%。山东文化服务企业占比最低，达到58.4%。

（五）规模以上文化企业发展情况

规模以上文化企业是地区文化产业发展竞争力的重要体现。2016年，环渤海地区规上文化企业主要集中在山东和北京两地,其中山东规上文化企业数量达4378家,北京市规上文化企业达3539家,两地规上文化企业数量占环渤海地区总数的75.3%。天津和河北两地,规上文化企业数量为2596家,两地规上文化企业数量占环渤海地区总数的24.7%,文化产业发展的竞争力仍需进一步提升(见图6)。

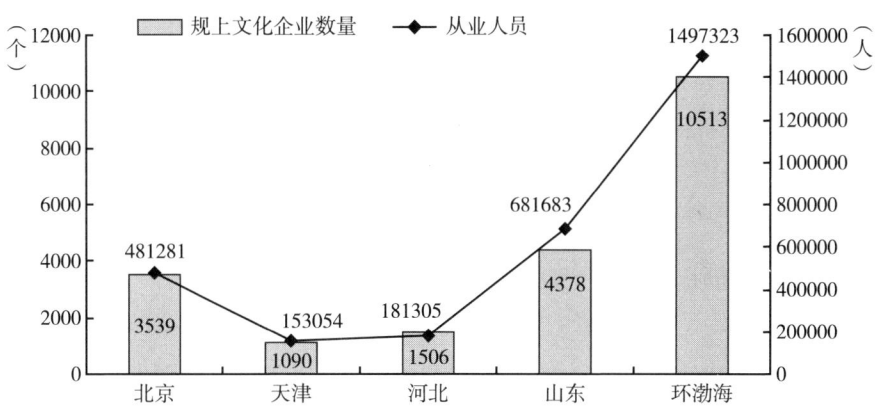

图6　2016年环渤海地区规模以上文化企业及其从业人员情况

资料来源:《中国文化及相关产业统计年鉴2017》。

从规上文化企业对地区文化行业的影响力来看,2015年,环渤海地区规模以上文化法人单位占全部文化企业数量的比重仅为4.1%,但规模以上文化法人单位从业人员占文化产业从业人员的数量则为45.3%,规模以上文化法人单位资产总额占全部文化企业资产总额超过一半,比重达56.7%。规上文化企业对地区文化行业的整体影响力较强。从各省市来看,值得一提的是北京规模以上文化法人单位数占全部文化企业数量比重最低,仅为3.3%,但其规模以上文化法人单位从业人员数占文化产业从业人员数比重,以及规模以上文化法人单位资产总额占全部文化企业资产总额比重却最高,分别达到53.5%和67.8%,文化市场集中度较高,文化企业实力较强。相应的,河北省规模以上文化法人单位数占全部文化企业数量比重不高,仅为3.7%,而其规模以上文化法人单位从业人员数占文化产业从业人员数比重,以及规模以上文化法人单位资产总额占全部文化企业资产总额比重也最低，仅为34%和38.1%，文化产业整体实力还有较大提升空间（见表4）。

表4 2015年环渤海地区规模以上文化企业相关指标占比

单位：%

地区	规模以上文化法人单位数占全部文化企业数量比重	规模以上文化法人单位从业人员数占文化产业从业人员数比重	规模以上文化法人单位资产总额占全部文化企业资产总额比重
环渤海	4.1	45.3	56.7
北京	3.3	53.5	67.8
天津	4.7	48.3	49.6
河北	3.7	34.0	38.1
山东	5.5	43.2	51.5

资料来源：《中国文化及相关产业统计年鉴2016》。

从规上文化企业的经营情况来看，2016年，环渤海地区规模以上文化企业人均产出147万元，处于全国领先水平。从各省市来看，北京市规上文化企业人均产出最高，达170万元。北京、天津和山东三省市规上文化企业人均产出差距较小，均超过130万元。河北地区规上文化企业人均产出则相对较低，仅为天津市的一半，规上文化企业经营效益仍需提升（见表5）。

表5 2016年环渤海地区规模以上文化企业相关指标

地区	法人单位(家)	从业人员(人)	资产(万元)	营业收入(万元)	人均产出(万元/人)
环渤海	10513	1497323	220825527	214649841	147
北京	3539	481281	108702377	81954490	170
天津	1090	153054	24180736	23317388	152
河北	1506	181305	14048559	14522835	80
山东	4378	681683	73893855	94855128	139

资料来源：《中国文化及相关产业统计年鉴2017》。

从规模以上文化企业发展情况来看，2013~2016年，环渤海地区规模以上文化企业数量和从业人员数量平均增长率不高，仅为5.1%和6.5%，但其资产总额、营业收入则保持较快增长速度,分别为19.9%、15.5%,规上文化企业发展效益不断提升。从各省市来看,值得关注的是,2013~2016年,北京市规模以上文化企业数量呈负增长趋势,但是不论从资产总额,还是从营业收入增长速度来看,都是环渤海地区最高的,分别达23.8%、16.7%,说明北京规模以上文化企业整体上表现出很强的规模报酬递增发展态势。2013~2016年,山东省规上文化企业也保持较好发展态势,无论从资产平均增值率还是从营业收入平均增长率来看,都保持较快增长速度。而河北省规上文化企业仍处于投资建设阶段,2013~2016年,其规模以上文化法人单位资产平均增长率较高达20.5%,法人单位数量增长率最高,达16.4%,而其营业收入增长率则较低,仅为12.5%(见图7)。

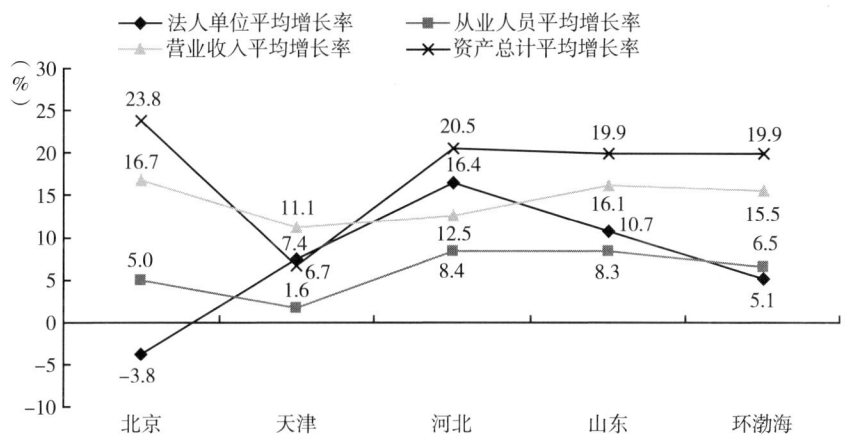

图7　2013~2016年环渤海地区规模以上文化企业相关指标平均增长幅度

资料来源:《中国文化及相关产业统计年鉴2014~2017》。

(六)文化研发活动情况

2016年,环渤海地区文化制造企业R&D经费支出总体上保持增长状态,比2014年增加了209777万元,增幅达23%。其中,北京2016年文化制造企业R&D经费支出有所下降,降幅4.4%,天津文化制造企业R&D经费支出增长缓慢。这主要与当地文化产业服务化发展程度较高、文化制造企业数量增长速度下降有关。河北和山东两地2015年文化制造企业R&D经费支出均有所增长，增幅分别为7.7%、32.4%（见图8）。

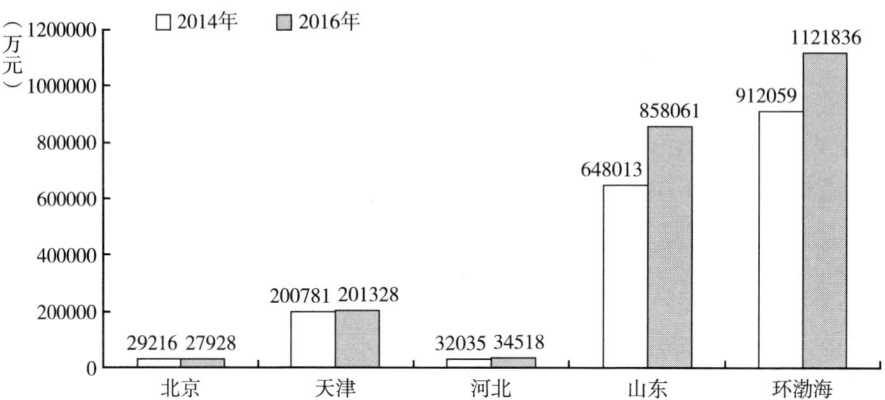

图8 2014~2016年环渤海地区文化制造业企业R&D经费支出情况

资料来源：《中国文化及相关产业统计年鉴2015~2017》。

二 环渤海地区文化产业发展亮点

（一）北京：以文化创意功能区建设推动产业集聚发展

为了推进北京文化创意产业资源优化整合，加快非首都功能疏解，北京市根据文化创意产业不同区域、不同行业的发展特点，布局分工合理、重点突出、各具特色的20个文化创意产业功能区。[①] 经过两年多的建设，北京

---

① 20个文化创意产业功能区规划面积共计441.56平方公里。分别为：天坛－天桥核心演艺功能区、戏曲文化艺术功能区、798时尚创意功能区、CBD－定福庄国际传媒产业走廊功能区、天竺文化保税功能区、奥林匹克公园文化体育（会展）融合功能区、北京老字号品牌文化推广功能区、未来文化城功能区、文化科技融合示范功能区、文化金融融合功能区、影视产业功能区、主题公园功能区、动漫网游及数字内容功能区、新媒体产业功能区、音乐产业功能区、创意设计服务功能区、文化艺术品交易功能区、会展服务功能区、出版发行功能区、历史文化和生态旅游功能区。

文化创意产业功能区的发展优势不断凸显,"两条主线带动、七大板块支撑"的功能区支撑体系持续深化,目前功能区以仅占全市总面积2.5%的土地,集聚了全市近70%的法人单位,贡献了全市近80%的文化创意产业营业收入。[①] 功能区已经成为北京市文化创意产业规模化、集约化、协同化发展的重要平台。目前,北京市文化创意产业功能区建设重点有以下几个方向。

一是加强功能区区域布局。依托国际级产业基地、园区和市级集聚区等政策空间的基础,采用"一区多点、政策覆盖"的发展模式,从产业门类、产业链和产业发展阶段三方面,围绕全市各县区文化资源、产业基础等实际情况,着力构建"一核、一带、两轴、多中心"的空间布局。

二是完善功能区运营管理体系。为解决各片区空间分散、主体分散、政策分散等问题,首先,强化规划引导,由市政府发布实施《北京市文化创意产业功能区建设发展规划(2014~2020年)》,引导功能区差异化协调发展。其次,建立功能区的联盟化协同管理机制,选取各片区影响力、凝聚力强的单位、管理机构、龙头企业、行业协会,共同参与,发挥联盟的市场化职能和运营管理、组织协调、统筹推进职能。最后,建立运行主体明确的片区运营机制,在全市统筹和功能区联盟化管理下推进片区自治。

二是完善投融资服务体系。为解决融资瓶颈,各功能区积极创新构建文化投融资服务体系。其中,石景山成为首家"文创银行"——杭州银行石景山文创支行;CBD-定福庄国际传媒产业走廊功能区依托国家文化产业创新实验区建设,与北京银行合作创新推出"文创普惠贷";中央新影集团设立纪录电影基金,与平安财产保险启动"完片保险"合作。2015年文化金融融合功能区、CBD-定福庄国际传媒产业走廊功能区、影视产业功能区和新媒体产业功能区营业收入分别同比增长15.2%、12.8%、16.7%和57.4%,文化金融要素的集聚和带动作用明显。

---

① 《北京市文化创意产业功能区建设发展规划(2014~2020年)》。

（二）天津：连接京津冀的"动漫梦工厂"

中新天津生态城国家动漫园2011年正式开园。目前，园区已形成动漫影视制作发行、互联网、图书出版和广告传媒四大领域为主的产业集群，[1]先后吸引文化创意类巨头企业1002家，注册资金总计91.02亿元。2015年文创类企业总计贡献税收12.15亿元，比2014年同期增长63.75%，占生态城整体产业税收的54.61%，其中产生千万元级税收的文化企业32家。2010~2015年，文化创意产业累计为生态城贡献税收32.25亿元。[2]围绕动漫产业，国家动漫园从技术平台搭建、动漫产业专业服务等多方面入手，促进动漫产业聚集。

一是建立国内动漫影视领域最好的公共技术服务平台。投资8000万元建设了设备一流的公共技术服务平台，平台在搭建起3D动漫影视制作高端流水线的同时，组建了专业的技术服务团队，有效地解决了动漫企业对于高端设备"买不起、不会用、用不好"的难题。[3]按照公共服务的方式，公共技术服务平台先后参与了日本3D立体动画电影《铁拳》，国产动画电影《赛尔号》《摩尔庄园2》等众多知名动画影视项目的制作。[4]

二是建立国内最大的超级渲染中心。国家动漫园与国家超算天津中心达成合作，充分利用"天河一号"超级计算机系统，打造建设国内最大的动漫影视渲染中心，为我国动漫影视作品提供高效的渲染制作，提高效率的同时降低费用。

三是基于产业链需求提供产业服务。园区构建了系统的产业服务体系和

---

[1] 《"动漫园作品"形成集群效应》，北方网，http://news.enorth.com.cn/system/2016/05/30/030994426.shtml，最后检索日期，2017年12月25日。
[2] 《聚集上千家企业　当好文创排头兵》，天津网，http://www.tianjinwe.com/tianjin/bh/jmbh/201605/t20160528_1004970.html，最后检索日期，2017年12月27日。
[3] 李锦春、陈友生、芦庆祥：《中新天津生态城动漫产业园绿色施工的探索与实践》，《天津建设科技》2011年第1期。
[4] 《国家动漫园靠市场机制推进京津冀协同成效显著》，北方网，http://news.enorth.com.cn/system/2016/04/11/030912651.shtml，最后检索日期：2017年12月27日。

机制,从创业孵化、人才培训、版权交易、宣传推广、渠道对接等方面为企业发展提供全程服务。为推动影视动漫初创团队和小微企业成长,国家动漫园文化科技产业综合孵化器充分发挥创业苗圃、企业孵化、孵化加速全链条孵化功能,为入孵企业提供跟踪式、定制化、综合性服务,①大力打造北方迷你创业谷,营造幸福创业生态圈。

(三)河北:文化助力产业转型升级

随着大气污染治理和削减落后产能的加剧,河北也着力摆脱长期以钢铁、水泥等重化工为主导产业的发展模式,积极推动产业转型升级,努力实现艰难转身。以推动京津冀协同发展和河北产业转型升级为主线,着力调整优化产业生产力布局,积极创建全国产业转型升级试验区。在产业转型升级方面成效显著。文化产业正成为这个省经济转型的方向之一。近年来,无论是文化新业态还是传统文化业态,正在成为河北转型升级的新动能,在产业转型升级中发挥了重要作用。

一是以文化产业助推资源型城市转型。唐山针对二产在产业结构中比重偏高的现状,大力推动文化产业与相关产业对接,目前,唐山市共有26家从事矿业、钢铁、焦化等行业的矿企转型进入文化产业领域,有力推动了文化与经济深度融合,使文化产业成为城市转型的新引擎。②坚持让唐山特色文化成为资源型城市转型的新动力,唐山确立了依托本土特色文化重点发展现代传媒、休闲娱乐等业态的文化产业发展规划,着力构建文化产业发展新格局,推动唐山城市转型发展。

二是文化产业园区建设进入新的高潮。据河北省委宣传部数据统计,全省投资超亿元的文化产业项目就有258个,其中在建的项目150多个,全省

---

① 《国家动漫园靠市场机制推进京津冀协同成效显著》,北方网,http://news.enorth.com.cn/system/2016/04/11/030912651.shtml,最后检索日期:2017年12月27日。
② 于山:《资源型城市转型发展探索——唐山文化产业发展调查》,《时事报告》2013年第11期。

首批文化产业示范园区就达30个,① 文化产业园区建设成为推动河北文化产业发展的重要力量。业态涵盖文化艺术服务、文化旅游业、文化科技服务、影视产业等,目前,影视城(基地)成为全省多地建设的热点,如唐山南湖1970影视基地、涿鹿黄帝城影视基地、大元文化影视城、避暑山庄国家影视基地等。

三是实施"一县一品"或"一县多品"工程。曲阳、蔚县、武强、吴桥等地注重打"优势牌"、谱"特色曲",石雕、剪纸、乐器、杂技等发展成为国内外有影响力的富民产业,"一县一品"或"一县多品"格局初显。

(四)山东:"山影制作"成为中国电视剧行业的领跑者

山东影视传媒集团是中国电视剧制作行业内硕果仅存的几家大型国有影视文化企业。近年来,山东影视传媒集团影视剧精品频出,有《欢乐颂》《大秧歌》《琅琊榜》《伪装者》等,山影的每一部电视剧都获得很高的关注度和好评。2015年,山东影视传媒集团产能是8部电视剧共375集,以及2部电影,净利润1.39亿元。2015年山影集团制作、联合出品的《父母爱情》《马向阳下乡记》《琅琊榜》《北平无战事》荣获了第30届"飞天奖"优秀电视剧奖。山影首次参与投资的动画片《大圣归来》以9.69亿元刷新中国动画票房纪录。② "山影出品,必属精品"更是被写入了政府工作报告,"山影制作"已经成为精品的代名词。

面对影视市场的激烈竞争,山东影视传媒集团也在积极进行全产业链的建构探索。山东影视传媒集团2015年为搜狐定制了第一部网络自制剧《他来,请闭眼》,该剧摘得同时段收视第一的宝座,网络点击量突破2亿次,是国内首部由互联网向一线卫视反向输出电视剧,开创了网台融合播出的平台模式。同时,作为电视剧制作公司,山影也开始积极探索

---

① 冯丹娃:《大学文化产业园区建设发展研究》,《中国高教研究》2013年第12期。
② 《山影在美开公司拍电影》,《生活日报》,http://shrb.qlwb.com.cn/shrb/content/20160527/ArticelA17003JQ.htm,最后一次检索时间:2017年12月27日。

电影的投资制作。其参与投资制作的《西游记之大圣归来》，创造了中国动画电影的票房新纪录，也被评为山东电影史上投资周期最短、经济收益最高、市场口碑最好的商业电影。山东影视传媒集团还紧紧抓住消费升级和文化旅游融合发展的大趋势，探索影视主题公园的建设运营。2015年，山东影视传媒集团与重汽集团联合投资设立山东星工坊影视文化传媒公司，双方共同建设打造精品化影视主题乐园星工坊。同时，依托青岛灵山湾文化产业区，与青岛西海岸发展集团共同投资建设中国影视剧"决定性影视孵化圈"，力求形成集影视投融资、拍摄制作、艺人培育、营销发行、影视会展等于一体的影视文化产业集群，并与万达在青岛建设的东方影都、美国传奇影业等国内外著名影视文化企业互相联动，形成聚集效应。[1]

三 环渤海地区文化产业发展趋势

（一）区域文化产业协同发展趋势显著

随着京津冀协同发展战略的不断推进和全面疏解非首都功能任务的不断落实，环渤海地区文化产业协同发展趋势显著。近年来，京津冀地区开展多项协作，如《京津冀文化领域协同发展战略框架协议》《京津冀演艺领域深化合作协议》《京津冀三省（市）群众艺术馆（中心）协同发展合作协议》《京津冀三地长城保护工作框架协议》《京津冀文化人才交流与合作框架协议》等各项任务，京津冀精品剧目展演、京津冀非物质文化遗产展演展示等重点文化活动不断开展。未来，京津冀地区文化产业协同发展如下。

一是发挥首都辐射带动作用。北京要承担核心责任，处理好产业转移失与得、产业转型发展与升级换代以及产业输出与辐射带动三大关系，成为三

---

[1] 涂可国主编《山东文化发展报告（2017）》，社会科学文献出版社，2017，第142页。

地"思想源"、"创意库"、"资金池"和"动力点",带动区域产业发展整体实力提升。二是以机制创新为核心,突破产业管理限制。构建三地共同的文化资源投资机制、协同运营维护机制、产业资源转移对接机制和风险利益分担机制,打破地方保护主义的行政壁垒和贸易壁垒,保持区域内文化市场的稳定运行与竞争公平。三是以机制创新为核心,突破产业管理限制。构建三地共同的文化资源投资机制、协同运营维护机制、产业资源转移对接机制和风险利益分担机制,打破地方保护主义的行政壁垒和贸易壁垒,保持区域内文化市场的稳定运行与竞争公平。四是以平台搭建为核心,推动文化资源合理配置。如支持三地行业主体在政府购买服务、政策支持、活动参与、资源利用等方面互惠互利,建设三地文化产业园区策略性市场联盟,推进文化产业融合和文化创意资源共享。借助文化创意产业博览会、国际文化产业博览交易会等综合平台,统筹跨区域、融合性文化资源项目的投资与开发。打造京津冀三地文化产业公共服务平台等。

(二)"互联网+"文化创新创业活跃

传统产业形态站在"互联网+"的风口,经过"十二五"期间的深刻变革,将面临更广阔的市场空间。国家统计局在2017年7月发布的党的十八大以来"文化及文化产业"发展成就时指出,文化产品和服务的生产、传播、消费的数字化、网络化进程加快,基于互联网和移动互联网的新型文化业态成为文化产业发展的新动能和新增长点,"互联网+文化"优势明显。① 以"互联网+"为主要形式的文化信息传输服务业发展迅猛,2015年实现增加值2858亿元,比2013年增加1055亿元,年均增速为25.9%;占文化产业增加值的比重为10.5%,比2013年提高2.3个百分点。②

"十三五"期间,文化艺术、新闻出版、广播电视电影、设计服务、旅游休闲娱乐与软件、网络及计算机服务等行业界限将被进一步打破,文化创

---

①② 《十八大以来"文化及文化产业"发展数据总结》,国家统计局社科文司,http://shcci.eastday.com/c/n1080709/u1ai10753690.html,最后一次检索时间:2017年12月27日。

意的内容行业将逐渐被纳入更为宏大的产业范畴，文化产业内部将不断产生新的产业形态，形成新的商业模式。尤其是以北京为核心的环渤海地区，在这种发展形势下，软件、网络及计算机服务业作为文化产业的传统优势行业，将面临更多的发展机遇和十分广阔的发展前景。2017 年上半年内地数字创意产业投资总额达到 274.7 亿元，较上年下半年大幅增长 84.4%。2016～2017 年上半年，内地数字创意产业共有 859 笔投资案例，投资金额高达 659.3 亿元，在总体投资中的比重分别为 20% 和 10% 左右。[①] 而京津冀、长三角、珠三角是目前数字创意投资集中区域，三大领域占比达 87.3%。同时，统计显示，北京文化创意产业九大行业中，软件、网络及计算机服务业增加值由 2010 年的 847.1 亿元增至 2015 年的 1842.8 亿元，五年间增长了 118%，占文化创意产业增加值的比重由 2010 年的 50% 提高到 2015 年的 58%。

（三）创新和消费双轮驱动力不断增强

环渤海作为我国经济社会发展程度相对领先的地区，其对创新型人才的吸引力较强，人口的消费层次相对较高。从数据上看，环渤海地区近两年来，文化产业固定资产投资总额占全国比重不断下降，无论是区域整体还是除河北之外的各省市，文化产业固定资产投资增长率均低于全国平均水平，其中山东和北京近年来文化产业固定资产投资年均增速较低，比全国平均增速低约 10 个百分点。但是，其文化产业发展仍然保持较高增长速度。这其中，深厚的创新资本作为无形资产，对于促进环渤海地区文化产业发展，起到重要作用。

同时，随着居民消费水平的不断提升，以及在全国范围内引导城乡居民扩大文化消费试点工作的进一步扩大，环渤海地区各城市从需求侧出发，坚持"文化、消费、惠民"三位一体，进一步扩大文化消费，增强文化消费市场活力，推动文化消费方式创新。在经济下行压力大的情况下，对于刺激

---

① 国家信息中心：《数字创意产业投资热点报告》，2017 年 9 月 7 日。

消费需求具有一定作用，文化消费成为多地稳增长、促消费的热点内容。尤其是北京，持续举办北京惠民文化消费季，助推文化消费方式创新。2015年8~11月第三届北京惠民文化消费季举办期间，累计消费人次4857.41万，较上届增长28.8%；消费金额112.1亿元，较上届增长10.1%，① 此举在全国多数地区得到推广。

（四）积极探索对外开放的新形式

为充分发挥首都国际交往中心优势、围绕"一带一路"建设，近年来，国家对外文化贸易基地（北京）和天津自贸区，在推动文化"走出去"与"请进来"、扩大文化市场开放方面不断探索。如在自贸区实行"负面清单"的管理方式，自贸区内可以成立外资经营的演出经纪机构、演出场所单位，设立外资经营的娱乐场所，外资企业可以在自贸区内从事游戏设备的生产和销售等。同时从自贸区管理制度创新来看，主要是在特定区域内实行便利化的贸易措施、高效的法制保障和政府服务，使得文创产业能够更有效地利用国际、国内资源。

同时，在对外文化贸易上，国家对外文化贸易基地（北京）正在积极探索"免证、免税、保税"政策，实行"境内关外"运作方式。根据文化产品的存储、展示、交易、创意、设计、生产等特点，运用保税区的特殊政策，进行政策资源整合和制度创新，形成适应文化产品生产规律、促进文化对外贸易发展的专门保税经济区域。如允许以保税的形式，进行汽车、红酒、书籍、影片、艺术品展览展示；建设艺术品仓库，进行境外文化艺术品保管，存储影视设备、影片；开展境外文化艺术品加工修复、数据存储、传媒制作以及文化产品的创意设计；进行境外艺术品免税储藏，海外艺术品拍卖，广播影视、新闻出版类企业在境内实现境外版权采选等。②

---

① 北京市国有文化资产监督管理办公室、中国传媒大学文化发展研究院：《北京文化创意产业发展白皮书（2016）》，2016年11月。
② 《今日意相——曼蒂广场艺术季开展》，人民网－陕西频道，http://sn.people.com.cn/n/2014/0429/c190241 - 21103876 - 2. html，最后访问日期：2017年12月27日。

B.3
长三角地区文化产业发展报告

胡慧源*

摘　要： 长三角地区地理区位优势明显，社会经济相对发达，该区域文化产业发展拥有良好的内部条件和外部环境，区域文化产业发展呈现产业规模与地方经济高度关联、文化消费动力旺盛、产业结构日趋"服务化"、骨干企业竞争力较强、文化组织高度集聚、文化科技异常活跃等特点，当然也存在区域文化产业发展不充分、不平衡等问题。"十三五"期间，长三角文化产业的发展将呈现"三不变两转变"的趋势，即市场在文化产业资源分配过程中的基础地位不变、在全国文化产业方阵中的领先地位不变、区域内不平衡不充分发展的基本格局不变；产业发展动力从"投资"驱动向"创新＋消费"驱动转变，以及产业发展方向从产业融合向产城融合转变。

关键词： 长三角地区　产城融合　创新　消费

长三角地区[①]是长江三角洲地区的简称，以不到二十分之一的国土面积，承受了接近六分之一的人口。良好的区位和经济优势，使其文化产业发展与市场经济结合较为紧密。当前，长三角文化产业发展呈现产业规模与地

---

* 胡慧源，华东政法大学传播学院，文化产业管理系副主任，副教授，主要研究方向文化与传媒经济。
① 此处的长三角地区包括上海、江苏、浙江、安徽三省一市，本报告中也称为四省市。

方经济高度关联、文化消费动力旺盛、产业结构日趋"服务化"、骨干企业竞争力较强、文化组织高度集聚、文化科技异常活跃等亮点和特色。随着该地区文化体制改革进一步向市场化、信息化、生活化方向发展，可以预见"十三五"期间长三角文化产业将在保持当前强大区域影响力和品牌号召力的基础上，描绘出更加绚丽多彩的发展蓝图。

一 长三角文化产业发展现状

总体而言，报告期内长三角文化产业依然保持了稳中有升的发展态势，在我国文化产业发展总体蓝图中继续扮演着重要角色，区域文化产业发展呈现产业规模与地方经济高度关联、文化消费动力旺盛、产业结构日趋"服务化"、骨干企业竞争力较强、文化组织高度集聚、文化科技异常活跃等特点，但也存在区域文化产业发展不充分、不平衡等问题。

（一）产业整体发展情况

整体而言，报告期内长三角文化产业发展整体态势平稳，在全国的领先地位进一步得到巩固。区域文化产业增加值从2012年的5707亿元增至2017年的12157亿元，占全国文化产业增加值总量的比重始终维持在30%左右（见图1）。年均增速达28.7%，略低于全国1.9个百分点。

区域内部而言，报告期内长三角文化产业规模的格局基本未变。江苏继续在产业规模上处于绝对优势，2017年底江苏省文化产业增加值达到4976亿元，位列全国第二，占GDP比重6.0%，首次突破5%的"天花板"。浙江文化产业增加值由2012年的1582亿元增加到2017年的3618亿元，年均增长31.8%，比全国高出1.2个百分点，产业增加值占GDP比重由2012年的4.6%提高到2017年的7.0%。上海文化产业发展态势较缓，年均增速在四省市中最低，仅为20.42%，比全国低10.1个百分点，但早已成长为该市支柱产业之一，2017年产业增加值占GDP比重更是达7.4%。安徽文化产业规模在四省市中相对薄弱,即使年均增速高达 33.5%,比全国高出 2.9 个百分点,但 2017 年文化产业增加值仅为 1302 亿元,占 GDP 比重也是四省市中最低的(4.7%)(见图 2)。

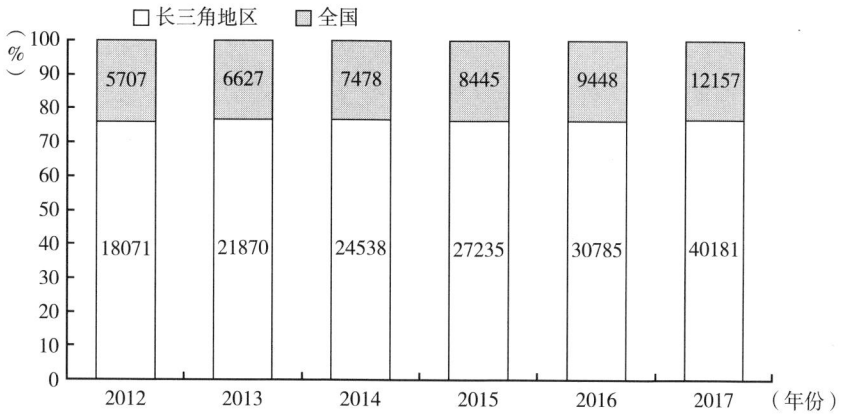

图 1　2012~2017 年长三角和全国文化产业增加值(亿元)

资料来源:《中国文化及相关产业统计年鉴 2017》。

注:2017 年长三角各省市文化产业增加值为自行测算所得,全文同。

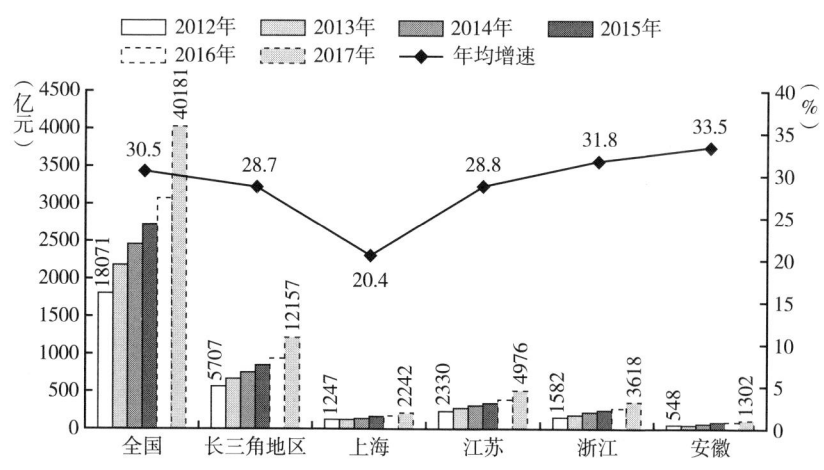

图 2　2013~2017 年长三角地区文化产业增加值

资料来源:《中国文化及相关产业统计年鉴 2017》。

（二）城乡居民文化消费情况

整体而言，长三角居民文化消费能力不断提升，人均文化娱乐消费支出从2012年的1037.7元增至2017年的1573.6元，远高于同期全国水平（892元），年均增速11.0%，略低于全国0.5个百分点（见图3）；另外，与全国其他地区一样，长三角地区居民文化消费的潜力巨大，人均文化娱乐消费支出占人均消费总支出的比重仅维持在5%左右，居民文化消费热情需要被进一步激发。

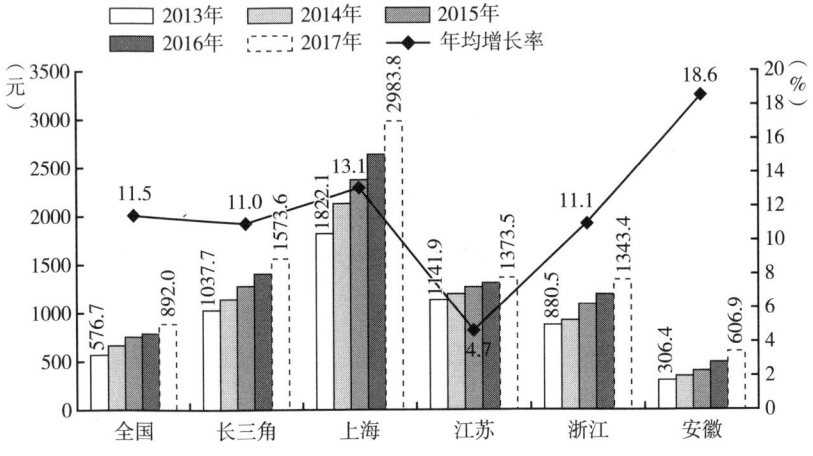

图3　2013~2017年长三角地区人均文化娱乐消费支出

注：从2013年起，国家统计局开展了城乡一体化住户收支与生活状况调查，与2013年前的分城镇和农村住户调查的范围、方法、指标有所不同，因此2013年前的相关数据未列入。

资料来源：《中国文化及相关产业统计年鉴2017》。

区域内部而言，除安徽外长三角其他三省市的居民文化消费能力均高于全国。其中，上海表现最好，年均增速（13.1%）比全国（11.5%）高1.6个百分点，比长三角地区年均增速（11.0%）高出2.1个百分点。地区人均文化娱乐消费支出于2017年进一步增长到2983.8元，即将突破3000元大关，占消费总支出比重也高达7.1%。江苏居民文化消费能力仅次于上海，始终维持在千元以上水平，文化消费热情却是逐年递减的，不仅年均增幅仅为4.4%，是四省市中最低的，而且人均文化娱乐消费占比也从2013年的7%直降至2017年的5.6%（见图4）。浙江地区居民文化消费水平近几年提升较快，人均文化娱乐消费支出从2013年的880.5元增至2017年的1343.4元，赶超江苏指日可待。安徽是四省市中居民文化消费水平最低的，尽管年均18.6%的增速位居长三角第一，但由于基础薄、底子弱，该地区居民文化消费水平与其他省市差距较大，2017年人均文化娱乐消费支出仅为606.9元，还不到全国2014年（671.5元）的水平。

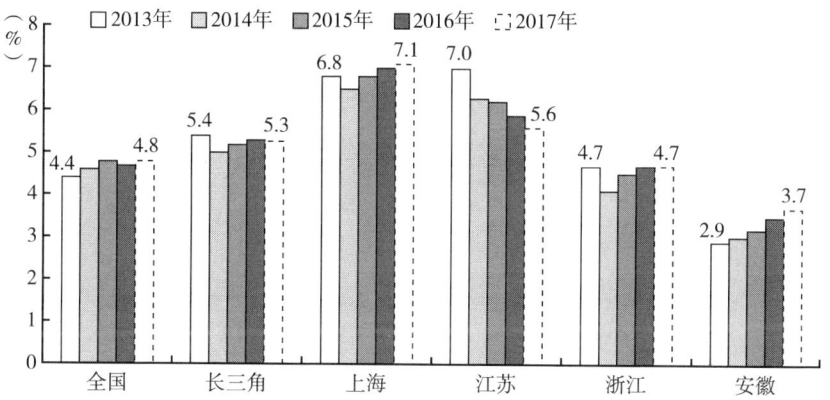

图4　2013～2017年长三角地区人均文化娱乐消费支出占人均消费支出比重

资料来源：《中国文化及相关产业统计年鉴2017》。

（三）文化及相关产业固定资产投资规模

整体而言，2012～2017年长三角文化产业在固定资产投资方面，保持了年均22.1%的较高增长速度，比全国高1个百分点。区域文化产业固定资产投资占全国比重从2012年的19.1%增至2014年的19.6%，但在2015年之后却迅速下降，降至2017年的18.4%（见表1）。这一方面反映了当前多数地区文化产业仍然以投资驱动为主要发展方式，另一方面也表明文化产业投资存在严重的区域不平衡。

表1 2012~2017年长三角和全国文化产业固定资产投资

单位：亿元，%

年份	2012	2013	2014	2015	2016	2017	年均增速
全国	15642.6	19046.0	23695.0	28898.0	33712.9	40826.4	21.1
长三角	2993.9	3719.6	4653.6	5452.9	6160.3	7521.7	22.1
占比	19.1	19.5	19.6	18.9	18.3	18.4	—

资料来源：《中国文化及相关产业统计年鉴2017》。

区域内部，江苏在文化产业固定资产投资规模上显示出较强优势，遥遥领先于其他三省市，2017年地区文化产业固定资产投资额达3341.1亿元，比第二名浙江（2061.4亿元）高出62.1%，这可能和江苏文化产业与该地区先进制造业高度融合发展有关。浙江年均24.2%的增速领跑长三角地区，2017年地区文化产业固定资产投资额突破2000亿元大关。安徽文化产业固定资产投资一直落后于江苏和浙江，直到2015年才突破千亿元大关，但近几年以年均21.6%的速度快速增长。上海地区文化产业固定资产投资规模最小，年均增速也仅为2.7%，这可能与该地区文化产业发展更加依靠"软创新"而非"硬投资"有关（见图5）。

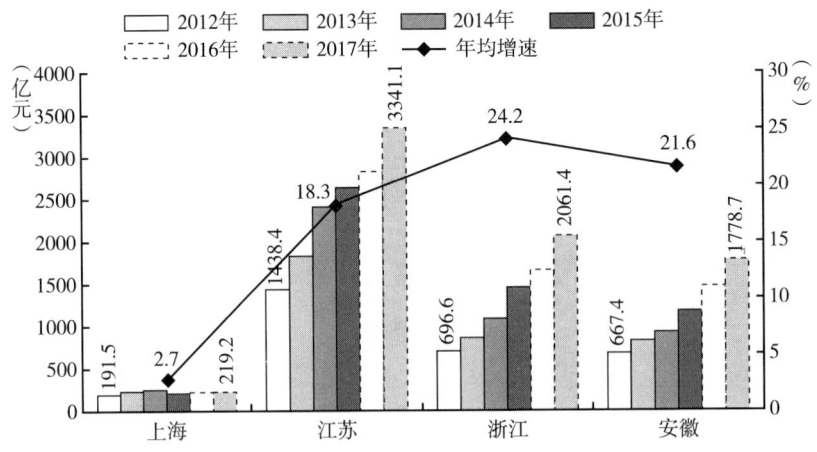

图5 2012~2017年长三角地区文化产业固定资产投资

资料来源：《中国文化及相关产业统计年鉴2017》。

除上海,其他三省市的文化产业固定资产投资热情依然高涨。2012~2017年,江苏、浙江和安徽三地的文化产业固定资产投资占全社会固定资产投资比重一路攀升,至2017年已经旗鼓相当,占比分别达5.6%、5.7%和5.8%,但仍然低于全国整体水平(6.0%)。上海地区文化产业固定资产投资的社会热情逐渐冷却,在经历了2012~2014年短期的增长阶段之后迅速降至2.4%并一直低位徘徊(见表2)。

表2 2012~2017年长三角地区文化产业固定资产投资占全社会固定资产投资比重

单位:%

地区\年份	2012	2013	2014	2015	2016	2017
全国	3.8	3.9	4.4	4.9	5.5	6.0
上海	2.8	2.9	3.2	2.4	2.3	2.3
江苏	3.9	4.2	5.1	5.2	5.2	5.6
浙江	3.6	3.6	4	5	5.2	5.7
安徽	4	4	3.9	4.8	5.4	5.8
长三角地区	3.6	3.7	4.1	4.4	4.5	4.9

资料来源:《中国文化及相关产业统计年鉴2017》。

(四)文化企业发展情况

就区域整体而言,2017年长三角文化产业法人单位数达462207家,比2012年增加247858家,增幅达115.6%。其中,文化制造业112750家,比2012年增加72096家,增幅177.3%;文化批发和零售业66438家,比2012年增加6268家,增幅74.9%;文化服务业197509家,比2012年增加159555家,增幅129.2%(见图6)。

就区域内部而言,在法人单位规模方面,江苏、浙江、上海和安徽形成两个梯队,前两者已突破了15万家,后两者仍处于8万家水平以下。浙江的文化制造业近几年发展迅猛,2012年还比江苏少5488家,2017年已经反超江苏35072家,极大提升了浙江文化产业法人单位的总体规模,这可能与浙江近几年文化用品类、文化装备类企业增长较快有关。江苏文化产业法人

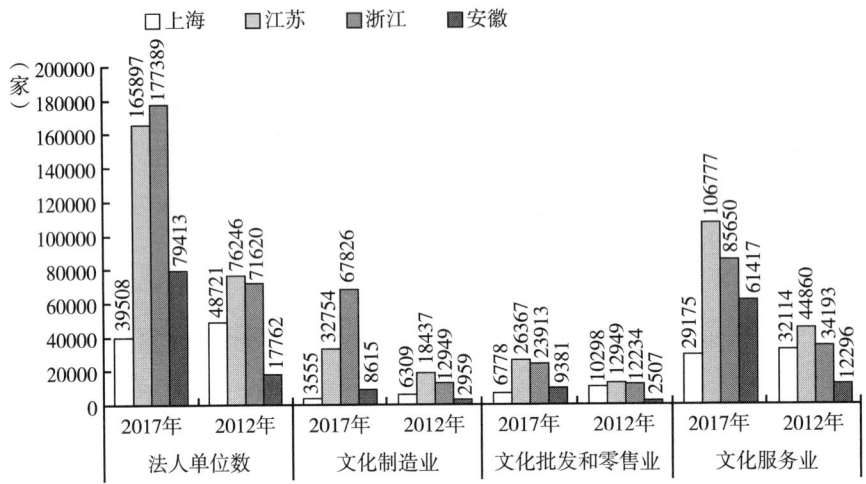

图6　2012年、2017年长三角文化产业法人单位概况

资料来源：《中国文化及相关产业统计年鉴2013》和《中国文化及相关产业统计年鉴2017》。

单位数尽管被浙江反超，但是其文化服务业和文化批发零售业法人单位数仍要高于浙江。上海市是四省市当中唯一一个文化产业法人单位数减少的地区，无论是总体规模还是分行业。安徽文化产业法人单位近几年发展也较快，总数从2012年的17762家增至2017年的79413家，增加了近3.5倍，这其中文化服务业做出了巨大贡献，5年间增加了近5万家。

（五）规上文化企业概况

就总量而言，江苏的规上文化企业[①]在企业数、从业人员数、资产以及营业收入等方面都具有明显优势。2017年，江苏规模以上文化企业数突破7500家，比第二名浙江高出64.0个百分点，从业人员数达125万，几乎是区域内其他三省市从业人员数总和，资产总额和营业收入分别高达1.5万亿元和1.7万亿元。上海规上文化企业资产规模（1.2万亿元）比浙江（1.1

---

① 包括规模以上文化制造业企业、限额以上文化批发和零售业企业、重点文化服务业企业。

万亿元）略高排名第二，但企业数（2560家）则少于浙江（4616家），排名第三。安徽规上文化企业各项指标在四省市当中都相对靠后（见图7）。

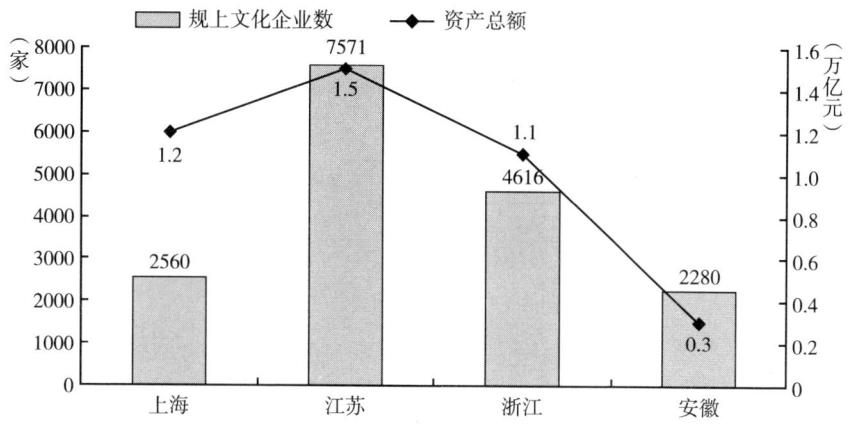

图7　2017年长三角规模以上文化企业和从业人员情况

资料来源：根据《中国文化及相关产业统计年鉴2017》。

就行业影响而言，长三角规上文化企业在地区文化产业当中扮演着重要角色。占区域文化企业总数5%左右的规上文化企业吸纳了当地近六成的文化从业人员，并且为地区文化产业发展提供了超七成的资产规模，其影响力可见一斑（见表3）。值得注意的是，浙江是唯一一个规模以下企业从业人数超过规模以上企业从业人数的省份，表明当地中小文化企业在促进就业方面做出了巨大贡献。

表3　2017年长三角地区规模以上文化企业相关指标占比

单位：%

地区	规模以上文化企业数占全部文化企业数量比重	规模以上企业从业人数占文化产业从业人数比重	规模以上企业资产总额占全部文化企业资产总额比重
长三角	4.8	58.1	76.5
上海	5.5	63.4	85.6
江苏	5.6	66.7	80.0
浙江	4.0	44.0	67.4
安徽	4.4	61.5	79.4

资料来源：《中国文化及相关产业统计年鉴2016~2017》。

就经营质量而言，2017年上海的规上文化企业最高，人均产出①最高达214.2万元，与其他省市相比优势较大，比第二名浙江高出47.2个百分点。江苏、安徽分列第三和第四（见表4）。

表4 2017年长三角地区规模以上文化企业相关指标

单位：万人，亿元，万元/人

地区	从业人员	营业收入	人均产出
长三角地区	254.2	38490.8	151.4
上海	45.5	9748.0	214.2
江苏	125.8	17439.1	138.6
浙江	58.2	8475.5	145.5
安徽	24.7	2828.2	114.3

资料来源：《中国文化及相关产业统计年鉴2017》。

就成长情况而言，报告期内长三角四省市在从业人员数和资产规模上"齐头并进"，分别维持在5.6%~8.9%以及18%~23.5%，但在法人单位数和营业收入增长方面表现出一定的差异性。上海规上文化企业的营业收入保持着年均27.0%的高速增长，是第二名浙江（10.3%）的2.62倍、第三名江苏（0.5%）的54倍，但同期法人单位年均增长率仅为6.4%，是四省市中最低的，上海规上文化企业整体表现出较强的规模报酬递增效应。形成对比的是安徽，法人单位年均增速高达22.4%，年均营业收入却负增长（-3.6%），该地区规上文化企业存在典型的规模报酬递减现象。类似情况出现在江苏，该地区规上文化企业法人单位年均增速7.6%，但营业收入年均增速仅为0.5%。浙江法人单位和营业收入年均增速都在10.2%左右，表现较为平稳（见图8）。

（六）文化研发活动情况

江苏和浙江在长三角文化科技创新方面处于活跃状态，其R&D支出规

---

① 人均产出＝营业收入÷从业人数。

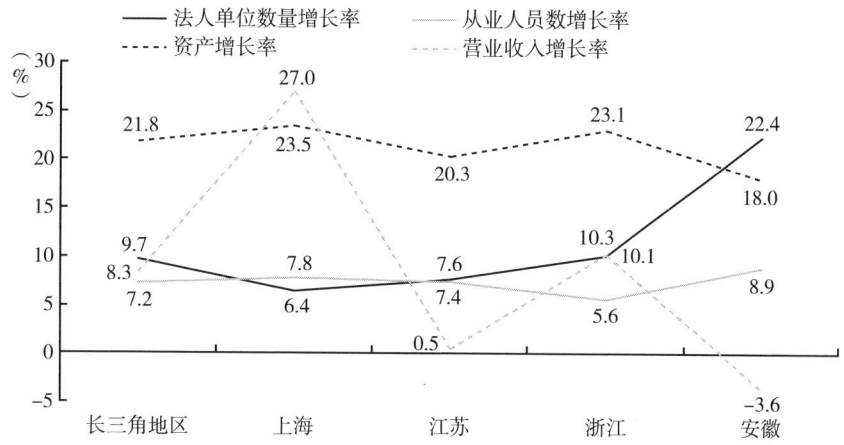

图8 2012~2017年长三角地区规模以上文化企业相关指标平均增长幅度

资料来源：《中国文化及相关产业统计年鉴2013~2017》。

模不仅仅高于其他两个省市，而且远远高于全国平均水平。其中，依托强大的先进制造业基础，江苏规上文化制造业企业R&D经费支出规模在长三角地区最大，并以年均12.5%的速度增长，2017年达96.8亿元，比全国平均水平（17亿元）高4.7倍。同期，浙江规上文化制造业企业R&D经费支出规模突破44亿元，年均增速9.1%，仅比上海高1.3个百分点。上海规上文化制造业企业R&D经费支出规模年均增速（7.8%）是四省市当中最低的，也比全国平均水平低6.9个百分点。安徽规上文化制造企业R&D经费支出规模近几年以年均40%以上的高速持续增长，2017年已达29.2亿元，高出全国平均水平71.8个百分点（见图9）。

二 长三角地区文化产业发展特点和亮点

（一）区域影响力和竞争优势十分明显

文化产业的发展与地方经济高度关联，长三角四省市在全国范围内体现出强大的经济实力，地区生产总值占全国生产总值的份额始终维持在23%

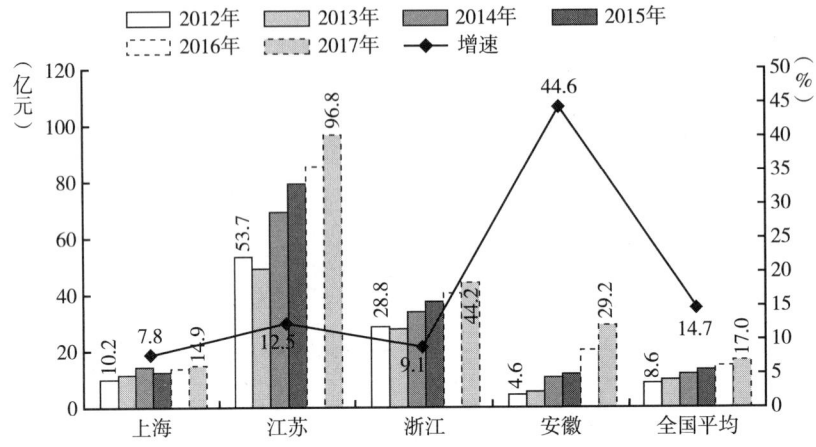

图 9　2012～2017 年长三角各地区文化制造业企业 R&D 经费支出

资料来源：《中国文化及相关产业统计年鉴 2013～2017》。

左右，这为区域内文化产业的增长与可持续发展提供了坚实后盾，近几年长三角文化产业增加值占全国比重始终维持在 30%，也从侧面间接证明了这一点。此外，近几年"文化企业 30 强"中近 1/3 企业都位于长三角，如上海东方明珠新媒体股份有限公司、安徽新华发行（集团）控股有限公司、江苏凤凰出版传媒集团有限公司、浙报宋城演艺发展股份有限公司等，这些企业无论是在资产规模还是市场竞争力都在业界处于领先水平，这也从侧面体现了长三角文化产业较强的整体竞争力。

尽管近两年其他区域文化产业发展速度较快，但并不会撼动长三角在全国的领先地位。伴随着上海自贸区、长江经济带、长三角一体化等与该地区息息相关的国家重大战略的落实与推进，加上该地区得天独厚的地理区位、先进的社会理念、丰富的金融资本、优秀的文化人才以及强大的消费能力等利好因素，长三角文化产业自身发展及其对经济的贡献率都将不断增强，对全国文化产业发展将继续发挥巨大推动作用。

（二）区域发展存在不平衡不充分

受制于每个地区资源禀赋条件、主导产业门类以及产业发展政策的不同，区域内四省市文化产业发展的成效不尽相同，部分省份文化产业仍具有较大发展空间。

得益于地区经济、科技创新和人才资源等要素的充沛，江苏和浙江在文化产业发展的"质"和"量"两方面都取得了不错的成绩，也实现了较好平衡，在长三角地区处于整体领先地位。上海文化产业发展的"质量"成色更高，尤其体现在其规上文化企业营业绩效明显优于其他省份，这可能与该地区文化产业中创意设计、广告会展、数字娱乐等附加值较高的细分门类占比较高有关，地区文化产业更加重视内涵化、集约化发展。安徽文化产业与其他三省市之间的差距较大，无论是在总体规模还是单向指标上都普遍落后于其他三省份，但这也说明安徽的文化产业潜力并没有得到充分挖掘，文化产业的发展空间巨大。

此外，区域文化产业发展不充分还体现在该地区文化消费水平尽管高于全国平均水平，但是与全国其他地区文化消费存在的问题一样，该地区文化消费支出占总消费支出的比重仍然维持在5%左右，文化消费还不是当地居民日常消费的重点，文化消费对于提升居民生活品质的积极作用还没有得到充分发挥。

（三）文化产业发展的服务化倾向凸显

近几年，以上海和江苏为表率，长三角地区经济发展的"服务化"趋势不断加强，各省市第一、第二产业占比不断下降，第三产业占比持续上升。2017年，上海、江苏和浙江第三产业占比都已经超过了50%，上海更是突破了70%。

顺应这一趋势，长三角文化产业发展也日益朝着服务化方向发展，近两年该地区文化产业固定资产投资规模在全国占比一直下滑，而文化服务业法人单位数占地区文化产业法人单位总数的比重则持续上升。2017年，该地区文化服务业法人单位数占比已经超过60%，同期文化制造业法人单位数占比则降至19.0%左右。由此可知，长三角四省市都在不断强化文化产业与旅游、设计、科技、金融、教育等服务领域的交叉融合，提高产业"服务化"程度已经成为该地区文化产业提质增效的重要方向。

（四）文化科技融合态势良好

长三角地区拥有充沛的高校人力资源、强大的科技研发资源以及完备的文化科技融合载体平台，这些因素成为推动地区文化科技融合向纵深发展的重要支撑条件。

上海当前十分重视虚拟现实（VR）和增强现实（AR）技术与电影、电视、游戏、设计等文化产业领域的有机融合，并且率先在国内培育了一批具有影响力的虚拟现实特色文化产业园区，虚拟现实文化产业生态圈初见雏形。江苏在3D动漫引擎、数字媒体创作工具等一批关键技术领域实现了突破，并且在省内建成了常州、南京和无锡三家国家级文化科技融合示范基地以及一批文化科技企业孵化器。浙江当前已经发展成为全国信息经济发展高地，互联网及其相关技术应用深入产业发展的各个方面，基于互联网和大数据应用建立起具有一定区域知名度和影响力的文化贸易网络交易平台和网上展览平台。安徽强调运用现代化的高新技术提升演艺、娱乐、工艺美术等传统文化产业门类，在此过程中催生新的科技含量较高的文化产业业态。

（五）文化产业集聚程度较高

长三角地区良好的经济发展环境、便捷的交通运输网络、开放的现代化市场经济体系、充沛的人力资本存量等因素都成为吸引文化人才创业以及文化企业落户于此的重要利好条件。

当前，长三角地区形成了以上海为核心城市，杭州、苏州、南京、宁波、合肥等为中心城市，沪宁线、沪杭线、杭甬线为基本走势的"Z字形"文化产业集聚（城市）网络。这些中心节点城市在地方政府的政策引导和推动下，兴建了一大批文化产业园区，集聚了众多国内外优秀的文化类专业人才和经营管理人才，有力提升了中心城市的文化产业集聚水平，如浙江文化产业就高度集聚在杭州、宁波和金华三个城市，这三个城市的文化产业增加值总和占到全省的60%。文化产业集聚效应的发挥进一步强化了文化企业相互之间的关联程度，推动整个产业向着一体化方向发展，如江苏无锡市国家数字电影产业园，先后吸引了星皓影业、爱奇艺等一批业内顶尖的影视内容企业，以及 BaseFX、天工异等影视后期制作公司入驻，形成了一条集电影项目申报、拍摄、制作、发行、交易于一体的完备产业链。[①]

三 长三角文化产业发展趋势

作为当今中国经济最活跃的区域之一，长三角在文化产业发展中的领先地位基本得到确认，其文化产业规模长期占据着全国三分之一强，同时也是中国最先进的文化集聚以及文化科技融合示范基地之一。结合报告内容，预测在未来2~3年发展中长三角文化产业可能呈现如下发展趋势。

（一）文化市场的现代化程度进一步提升

长三角地区是我国市场经济高度发达的地区之一，近几年在国家政策范围内积极推进文化体制改革向纵深发展，取得了较好的成效。未来可以预见，随着四省市各自文化体制改革的进一步深化，长三角地区公共文化机构的法人治理结构将逐步落实，国有文化企业公司制股份制改革将基本完成，民营资本、社会资本的活力将得到进一步释放，国有骨干文化企业与民营小微企业之间的"协同作战"能力更强，文化企业跨地区、跨部门、跨所有制整合资源的能力更强。地区居民文化消费的总量和规模进一步增长，文化消费的电子商务平台建设以及公共文化消费的基础设施建设投入不断加大。文化创新创意的知识产权保护力度不断加强，文化贸易"走出去"步伐加快，版权贸易在地区文化贸易中的占比不断提高。

（二）产业的区域一体化协同得到进一步强化

2016年6月国家发改委发布实施的《长江三角洲城市群发展规划》为

[①] 资料来源：http://www.qunzh.com/qkzx/gwqk/qz/2017/201705/201703/t20170308_29157.html，最后访问日期：2017年12月28日。

长三角四省市的区域一体化建设提供了重要的发展方向和政策保障,在此框架下,可以预见,长三角文化产业区域一体化协同发展将成为后续该地区文化产业发展的基本方向。这不仅需要四省市共同建立旨在促进文化产业资源在不同城市有效流转、优化配置的体制机制,譬如部门决策协调机制、行政审批联动机制、市场数据共享机制等,而且还应该根据各自产业资源禀赋以及比较优势,对四省市现有文化产业主导业态选择进行统一规划和空间调整,避免因产业门类过于同质化导致资源浪费、重复建设甚至是恶性竞争等问题,提高资源的使用和配置效率。对于目前已经存在同质化倾向的文化产业门类,如动漫游戏、创意设计、休闲娱乐等,在四省市相关部门协调一致的基础上,引导和鼓励各地区结合自身特色,进一步推动同质化倾向的文化产业门类提高分工和专业化水平,增加相互之间的差异化程度,形成资源互通、利益共享、风险共担、错位竞争、协同发展的良好一体化局面。

(三)产业发展动力从"投资驱动"向"创新+消费驱动"转变

长三角地区一直以来都是我国制造业发展的重要区域板块,该地区固定资产投资在全国始终处于领先地位。受此影响,过去长三角地区文化产业发展动力主要以固定资产投资驱动,文化制造、文化装备类企业数量在该地区文化企业总量当中占比较高。近两年,随着该地区积极响应并落实国家创新驱动战略和供给侧结构性改革,文化企业更加注重与创意设计、技术创新、金融保险、品牌提升等软要素的融合,文化科技创新和文化消费逐渐成为该地区文化产业发展的新动力,该地区近两年文化科技活动活跃和文化消费增长态势明显从侧面验证了这一点,这也与该地区经济发展方式转型和优化的主基调基本契合。有理由相信,"十三五"期间长三角文化产业的发展动力将加快从"投资驱动"的粗放模式向"创新驱动""消费驱动"的集约模式转变。

(四)产业发展重点从产业融合向"产城融合"转变

近几年,浙江特色小镇建设如杭州余杭梦想小镇、龙泉青瓷小镇等,在全国引发了文化产业与城镇化融合发展的热潮。实际上，这只是长三角地区文化产业与地区城镇化融合发展的一个缩影。以浙江为代表，长三角地区文化产业的发展方向已经逐渐从强调文化产业与其他产业如装备制造、信息服务等的融合发展，向与都市现代化、城镇美好化等产城融合方向转变。当前，四省市都十分重视建筑设计、城乡规划设计、园林设计等对于提升城市文化品位、丰富美丽城市和美丽乡村建设文化内涵的意义。历史街区、文化名镇（村）的保护开发力度也在不断加大。可以预见，文化产业与城市发展、美好生活的不断契合，将成为长三角地区文化产业"十三五"期间又一个特色鲜明的发展趋势。

（五）产业辐射范围从区域市场向全球市场转变

国家"一带一路"建设的推进以及上海自贸区桥头堡作用的进一步放大，使得长三角文化产业的服务半径在未来将得到极大扩展，辐射范围将从全国、东亚以及东南亚地区沿着"一带一路"向全球主要国家和地区拓展，这有利于长三角加快文化"走出去"步伐。可以预见，长三角四省市将充分利用这次战略契机，加大优秀文化产品和服务的开发力度，加快地区传统优势文化产品和服务如工艺美术、演艺娱乐、出版印刷、文化旅游等的"走出去"步伐，推动创意设计、影视制作、游戏动漫等领域版权贸易服务的进一步做大做强，提升长三角在全球的文化影响力和国际知名度。

B.4
东北地区文化产业发展报告

高学武 赵婷婷*

摘　要： 自党的十七届六中全会强调发展文化产业以来，文化产业成为东北地区经济社会发展的大事，软件开发、数字出版、动漫游戏、影视等产业呈现较强劲的发展态势，同时，工业设计与高端装备制造、电子信息、新能源汽车和航空航天领域的无缝结合，成为东北地区老工业振兴和产业转型升级的重要推手。但东北地区文化产业发展依旧存在文化产业人才匮乏、文化产业投入不足和文化产业竞争力相对较弱等问题。为此，东北地区文化产业要实现大发展大繁荣，就要攻坚克难，从引进高端人才和培养应用型人才、深化文化体制改革、加强自主创新能力等方面着手，以推动文化产业发展。

关键词： 东北地区　工业设计　人才匮乏　自主创新

本报告研究对象为东北地区辽宁、吉林和黑龙江三省的文化产业发展情况，①需要说明的是本报告中2017年数据由于时限因素未能获取官方数据，而是预测所得。伴随东北地区小康社会的全面建设、东北老工业基地的振

---

* 高学武，东北财经大学经济与社会发展研究院，副教授，主要研究方向：文化产业与政策；赵婷婷，北京清科创业信息咨询有限公司，咨询顾问，主要研究方向：产业规划与政策。
① 东北地区包括辽宁、吉林、黑龙江和内蒙古自治区东部五盟市，五盟市分别为呼伦贝尔市、通辽市、赤峰市、兴安盟、锡林郭勒盟，由于数据的可获得性问题，本报告未能将内蒙古自治区东部五盟市的文化产业发展情况列入东北地区的文化产业研究范围。

兴，经济社会发展水平稳步提高，东北地区依托深厚的历史文化底蕴、独特的地缘条件、丰富的文化科技资源等，走出一条具有地区特色优势的文化产业之路，东北地区基本形成了以动漫、工业设计和广播影视等为主的文化产业体系，文化产业逐步呈现良好的发展态势。

目前，我国已成为经济体量排名第二的世界制造业大国，东北地区作为重要的工业基地，已成为我国由制造业大国迈向制造业强国的重要支撑。2012～2016年，东北地区的经济增速快速下滑，呈现逐年放缓的经济增长，2015年，东北地区经济增速低于全国将近6个百分点，处于严重缓慢的增长态势（见图1），2016年东北地区经济更是出现大幅下滑，GDP增速为－9.35%，低于全国8.55%增速的17.2个百分点，同期我国经济总体增长实现继2010年以来的首次上扬，呈现回稳微升的态势。可见，东北地区的经济发展与我国整体发展水平差距逐年加大。2010年以来的全国经济增速下行发展是我国转变经济发展方式、调整经济结构的必走之路，东北地区又是此番经济调整的"重病区"，这与东北地区产业结构严重失调有重要关联，在此背景下发展文化创意产业，将助推东北地区产业转型升级和快速发展新经济。

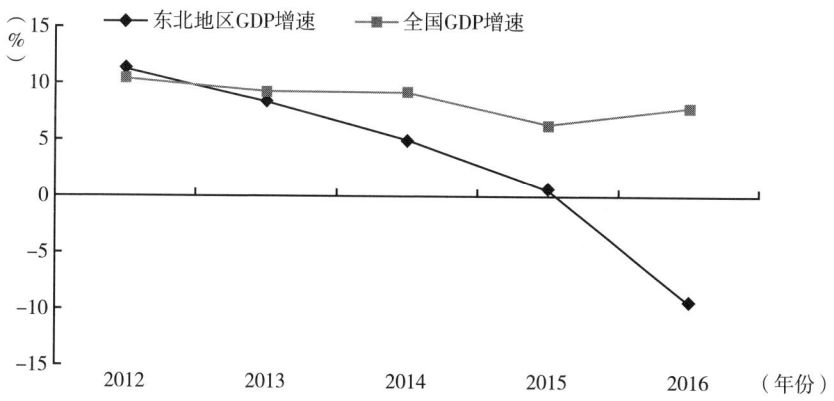

图1 2012～2016年东北地区GDP增速与全国GDP增速对比

资料来源：《中国统计年鉴（2017）》。

一 东北地区文化产业发展现状

（一）产业整体发展现状

受东北地区国民经济和社会整体发展大幅下滑的影响，东北地区文化产业发展也呈现下滑，2016年文化产业增加值1120.59亿元，较上一年下降6.39%，略高于东北地区GDP增速（-9.35%），占GDP比重由2015年的2.07%提高到2016年的2.14%，但显著低于全国整体平均水平（见表1）。

表1 2015~2016年东北地区文化产业总体发展状况

	2015年		2016年	
	文化产业增加值（亿元）	占GDP比重（%）	文化产业增加值（亿元）	占GDP比重（%）
辽 宁	651.2	2.27	550.6	2.48
吉 林	162.3	1.15	184.1	1.25
黑龙江	383.6	2.54	385.9	2.51
东北合计	1197.1	2.07	1120.59	2.14
全 国	27235	3.97	30785	4.07

资料来源：《中国文化及相关产业统计年鉴2017》。

（二）城乡居民文化消费情况

近几年，随着国民收入的不断提高，东北地区各省的文化消费呈现增速逐年放缓的增长之势，其中，辽宁省人均文化娱乐消费支出居东北三省最高水平，且高过全国平均水平，2016年达到980.9元，吉林和黑龙江人均文化娱乐消费支出均低于全国平均水平，分别为656.2元和535.8元。根据预测，2017年辽宁、吉林和黑龙江三省的文化消费将继续稳定增长，分别为1085.5元、724.4元和583.2元（见图2）。

进一步从城乡文化消费视角来观察，情况略有不同。2013年以来，东北三省城镇居民人居文化娱乐消费支出低于全国平均水平，且增长乏力（见图3），

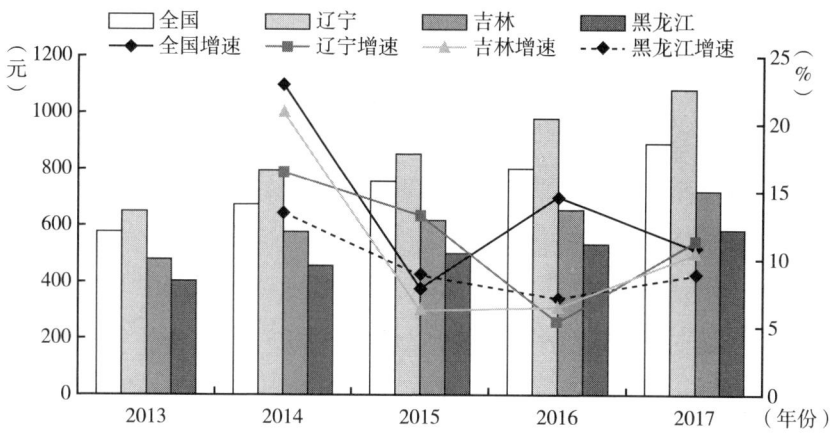

图 2　2013～2017 年东北地区和全国人均文化娱乐消费情况

资料来源:《中国文化及相关产业统计年鉴 2014～2017》。

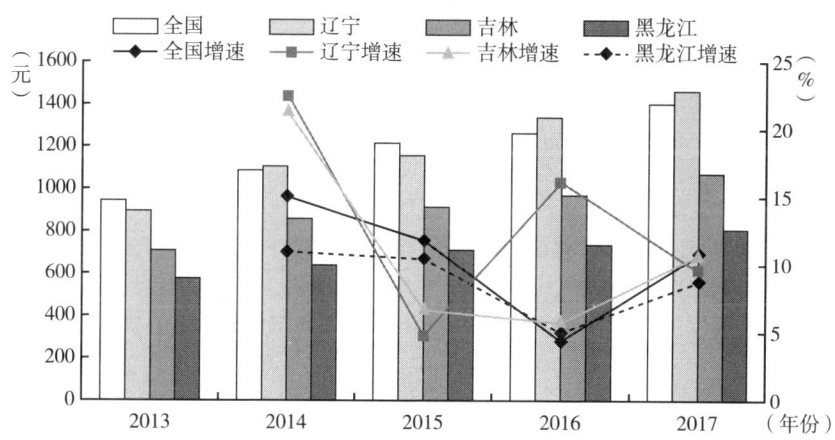

图 3　2013～2017 年东北地区和全国城镇居民人均文化娱乐消费情况

资料来源:《中国文化及相关产业统计年鉴 2014～2017》。

东北三省农村居民人均文化娱乐消费支出高于全国平均水平,其中辽宁省和吉林省稳稳高过全国平均水平(见图4)。从农村的边界来看,东北地区农村文化消费意愿相对较强。同时,东北地区各省均存在城乡人均文化娱乐消费支出差距较大的现象,2016 年,全国城镇居民人均文化娱乐消费支出

1268.7元，全国农村居民人均文化娱乐消费支出251.8元，拉出1000元消费差距。根据预测，2017年文化消费都将有出色表现，全国城镇居民人均文化娱乐消费支出1404.2元，全国农村居民人均文化娱乐消费支出284.1元，均呈现强于2016年的增长态势，但城乡文化消费差距将进一步拉大。

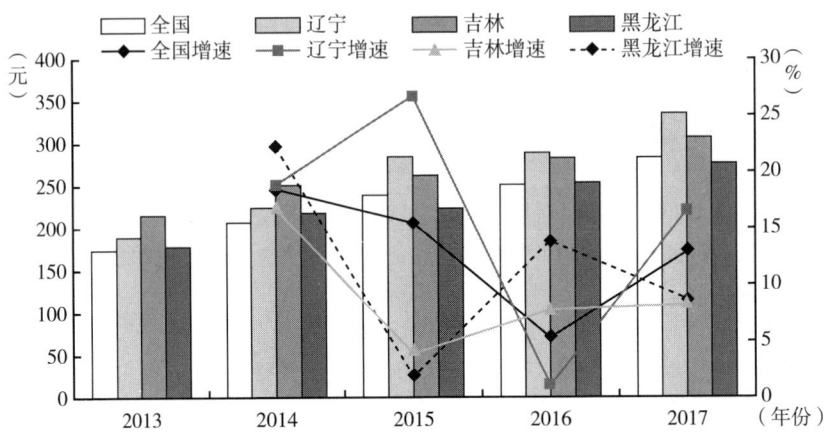

图4　2013~2017年东北地区和全国农村居民人均文化娱乐消费情况

资料来源：《中国文化及相关产业统计年鉴2014~2017》。

（三）文化及相关产业固定资产投资规模

整体来看，2006~2014年东北地区各省人均文化及相关产业固定资产投资逐年增高，2015~2016年略有回落（见图5）。2012年以前，东北地区的平均水平与全国人均文化及相关产业固定资产持平，2013~2016年，东北地区文化领域固定资产投资逐年低于全国平均水平。东北地区文化投资近两年出现明显的回落趋势与辽宁省的文化投资情况密切相关，辽宁省是东三省的文化大省，人均文化投资高出吉林、黑龙江两省甚至高出全国平均水平数倍，然而近两年辽宁文化及相关产业固定资产投资逐年急速下滑，出现大幅的回落，2016年人均固定资产投资处于东北三省最低水平。同期吉林和黑龙江文化领域固定资产投资增长稳中有进，分别为2182.0元和1383.7元，依旧低于全国的2438.2元的平均水平。根据预测，2017年东北地区文化投资将有更好的表现,东北三省人均文化投资分别为2741.1元、1761.5元、1481.1元,其中辽宁省人均文化投资大幅回升。

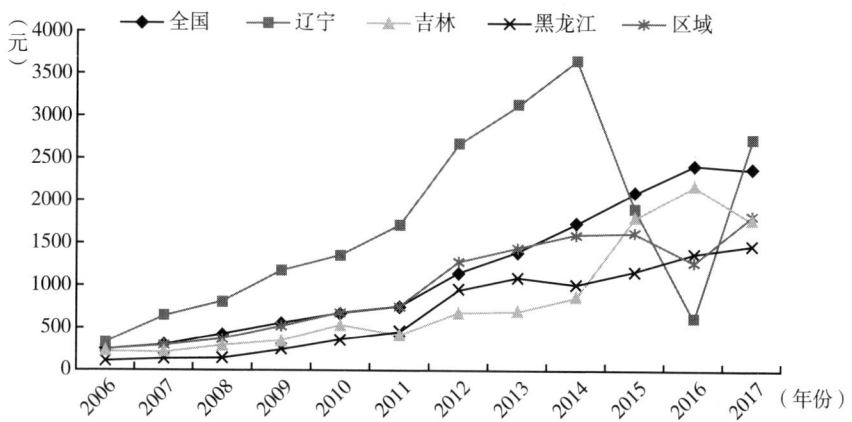

图5　2006~2017年东北地区和全国人均固定资产投资情况

资料来源:《中国文化及相关产业统计年鉴2017》。

(四)文化企业发展

文化企业是支撑文化产业发展的主力军,跟踪东北地区文化企业情况,有助于准确了解文化产业的发展实际。如表2所示,2016年我国规模以上文化企业共54728个,带动就业人数8716754人,资产总计98992.8亿元,实现营业收入和营业利润分别为94050.6亿元、66002亿元。2016年,东北地区文化产业规模以上企业单位数达1437个,占全国文化产业规上企业数的2.63%,共带动就业186875人。其中,文化制造业企业294个,文化销售企业375个,文化服务企业768个,从事文化服务的企业偏多,这与东北地区产业发展和结构调整密切相关。2016年,东北地区文化及相关产业规模以上企业资产总计达1776.2亿元,占全国文化及相关产业企业资产总额1.79%。从各方面相关数据来看,辽宁省均是东北地区文化产业的重要承载区,是东北地区的文化大省。

表2 2016年东北地区文化及相关企业规模情况

地区	企业单位数（个）	年末从业人员（人）	资产总计（亿元）	营业收入（亿元）	营业税金及附加（元）	营业利润（亿元）
全国	54728	8716754	98992.8	94050.6	571.4	6600.2
辽宁	728	120809	1049.0	662.5	4.2	26.7
吉林	451	39557	484.2	261.9	4.3	20.7
黑龙江	258	26509	243.0	173.9	0.8	10.0
东北地区	1437	186875	1776.2	1098.3	9.3	57.4

资料来源：《中国文化及相关产业统计年鉴2017》，根据规模以上文化企业数据加总获得。

（五）规模以上文化企业发展情况

2012~2016年，东北地区规模以上文化企业、从业人员呈现不稳定、波动幅度大的状态，2016年较2015年呈现"回暖"状态（见图6）。规模以上文化企业资产总计逐渐增加，但营业收入和营业利润呈现快速下降态势（见图7）。

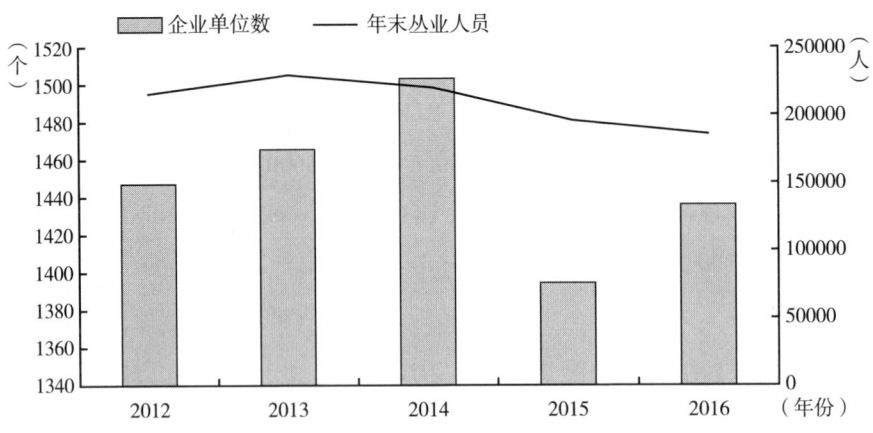

图6 2012~2016年东北地区规模以上文化企业及从业人员

资料来源：《中国文化及相关产业统计年鉴2013、2014、2015、2016、2017》。

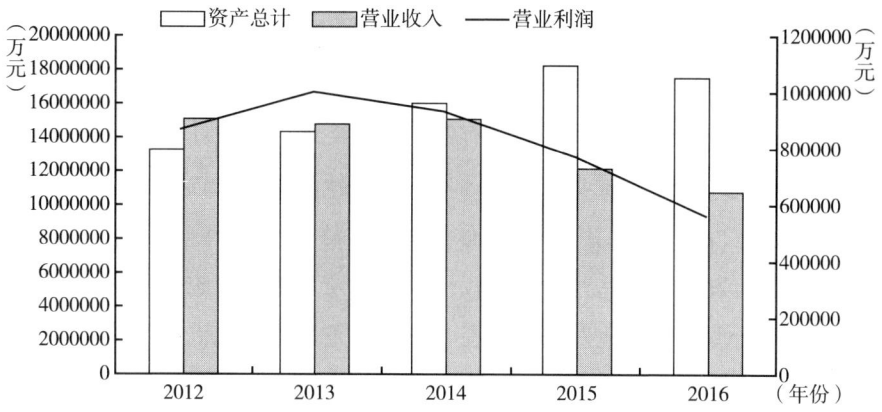

图7　2012～2016年东北地区规模以上文化企业主要经济指标情况

资料来源:《中国文化及相关产业统计年鉴2013、2014、2015、2016、2017》。

(六)文化研发活动情况

如表3所示,2012～2016年,东北地区文化制造业企业的产品研发投入和新产品开发活动处于不稳定状态,企业的科技活动相对较少,2016年东北地区文化制造业企业有294个,其中有研发活动的企业只有23个,R&D人员全时当量869人年,文化产业是需要以科技创新、商业模式创新、高端产业人才为重要驱动的新兴产业,东北地区文化产业的科研开发活动有待拓展。

表3　2012～2016年东北地区规模拟上文化制造企业科技活动情况

年份	R&D活动企业(个)	R&D人员全时当量(人年)	R&D经费内部支出(万元)	R&D项目数(个)	新产品项目数(个)
2012	19	1222	63970	160	156
2013	24	681	42456	126	143
2014	29	1080	59622	199	202
2015	24	2285	57657	167	170
2016	23	869	39855	160	150

资料来源:《中国文化及相关产业统计年鉴2017》。

如图8所示，虽然2016年全国新产品收入比重大幅下滑，但东北地区各省新产品销售收入占营业收入的比重与全国平均水平相比仍有很大差距，并且比值较低。2016年黑龙江新产品占比营业收入比低出全国平均水平约9个百分点，辽宁是三省中占比最高省份，吉林次之，黑龙江最低，新产品销售占比营业收入较低，说明东北地区从事文化新产品业务较少，传统产品销售较多，这一现象主要归因于两方面：一是由表3数据透露的信息，东北地区文化产业研发和新产品开发投入较少；二是东北地区传统文化产业占比较大，新兴和新型文化产业发展较缓慢，并且比重较小，这也为传统文化产业转型升级的道路带来较大压力。根据预测，2017年全国新产品销售收入占比将有所回升，东北三省整体新产品销售收入占比将继续下降，其中吉林省略有回升，但增幅较小。

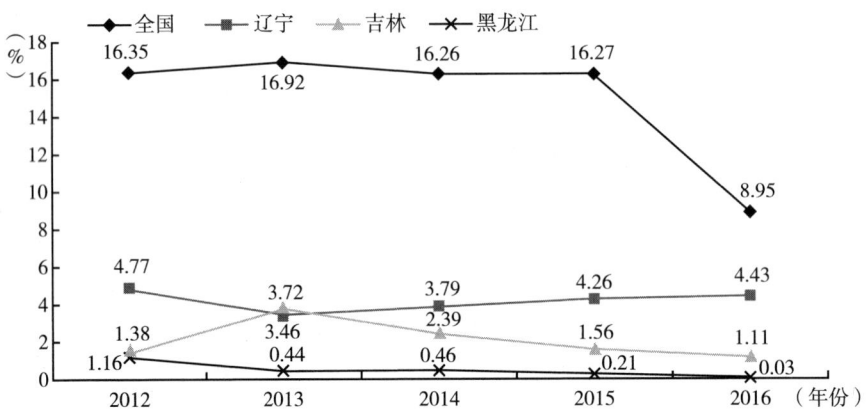

图8　东北地区各省文化产业新产品销售收入占据营业收入比重

资料来源：《中国文化及相关产业统计年鉴2017》。

二　东北地区文化产业发展特色优势

（一）东北地区文化与科技跨界融合活力迸发

东北地区文化产业规模相对较小，但文化创意产业发展迅速，文化与科技融合发展得到集中体现,以广告设计、工业软件设计为主的设计服务业、动漫、游戏等文创产业的发展方兴未艾,作为国家重要的工业基地,工业软件设计业的快速发展将助推东北地区加快实现智能制造。东北地区动漫产业已经具有一定的产业规模和基础,2008年,哈尔滨平房动漫基地被国家文化部评为国家文化产业示范基地,2012年5月,哈尔滨再次成为首批国家级文化和科技融合示范基地。吉林知合国际动漫产业园,是国家重要的动漫外包原创生产基地,同时为动漫产业培育诸多专业人才,辐射东北地区动漫产业发展。辽宁省建有沈阳国家级动漫产业基地、大连高新区动漫走廊和丹东的中韩动漫游戏服务外包基地。哈尔滨依托其丰富的文化资源,开启文化科技旅游,抢先探索AR、VR与旅游业的融合。2016年推出的《哈尔滨文化产业发展规划(2016~2020)》,着力强调要深化文化与科技的融合发展。同年,吉林出台《长春市文化创意与科技研发等融合发展专业孵化器核准和管理办法》,深入推动吉林文化与科技的融合,各文化产业园主动融入"互联网+",长影集团精良的3D动画制作技术更是领先全国。辽宁则注重将科技手段与创新元素融入文化产业的各个环节,同为国家级文化和科技融合示范基地的沈阳,文化新业态不断涌现,以移动终端为主的新媒体产业迅速发展。近几年,辽宁省强力引导文化企业加强高科技手段对文化产品与服务形成和表现环节的植入,支持企业强化数字技术、互联网技术等技术对数字出版、动漫游戏、演艺娱乐等生产环节的应用,优渥的文化产业发展沃土培育出一批日益壮大的文化科技企业,形成一批优质的文化产品:大连华录集团开发的蓝光系列产品、沈阳非凡创意动画创作的"高铁侠"、大连卡秀数字科技的"武侠列传"、大连乾豪数字科技的"云朵宝贝"、大连泛游科技的"文化产品电商平台"和大连博涛多媒体研发的堪称国内数字体验领域第一家的"移动式球幕飞行影院"等。

东北地区文化与金融融合发展明显。产业的发展需要金融的强力支撑,近年来,哈尔滨市致力于信息旅游文化等新兴消费领域的开拓,联合民间类金融机构,探索建立起"哈尔滨文化产业引导资金",畅通了文化企业的融资渠道。2016年,哈尔滨市委宣传部民间金融机构、创投机构、众创空间等共同签署《文化企业投融资服务平台战略合作协议》,这一举措再次夯实了哈尔滨市"文化+金融"的平台支撑作用。此外,哈尔滨针对版权、商标权等质押办法、应收账款质押、第三方反担保、法定代表人无限连带责任等组合担保方式扩大文化企业贷款额度方面做出有益探索,降低了文化企业的融资难度。吉林省文化产业投资控股公司牵头,在省文化厅的大力支持下,搭建起文化产业投融资信用担保平台,该平台与包括欣荣、法务和财务等多家中介机构有效资源链接,打破吉林省文化产业投融资的瓶颈,理顺"文化+金融"的发展模式,逐步实现文化产业与金融资本的有效对接。并且该公司先后设立两只文化领域投资基金,基金规模超过5亿元,为吉林省文化企业提供更宽的融资渠道。辽宁省文化与金融融合发展势头更是强劲,2016年,国家级文化金融合作试验区落户沈阳,该区将打开文化与金融融合发展的全新格局,实现文化资源与金融资源更加高效的对接,包括如下几方面举措:建设文化金融、传媒衍生品创意的创意平台等项目;引进传统金融机构、文化银行等拓宽融资渠道,从而降低融资成本,推动东北地区文化产业"走出去";设立100只文化发展专项基金。

(二)以"二人转"为典型代表的民俗文化繁荣发展

经过几百年的文化积淀,东北地区已形成以皮影、剪纸、木偶、满族刺绣、二人转、东北小品等为代表的独具特色的民俗文化繁荣发展的局面。其中,"二人转"已经形成了东北地区的特色品牌。"二人转"一词来源于1952年辽宁民间艺术会演,1953年,在中国第一届民间音乐舞蹈会演上得到全国文艺界的认可,从此"二人转"向全国范围推广。"二人转"属地头文化,是在大秧歌基础上结合武术及民间舞蹈等多种艺术形式后与东北文化融合发展的结果。目前,东北地区已成为"二人转"重要的集研发、制作、发行于一体的艺术生产基地和流通地。其中,吉林省民间艺术团和辽宁本山传媒集团等是"二人转"作品生产的主力军,作品主要有《西厢—观画》《包公断后》《南郭学艺》《回杯记》等,东北地区二人转、小品的流通采取线上与线下相结合的方式,线上主要有各电视台的小剧场和综艺节目等形式，线下则以地区的剧院为主，巡演为辅，剧院主要有龙江大舞台、东北情大戏院、刘老根大舞台、北陵军人俱乐部等。东北地区也是优秀的二人转演出、创作和研究人才的培养基地，知名演员、导演兼制片人赵本山，已经成为东北地区的民俗文化符号，其组建的企业本山传媒集团培养出小沈阳、宋小宝、杨明、小沈龙、翟星月、关婷娜、黄圣依等67名民俗艺术表演演员。2000年，"二人转"登上春晚的大舞台，东北独特的民俗之风吹遍全国各地，深受全国各地区人民的喜爱，2009年，中央电视台四套节目增设由吉林省东北风文化传播有限公司承办的"二人转"特色节目《中国好人·长春篇》，该节目播出后，社会反响强烈，"二人转"再次得到大众认可。

（三）文化产业集聚发展

随着文化体制改革的纵深推进，东北地区对文化产业给予高度重视，大力推动文化产业发展，突围当前的产业发展困境，已经成为东北地区各省市的发展共识。为此，各省市积极学习和更新文化产业的发展理念，为文化产业发展营造政策环境的同时，更加注重文化产业园、文化主题公园、文化商业街和文化旅游新区等的打造，以聚众志、谋发展、办大事。截至2017年，东北地区共建设文化产业园142个，包括哈尔滨冰雪大世界、平房动漫游戏基地、太阳岛景区、同源文化发展有限公司、松雷原创音乐剧，产业门类涉及动漫、工业设计、广告、影视、民俗文化等，打造出以哈尔滨中央大街、哈尔滨果戈里大街、沈阳"满清"一条街和大连俄罗斯风情一条街为代表的数条文化商业街，吸引国内外游客的观光和游览。在主题公园的发展方面已经形成了一些品牌，诸如哈尔滨冰雪大世界、太阳岛、泰姆凯迪快乐梦想城、哈尔滨文化公园、俄罗斯风情园、长春电影城、卡伦湖度假村、沈阳世博园、变形金刚互动体验馆等。各省积极推进文化项目建设，打造文化旅游景区。其中，2016年黑龙江省推进文化产业重点项目96个，完成投资99亿元，齐齐哈尔龙沙动植物园、扎龙鹤之汤温泉养生会馆和哈尔滨万达文化旅游城等品牌影响力较大的景区项目已投入运营。

三 东北地区文化产业发展趋势研判

（一）以工业设计为代表的生产性文化服务业将成为东北地区文化产业发展的重要方向

国内专家基于物质再生产理论提出文化再生产理论，[①] 该理论认为文化产业可分为三类，即文化创作生产、文化传播渠道和文化生产服务，而诸如软件开发、投资咨询等均属于生产性文化服务业。东北地区包括工业设计在内的生产性文化服务业具有巨大的产业发展空间，以装备制造业、石油化工、汽车整车及零部件生产等为主要产业门类的东北工业区是国家重要的工业基地，工业产业基础雄厚，但传统产业比重较大。随着"互联网＋"时代的到来，智能生产将助推东北地区工业产业价值链的提升，由产业价值链低端向高端环节转移，工业设计对东北地区的产业发展至关重要，将助推传统装备制造全面建设柔性生产线和智能生产车间。近期，国家工信部发布《工业和信息化部 财政部关于推进工业文化发展的指导意见》，明确指出要着力推动工业设计创新发展，在此背景下，东北地区将充分利用软件与服务外包、高端装备制造等产业多年储备的技术和人才优势，以计算机辅助工程、制造执行管理系统、计算机集成制造系统、过程控制系统、产品生命周期管理、工业控制等智能设计与仿真工具、智能制造与工业大数据等高端工业软件产品和关键技术研发为核心发展方向的工业设计将得到快速发展。

（二）文化与旅游的融合发展将构建起东北地区文化产业发展的新动能

东北地区具有深厚的历史文化积淀和丰富的文化载体储存，涵盖历史纵深感强烈的俄侨文化、犹太文化、使领馆文化、红色文化、战争遗址文化、

[①] 高书生：《如何认识文化产业》，《人民日报》2013年2月8日。

(沈阳)故宫文化和具有地方特色的冰雪文化、音乐文化、欧陆文化、曲艺文化、满族文化、辽河文化等,形成了诸多的文化品牌,包括哈尔滨啤酒节、冰雪大世界、老顺口酿酒工艺、王桂香民间剪纸、大连达沃斯等,但东北地区的文化资源并没有得到充分转化和有效盘活,文化资源的开发和使用率较低是当前东北地区文化产业疲软无力的重要因素之一,各省市对此逐渐加强认识,积极推动文化与旅游的融合,打造具有地方优势特色的文化产业。其中,《哈尔滨市文化产业"十三五"发展规划》明确提出,要大力培育文化旅游业发展,着力增强文化资源的开发、转化,强化文化旅游产品的开发。东北地区具有文化与旅游发展的天然优势,随着地区特色产业的不断优化和明确,文化旅游将重装走上东北地区文化产业的大舞台,成为东北地区文化产业发展的新动能。

(三)关键人才引进与培养将是夯实文化产业发展基础的关键举措

文化产品的核心是创意,创意来自产业人才,相对而言文化产业对人才的依赖度更高,随着数字经济时代的到来,人才更是成为文化产业发展的重要支撑和驱动。虽然东北地区文化产业从业人员规模在逐年增大,但处于文化产业各行业的研发、设计人员及技术应用人员仍是供不应求。目前,东北地区主要面向澳大利亚、日本、韩国等国采取重金引进的方式解决企业的高端人才紧缺问题,北京、上海、江苏等地文化产业发展较好,产业人才充沛,但由于东北地区地缘、政策、市场等问题,国内高端人才难以引进。随着东北地区对文化产业越来越重视,积极营造文化产业发展的政策、金融、市场等环境,人才问题逐渐浮出水面,成为制约东北地区文化产业发展的重要瓶颈,人才问题急需解决,加强对紧缺型人才的引进和应用型人才的培养将成为提升文化产业发展质量的重要举措。《吉林省人民政府关于加快发展生产性服务业 促进产业结构调整升级的实施意见》中明确指出,鼓励从事生产性服务业领域的专业技术人才脱颖而出,在开展全省拔尖创新人才和全省有突出贡献中青年专家评选工作中,对从事生产性服务业人才、文化创意类人才在名额分配上给予重点倾斜。《辽宁省"十三五"时期文化改革发展规划》在重点任务和保障措施中均有强调对文化创意人才的培养。《哈尔滨市文化产业"十三五"发展规划》中着力强调文化产业人才紧缺问题，并科学规划人才培养和引进方向。可见，东北地区的文化产业人才问题逐渐引起地方政府的高度重视，东北地区文化产业的人才引进和培养将成为产业发展的重要举措和关键环节。

（四）创新发展将是提升东北地区文化产业竞争力的有效路径

根据波特模型，产业整体竞争力主要由技术革命和技术创新、经济发展阶段、产业资源、产业政策和市场规模五个因素决定。那么在同一发展阶段，技术创新便成为一个产业核心竞争力的重要体现。东北地区文化产业发展稳定，但存在传统产业比重较大、技术创新不足的问题，这说明东北地区文化产品的生产处于价值链的低端，新兴文化产业涉足较少，文化制造业企业研发投入较少，导致企业一直处于加工制造的低技术含量环节，不能抢占产业技术制高点的同时，亦不能获取应有的经济利润，在全国文化产业快速发展的形势下，新技术、新模式和新业态等不断涌现，东北地区的产业毫无竞争力可言。而从东北地区近些年紧锣密鼓布局文化产业的形势，可以看出对文化产业发展表现出的坚强决心。要想实现东北地区文化产业繁荣发展，赶超先进国家和地区，就必须加大地区的科研投入，加强企业的技术创新能力，开发新产品和新技术，打造地区品牌，从而提升东北地区文化产业的竞争力。

B.5 东南地区文化产业发展报告

张军 刘婉娜

摘　要： 在新常态下的经济发展过程中，文化产业势头强劲，无疑将成为推动国民经济高质量发展的重要推动力。2016～2017年，东南地区文化产业在文化消费、产业融合、创业创新、文化企业规模等方面，总体呈现上升的发展态势。东南地区依托其地理区位优势、产业集聚优势、区域竞合发展优势，大力推动区域文化产业的良性互动发展和持续健康发展。在此过程中，一方面，东南地区的文化消费需求日趋多样化，追求品牌化势头强劲，文化产品的有效供给与创新的重要性日益凸显，"供给侧"改革对文化产业的推动作用进一步增强；另一方面，东南地区的文化产业合作正在走向多元结合的发展趋势，文化产业与信息产业紧密相融，凸显了文化与科技融合的力量。文化消费和科技融合成为2016～2017年中国东南地区文化产业发展的主题。

关键词： 东南地区　文化产业　文化消费　科技融合　竞合发展

我国东南地区主要包括广东、福建和海南三个省，也包括我国香港和澳

---

* 本文是国家哲学社会科学基金艺术学项目"构建我国特色文化产业立法体系"（项目编号：16BH126）的阶段性成果。
** 张军，华南师范大学文化产业法制研究中心主任，城市文化学院副教授，武汉大学国家文化发展研究院研究员，主要研究方向：文化产业法规与政策，文化产业战略与投融资；刘婉娜，武汉大学国家文化发展研究院2018级硕士研究生，主要研究方向：文化产业规划与管理。

门地区，土地面积占全国的3.5%，人口占全国的11%。2016年，东南地区的文化产业依然保持了迅猛发展的态势：文化产业规模持续扩大，行业结构创新优化升级；文化创客及文化企业活跃于创新创业领域，成为就业、税收等方面的突出贡献者；产业投资、文化消费的增长；科技创新的研发等。东南地区文化产业2016年呈现一些显著的特点。一是文化产业区域发展的不均衡性。在东南三省中，广东省的文化产业发展程度远高于福建省和海南省，海南省发展程度处于最弱势地位。二是区域文化产业的集群化、规模化聚集特点。三是"文化+"的融合趋向。四是文化产业区域互动，优势互补，竞合共进。五是优秀文化企业的上市，区域集聚现象显著。

笔者根据东南地区的发展现状及其呈现的特点，总结了东南地区文化产业的发展趋势及展望。针对未来的产业发展，东南地区将加快区域文化产业的统筹与协调；加大"供给侧"改革力度，推动东南地区文化产业创新升级；依托文化科技的深度融合催生新业态；创业创新的活跃为区域文化产业创造新机遇，东南地区文化产业将着力扶持培养科技型企业、创客型企业和外向型企业；公共文化服务与文化产业相辅相成，和谐发展；东南地区将加强与全球一流高校和研究机构合作，培养IP产业。

一 东南地区文化产业发展现状

（一）产业整体发展状况

近年来，文化体制改革不断向纵深推进，文化产业规模稳步扩大，文化行业结构持续优化升级，文化产业已经成为国民经济的支柱性产业。在东南地区，广东省2016年文化及相关产业增加值的增长速度为近5年之最，达到4256.6亿元，总量连续居全国首位。福建省与海南省的文化产业在2016年同样呈现蓬勃发展的强劲势头，福建省实现增加值1190.3亿元，同比增长11.15%；海南省则实现增加值114.7亿元，同比增长4.0%（见表1）。福建省注重推进产业融合，同时由于两岸之间的历史文缘，福建与台湾贸易往来密切，福建文化产业主动承接台湾文化产业转移，通过对接借以进一步促进本土文化产业。海南省则以国际旅游岛为定位，明确提出文化产业要向规模化、集聚化、专业化转变，在这一背景下，海南文化产业取得突飞猛进的发展。

表1 2015～2016年东南地区文化产业总体发展状况

地区	2015年		2016年	
	文化产业增加值(亿元)	占GDP比重(%)	文化产业增加值(亿元)	占GDP比重(%)
福建	1070.9	4.12	1190.3	4.13
广东	3648.8	5.01	4256.6	5.26
海南	110.3	2.98	114.7	2.83
合计	4830.0	4.71	5561.6	4.89
全国	27235	3.97	30785	4.07

资料来源：《中国文化及相关产业统计年鉴2017》。

（二）城乡居民文化消费情况

东南地区人均文化娱乐消费支出由2013年的1891元升至2016年的2336.2元（见图1）。2016年的同比增长率相比2015年的数值出现骤降，由11.10%降至0.27%，2016年的文化消费程度已趋于稳定，增速减缓。东南地区人均文化娱乐消费支出占整个东南地区支出的4.04%，高于全国平均水平，人均文化娱乐消费支出为全国人均水平的2.92倍（见表2）。文化娱乐消费支出地位逐年提升，文化消费稳步增长。

与东南地区整体呈现的趋势相同，东南地区城镇、农村居民人均文化娱乐消费支出也随着近几年文化产业的日益繁荣而有所提升（见图2）。东南地区城镇居民2016年的人均文化娱乐消费支出占比为4.52%，具体数值相比2015年略微减少，减少22.2元；在农村居民方面，人均文化娱乐消费支出占2.19%，比上年增加36.5元，增长率为5.11%。

通过对比分析可以看出东南地区城镇居民的人均文化娱乐消费支出明显比农村居民的高，是农村居民人均文化娱乐消费支出的4.36倍，具体差值

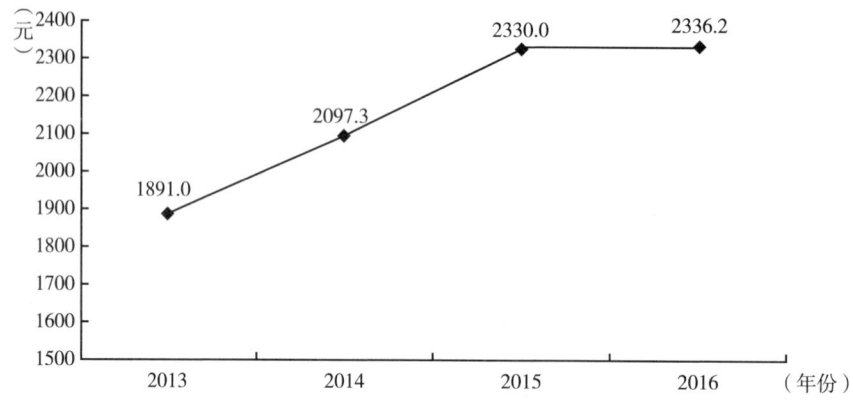

图1　2013~2016年东南地区居民人均文化娱乐消费支出情况

资料来源：《中国文化及相关产业统计年鉴2017》。

表2　2016年东南地区居民人均文化娱乐消费支出及占比情况

单位：元，%

指标 地区	人均消费支出	人均文化娱乐消费支出	人均文化娱乐消费支出占人均消费支出的比重
全国	17110.7	800.0	4.68
东南地区	57891.3	2336.2	4.04
广东	23448.4	1153	4.92
福建	20167.5	770.1	3.82
海南	14275.4	413.1	2.89
东南地区/全国	3.83	2.92	—

资料来源：《中国文化及相关产业统计年鉴2017》。

为2528.9元，城乡文化消费仍存在一定差距。但就整体趋势来看，东南地区居民文化消费的需求日益旺盛，文化消费稳步提升。

（三）文化及相关产业固定资产投资规模

自2012年始，东南地区文化产业固定资产投资数额不断增加，投资活跃，2016年完成固定资产投资2942.51亿元。其中，福建省全年完成固定资产投资额为1266.24亿元，同比增长16.45%，为东南地区三省同比增长率之最；广东省和海南省相应的固定资产投资额分别为1509.78亿元、

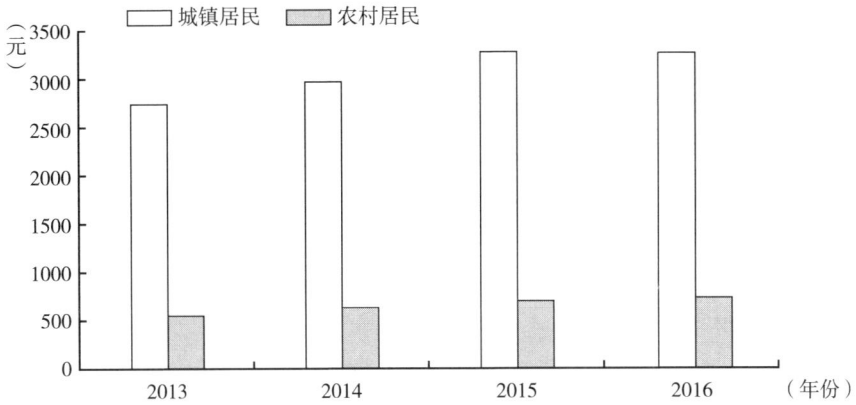

图 2　2013~2016 年东南地区城镇、农村居民人均文化娱乐消费支出情况

资料来源：《中国文化及相关产业统计年鉴 2017》。

166.49 亿元，广东省同比增长率为 7.75%，海南省的投资数值则比 2015 年稍呈下降趋势（见图 3）。

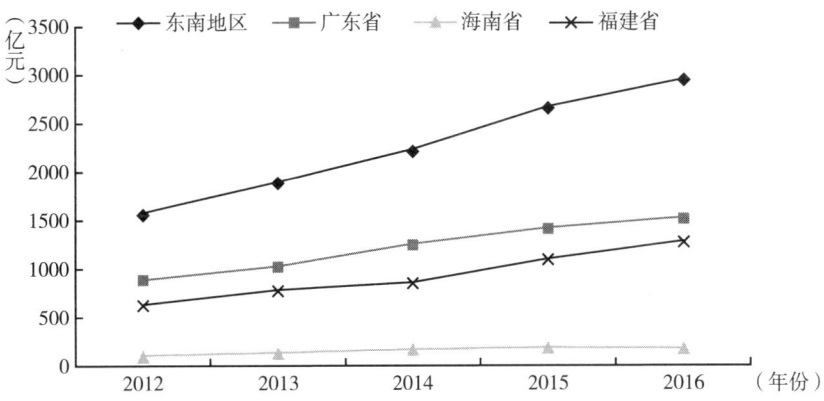

图 3　2012~2016 年东南地区文化及相关产业固定资产投资情况

资料来源：《中国文化及相关产业统计年鉴 2017》。

（四）文化企业发展情况

从文化企业法人单位数变化来看，东南地区文化产业的地位不断提升，文化企业创业活跃。2015年，东南地区三省文化及相关产业法人单位数量急剧上升，达17.63万个，比2013年增长24.07%（见图4）。其中，广东省文化产业三大行业法人单位数均居东南地区三省的首位，文化企业创业活跃度最高。

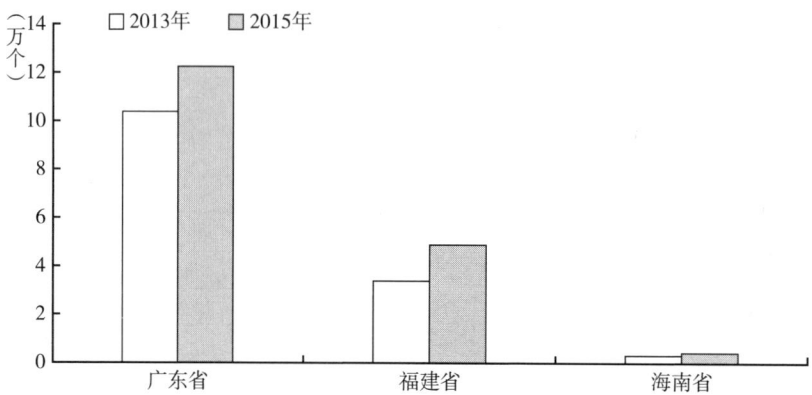

图4　2013年、2015年东南地区文化及相关产业法人单位数情况

资料来源：《中国文化及相关产业统计年鉴2016》。

在产业结构方面，近几年文化服务业的发展势头赶超其他文化行业，法人单位数量及其占比最高，已经成为文化产业结构优化升级的领导核心。图5的统计数据显示，从具体的法人单位数来看，文化产业中文化服务业法人单位数由2013年的61.61万个增至2016年的94.92万个，增加33.31万个，领先于文化制造业的增量2.08万个以及文化批发和零售业的增量2.78万个。此外，从法人单位数占比情况分析，文化服务业法人单位数量在2016年变化最为显著，所占比重由2015年的67.65%跃至73.00%，而2016年文化制造业及文化批发和零售业的数量皆呈微弱下降的趋势。

同时，在文化产业的十个类别[①](的对比中，文化服务行业发展趋势同样突出，法人单位数占比前三的分别是文化创意和设计服务、文化休闲娱乐服务及文化艺术服务，比重分别为28.8%、16.9%和14.3%。

---

① 具体类别参见《文化及相关产业分类（2012）》。

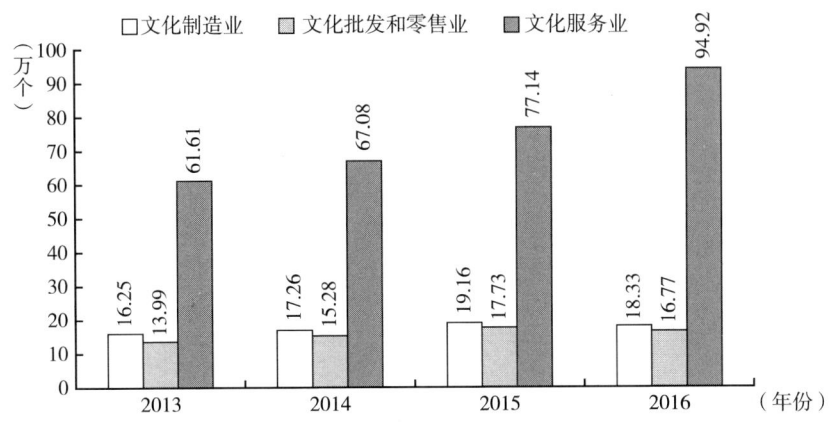

图5　2013~2016年中国文化制造业、文化批发和
零售业、文化服务业法人单位数情况

资料来源：《中国文化及相关产业统计年鉴2017》。

（五）规模以上文化企业发展情况

东南地区文化产业的繁荣发展、文化创客及文化企业的创业热情带动了文化企业对区域国民经济和社会的贡献。2016年，东南地区的就业贡献方面，规模以上文化及其相关产业的从业人数为227.36万人，约占全国文化产业从业人数的1/4，其中占比最高的是规模以上文化制造业企业从业人数，达到32.93%（见表2）。区域税收贡献也不断增加。相关统计数据表明，东南地区2016年规模以上文化及相关产业企业的营业税金及附加为93.69亿元，占全国的16.40%（见表3）。

表2　2016年东南地区规模上以文化及相关产业企业年末从业人数情况

单位：人，%

地区\行业	（规模以上）文化制造业企业	（限额以上）文化批发和零售业企业	（规模以上）文化服务业企业	合计
全国	5202723	566996	2947035	8716754
广东	1391412	83010	362567	1836989
福建	318642	12219	83299	414160
海南	3376	1237	17596	22209
东南地区	1713430	96466	463462	2273358
东南地区占全国	32.93	17.01	15.73	26.08

资料来源：《中国文化及相关产业统计年鉴2017》。

表3 2016年东南地区文化及相关产业企业营业税金及附加情况

单位：万元，%

地区＼行业	（规模以上）文化制造业企业	（限额以上）文化批发和零售业企业	（规模以上）文化服务业企业	合计
全国	2892317	600992	2221170	5714479
广东	318905	63683	332748	715336
福建	136768	22510	38783	198061
海南	5767	661	17099	23527
东南地区	461440	86854	388630	936924
东南地区占全国	15.95	14.45	17.50	16.40

资料来源：《中国文化及相关产业统计年鉴2017》。

（六）文化研发活动情况

在科技蓬勃发展的现代，文化与科技深度融合发展，文化旅游、博物馆展览、文化演艺等领域皆有所体现，科技创新日益成为激发文化产业新活力、提高文化产业核心竞争力的关键因素。数据显示，2016年全国文化及相关产业专利授权总数为101495项，东南地区包揽其中32863项，总数比例为32.38%。在各省市授权总数的结果对比中，广东省独占鳌头，授权总数高达28207项（见图6）。

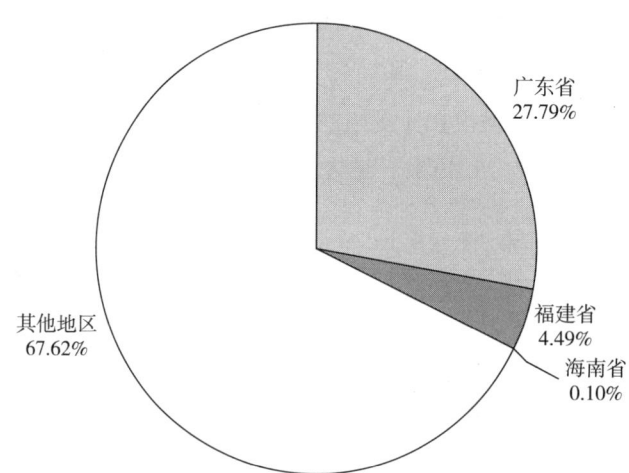

图6 2016年东南地区文化及相关产业专利授权总数情况

资料来源：《中国文化及相关产业统计年鉴2017》。

分析东南地区文化产业专利授权的内部结构,外观设计专利占比最大,达到56.6%;其次为实用新型专利,所占比重为32.4%;发明专利占比最低,为11.1%(见图7)。具体到专利授权的内部结构来看,广东省的三项专利类型皆位列全国第一,给东南地区带来无限科技活力。积极发挥科技成果对文化产业的促进作用,推动新技术升级改造传统产业,使其不断与现代文化生活相结合,是推动东南地区文化产业持续健康前行的必要举措。

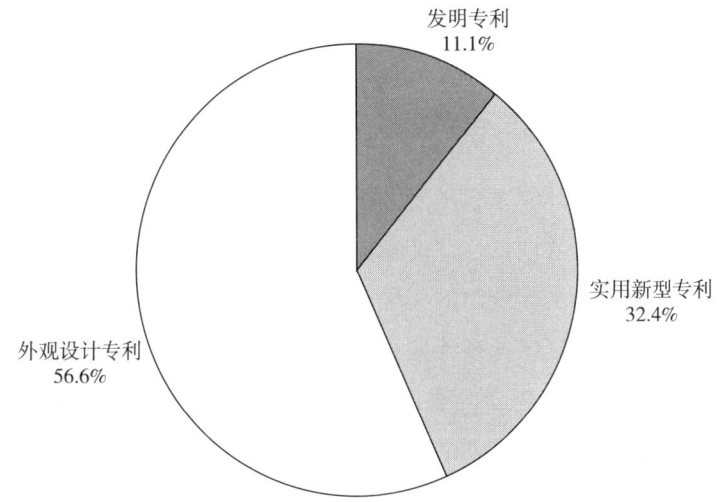

图7 2016年东南地区文化及相关产业专利授权内部结构

资料来源:《中国文化及相关产业统计年鉴2017》。

二 东南地区文化产业发展的特点

(一)文化产业区域发展不均衡

由于历史、文化资源、地理位置和经济发展等原因,东南地区三省文化产业发展具有明显差异性。分析2016年东南地区三省的文化产业增加值,广东省文化产业一马当先,实现增加值4256.63亿元;其次是福建省

1190.3亿元；海南省114.7亿元排在第三位。从增加值占GDP比重的角度来分析，三省发展排位结果相同。究其根源可以发现，广东省发展地基扎实，其位于珠江三角洲地带，传统制造业强盛，近几年科技创新的高速发展让其传统企业日益焕发新光彩，以此为底子成长起来的文化产业增速明显。另外，广东省由于区位优势，省内有广州、深圳等文化科技发达的城市，因此吸引了很多动漫网游、互联网文化、会展业等新兴行业的文化企业于广东省内集聚发展。推动这些产值高、效益好的新兴行业快速发展，可以进一步带动区域文化产业持续良性发展。

（二）集群化和规模化聚集效应凸显

在当前市场经济体制下，随着非公资本进入文化产业的规模逐步扩大，一批以功能和产业为导向的文化产业园（基地），通过提供技术、政策以及环境等相关服务，对文化资源的集聚、孵化、整合、展示和运营发挥了重要的促进作用。东南地区依托现代信息、物流业等的发展，已形成一定规模的文化产业集群。文化产业园区建设是文化产业集群发展的主要载体，近年来，东南地区各省市大力推动文化产业园区建设，文化产业集群发展势头迅猛。福建省编制的"十三五"时期文化发展规划强调要加快建设一系列文化产业基地、文化产业园区和特色产业群等，健全现代文化市场体系。文化创意产业新业态借助园区的建设与发展，推动东南地区文化产业呈现聚集发展态势，且文化产业在区域内城市之间的集聚，更加有效联结各产业链条，推动这些产值高、效益好的新业态快速发展。

（三）"文化+"促进产业融合发展

文化是国家经济发展的又一扇窗口，"文化+"机制在产品、公益、旅游、科技等领域的创新将成为推动文化产业升级和转型的强大引擎。

"文化+金融"方面，东南地区值得关注的是文化企业发展面临的首要难题——资金募集。广东省于2016年7月在广州相继设立了南方媒体融合和新媒体产业的发展引导投资基金，两只基金皆具百亿元规模，在各方大力支持下展开投资布局,签约多个文化产业项目,推动文化传媒领域创新发展。

"文化+科技"方面,东南地区依托互联网等新技术发展文化产业新业态,建设了一批大数据、云服务平台。其中,广东省内文化科技发达的广州、深圳有效发挥了中心城市的领导辐射作用,倾力打造"创意之城""设计之都",动漫网游、会展旅游等产业发展突出。东南地区涌现腾讯、UC、网易、奥飞娱乐、好创智能等行业巨头,文化科技产业发展迅速。

"文化+旅游"方面,东南地区旅游底子深厚,先天条件优越。其中,福建省倾力打造清新福建文化旅游品牌,科学编制旅游品牌规划,并将八大文化与旅游融合示范工程纳入重大实施战略。海南省在发展文化旅游融合方面也取得了一定的成绩,海南国际旅游岛的建设也是引进文化创意产业,有效借助海南的区位、资源优势,极力打造具有海南地域、民族特色的文化旅游产业。

在文化产业的跨界融合发展中,"互联网+文化"的优势尤为突出,文化创意和设计服务优势明显。分行业看,2016年我国以"互联网+"为主要形式的文化信息传输服务业以及文化创意和设计服务业两者都实现了两位数以上的提升。这几类新兴业态成为促使文化产业日渐发达的新动能和新增长点。

(四)区域文化产业竞合发展

在区域经济一体化的大趋势下,区域合作已成为推动区域经济发展的战略选择。东南地区的文化产业不论是区域内部各省市的合作,还是区域外部与港澳台地区的合作,皆为东南地区文化产业的发展做出了重要贡献。

随着"泛珠三角"区域合作的陆续开展,东南地区内三省文化产业合作关系愈发紧密。2015年6月,东南地区的闽粤赣13个市旅游部门在广东梅州召开的旅游局局长联席会议上通过签署了"区域旅游合作协议书"。东南地区三省历史文化资源丰富,在旅游领域拥有扎实的产业基础,通过合作将充分发挥其区位等优势,携手打造具有其地域特色的"丝绸之路"旅游品牌。2015年9月,"泛珠三角"城市会展合作发展研讨会在广州的成功举办使东南地区文化会展合作得到进一步发展。

在港澳台方面,合作的政策机制正逐步完善。一是粤港澳大湾区内各省市的文化产业合作发展。粤港澳大湾区建立的文化合作机制已有15年的历史,直到2017年召开的相关合作会议达18次之多,2018年也将延续。二是闽台两地的合作。福建是两岸文化交流的重要基地,福建省积极深化闽台文化产业合作,对接台湾文化创意产业,闽台文化产业合作逐渐成为亮点。三是海南省在文化产业领域的对外贸易合作发展。海南省与澳门早在2010年就签署相关协议,投入资金共同成立海南创意产业学院,培养优秀人才及科学规划海南的文化创意产业发展。其中,琼台两岸的合作与交流十分密切,尤其在少数民族文化等方面。

(五)文化娱乐行业发展陷入困境

早在20世纪80年代,东南地区的文化娱乐业便已学习借鉴香港文化娱乐的经营模式进而实现跨越式发展,文化娱乐业发展空前繁荣,走出了毛宁、杨钰莹、陈明等具有影响力的著名歌手。然而到现阶段,经济增长速度放缓,东南地区的歌舞娱乐行业发展也随之放缓,商务活动减少,消费人群相应减少,文化娱乐行业不可避免走向萧条。2016年东南地区文娱场所机构数为8970,与2013年相比减少了1392个,在东南地区内部三省皆有所下降(见图8)。从营业利润来看,东南地区文化娱乐场所的营业利润总体呈

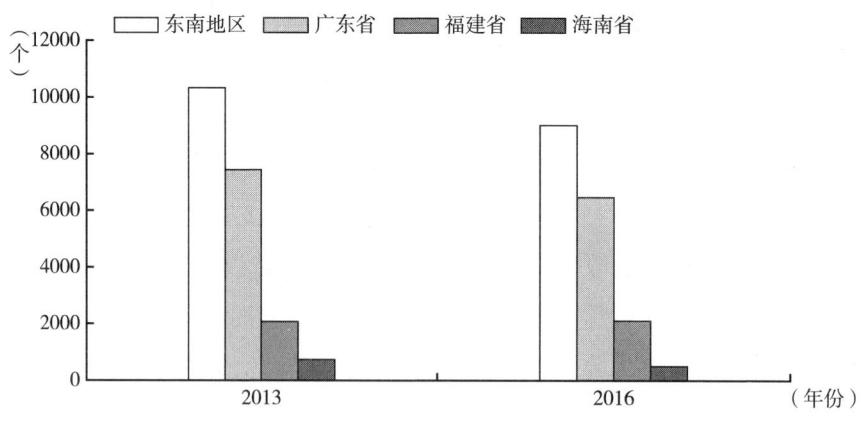

图8 2013年与2016年东南地区文化娱乐场所机构数情况

资料来源:《中国文化及相关产业统计年鉴2017》。

现下降趋势（见表4），2016年三省文化娱乐场所营业利润总和为169175万元，相比2013年的营业利润总和降低了32.59%，降低程度将近1/3，足见东南地区的文化娱乐行业发展遇到问题，陷入困境。

表4　2013年与2016年东南地区文化娱乐场所营业利润情况

单位：万元

地区	2013年	2016年
全国	2224658	1257926
广东	154585	103279
福建	79331	58009
海南	17050	7887
东南地区	250966	169175

资料来源：《中国文化及相关产业统计年鉴2017》。

（六）文化治理渐成体系，文化志愿卓有成效

文化产业是国家实现文化治理最重要的形式之一，发展文化产业，完善文化治理机制，实现文化治理能力现代化是东南地区文化产业发展的特点之一。"国家文化治理的核心在于：发展文化产业的目的不是为了经济，而是为了完善国家治理，是以经济—市场经济的方式实现文化的政治、经济、社会和文化的价值性转换，进而改变和重塑国家治理模式。"[1] 在这种背景下，东南地区的文化治理工作开展得如火如荼，尤其是文化志愿服务工作成效显著。文化志愿工作的顺利开展不仅充分调动了广大群众参与文化治理工作的积极性，同时也推动了东南地区各省市政府文化治理体制机制的改革，而且培育了服务社会的相关主体，在建设政府公共文化服务体系方面作用突出。

---

[1] 胡惠林：《国家文化治理：发展文化产业的新维度》，《学术月刊》2012年第5期，第28～32页。

为群众提供更丰富更优质的文化服务，吸纳更多社会主体参与文化治理，共建和谐美好社会是推动文化治理体系和治理能力现代化的终极目标。东南地区通过建设"文化志愿者队伍"、举办各类大型文化活动、开展公益文化培训等活动切实推进了文化治理体系的形成，提高了文化志愿服务的质量，使更多群众享受到实实在在的文化福利。

（七）优秀文化企业集聚上市现象突出

近年来，在政府、社会等各方力量支持下，东南地区许多文化企业纷纷迈开上市的步伐。通过分析发现，优秀文化企业的集聚现象明显，绝大部分文化产业上市公司都聚集在广东省（见表5），数量远超福建省、海南省，其中尤其以深圳为核心，截至2016年3月底，深圳已有45家上市公司，到2017年，深圳又于新三板挂牌新增高山水、盈富通、华曦达、东文传媒、中汇影视等文化企业；于深交所中小板上市亚泰国际等文化企业；总体数量上已超闽琼两省，成为东南地区优秀文化企业集聚的核心区域。东南地区文化上市公司的行业集聚现象也十分突出，文化服务业占比高。以广州和深圳为例，截至2016年3月底，按照公司的办公地，深圳文化服务领域的文化上市公司有45家，占比为77.59%；广州有24家，占比为82.76%。

表5 截至2016年3月东南地区文化产业上市公司分布

单位：家

地区	主板	创业板	中小板	新三板	合计
全国	63	27	42	563	695
东南地区	7	2	19	119	147
广东	5	2	18	95	120
福建	1	—	1	19	21
海南	1	—	—	5	6

资料来源：《文化产业集聚现状及成因研究——以上市公司为例》，《经济论坛》2016年第9期。

三 东南地区文化产业发展趋势及展望

（一）"供给侧"改革推动文化产业新升级

近年来，东南地区文化产业的发展态势稳步提高，已成为国民经济的支柱性产业，但同时文化产业在其发展过程中也产生了不少问题，如资源利用效益低、文化市场开放不平衡、文化创新力不足等，导致文化产品有效供给的不合理化，产业发展无法顺应日趋多样化的文化需求。是以，要解决东南地区文化产业当前实际困境，首要的是推进供给侧结构性改革。

面对文化供给质量不高、供需错位与脱节现象严重等状况，东南地区的文化产业发展要以文化内容为根，使文化资源的价值得到充分发挥，扩大高质量品牌的供给。同时，以创新驱动为主导，激发新消费，创造新供给，通过文化产品供给的多样化发展来满足人们日趋多样化的文化消费需求，推动文化产业蓬勃发展。

（二）文化科技融合催生文化产业新业态

近年来，东南地区专利数量一直保持快速增长，是名副其实的知识产权富区。文化企业科技投入不断上升，文化产业与高新技术的融合日益成为文化产业核心竞争力和未来文化产业持续健康发展的标准。在"互联网+"时代，东南地区的文化产业合作正在走向多元结合的发展趋势，文化产业与信息产业紧密相融，凸显了文化与科技融合的力量。文化与科技融合强调文化产业与以互联网技术为代表的高新技术的融合，动漫产业、数字出版、网络游戏、数字视听等新型文化业态，就是"文化+科技"的结果。

依托科技创新，优化转型相关产业。东南地区传统产业有赖于文化科技融合进行改革创新，文化产业与科技创新相辅相成，不仅有效提高文化科技创新能力和文化核心竞争力，同时也能积极带动传统产业，大力促进新业态的兴起壮大，为其创造更多新机遇和新发展。

（三）创业创新释放新活力，重点培养"三类企业"

2015年3月，李克强总理在全国人大会议上所做的政府工作报告中指出，要大力发展众创空间，让"草根创新"蔚然成风、遍地开花。2016年5月中国创新创业大会在东南地区的深圳召开，会议探索支持文化双创的机制创新，推动文化产业可持续发展。在这种形势下，创客、众创空间等正在成为东南地区内共享经济发展的新增长点，东南地区的文化产业正在成为创业创新型的经济。

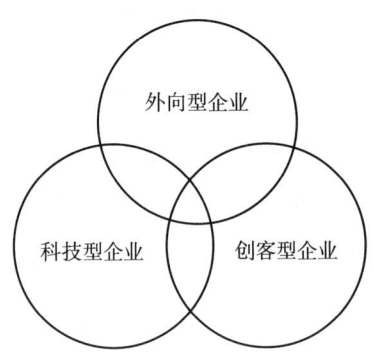

图9　培养"三类企业"

重点培养"三类企业"（见图9）。一是培养扶持科技型民营企业。积极引入各类高端技术，不断增强东南地区民营企业的技术创新能力。二是大力发展创客型企业。近年来，东南地区珠江三角洲地带的许多传统加工型企业逐渐意识到企业的存亡发展离不开企业创新性。愈来愈多企业的发展战略提倡员工投入创新、争做创客；积极参考国内外实践，尝试建设多样的创客空间以供员工发散思维，进行创业创新。一方面，技术发明方面的创客，他们将其发明出的新技术或产品运用到企业生产运营之中，提高企业产品市场竞争能力；另一方面，在营销、管理领域具备创新能力的创客，他们整合创新方式，通过策划打造企业自主品牌、推动企业文化科技融合发展、提升企业产品用户体验等措施，使传统企业展现出全新的发展面貌。三是大力扶持外向型民营企业。鼓励东南地区的文化企业积极与国内外市场进行贸易，鼓励民营企业与外资广泛协作创新，抓住"一带一路"机遇，扩大文化市场，共同推动文化产业发展。

（四）加强与全球一流高校和研究机构合作，培养IP产业

IP产业即知识产业，IP（知识产权）是整个文化产业的核心、关键，贯穿产业链的各个环节（见图10）。IP的成功开发，将引起文化产业的"蝴蝶效应"，创造呈几何倍数增长的价值和利润。2016年，东南地区的网络文学IP在影视游戏领域遍地开花，其产业链得到市场认可，迎来快速发展的转折点。

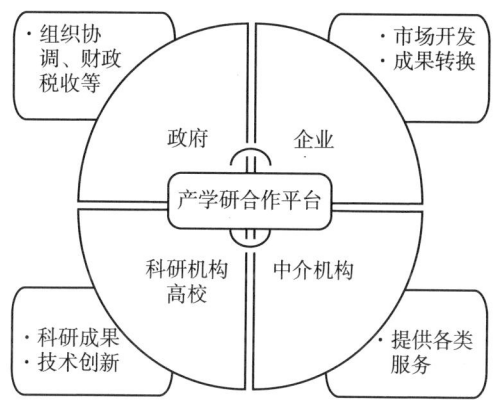

图10 产学研合作系统结构

在今后的发展阶段中，东南地区应充分利用产学研结合促进文化产业发展。应瞄准世界一流名校和研究机构，积极寻求全方位合作，通过产学研合作打造一体化服务平台；开发科研成果和创新技术；重点培养IP产业及创新人才，强化IP在公关广告、主题乐园、营销等产业链环节的推广效用，共同打造兼具东南地区本土特色和国际竞争力的IP品牌。

（五）区域互动领衔文化产业竞合新发展

在全球产业链布局下，东南地区与港澳台在产业投资、技术合作、专利

共享、人才培育、供应商关系等方面产生了许多新合作与新机遇。东南地区与港澳台地区的文化差异决定了两地巨大的合作空间。初始两岸简单的文化交流，慢慢演化成两岸利用各自竞争优势互惠互利的过程，再演变成现今两个区域的紧密关系与互助共赢，文化产业在东南地区与其他区域的竞争与合作中得到整合与提升，成效颇佳，东南地区在未来将进一步加强与港澳台地区文化创意产业的合作，文化产业的竞合发展欣欣向荣。

（六）公共文化服务与文化产业融合发展

国务院2015年《关于加快构建现代公共文化服务体系的意见》明确提出要创新公共文化服务内容和形式，推动文化事业和文化产业协调发展。在东南地区，各省市的公共文化服务体系与文化产业发展相辅相成，在更好地满足社会需求的同时也能带来文化产业的丰收。文化产业和文化事业的协调与融合，应着重文化惠民工程的建设，丰富人们的公共文化活动，提升居民文化素养，这对提高东南地区文化市场的活跃度，带动区域文化消费具有重要意义。文化产业与公共文化融合发展会带来更大的市场，文化企业应根据公共文化需求对生产思路、模式进行调整创新，摆脱落后陈旧观念，积极做到与时俱进。

（七）统筹与协调区域文化产业发展

文化产业区域发展的不平衡性及层次性特点，决定了东南地区文化产业的主要发展方向，即统筹与协调东南地区的文化产业发展，加大区域内各省市政府对欠发达地区文化产业在政策支持、资金投入和资源配置等方面的倾斜力度。

东南地区各区应协同合作，合理规划布局，在经济发展发达活跃地区，加大科技投入，重点发展高新技术文化产业群，培育壮大具有科技创新能力和国际竞争力的文化龙头企业，加快发展优势明显的文化支柱产业；对于经济发展水平相对低的区域，应继续加大招商引资力度，以本地资源为依托，寻求差异化发展，打造特色鲜明、充分发挥资源优势的文化产业。

B.6
中部地区文化产业发展报告

于良楠*

摘　要： 伴随"一带一路""长江经济带""中部地区崛起"等国家规划深入推进，中原城市群、长江中游城市群等建设快速推进，为中部地区文化产业发展营造了良好的环境，中部地区文化产业呈现健康快速发展态势，文化与旅游、制造业、农业等相关产业不断深度融合发展，动漫、创意设计等文化新业态呈现快速发展态势。

关键词： 中部地区　融合发展　转型升级　中部地区崛起

中部地区主要包括山西、河南、湖南、湖北和江西五个省，地处我国腹地，伴随"一带一路""长江经济带"等国家战略深入推进，"中部地区崛起"、中原城市群、长江中游城市群等快速发展，中部地区地理区位和交通优势进一步凸显，经济新常态下，中部地区经济社会转型发展为文化产业提供了广阔的发展空间。"十二五"期间中部地区经济整体呈现稳定增长状态，但增速明显放缓，2015年跌至低谷，低于全国总体平均水平。中部地区生产总值从2012年的99065.7亿元增长到2016年的136237.94亿元，年均增长率为8.29%，略低于全国8.33%的平均值。其中，山西经济增长缓慢，年均增长率仅为1.88%，远远低于全国平均水平，湖南、江西和湖南三省经济发展呈现快速发展态势，年均增长率分别达到10.07%、9.33%、

---

* 于良楠，云南省文化产业研究会副秘书长，主要研究方向：文化产业规划与文化管理。

9.24%。2016年中部地区国民经济增速呈显著增长态势，中部地区9.04%的增速高于全国同期7.99%的整体增速（见图1），经济增长逐步"回暖"为中部地区文化产业发展创造了有利条件。从整体来看，近几年中部地区文化产业呈现快速发展态势，文化与相关产业融合发展不断深入，文化产业对国民经济和社会发展的作用日益凸显。

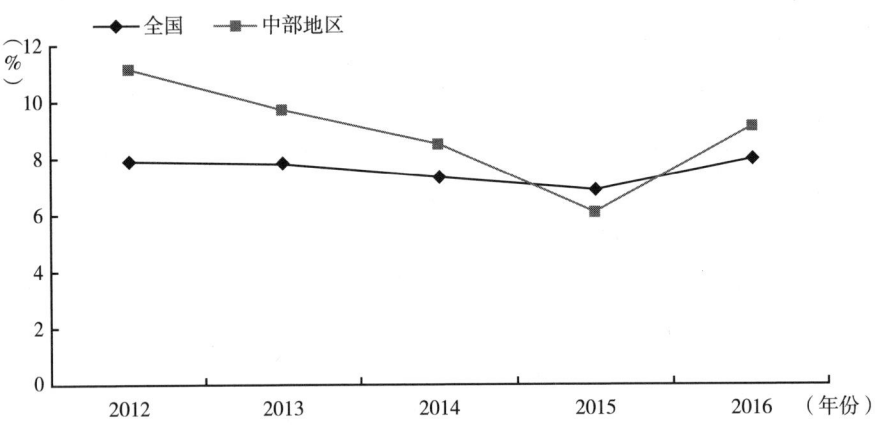

图1　2012~2016年中部地区与全国生产总值（GDP）增速对比

资料来源：《中国统计年鉴（2017）》。

一　中部地区文化产业发展现状

（一）产业整体发展状况

近几年，中部地区文化产业呈现良好的发展态势，文化产业整体规模不断扩大，占地区生产总值（GDP）比重逐渐提升。2016年中部地区文化产业增加值达4621.40亿元，较上一年度增长9.51%，占GDP比重达到3.39%，① 较上一年略微有所提高，但仍远低于全国平均水平（见表1）；预

---

① 资料来源：《中国文化及相关产业统计年鉴2017》。

计2017年中部地区文化产业增加值将突破5000亿元。横向来看，2016年湖南省文化产业增加值达到1459.3亿元，占GDP比重达到4.63%，排在全国前列，其他四省文化产业发展依然相对滞后，文化产业规模、占GDP比重都与经济社会发展不符，文化产业整体规模实力偏小、文化产业结构不够均衡等问题依然突出。

表1　2015~2016年中部地区文化产业总体发展状况

地区	2015年		2016年	
	文化产业增加值（亿元）	占GDP比重（%）	文化产业增加值（亿元）	占GDP比重（%）
山西	268.7	2.10	291.8	2.24
江西	613.9	3.67	703.0	3.80
河南	1111.9	3.00	1212.8	3.00
湖北	853.8	2.89	954.5	2.92
湖南	1371.6	4.75	1459.3	4.63
中部地区	4219.9	3.38	4621.4	3.39
全国	27235	3.97	30785	4.07

注：2016年分地区文化产业增加值数据包含研发支出。
资料来源：《中国文化及相关产业统计年鉴2017》。

从产业结构来看，文化服务业快速发展，促进了中部地区文化产业整体快速发展和产业结构不断优化。从业态来看，中部地区各省新兴文化产业快速发展，文化创意设计、文化休闲娱乐、文化休闲传输、广播电视电影以及文化艺术消费服务领域法人单位数不断增长，占文化产业增加值总量也不断提高。

（二）城乡居民文化消费情况

2013~2016年，中部地区五省文化消费呈现稳定增长态势，居民人均文化消费支出不断提高，尤其是湖南省，2016年呈现快速增长态势，超过全国平均水平；横向来看，中部地区五省居民文化消费水平与全国平均水平仍有一定的差距（见图2）。分城镇和乡村来看，湖南省城镇和乡村居民人均文化消费支出均高于全国平均水平，中部地区其余四省城镇居民文化消费支出与全国平均水平差距较大（见图3），农村居民文化消费略低于全国平均水平（见图4）。整体来看，中部地区文化消费缺口依然较大，积极引导和扩大乡镇和乡村文化消费，是中部地区文化产业发展的重要内容和途径。

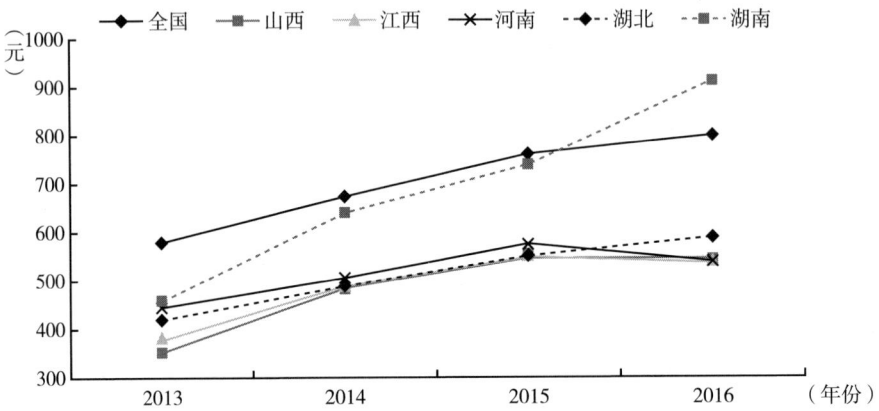

图2　2013～2016年中部地区全部居民人均文化消费支出情况

资料来源：《中国文化及相关产业统计年鉴2017》。

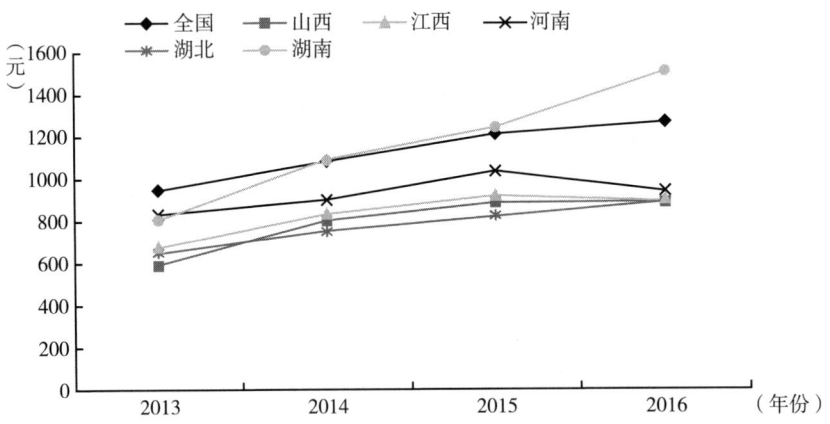

图3　2013～2016年中部地区城镇居民人均文化消费支出情况

资料来源：《中国文化及相关产业统计年鉴2017》。

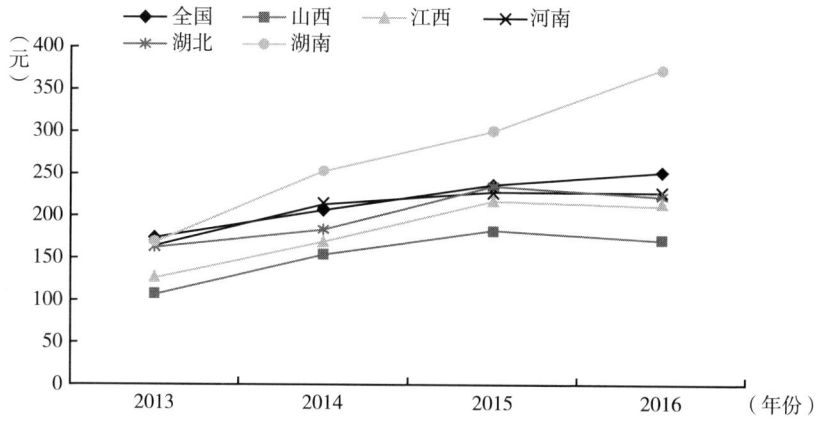

图 4　2013～2016 年中部地区农村居民人均文化消费支出情况

资料来源:《中国文化及相关产业统计年鉴 2017》。

(三) 文化及相关产业固定资产投资规模

中部地区文化及相关产业固定资产投资规模不断扩大,从 2012 年的 3415 亿元增加到 2016 年的 8531 亿元,年均增速高达 25.72%,增速明显高于全国 21.16% 的整体平均水平。分地区来看,山西、湖南增速最快,年均增速都超过了 30%,湖南、湖北也大幅超过全国平均值,仅有江西省略低于全国平均值。近些年,中部地区成为文化投资的热点区域,文化及相关产业固定资产投资呈现健康快速增长态势,成为推动中部地区文化产业健康快速发展的重要因素,文化及相关产业固定资产投资占全社会固定资产投资总额比重由 2012 年的 4.80% 提高到 2016 年的 8.47% (见图 5)。

(四) 文化企业发展

中部地区文化企业单位数、从业人员数、资产总计都呈现快速增长态势,2015 年企业单位数总计达到 179542 家,比 2014 年增加了 47.62%,占全国总数比重由 2014 年的 13.30% 提高到 2015 年的 15.75% (见表 2)。年

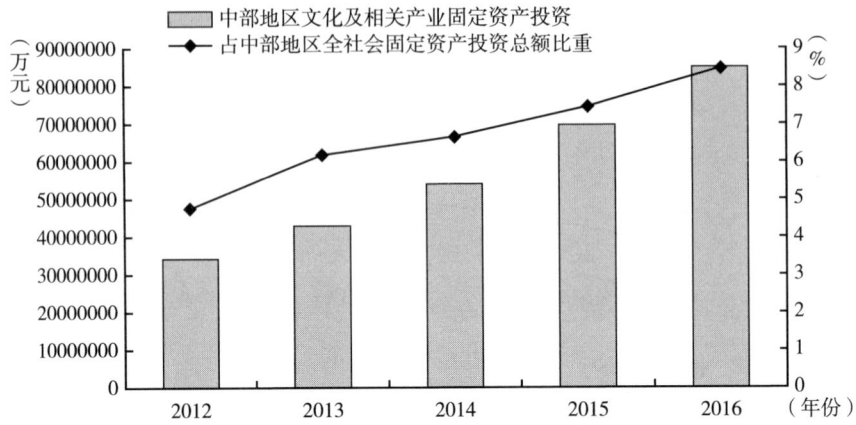

图 5　2012～2016 年中部地区文化及相关产业固定资产投资情况

资料来源:《中国文化及相关产业统计年鉴2017》。

末从业员数达到 3727555 人，比上一年增加 21.88%，占全国比重由 2014 年的 16.69% 提高到 2015 年的 18.26%（见表 2）。

表 2　2015 年中部地区文化企业发展情况

	企业单位数	年末从业人员	资产总计
全国	1140290	20409367	1463183757
山西	16628	212640	6939079
江西	24890	576419	20619930
河南	52103	1085803	43010843
湖北	46263	687323	41772136
湖南	39658	1165370	35617711
中部地区合计	179542	3727555	147959699
中部地区占全国比重	15.75%	18.26%	10.11%

资料来源:《中国文化及相关产业统计年鉴2016》。

从文化企业构成结构来看，2015 年中部地区文化服务业企业总量和比例进一步提升，文化服务业、文化制造业、文化批零业企业数分别占中部地区文化企业总数的 72.24%、13.90%、13.86%（见图 6），文化服务业依然是中部地区文化产业发展的重点。

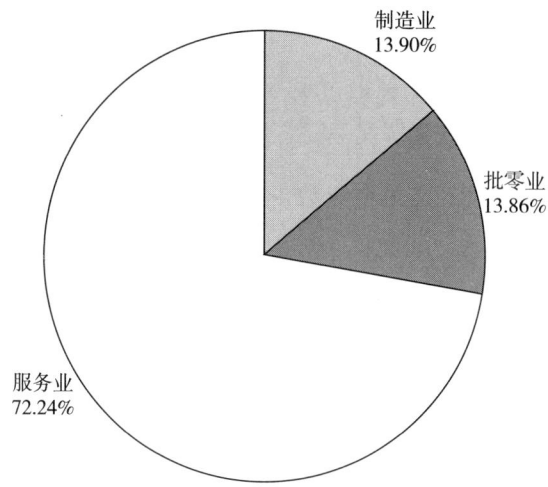

图 6　2015 年中部地区文化企业构成示意

资料来源:《中国文化及相关产业统计年鉴 2016》。

从中部地区文化企业资产构成情况来看,2015 年文化制造业、文化批零业、文化服务业占比分别为 37.35%、10.30%、52.35%(见图 7)。

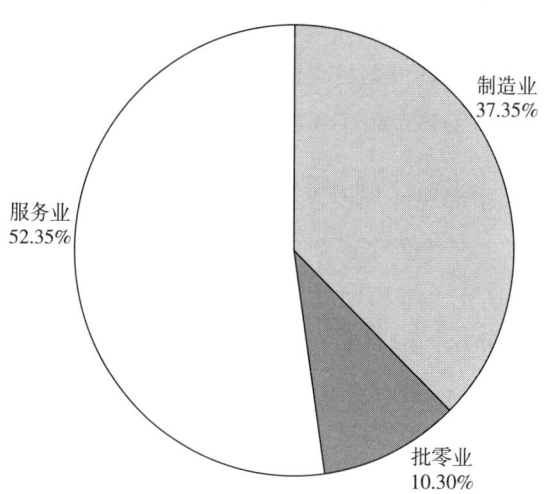

图 7　2015 年中部地区文化企业资产构成示意

资料来源:《中国文化及相关产业统计年鉴 2016》。

（五）规模以上文化企业发展情况

2012~2016年中部地区规模以上文化企业发展呈现良好态势，重点企业单位数、年末从业人员数、资产总计都有大幅提升，营利能力也得到大幅提升。中部地区规模以上文化企业数由2012年的4580家增加到2016年的9886家，年均增长率为20.19%，规模以上文化企业数占全国总数比重提高到17.46%；年末从业人员数从2012年的91.14万人提高到2016年的151.33万人，年均增长率为13.52%（见图8）。

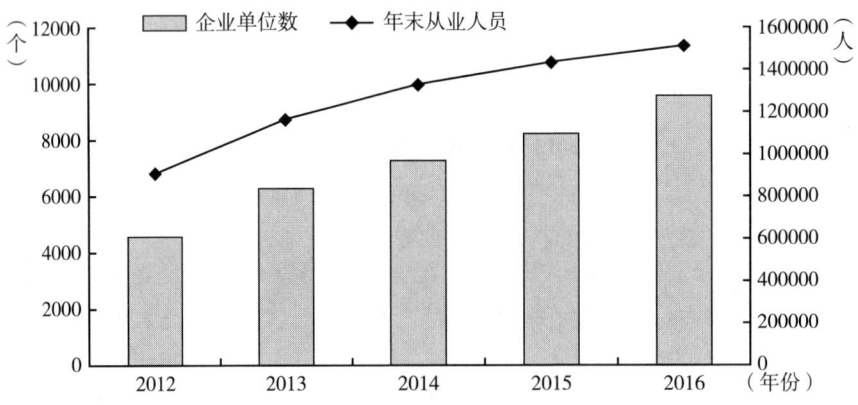

图8 2012~2016年中部地区规模以上文化企业单位数及从业人员发展趋势

资料来源：《中国文化及相关产业统计年鉴2013、2014、2015、2016、2017》。

2012~2016年，中部地区规模以上文化企业规模、营业能力都快速提升，中部地区规模以上文化企业资产总计由2012年的4627.07亿元提高到2016年的10788.03亿元，年均增长率为23.57%；营业收入从2012年的5505.10亿元提高到2016年的12049.52亿元，年均增长率为21.63%；营业利润由2012年的429.17亿元增加到2016年的842.24亿元，年均增长率为18.36%（见图9）。

（六）文化研发活动情况

中部地区规模以上文化制造业企业科技活动逐步活跃，有研究与开发

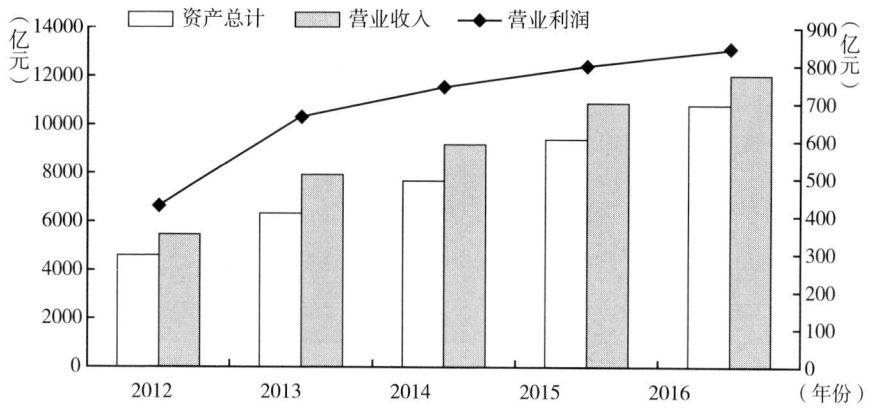

图 9　2012～2016 年中部地区规模以上文化企业经营情况

资料来源：《中国文化及相关产业统计年鉴 2013、2014、2015、2016、2017》。

（R&D）活动企业从 2012 年的 199 家增加到 2016 年的 515 家，年均增长率高达 26.83%，研究与开发（R&D）项目数从 2012 年的 742 个增加到 2016 年的 1239 个（见图 10）。2016 年中部地区五省文化制造业研发投入部分数据较 2015 年有所下滑，研发产出不断提升，新产品开发项目数、有效发明专利数都有所提高。研究与开发（R&D）活动企业个数由 2016 年的 416 家增加到 515 家，占全国总数的比例由 2015 年的 11.40% 提高到 11.65%；研究与开发（R&D）人员由 2015 年的 15115 人下降到 11516 人，占全国总数比重由 2015 年的 12.33% 下降到 9.38%；研究与开发（R&D）经费内部支出由 2015 年的 430250 万元下降到 385076 万元，占全国比重由 2015 年的 10.11% 下降到 8.36%；研究与开发（R&D）项目由 2015 年的 1015 项增加到 1239 项，占全国比重由 2015 年的 7.56% 提高到 7.81%。新产品开发项目数由 2015 年的 1082 项提高到 2016 年的 1296 项；有效发明专利数由 2015 年的 1440 项增加到 2016 年的 1993 项。[①] 从整体来看，中部地区文化产业研发依然相对薄弱，在很大程度上制约文化产业持续快速发展。

---

① 资料来源：国家统计局社会科技和文化产业统计司、中宣部文化体制改革和发展办公室编《中国文化及相关产业统计年鉴 2017》，中国统计出版社，2017。

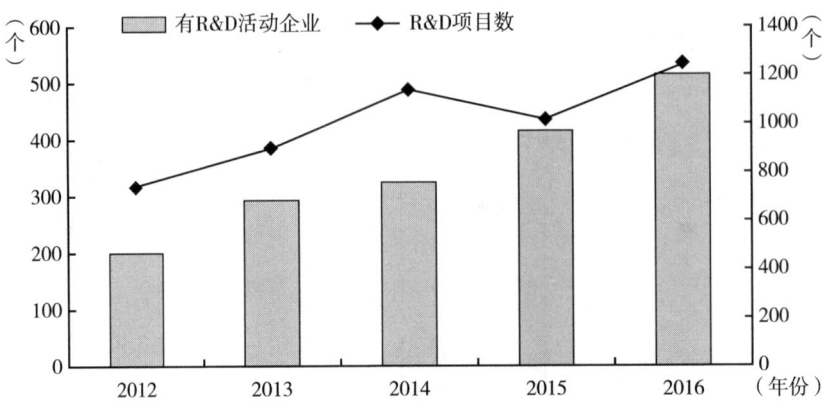

图10 2012~2016年中部地区规模以上文化制造业研发活动情况

资料来源:《中国文化及相关产业统计年鉴2013、2014、2015、2016、2017》。

二 中部地区文化产业发展的特点和亮点

(一)产业转型为文化产业创造了广阔发展空间

新常态下,产业转型升级成为中部地区国民经济和社会发展的重要内容,也为中部地区文化产业发展提供了广阔的发展空间。文化产业是一个综合性、渗透性、关联性比较突出的产业,产业内部及产业之间联系、互动较强,通过文化产业与相关产业融合,能够优化文化产业内部结构,提高文化产品和服务的附加值和竞争力,有效促进文化产业与相关产业以及文化产业内部的良性竞争、效益提升。可以说,推进文化产业与相关产业的融合特别是与科技、金融、旅游产业的融合发展是文化产业发展的必然趋势,也是当前推动我国经济社会转型发展的重要动力。2014年国务院印发《国务院关于推进文化创意和设计服务与相关产业融合发展的若干意见》,提出着力推动和促进文化产业与实体经济深度融合。[①] 中部地区各省都是传统的工业大省,围绕新常

---

① 《国务院关于推进文化创意和设计服务与相关产业融合发展的若干意见》(国发〔2014〕10号),2014年3月14日。

态下经济社会转型发展，山西、江西、河南、湖北、湖南各省结合自身发展特点，制定并实施了文化与相关产业融合发展的政策，有效推动了文化相关产业融合发展，也拓展了文化产业的发展空间。

山西省实施"文化强省"战略，将文化产业列为七大非煤产业之首，文化产业整体呈现较快发展，文化产业与旅游、制造业等融合发展呈现良好态势，文化产业在推动地方经济社会发展、推动山西产业转型中发挥了重要作用。为推动文化与相关产业融合发展，江西省人民政府办公厅出台了《文化创意和设计服务与相关产业融合发展行动计划》，提出了"到2020年，文化创意和设计服务与相关产业全方位、深层次、宽领域的融合发展格局基本建立，培养一批高素质人才，培育一批具有核心竞争力的企业，形成一批拥有自主产权的产品，打造一批具有影响力的品牌，建设一批特色鲜明的融合发展城市、集聚区和新型城镇"发展目标。在政策的推动下，江西省积极主动把文化与其他业态嫁接和推广，探索"文化＋"创新模式，文化与科技、创意、金融、养生、体育等跨界融合发展，引领文化产业不断攀升，促进文化产业成为传统产业转型的新引擎、创新产业的助推器，[①] 文化产业发展为全省经济转型升级、提质增效发挥了重要作用。结合国家政策，河南省制定出台了相关政策，并提出了"文化创意和设计服务与相关产业全方位、深层次、宽领域的融合发展格局基本形成"[②] 的发展目标。近些年，河南省积极引导文化与旅游、工业、科技、体育、教育等产业融合发展，并取得了丰硕成果。2016年确定了开封宋都古城文化产业园区、洛阳高新技术产业开发区、濮阳国际杂技文化产业园、南阳生态工业园区、汝州市汝瓷电子商务产业园、禹州市文化改革发展试验区首批6家河南省文化和科技融合示范基地。湖南树立并强调"文化＋"的思维，积极推动文化与农业、旅游、科技、体育等相关产业融合发展，培育新的业态和产业增长

---

① 《新常态下的江西文化产业高速发展》，江西省人民政府网，http://www.jiangxi.gov.cn/xzx/jxyw/tjyw/201509/t20150907_1202159.html，最后访问日期，2017年7月15日。
② 《河南省人民政府关于印发河南省文化创意和设计服务与相关产业融合发展规划（2015~2020年）的通知》（豫政〔2015〕53号）。

点。并积极推动传统媒体和新兴媒体融合,制订出台了《关于推动传统媒体和新兴媒体融合发展的实施方案》,"新湖南"、芒果TV、"时刻"等新媒体平台不断做大做强,拓维信息、快乐阳光入选年度"中国互联网企业100强"。①

(二)"长江经济带"国家战略快速推进,中部地区文化产业迎来巨大机遇

2014年3月,"依托黄金水道,建设长江经济带"被正式写入《2014年政府工作报告》,2014年9月12日国务院印发《关于依托黄金水道推动长江经济带发展的指导意见》,在"创新驱动促进产业转型升级"部分提出"加快发展现代服务业",提出大力发展文化、旅游产业,着力把长江沿线培育成为国际黄金旅游带。②2015年4月13日《国家发展改革委关于印发长江中游城市群发展规划的通知》指出,长江中游城市群主要包括湖北、湖南和江西三省,文件中提出"大力发展文化产业",重点推动一批重大文化产业基地建设和发展,助推传统文化产业升级转型、培育和壮大新兴文化业态,加强文化与相关产业融合互动发展,共同将长江中游城市群打造成为国内外具有重要地位的文化产业基地。③"长江经济带"规划和建设为中部江西、湖北和湖南三省文化产业发展带来了前所未有的巨大机遇。

(三)新兴文化业态呈现快速发展态势

近几年,中部地区动漫游戏及软件设计、数字出版、网络广播影视等新兴业态呈现快速发展态势。以动漫产业为例,中部地区各省出台相关政策措施,推动产业发展,动漫产业总体呈现健康快速发展态势。2013年出台了

---

① 《湖南文化产业逆势增长 2015年文创产业占GDP 5.9%》,来源:腾讯·大湘网,http://hn.qq.com/a/20160511/037599.htm,最后访问日期:2017年7月15日。
② 《国务院关于依托黄金水道推动长江经济带发展的指导意见》(国发〔2014〕39号)。
③ 2015年4月13日,《国家发展改革委关于印发长江中游城市群发展规划的通知》(发改地区〔2015〕738号)。

《江西省人民政府动漫奖管理暂行办法》《江西省人民政府动漫奖专项资金管理办法》政策措施，推动全省动漫产业健康快速发展。至2014年底，江西省登记在册具有一定规模的动漫企业共27家，获得国家认定的动漫企业16家，获得全国重点动漫企业认定的3家，2014年，动漫及衍生产品收入40亿元。① 2011年山西省出台了《山西省人民政府办公厅转发省文化厅关于推动全省动漫产业发展实施意见的通知》，大力推动动漫产业发展，经过多年努力，相关资料显示，山西省目前有5个动漫企业已进入全国百家动漫企业行列，2014年山西动漫产值已近20亿元，全国排名第13位。② 2015年河南省文化厅、省财政厅印发的《关于申报2015年度省级高成长服务业专项引导资金扶持新型文化业态项目的通知》明确提出重点扶持动漫、游戏等新兴业态发展。截至目前，河南全省动漫企业发展至100多家，从业人员近5000人，其中18家动漫企业通过国家认定。③ 2014年以来，湖南积极借鉴外部经验，寻求跨区域、跨行业合作，并通过税收、金融、人才、智力等多方面多维度支持湖南动漫"二次崛起"，取得了很好的成效，截至目前，湖南有动漫企业150余家，原创人员13000多人，相关从业人员5万多人，④产值超过110亿元，动漫产业重新回到全国前列。近几年，湖北省动漫产业也呈现良好发展态势，湖北省动漫企业主要集中在省会武汉市，据统计，2014年武汉市动漫游戏行业总产值约54亿元，动漫游戏企业总数达200余家，从业人员近万人。拥有国家动画产业基地1家，国家重点动漫企业3家，新增国家文化产业示范基地1家，总数达5家。⑤

---

① 刘爱华、熊琴：《动漫业发展报告（2011~2020）》，载《江西文化产业发展报告（2015）》，社会科学文献出版社，2015。
② 刘云峰：《打造山西动漫产业创意高地》，山西新闻网 - 发展导报，http://epaper.sxrb.com/shtml/fzdb/20150127/155228.shtml，最后访问日期：2017年7月15日。
③ 《"十二五"全省文化工作总结》，河南省文化厅网站，http://gov.hawh.cn/content/201601/27/content_238410.html，最后访问日期：2017年7月15日。
④ 《2016湖湘动漫月15日启幕 湖南动漫有望二次崛起》，华声在线，http://hunan.voc.com.cn/article/201607/20160710091911224.html，最后访问日期：2017年7月15日。
⑤ 《[湖北文化产业调查]武汉动漫产业期待持续扶持》，荆楚网，http://news.cnhubei.com/xw/2015zt/2015wbh/201505/t3259657.shtml，最后访问日期：2017年7月15日。

三 中部地区文化产业发展趋势

伴随"一带一路""长江经济带""中部地区崛起"等国家战略的深入实施,中部地区文化产业迎来新的发展机遇和空间,文化产业也呈现的新的发展趋势。

(一)统一市场条件下,中部地区文化产业面临新的发展机遇和挑战

伴随"一带一路""中部地区崛起"等国家规划的深入实施,中部地区文化产业发展面临新的机遇和挑战。从全国来看,中部地区文化产业以传统业态为主,新兴文化业态发展依然较薄弱,文化与科技、金融等融合发展有待进一步深化,文化产业总体发展呈现规模偏小、科技含量低、竞争力弱等问题,文化产业发展亟须转型升级。2015年第七届"中国文化企业30强",中部五省仅有3家入选,其中湖南有2家、江西有1家。2015年中部地区重点文化企业8244家,占全国总数比重为16.70%;年末从业人员数1438392人,占全国比重为17.15%;资产总计9442亿元,占全国比重仅为11.25%(见表3),中部地区规上文化企业平均资产规模为11453.2万元/家,远低于全国16999.4万元/家的平均水平。如何加快中部地区市场主体培育,做强做大文化企业,提升产业竞争力,是未来中部地区文化产业发展面临的巨大挑战。

表3 2016年中部地区与全国文化企业比较

地区	企业单位数(家)	年末从业人员数(人)	资产总计(万元)
中部地区	8244	1438392	94420001
全国	49356	8389290	839021310
中部地区占全国比重	16.70%	17.15%	11.25%

资料来源:《中国文化及相关产业统计年鉴2017》。

（二）"中部崛起"为文化产业发展注入新动力

2006年党中央、国务院颁布实施《关于促进中部地区崛起的若干意见》（中发〔2006〕10号）。十年来，中部地区经济社会文化发展取得了显著成就，伴随"中部地区崛起"的深入实施，文化产业发展也迎来了新的发展机遇和空间。2014年2月27~28日，长江中游城市群省会城市第二届会商会在长沙举行，长沙、武汉、南昌、合肥四省会城市共同签署发布了《长沙宣言》，携手冲刺中国经济增长"第五极"，共同推动四省会城市的区域开放融合、协同创新发展。2015年4月5日国务院批复同意《长江中游城市群发展规划》，规划涵盖湖北、江西、湖南、安徽四省，规划提出要大力发展文化产业，打造在国内外具有重要地位的文化产业基地。"十三五"时期是中部地区发展的关键期，为促进中部地区全面崛起，2016年12月26日，国家发改委印发《促进中部地区崛起"十三五"规划》（发改地区〔2016〕2664号），规划提出加快推动中部地区文化产业发展，推动文化、旅游、体育等融合发展，以及文化与相关产业融合发展，新时期、新战略、新趋势下，中部地区文化产业将迎来新的发展机遇和发展空间。

（三）强化资源配置，推动中部地区文化产业有序健康发展

中部五省具有悠久而深厚的历史文化底蕴，都是文化资源大省，自然风光魅力独特、传统文化底蕴深厚，文物遗存叹为观止、民俗文化丰富多彩。山西文化资源丰厚，全省不可移动文物有53875处，现存古建筑28027处，居全国第一；全国重点文物保护单位452处，国家历史文化名城6座，历史文化名镇、名村40个，居全国第一；古代壁画、古代彩塑均居全国第一；世界文化遗产3处，国家级非物质文化遗产116项，均居全国前列。河南重点文物保护单位共有358处，仅次于山西居全国第二位；国家历史文化名城8座，位居全国前列。湖北是文化大省，截至2015年底，湖北拥有世界级非物质文化遗产4项、国家级非物质文化遗产105项、世界级物质文化遗产3项，楚文化、三国文化、巴土文化源远流长。湖南地处中部地区，文化资

源多元丰富，截至目前，有世界非物质文化遗产3项，国家级非物质文化遗产118项，全国文保单位183处，国家历史文化名城、名镇、名村16个，中国传统村落72个。①

中部地区各省都是文化资源大省，但并非是"文化强省"，如何将文化资源优势转化为产业发展优势，是未来几年中部地区文化产业发展面临的重大课题。中部地区需做好文化资源整理、研究、保护，合理有效利用，推动丰富的文化资源转化为优质的文化产品和服务，以保护促进发展，以发展促进保护，推动文化资源保护、传承与文化产业协调发展。

（四）加强金融对文化产业发展的支撑作用，推动中部地区文化产业跨越发展

"金融是现代市场经济的核心。我们经常讲科技是第一生产力，实际上金融是第一推动力。"② 近几年，文化金融合作已经成为我国文化产业发展的显著特点和重要成果，成为我国文化产业持续快速健康发展的重要动力之一。伴随中部地区文化产业的持续快速发展，文化产业逐步走向规模化、集约化、专业化发展，对金融支持文化产业提出了新的更高的要求。

目前，从中部地区整体来看，金融对新兴产业的有效支持依然比较弱，尤其是文化领域的金融服务远远滞后于现实发展需要。金融服务的滞后，也在很大程度上制约着中部地区文化产业的进一步健康快速发展，探索创新金融服务新模式，构建与文化产业相适应的现代金融服务体系，是中部地区文化产业跨越发展的重要内容和途径。未来一段时间，中部地区要充分认识金融支持文化产业发展的作用，进一步优化金融支持文化产业发展的宏观环境，推动文化产业与金融业的对接，推动中部地区文化产业升级转型。以金融创新引导资金投向，引导文化资源的流向、流量，优化文化资源区域配置，促进文化与金融实现有机深度融合，提升中部地区文化生

---

① 资料来源于各政府网站。
② 徐洪才：《利用金融创新的力量推进产业发展》，新浪财经，http：//finance.sina.com.cn/hy/hyjz/2016-08-28/doc-ifxvixeq0608110.shtml，最后访问日期：2017年7月15日。

产力和文化创造力，利用资本、金融的力量全面推动中部地区文化产业健康快速发展。

（五）推动文化产业融入国民经济大循环，推动中部地区经济社会转型发展

文化产业对国民经济和社会发展转型发展的重要作用主要体现在两个方面：一方面，文化产业是国民经济的重要组成部分，文化产业的发展是促进经济社会转型发展的重要力量；另一方面，文化产业能够与相关产业融合发展，推动传统产业升级转型，进而推动整个国民经济和社会转型发展。文化也将像科技一样，成为国民经济转型升级的"新引擎"，[①] 文化与相关产业融合，放大文化的"溢出"效应，推动相关产业转型升级发展，也将推动国民经济社会转型发展。

从现实来看，首先，中部地区国民经济和社会快速发展，居民消费水平显著提升，但文化消费依然是短板，文化实际消费规模与潜在消费规模之间缺口巨大。未来一段时间，如何推动文化产业供给侧结构性改革，加强文化产品和服务供给，"引导和扩大城乡文化消费"，满足人民群众日益增长的多元化、多层次、个性化的文化需求，以文化消费带动居民消费转型，进而带动国民经济和社会发展，是中部地区文化产业发展面临的重大挑战。其次，中部地区文化产业与相关产业的融合发展尚处在起步阶段，文化产业对相关产业转型升级的促进作用不明显，对整个国民经济和社会发展作用有待进一步增强。中部地区文化产业的发展应该主动跳出影视、出版、演艺等传统领域，充分发挥文化产业在传统产业中的作用，全方位全面推动文化与制造业、旅游、大健康、传统服务业等其他经济产业融合发展，将文化产业融入国民经济的大循环中，实现文化产业由"链式"向"网状"演进，推动中部地区经济社会转型发展。

---

① 张玉玲：《文化产业布局谋变》，《光明日报》2014年3月18日，第2版。

（六）区位优势进一步凸显，文化产业发展空间进一步拓展

中部地区作为我国东部沿海地区和中西部地区过渡带，处于长江开放经济带和沿海开放经济带接合部，中部地区区位优势非常显著，"中部崛起""新一轮西部大开发"等国家战略深入实施，势必带动中部地区经济社会的健康快速发展，也势必为中部地区文化产业发展带来新的发展机遇和空间。

近些年，我国高速铁路建设快速推进，中部地区作为承接东部沿海地区和西部地区的"枢纽"，区位优势进一步凸显，太原、郑州、武汉、长沙、南昌都是我国高速铁路网的重要节点城市。伴随高速铁路建设的快速推进，势必为中部地区带来巨大的"人际搬动""消费搬动"，势必为进一步拓展中部地区未来文化产业发展创造了空间。

B.7
西南地区文化产业发展报告

胡洪斌*

摘　要： 西南地区①地处我国西南边疆地区，土地辽阔、地理环境复杂、少数民族众多、经济社会发展相对落后是该地区的主要特点，伴随"新一轮西部大开发战略""一带一路"、藏羌彝文化产业走廊等国家规划实施，西南地区文化产业发展呈现新的趋势和特点，各省区主动融入藏羌彝文化产业走廊，重点推动以文化旅游、民族民间工艺品、演艺娱乐等为代表的特色文化产业发展，特色文化产业呈现健康快速发展态势，并逐渐成为西南民族地区、边疆地区、贫困地区"精准扶贫"的重要手段。近几年，西南地区积极发挥地缘、人缘、文缘、商缘等特点和优势，主动融入和服务"一带一路"建设，与东盟、东南亚、南亚各国间的国际文化交流与贸易合作日益深化。

关键词： 西南地区　转型升级　国家战略

西南地区主要包括云南、贵州、四川、重庆、广西和西藏六省区市，地处西南边疆地区，地域广袤、自然条件复杂、文化多元、区位重要，也是少数民族最为集中、最为多元的地区。随着西部大开发的深入实施，西南地区经济社会呈现快速发展良好态势，西南地区生产总值（GDP）从2012年的

---

* 胡洪斌，云南大学文化发展研究院副院长、副教授，主要研究方向：文化产业理论与实践、服务业发展理论与实践、产业经济学。
① 本文西南地区包括云南、贵州、四川、重庆、广西和西藏六省区市。

66180.2亿元增加到2016年的96709.33亿元,西南地区占全国生产总值(GDP)比重从2012年的12.25%提高到2016年的13.00%。2012~2016年西南地区经济社会健康快速发展,地区生产总值年均增长率为9.95%,高出全国总体水平1.62个百分点(见图1),其中贵州、西藏、重庆四省区年均增长率分别达到14.50%、13.21%、11.67%,国民经济快速发展为西南地区文化产业发展奠定了良好的基础。

近几年,伴随"一带一路""长江经济带""藏羌彝文化产业走廊"等国家规划深入推进,以及《西部大开发十三五规划》的深入贯彻实施,西南地区整体经济社会快速发展,固定资产投资不断扩大、基础设施不断完善,为文化产业奠定了良好的基础,文化产业呈现健康持续发展的良好态势。凸显西南地区优势和特点,推动区域文化产业协同发展、创新发展、跨越发展,是西南地区文化产业发展的主要任务和重要内容。

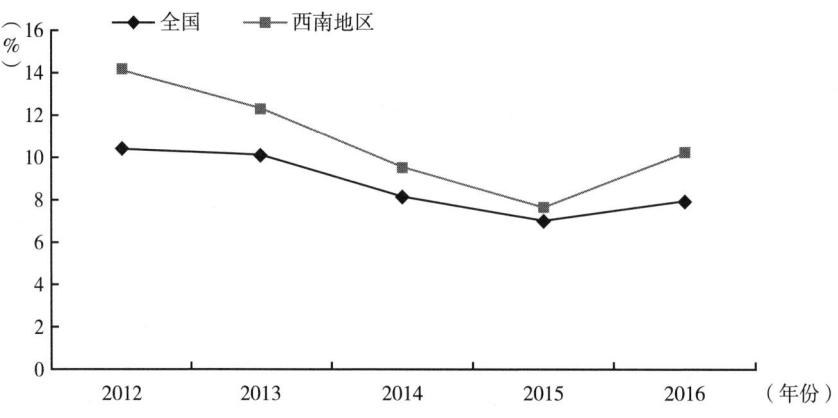

图1 2012~2016年西南地区与全国地区生产总值(GDP)增速对比

资料来源:国家统计局《中国统计年鉴(2017)》。

一 西南地区文化产业发展现状

(一)产业整体发展状况

西南地区各省区市文化产业呈现快速发展态势,西南地区文化产业增加值由2015年的2799.1亿元增加到2016年的3141亿元，较上年增长12.21%，占GDP比重由2015年的3.19%提高到2016年的3.25%。根据当前西南地区各省区发展，2017年西南地区文化产业增加值预计将超过3500亿元，占GDP将超过3.50%。分地区来看，四川文化产业发展较为突出，文化产业增加值和占地区生产总值比重都排在全国前列，其他五省区市文化产业增加值及占GDP比重都相对较低，与全国整体水平差距较大（见表1）。西南地区六省区市依然存在产业规模偏小、占GDP比重偏低的问题，制约了西南地区文化产业的进一步发展。

表1 2015~2016年西南地区文化产业增加值及占GDP比重情况

地区	2015年		2016年	
	文化产业增加值（亿元）	增加值占GDP比重（%）	文化产业增加值（亿元）	增加值占GDP比重（%）
全国	27235	3.97	30785	4.07
广西	424.2	2.52	449.1	2.45
重庆	540.5	3.44	592.7	3.34
四川	1141.2	3.80	1323.8	4.02
贵州	241.6	2.30	285.3	2.42
云南	425.1	3.12	453.6	3.07
西藏	26.5	2.58	36.3	3.16
西南地区	2799.1	3.19	3140.8	3.25

资料来源：《中国文化及相关产业统计年鉴2017》。

（二）城乡居民文化消费情况

从居民文化消费支出情况来看，2013~2016年西南地区六省区市全部居民人均文化消费呈现稳定增长态势，居民人均文化消费支出不断提高；但横向来看，西南地区六省（区、市）居民文化消费水平与全国平均水平仍有较大差距（见图2）。从西南地区内部来看，全部居民人均文化消费支出总体呈现稳定增长态势，分地区来看，重庆、四川高于西南地区全部居民人均文化消费支出，其余四省均低于西南地区总体平均值。

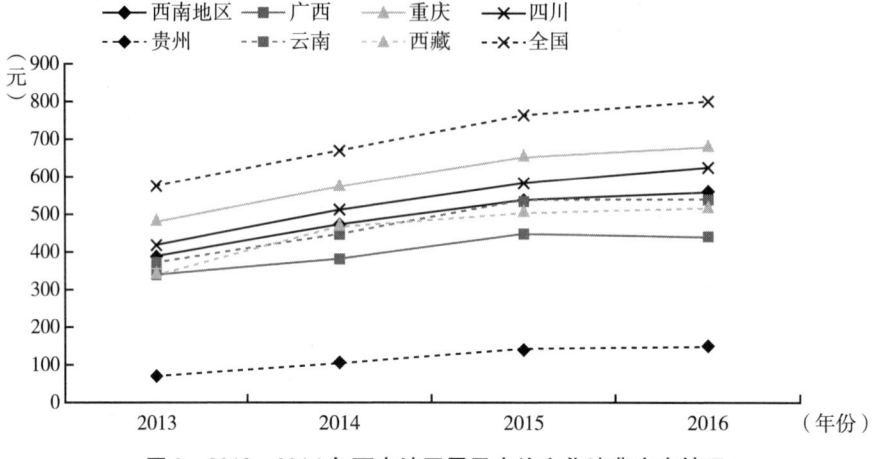

图2 2013~2016年西南地区居民人均文化消费支出情况

资料来源:《中国文化及相关产业统计年鉴2017》。

分城镇、农村来看,西南地区城镇居民人均文化消费支出逐步提高,但仍与全国平均水平有较大差距,从内部来看,四川、云南、贵州三省人均文化消费支出相对较高,其余三省相对较低(见图3);西南地区农村居民人均文化消费支出稳步提高,但与全国整体平均水平还有较大差距,从内部来看,重庆、四川两省市农村居民人均文化消费支出相对较高,与全国平均水平差距较小,其余四省区相对较低(见图4)。

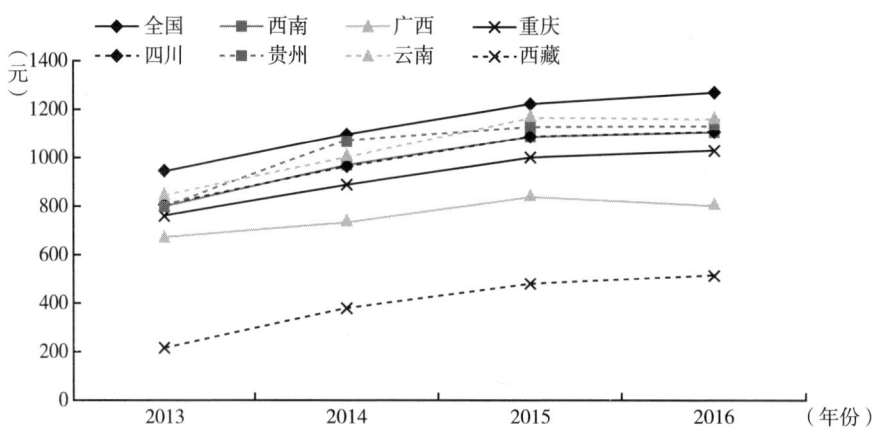

图3 2013~2016年西南地区城镇居民人均文化消费支出情况

资料来源:《中国文化及相关产业统计年鉴2017》。

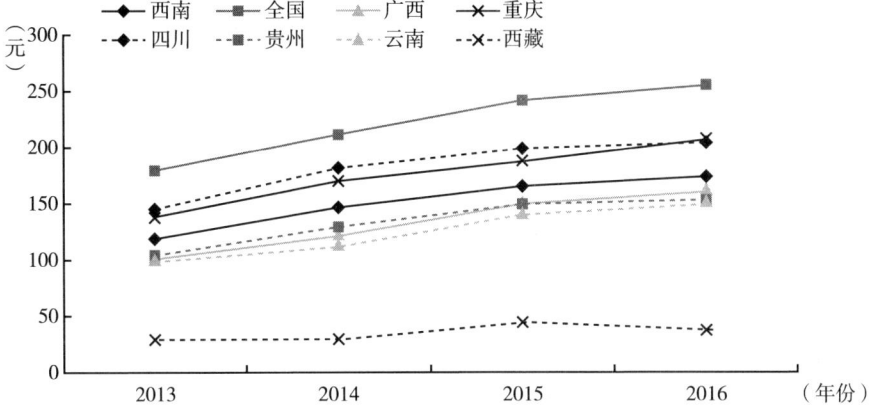

图4　2013～2016年西南地区农村居民人均文化消费支出情况

资料来源：《中国文化及相关产业统计年鉴2017》。

（三）文化及相关产业固定资产投资规模

近些年，西南地区逐步成为文化及相关产业投资的热土，大量资本迅速涌入西南地区各省区市。2012～2016年西南地区文化及相关产业固定资产投资呈现快速增长态势，从2012年的1609.66亿元增长到2016年的5414.76亿元，年均增速高达35.43%，占西南地区全社会固定资产投资比重也由2012年的4.82%提高到2016年的8.51%（见图5），文化及相关产业投资成为西南地区投资的热点。西南地区文化及相关固定资产投资增速远高于全国平均增速，占全国比重也由2012年的10.29%提高到2016年的16.06%。文化及相关产业固定资产投资快速增长，投资规模持续扩大，强劲地推动了西南地区文化产业发展，为西南地区文化产业健康持续发展奠定了坚实的基础。

（四）文化企业发展

伴随文化产业快速发展，西南地区文化及相关产业法人单位总数快速增

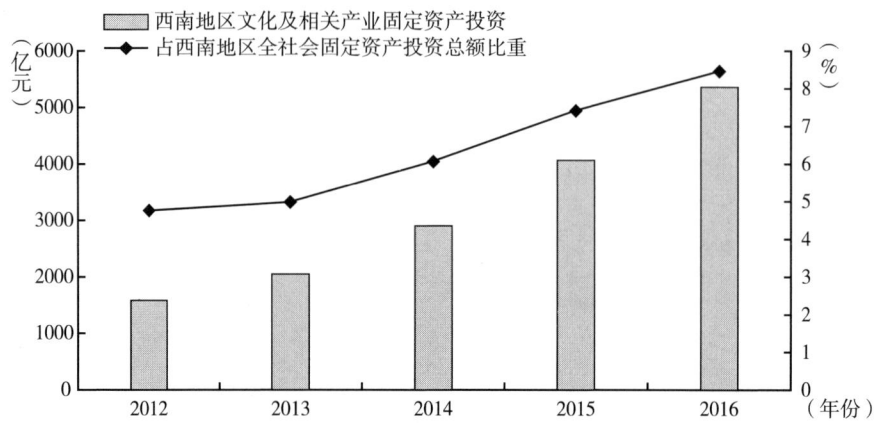

图 5　2012～2016 年西南地区文化及相关产业固定资产投资情况

资料来源：《中国文化及相关产业统计年鉴 2017》。

加，2015 年西南地区六省区市共有法人单位数 115211 家，占全国比重达到 10.10%。① 2016 年，西南六省区市年末从业人员达到 177.7 万人，占全国从业人员总数的 10.80%，营业收入为 3831.95 亿元，占全国比重为 9.01%，资产总计为 8677.40 亿元，占全国比重为 10.06%（见表 2）。从文

表 2　2016 年西南地区文化及相关产业法人单位数情况

	年末从业人员数(人)	营业收入(万元)	资产总计(万元)
全国	16451551.00	425505119.00	862747052.20
广西	188070.00	2154712.70	5991244.20
重庆	361586.00	10343430.80	12704524.90
四川	595202.00	12147245.50	30051115.90
贵州	352693.00	7103721.40	19128101.50
云南	250569.00	6346603.40	18153610.20
西藏	28884.00	223825.20	745440.00
西南地区	1777004.00	38319539.00	86774036.70
西南地区占全国比重	10.80%	9.01%	10.06%

资料来源：《中国文化及相关产业统计年鉴 2017》。

---

① 资料来源：《中国文化及相关产业统计年鉴 2016》。

化及相关产业法人单位数构成来看,西南地区文化制造业、文化批发和零售业、文化服务业分别占10%、12%、78%,文化服务业法人单位数占据绝对优势(见图6)。从六省区市具体来看,各省区市结构又有所区别,重庆、广西文化批零业所占比重明显高于其他四省区,西藏、云南、贵州、四川则是以文化服务业为主(见图7)。

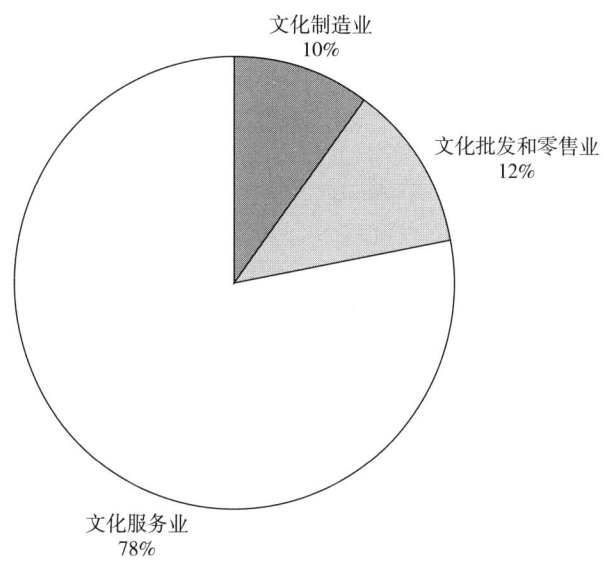

图6　2016年西南地区文化及相关产业法人单位构成情况

资料来源:《中国文化及相关产业统计年鉴2017》。

(五)规模以上文化企业发展情况

西南地区规模以上文化企业数量、质量不断提升,2016年末西南地区规模以上文化企业数量较2012年翻了一番,已达4359家,规模以上文化企业从业人员数从2012年的44.70万人增长到2016年的65.25万人,年均增长率分别达到20.15%、9.92%,规模以上文化企业的规模化、集约化水平进一步提升(见图8)。

2012~2016年,西南地区规模以上文化企业规模、营业能力都显著提

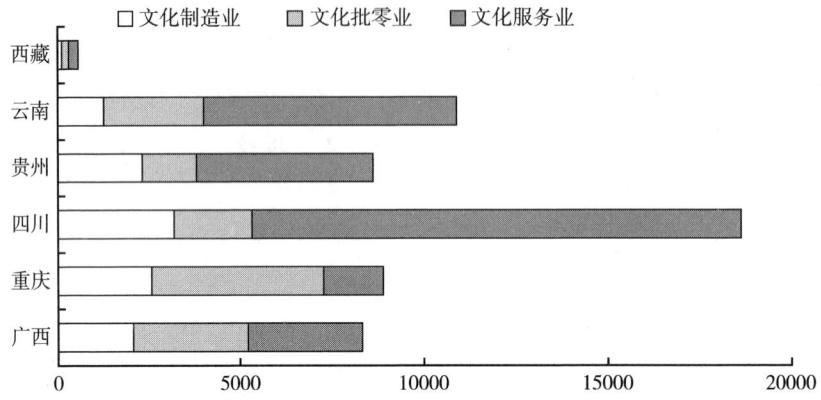

图 7　西南地区六省区市文化及相关产业法人单位数构成情况

资料来源：《中国文化及相关产业统计年鉴2017》。

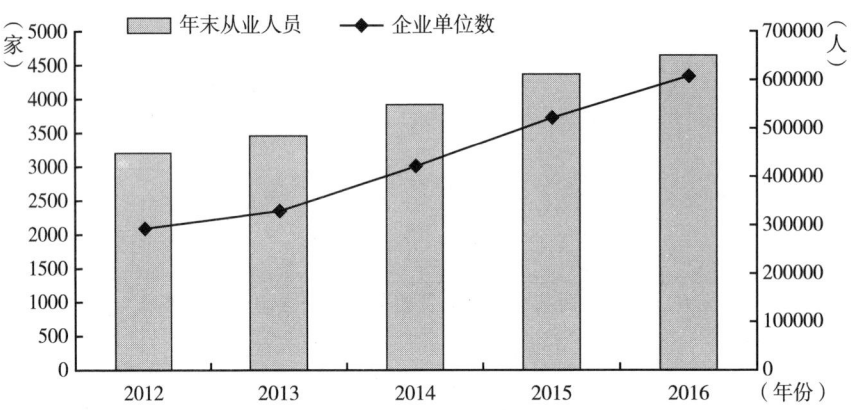

图 8　2012~2016年西南地区规模以上文化企业单位数及资产总计发展趋势

资料来源：《中国文化及相关产业统计年鉴2013、2014、2015、2016、2017》。

升，西南地区规模以上企业资产总计从2012年的3488.46亿元增加到2016年的7436.36亿元，营业收入从2012年的3152.88亿元增长到2016年的5833.97亿元，营业利润由2012年的196.61亿元增长到2016年的397.19亿元，三项数据年均增长率分别达到20.79%、16.63%、19.22%（见图9）。

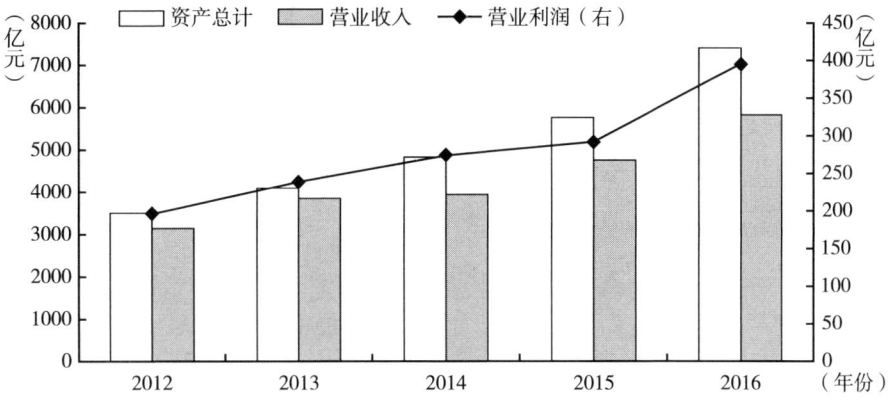

图9 2012~2016年西南地区规模以上文化企业经营情况

资料来源:《中国文化及相关产业统计年鉴2013、2014、2015、2016、2017》。

(六)文化研发活动情况

西南地区规模以上文化制造业企业科技活动逐步活跃,有研究与开发(R&D)活动企业从2012年的45家增加到2016年的165家,年均增长率高达38.38%,研究与开发(R&D)经费内部支出从2012年的125610.20万元提高到2016年的400500.40万元,年均增长率高达33.63%(见图10)。

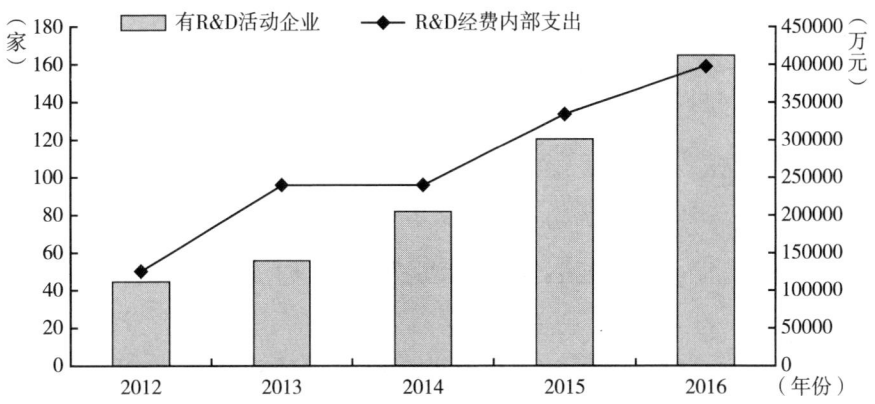

图10 2012~2016年西南地区规模以上文化制造业研发活动情况

资料来源:《中国文化及相关产业统计年鉴2013、2014、2015、2016、2017》。

从2016年西南地区文化及相关产业专利授权来看,西南六省区市专利授权总数普遍偏低,2016年末六省区文化及相关产业专利授权总数为5264项,占全国总量的5.18%,两项数据较上一年均有所下滑。其中,发明专利631项,实用新型专利2466项,外观设计专利2167项,分别占全国总量的比重达到5.24%、6.78%、4.08%(见表3),三项数据较上一年度均呈现下滑态势。文化及相关产业专利授权总量少、结构不均衡,主要是与文化产业研发投入偏低相关,导致文化产业研发活动和科研活动较弱,进而导致文化产业创新发展不足。

表3 2016年西南地区各省区市文化及相关产业专利授权情况

单位:项

地区	文化及相关产业专利授权总数	发明专利	实用新型专利	外观设计专利
全国	101495	12042	36356	53097
广西	741	104	183	454
重庆	1428	96	870	462
四川	2380	369	1086	925
贵州	294	29	147	118
云南	410	33	172	205
西藏	11	—	8	3
西南地区	5264	631	2466	2167
西南地区占全国比重(%)	5.18	5.24	6.78	4.08

资料来源:《中国文化及相关产业统计年鉴2017》。

二 西南地区文化产业发展的特点和亮点

(一)西南地区藏羌彝文化产业走廊建设成效初显

2014年,文化部、财政部联合印发《藏羌彝文化产业走廊总体规划》,旨在推动西部地区、民族文化保护传承和创新发展,共同推动建设区域性特色文化产业带，推动区域协调均衡发展。西南地区四省区结合各自实际情况和特点，积极主动融入和服务国家战略，并取得了显著的成效。西南地区云南、贵州、四川、西藏四省区处在"藏羌彝文化产业走廊"的重要区域，各省区充分整合区域内优秀文化资源，实施重大项目引领和带动战略，2015年度藏羌彝文化产业走廊重点项目共计 24 个，① 西南地区云南、贵州、四川、西藏四省区共有 12 个项目入选（见表 4）。

表 4　西南地区 2015 年度藏羌彝文化产业走廊重点项目

地区	企业名称	项目名称
四川	若尔盖县西部旅游休闲牧场景区发展有限责任公司	若尔盖西部牧场游牧部落体验园项目
	会理绿陶文化开发有限公司	凉山民族特色绿陶旅游纪念品开发应用
	德昌县沙坝傈僳风情旅游开发专业合作社	傈僳水寨—傈僳族民族风情文化博览园
	芦山县根雕产业发展有限责任公司	芦山县根雕艺术城商业南区建设项目
	雅安文化旅游发展有限责任公司	雅安藏茶村
	峨眉山旅游股份有限公司	峨眉山"一院三秀"旅游文化演艺项目
贵州	黔西县友联旅游开发有限公司	水西古城文化旅游区—水西传奇实景舞台
云南	德钦梅里雪山国家公园开发经营有限公司	迪庆藏族自治州梅里雪山传统古村落传承保护及文化旅游建设项目
	丽江玉水寨生态文化旅游集团有限公司	中国纳西文化传承基地
	丽江茶马古城旅游发展有限公司	丽江宋城旅游区
西藏	西藏传媒集团有限公司	西藏文化创意产业孵化园区和产品推广平台
	拉萨市和美布达拉文化创意产业发展有限公司	文成公主文化旅游主题园及配套商业项目

作为藏羌彝文化产业走廊的中心区域，四川省对接《藏羌彝文化产业走廊总体规划》，结合甘孜、阿坝、凉山三州的特点，编制了《藏羌彝文化产业走廊（四川区域）发展规划》。为更好推动项目在四川区域的实施，争取项目得到国家层面更大支持，四川省积极推动项目包装、设计、申报和招

---

① 《文化产业司关于公布 2015 年度特色文化产业、丝绸之路文化产业和藏羌彝文化产业走廊重点项目名单的通知》。

商等工作，四川已经规划142个文化产业项目，涉及项目投资总额超过188亿元，涉及文化旅游、演艺娱乐、民族工艺品等多个文化产业门类，① 着力实施大项目带动大发展战略，推动民族文化的保护、传承与发展，并推动区域文化产业健康持续发展。云南作为藏羌彝文化产业走廊的重要省份之一，积极整合迪庆藏族自治州和楚雄彝族自治州两个核心发展区域，大理白族自治州、丽江市两个辐射区域，以及昆明枢纽城市，还整合了红河州、玉溪市、普洱市等地区丰富的生态、民族、地域文化，积极推动藏羌彝文化产业走廊云南廊道建设和发展，重点推动文化旅游、民族民间工艺品、节庆会展等特色文化产业发展。围绕"阿诗玛"和"中国彝族文化大观园"两大地方特色文化品牌，云南重点推动彝族文化大观园项目、阿诗玛特色文化产业集聚区等重点文化项目。② 贵州省提出了"一线四城，两翼延伸"的藏羌彝文化产业走廊贵州廊道建设总体规划思路，着力打造和建设水西古城、夜郎王城、慕俄格古城等项目。③ 在多民族文化大繁荣大发展和贵州文化强省的背景下，毕节市紧抓藏羌彝文化产业走廊核心区域的契机，2016年成功举办了第一届"藏羌彝走廊·彝族文化产业博览会"，提升地方文化品牌和知名度，促进和带动了地方特色文化产业发展。西藏5个项目成功入选2014年度藏羌彝文化产业走廊重点项目库，2015年西藏又有西藏文化创意产业孵化园区和产品推广平台、文成公主文化旅游主题园及配套商业项目2个项目入选重点项目。重点项目的快速推进，对西藏建设"世界级精品旅游区"、实现区内外资源的优势互补将产生积极作用。

（二）西南地区特色文化产业呈现快速发展态势

发展特色文化产业④在民族地区文化传承保护、扶贫攻坚和精准扶贫、

---

① 《打造"藏羌彝文化产业走廊"（深聚焦）》，人民网，http://sc.people.com.cn/n/2015/0924/c345453-26519870.html，最后访问日期，2017年7月15日。
②③《藏羌彝文化产业走廊之云南篇》，中国经济网，http://www.ce.cn/culture/zt/zangqiangyi/ditu/201501/05/t20150105_4264309.shtml，最后访问日期：2017年7月10日。
④ 特色文化产业是指依托各地独特的文化资源，通过创意转化、科技提升和市场运作，提供具有鲜明区域特点和民族特色的文化产品和服务的产业形态。

推动地方产业结构转型和经济社会发展等方面具有重要意义。① 西南地区地形地貌多样,形成了丰富多样的生物、生态,以及丰富多元民族文化资源,这些丰富多样的地方文化是我国乃至整个世界文化的重要组成部分,依托这些丰富的文化资源优势,西部地区走出一条与沿海地区、中部地区不同的文化产业发展之路,民族民间工艺品、演艺娱乐、文化旅游、特色节庆等业态呈现健康快速发展。2015 年,西南地区五省区市共有 14 个企业、14 个项目入选文化部 2015 年度特色文化产业项目(见表 5),占全国 66 个项目的 21%。

表 5 西南地区 2015 年度特色文化产业重点项目

地区	企业名称	项目名称
广西	西金壮锦文化艺术有限公司	广西"桂绣"文化产业基地
	桂林升辉旅游景区投资管理有限公司	桂林明代靖王府《夜王城》大型全景体验秀旅游演艺项目
	广西东兴五彩旋律文化传媒有限公司	京族独弦琴艺术传承及保护开发项目
	柳州市演艺集团有限公司	民族音画《八桂大歌》文化旅游项目
	南宁市艺术剧院有限责任公司	大型体验式壮族精品文化长廊《壮秀》
重庆	重庆演出有限责任公司	重庆演节衍生文创产品基地
	重庆阳光国际旅行社有限公司	巴渝尚品重庆荣昌陶文化发展项目
	重庆知德文化传播有限公司	年产 15 万张梁平竹帘生产展示传承基地生产建设项目
	重庆巨蟹数码影像有限公司	巴渝特色民俗文化品牌创新示范与应用平台
	重庆市綦江区印象版画有限公司	綦江农民版画与布艺产品开发
四川	遂宁市天泰旅游投资开发有限公司	遂宁世界荷花博览园核心区(圣莲岛)建设项目
贵州	贵州黔北记忆旅游文化股份有限公司	黔北记忆旅游文化产业园
	石阡县夷州贡茶有限责任公司	传统手工苔茶加工生产线项目
	贵州省松桃梵净山苗族文化旅游产品开发有限公司	手工编织研发创意项目

① 《文化部 财政部〈关于推动特色文化产业发展的指导意见〉》(文产发〔2014〕28 号),2014 年 8 月 8 日。

云南充分发挥民族众多、文化多元等特点，云南省出台《云南省民族民间工艺品产业发展规划（2014～2020年）》，重点推动以"金、木、土、石、布"①为代表的民族民间工艺品产业发展。建水围绕创建"国家级文化产业示范园区"，积极推动以紫陶为核心的涵盖建水紫陶创意设计、生产制作、体验、文化旅游等特色产业发展，当前，建水紫陶及相关产业已达到8亿元的年产值，②紫陶企业300多家，从业人员近万人。广西文化由世居少数民族文化与中原文化、海洋文化不断融合而成，呈现多元丰富、特色鲜明的地方、民族文化特点。结合文化部的《关于推动特色文化产业发展的指导意见》，广西因地制宜地确定了15条具体措施，③有力推动了广西特色文化产业健康发展，《印象·刘三姐》《碧海丝路》等民族演艺品牌影响力不断提升，壮绣、贝雕、珍珠等特色工艺品不断发展壮大。西藏自治区通过强化特色文化产业的财税扶持政策和力度，推动全区特色文化产业发展，西藏文创品牌逐步建立，产业呈现良好发展态势。其中，唐卡成为西藏特色文化产业发展最具代表性的产品。为推动唐卡产业发展，自治区从2011年开始每年举办"西藏唐卡艺术节博览会"，并制定出台《西藏唐卡产业发展实施意见》，2016年西藏全区唐卡产值突破亿元。④

---

① "金"包括斑铜、斑锡、乌铜走银、珐琅银器、银饰及民族刀具等金属类工艺品；"木"包括剑川木雕、红木木艺、根艺、竹编、藤编、草编等木竹藤草工艺品；"土"包括建水紫陶、华宁釉陶、易门陶、香格里拉尼西黑陶、傣族曼仑陶、滇中彩陶等陶瓷工艺品；"石"包括翡翠苴却砚特色石砚、麻栗坡祖母绿、马关石榴石、保山南红玛瑙、怒江碧玺、腾冲火山石工艺品、会泽迤砚、昭通紫砂石壶等石雕石刻工艺品；"布"包括彝族、苗族、白族、哈尼族、壮族、布依族、傣族、景颇族、纳西族、壮族、基诺族等多民族刺绣以及扎染、蜡染、织锦等布类工艺品。
② 王建：《建水紫陶亿元产值后的隐忧与破局》，《红河日报》，http：//www.cnepaper.com/hhrb/html/2015-10/26/content_3_1.htm，最后访问日期：2017年7月15日。
③ 《广西出台两大新政 力推文化产业加速发展》，广西壮族自治区文化厅网站，http：//www.gxwht.gov.cn/affairs/show/14006.html，最后访问日期：2017年10月15日。
④ 韩海兰：《2016年西藏唐卡产业产值破亿元》，西藏新闻网，http：//www.xzzw.com/lyrw/fy_439/201612/t20161219_1611983.html，最后访问日期：2017年10月15日。

（三）对外文化交流合作日益深化

西南地区云南、贵州、广西、西藏四省区是沿疆沿边省区，伴随"一带一路"国家建设的深入实施，西南地区地缘、人缘、文缘、商缘等特点和优势进一步凸显，与东盟、东南亚、南亚地区的国际文化交流与合作日益深化，开展对外文化交流、发展对外文化贸易前景更加广阔。

云南围绕"面向南亚东南亚辐射中心"提出了建设"面向南亚东南亚人文交流中心"的战略，制定了《云南建设面向南亚东南亚人文交流中心规划（2016~2020年）》等政策，对外文化交流、文化传播、文化贸易日益频繁和扩大，文化企业"走出去"成果显著，[1] 与南亚东南亚文化交流合作日益深化。广西壮族自治区充分发挥与东盟国家海陆相连的地缘、族缘、文缘、商缘等优势，进一步加强与东盟国家的文化交流，从政府间文化交流的"一枝独秀"，到政府、民间、企业间的"多路并举"，双方文化交流的深度和广度在不断扩大。[2] 2013年广西举行的"中国-东盟艺术双年度"、2014年举行的"中国-东盟文化交流年"等活动均取得了很好的社会反响。贵州坚持"把贵州的文化建设放在国际国内的大背景下去思考和谋划"，逐步扩大和加强对外文化交流合作，2016年贵州省文改办与深圳市文改办签署战略合作框架协议，共同合作推动贵州文化"走出去"。[3]"多彩贵州非遗村"落户深圳宝安区，实现了多彩贵州的品牌输出，"多彩贵州非遗村"将贵州省丰富的非遗、旅游、文化资源，通过"深度挖掘—创意设计—金融助力—资本护航—平台销售"等链条，实现了贵州"非遗"资源的异地产业化，成为贵州文化"走出去"的发展平台。[4]

---

[1]《云南文化走出去提升辐射力》，光明网，http://difang.gmw.cn/2016-03/01/content_19110824.htm，最后访问日期：2017年7月15日。

[2]《广西与东盟各国文化交流"多路并举"深度扩大》，中国新闻网，http://www.chinanews.com/cul/2011/06-11/3104681.shtml，最后访问日期：2017年7月15日。

[3]《深黔合作推动贵州文化"走出去"》，《深圳特区报》，http://sztqb.sznews.com/html/2016-05/14/content_3524642.htm，最后访问日期：2017年7月15日。

[4] 曹雯、李楠：《贵州文化产业借梯登高——我省参加十二次深圳文博会成果丰硕》，《贵州日报》，http://szb.gzrbs.com.cn/gzrb/gzrb/rb/20170510/Articel02005JQ.htm，最后访问日期：2017年7月15日。

（四）西南地区文化旅游业转型发展

伴随大众旅游时代到来，游客的需求向多样化、个性化、休闲化转变，文化与旅游不断深度融合、旅游业供给侧结构性改革、全域旅游积极推进，成为旅游业焕发生机的动力，将为西南地区旅游翻开新篇。西南地区各省区市促进文化与旅游深度融合，变资源优势为竞争优势，形成互促互进、互融共赢的发展新态势，旅游业转型发展呈现良好态势。西南地区各省生态环境良好、文化资源丰富，推动旅游与文化、生态等相结合，旅游呈现多元化、多样化、个性化特点，旅游业呈现健康快速发展态势。2011～2016年，西南地区旅游业接待旅游人数由2011年的109877万人次增加到2016年的247408.8万人次，总收入由2011年的7822.46亿元增加到2016年的24626.1亿元，年均增长率高达25.78%（见图11）。

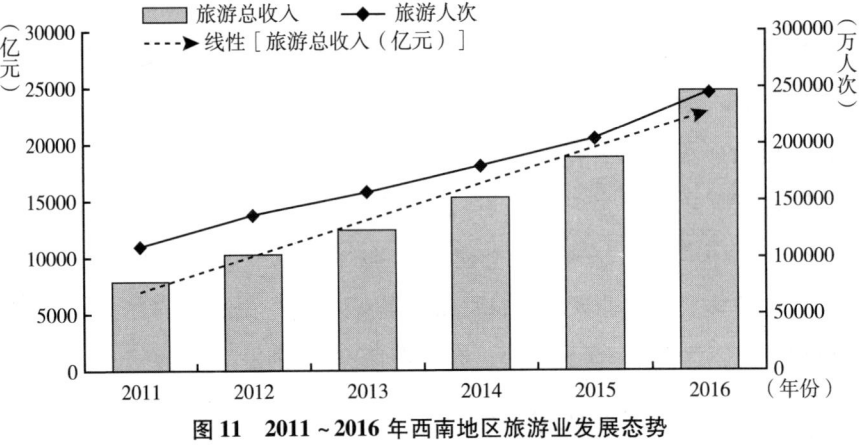

图11 2011～2016年西南地区旅游业发展态势

资料来源：西南地区各省区市统计年鉴2012～2017年。

四川省把旅游业放在经济社会发展大局中去谋划和推动，① 出台相关政策推动全省旅游业发展，2011～2016年四川省旅游业呈现快速发

---

① 《围绕大局抢抓机遇 务实创新改革发展——四川旅游业六年之变》，四川省人民政府网，http://www.sc.gov.cn/10462/10464/10797/2017/4/5/10419046.shtml，最后访问日期：2017年7月15日。

展态势,旅游总人次年均增长率为12.37%,旅游总收入年均增长率高达25.76%(见图12),文化旅游业已经成为推动全省经济社会发展的重要支柱性产业,造就了中国旅游发展格局中举足轻重的"四川力量"。

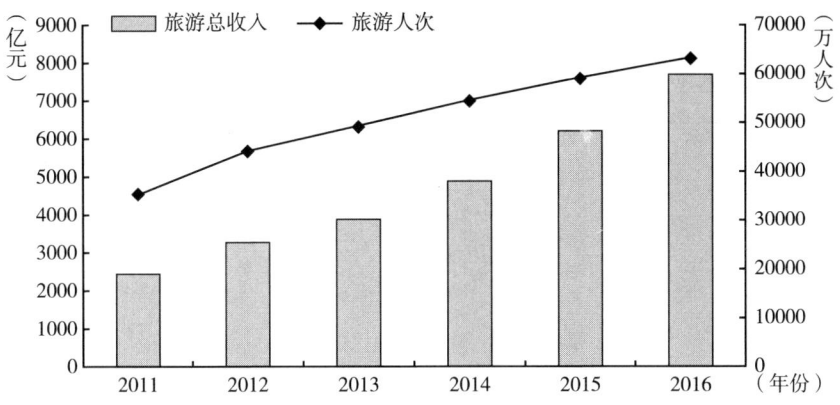

图12 2011~2015年四川省旅游业发展态势

资料来源:《四川省统计年鉴》(2012~2017)。

贵州确定了建设"文化旅游发展创新区"的战略定位,紧抓旅游基础设施不断完善的机遇,围绕全省良好的自然生态资源和丰富的民族文化资源,发挥"后发赶超"优势,围绕"文旅融合""全域旅游",不断推动贵州旅游业转型升级发展,力争创建全国一流、世界知名旅游目的地和度假胜地。① 2010~2016年贵州旅游业延续"井喷式"增长发展态势,全省旅游人数逐年增长,增速基本保持在20%左右(见图13),2016年全省旅游总人数5.31亿人次,旅游总收入5027.24亿元。

---

① 《贵州"六全理念"发展全域旅游 多彩贵州千帆竞》,http://www.gywb.cn/content/2017-03/27/content_5479770.htm,最后访问日期:2017年7月15日。

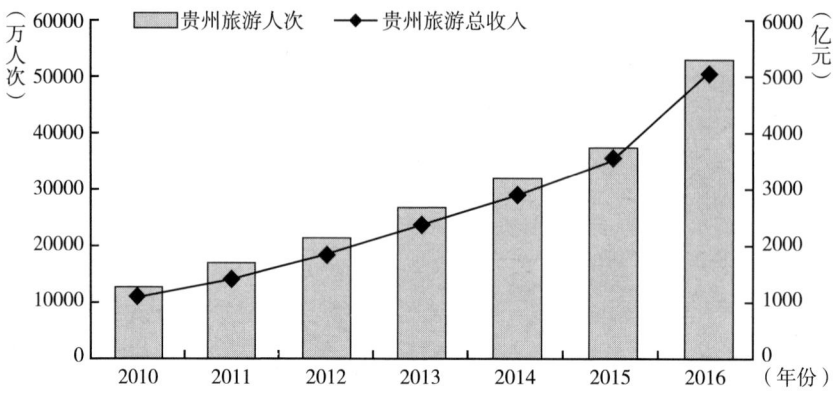

图 13 2010~2016 年贵州省旅游业发展态势

资料来源:《贵州省统计年鉴》(2011~2017)。

三 西南地区文化产业发展趋势及展望

(一)国家战略背景下,西南地区文化产业发展迎来重大历史机遇和挑战

伴随"一带一路"、长江经济带、藏羌彝文化产业走廊、新一轮西部大开发、全面小康建设、成渝城市群建设等国家规划深入实施,西南地区文化产业发展迎来重大历史机遇和挑战,新的历史背景和发展机遇为西南地区文化产业发展拓展新的广阔空间。同时,伴随中国区域文化产业发展逐步走向统一市场条件下的区域竞争合作阶段和格局,文化产业发展呈现跨区域、跨地区、跨行业发展趋势,区域间发展竞争态势进一步加剧,西南地区文化产业面临新的发展机遇和挑战,文化产业转型升级发展是当前西南地区面临的紧迫任务。

(二)强化文化与相关产业深度融合发展,推动区域经济社会转型发展

文化产业逐渐呈现多向交互融合态势,文化与相关产业深度融合发展,

是推动地区经济社会发展、拓宽文化产业发展空间的重要方向和趋势。未来一段时间，是西南地区文化产业转型升级发展的重要时期，西南地区将充分发挥自身特点和优势，通过"文化+"发挥文化的渗透性、融合性等特点，推动文化与旅游、体育、特色农业、大健康、金融、贸易、新型城镇化等相关产业、行业深度融合发展，为传统资源注入新活力的同时，重构产业经济生态环境，实现文化产业发展与整个国民经济发展实现接轨和融合，从而实现文化经济一体化，成为西南地区产业转型升级、经济社会实现跨越式发展的重要引擎。

（三）特色文化产业成为西南地区脱贫攻坚的重要手段

脱贫攻坚是"十三五"时期经济社会发展的重要内容，是同步实现全面小康社会的重要工作，特色文化产业在西南地区遗产保护、文化传承和推动文化产业成为国民经济支柱性产业过程中的作用更加凸显，在扶贫攻坚中发挥着越来越重要的作用。通过发展特色文化产业实现精准扶贫，是"十三五"期间西南贫困地区实现文化精准扶贫的政策着力点和重要手段。西南地区各省区市应根据自身基础和资源等特点，尽快制定文化精准扶贫政策和措施，积极争取国家支持，结合民族地区、贫困地区、边疆地区的特点推动特色文化产业发展，助推扶贫攻坚和全面小康建设，力争同时实现"物质富裕"和"精神富裕"。

（四）供给侧结构性改革为西南地区文化产业发展创造新环境

当前我国经济社会发展面临"三期叠加"特定阶段，经济发展进入"新常态"。近些年，在国家和地方文化政策的推动下，西南地区各省文化产业保持了较快的发展态势，但同时也面临着资源转化效率不高、创新能力不足等问题，制约文化产业进一步健康快速发展。未来一段时间，西南地区文化产业发展亟须从供给侧结构性改革发力，推动产业创新发展，创造新的消费增长点、释放市场活力，推动区域文化产业持续健康和跨越式发展。随着"大众创业，万众创新"深入推进，文化产业吸引了大批创业者、创新者，成为当前解决就业、推动创新发展的重要驱动力。依托西南地区良好的自然生态环境、丰富多样的文化资源等优势，推动文化产业领域"大众创业、万众创新"，将为西南地区文化产业打开新局面。

（五）推动文化产业发展与文化保护传承协调发展，助推产业健康可持续发展

西南地区是民族地区、边疆地区，拥有全国最好的自然生态资源和最为丰富的文化资源，伴随文化与科技、金融等深度融合发展，对民族、地方传统文化保护传承与创新发展提出了更高的要求。大量资本进入西南地区文化、旅游行业，在推动西南地区文化产业快速发展的同时，也对西南地区文化保护、传承带来巨大的挑战。如何协调与平衡好全球化与地方化、产业发展与资源保护传承、文化与资本技术之间的关系，推动文化资源保护传承与创新发展互动、互促发展，推动区域文化产业健康可持续发展，是西南地区面临的重大课题。

（六）强化文化产业统计，客观真实反映西南地区文化产业发展现状和特点

国家统计局出台《文化及相关产业分类（2012）》，新的统计体系对西南地区文化产业统计工作、文化产业发展带来了较大影响。一方面，受制于经济社会发展、人才资本不足等限制，西南地区文化产业规模化、集约化发展相对不足，整体来看六省区市规模以上文化企业数量偏少，主要以中小微文化企业和个体经营户为主，现有统计方式导致部分产业活动单位和个体户未纳入统计范畴；另一方面，西部地区文化产业发展区别于东部地区，主要以文化旅游、民族演艺、民族民间工艺品等特色文化产业为主，有部分文化及相关产业被排除在现有框架之外，这些都在客观上对西南地区文化产业发展产生了较大影响。例如，按云南省地方统计口径，2012年全省文化产业增加值达到635亿元，占全省GDP的6.1%；按国家统计局新的统计口径，2012年云南省文化及相关产业增加值301.8亿元，

占全省 GDP 的比重为 2.93%。① 因此，西南地区应根据国家统计局《文化及相关产业分类（2012）》统计体系，结合西南地区文化产业发展特点，构建符合区域文化产业发展的统计指标体系，创新工作方法，多手段实现统计数据"应统尽统"，客观、真实、及时准确地反映西南地区文化产业发展现状、特点和态势。

---

① 资料来源：云南省统计局。

B.8
西北地区文化产业发展报告

王万鹏 马英娟 王敬儒*

摘 要： 西北地区自古以来便是陆上丝绸之路的核心区域。在数千年的丝路文化历史进程中，西北地区始终处于最前沿，历史积淀也最为深厚。地处"一带一路"沿线的陕西、甘肃、青海、新疆、宁夏、内蒙古六省区，在文化资源、风土人情等方面具有天然共性，在基础设施、科技教育、金融服务、文化消费等领域有着广泛的合作前景。随着"一带一路"倡议的深入推进，西北六省区由过去的文化改革后方，变成了如今的前沿阵地，各省区文化产业发展也渐入佳境。凭借着突出的区位优势、文化优势和空间优势，西北六省区在国家发展格局中的位置越来越受到重视。

关键词： 西北地区 文化产业 合作共赢

党的十八届三中全会以来，我国经济社会全面进入"新常态"，文化产业经历十多年"热运行"发展之后，也进入新常态，增速明显放缓；"十三五"是我国文化产业进入"新常态"的关键时期，也是我国国民经济和社会发展的重要转型时期，随着"十二五"规划的圆满完成，又迎来了"十

---

* 王万鹏，兰州文理学院文化产业研发中心副主任，教授，主要研究方向：中国文学与文化产业；马英娟，兰州文理学院经管学院，副教授，主要研究方向：区域经济；王敬儒，兰州文理学院文化产业管理系主任，讲师，主要研究方向：文化产业。

三五"规划的顺利开局。西北六省区文化产业发展，也因"一带一路"建设的深入推进，发生着特色鲜明的变化。六省区立足自身比较优势，充分发挥各自的重要作用，不断加强区域合作，全力助推内陆沿边地区从对外开放的边缘迈向前沿，区域经济发展实力和综合竞争力也日渐增强。

一 西北地区文化产业发展现状

近年来，新一轮西部大开发和国家"一带一路"建设为西北六省区文化产业发展提供了历史性的机遇，随着整体经济实力的增强，六省区文化产业发展渐入佳境，取得了显著成效。然而，与发达地区相比，问题和短板仍然比较突出，文化产业增加值占GDP的比重较低，六省区在文化资源占比优势并未充分转换成与其相应的产业优势。

（一）产业整体发展情况

相对脆弱的、恶劣的自然生态环境，使得西北地区不宜进行大规模的工业开发。与此同时，西北六省区又蕴含着灿烂的民族文化，拥有非常丰富的文化旅游资源；大量可移动文化遗产和非物质文化遗产，成为区域文化产业发展的重要基础。与富集的资源优势相比较，目前西北地区的文化产业发展还相对滞后，文化产业的发展潜力和空间还很大。

表1 西北六省区文化产业增加值及其占GDP比重一览

单位：亿元，%

省份	2014年		2015年		2016	
	增加值	占GDP比重	增加值	占GDP比重	增加值	占GDP比重
陕　西	646.11	3.65	717.79	3.95	802.5	4.14
甘　肃	132.91	1.94	157.09	2.30	146	2.03
宁　夏	67.00	2.44	64.94	2.23	74.4	2.35
青　海	46.67	2.03	54.76	2.27	63.8	2.48
新　疆	110.91	1.2	112.68	1.21	127.9	1.32
内蒙古	300.32	1.69	323.1	1.81	350.1	1.93

注：表1中2014~2015数据来自各省国民经济和社会发展统计公报，2014~2015新疆数据来自新疆文化网。2016年数据来自《中国文化及相关产业统计年鉴2017》。

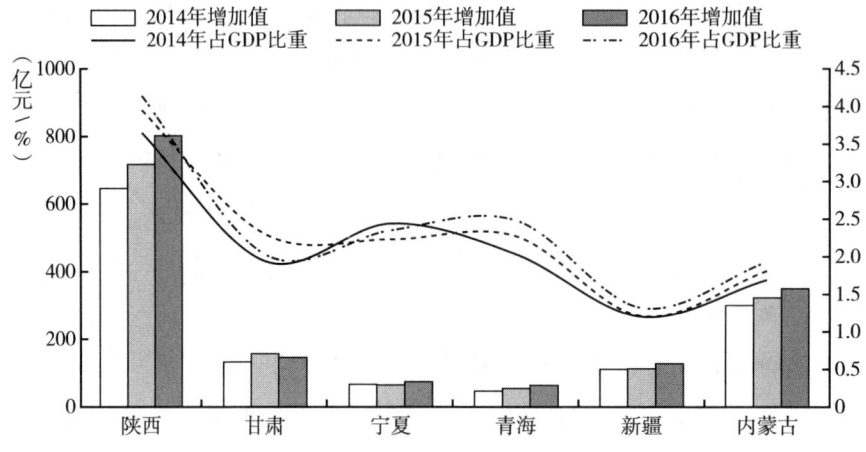

图1　西北六省区文化产业增加值及占GDP比重

资料来源：《中国文化及相关产业统计年鉴2017》。

通过表1、图1数据，我们可以看出，从西北六省区文化产业发展整体而言，其增加值占GDP的比重：陕西最高，新疆最低，甘肃、宁夏、青海和内蒙古数据大致相似。文化产业的增长陕西省和内蒙古增长较快。无论占比高还是低，文化产业的增加值与发达地区相比较，西北六省区都有较大的增长空间。

（二）城乡居民文化消费情况

习近平2014年5月在河南考察时，首次提及"新常态"概念。这是中央高层对中国经济社会发展形势的新判断，自此，中国经济在告别过去30多年平均10%左右的高速增长后，逐渐放慢了脚步，由过去的速度取胜，转而追求高质量发展，中国经济真的进入了"新常态"：拉动经济增长的三驾马车中，外贸出口已经基本饱和，因此，拉动经济增长的主要动力，便只能依靠投资和扩大内需，刺激消费已成为目前我国经济稳增长的重要一环。近年来，从全国来看，消费对经济增长的贡献率均有显著提高，其中文化消费的重要性也日渐凸显。据统计，在2016年全国31个省区市人均消费支出排行榜上，西北六省区中，只有陕西省进入社会消费品零售总额前二十名,其他各省区消费力明显不足,人均消费支出偏低,这也为今后刺激消费尤其是文化消费,拉动内需,留下较大空间。据统计,全国各省区社会消费品零售总额位于后十位的省份,分别是西藏、青海、宁夏、海南、新疆、甘肃、贵州、天津、云南、山西,其中西北六省区占据四席位置。

人均社会消费,向来被认为是衡量一个地区经济发达程度的重要指标,从全国情况来看,人均社会消费最低的6个省份,分别为贵州、新疆、云南、甘肃、宁夏和广西,全部来自西南和西北地区,西北六省区占据三席位置。由此可见,西北地区经济增长对投资的依赖程度,远远高出了对消费的依赖。也就是说,由于各种利好政策叠加,近几年西部省份经济发展虽然较快,从总量来看,其经济增长却主要是依靠投资拉动,加之,历史欠账问题,西部地区经济发展的市场化程度还普遍不够高,城镇化率仍然比较低,在人均可支配收入和人均消费总体水平上,与东南沿海地区及中部发达地区相比,都存在着明显差距,消费对经济发展的贡献率偏低,这意味着,随着经济结构不断调整,产业布局不断优化,未来消费对经济总量贡献的增长空间还比较大见表2。

表2 2014~2016西北六省区居民收入及消费支出情况一览

单位:元

省 份	城镇居民人均可支配收入			城镇居民家庭人均消费性支出		
	2014年	2015年	2016年	2014年	2015年	2016年
全 国	28843.9	31194.8	33616.2	19968.1	21392.4	23078.9
陕 西	24365.8	26420.2	28440.1	17546.0	18463.9	19368.9
甘 肃	21803.9	23767.1	25693.5	15942.3	17450.9	19539.2
宁 夏	23284.6	25186.0	27153.0	17216.2	18983.9	20364.2
青 海	22306.6	24542.3	26757.4	17492.9	19200.6	20853.2
新 疆	23214.0	26274.7	28463.4	17684.5	19414.7	21228.5
内蒙古	28349.6	30594.1	32974.9	20885.2	21876.5	22744.5

续表

省 份	乡村居民人均纯收入			乡村居民家庭人均消费性支出		
	2014年	2015年	2016年	2014年	2015年	2016年
全 国	10488.9	11421.7	12363.4	8382.6	9222.6	10129.8
陕 西	7932.0	8688.9	9396.4	7252.4	7900.7	8567.7
甘 肃	6276.6	6936.2	7456.9	6147.8	6829.8	7487.0
宁 夏	8410.0	9118.7	9851.6	7676.5	8414.9	9138.4
青 海	7282.7	7933.4	8664.4	8235.1	8566.5	9222.2
新 疆	8723.8	9425.1	10183.2	7365.3	7697.9	8277.0
内蒙古	9976.3	10775.9	11609.0	9972.2	10637.4	11462.6

资料来源：《中国统计年鉴（2017）》。

从2014～2016年西北六省区居民收入及消费支出情况来看，城镇居民高于农村居民，内蒙古、陕西省最接近全国平均水平，新疆、宁夏和青海位居其次，与全国平均水平差距最大的是甘肃省。这就意味着，在"十三五"期间，西北六省区必须把经济发展的主要精力聚集在提高居民收入和刺激消费上，从而弥补内需不足的缺项。2016年从西北六省区社会消费品零售总额来看，陕西和青海省的增幅最大，高于全国平均水平，人均社会消费情况虽处于六省区前列，但仍低于全国平均水平，甘肃、宁夏和新疆发展相对滞后。

（三）文化及相关产业固定资产投资规模

从总体来看，2011～2016年西北地区文化及相关产业固定资产投资呈现快速增长态势，投资总额从2011年的317512.08亿元增长到2016年的628361.46亿元，年均增长率达到14.63%（见表3）。分省区来看，文化及相关产业固定资产投资最多的分别陕西和内蒙古，其次是新疆、甘肃，宁夏和青海文化及相关产业固定资产投资相对较少（见图2）。

表3　2011~2016年西北六省区文化及相关产业固定资产投资情况

单位：亿元

地 区	2011	2012	2013	2014	2015	2016
陕 西	9431.08	12044.50	14884.15	17191.92	18582.24	20825.25
甘 肃	3965.79	5145.00	6527.94	7884.13	8754.23	9663.99
青 海	1435.58	1883.40	2361.09	2861.23	3210.63	3528.05
宁 夏	1644.74	2096.90	2651.14	3173.79	3505.45	3794.25
新 疆	4632.14	6158.80	7732.30	9447.74	10813.03	10287.53
内蒙古	10365.17	11875.70	14217.38	17591.83	13702.22	15080.01
合 计	317512.08	383872.40	459911.21	529119.15	582730.82	628361.46

资料来源：《中国文化及相关产业年鉴2017》。

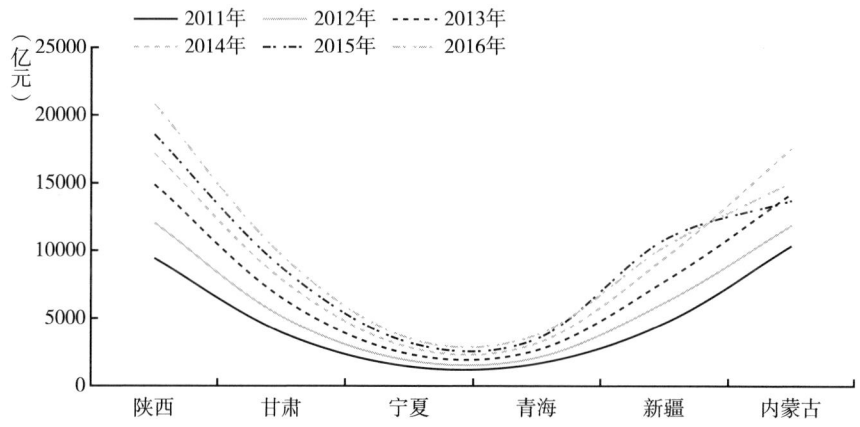

图2　2011~2016年西北六省区文化及相关产业固定资产投资情况

资料来源：《中国文化及相关产业统计年鉴2017》。

（四）文化企业发展情况

文化生产是指"把人类自身的思想、意志和情感作为文化资源，生产文化产品、提供文化服务和创造社会财富的能力。同时，在文化生产中，生产者将自身强烈的思想、意志、情感、愿望渗透于一定的生产过程，表现为一个物化的过程，具有明显的物质性"[1]。根据目前国际通行的文化产业定义来看，文化产业具有鲜明的工业化生产特征，具有双重属性，一方面有文化的内涵，另一方面又有经济的功能，也就是说，文化产业与传统意义上的文化事业的最大区别在于，文化产业必须以赢利为目的，并且是可以进行市场化运作的产品和服务。"文化作为符号表达系统的形成，缘于人类在日常生产生活中交往和沟通的需要。个人与外界，每时每刻都在发生各种各样的联系和交往，对个人来说，这种交往和沟通必须依赖于文化；同时，文化还是人类组织生产和交往的社会结构性因素，社会是在文化的意义上显现的。文化的价值形态具有多样性，但是，从文化与社会的关系看，多样性的文化价值形态无非表现为个体与社会、个体与个体、个体与自我的关系。而从文化生产与文化价值的关系看，文化生产作为人类基本的生产形式，是创造、传播和实现文化价值的生产过程。"[2] 文化企业作为文化市场中的主体之一，作为文化产品的提供者，其发展水平在很大程度上取决于文化产品的消费者水平，而西北六省目前文化产品的人均消费水平居于全国的落后现状，决定了西北地区文化企业的发展整体水平还比较低，普遍存在"国企虚胖，民企软骨"的现象，活跃在文化市场上的大多数企业，表现出生产规模偏小、市场竞争力低下的不足，又因为西北六省区地域辽阔，各省区文化资源分布比较分散，直接导致文化产业发展出现了点散、线长、面广，产业集聚效应较差，在规模效应和现代化水平上，都与发达地区有很大差距。文化产业集约化程度较低，市场活跃度还不够，使得西北六省区文化产业目前尚处在一个低水平的、高度分散的、缺乏竞争的状态。与全国其他省份一样，在近年来文化产业快速发展的同时，文化产业同质化、地产化、空壳化现象在西北地区也表现得很突出，文化企业自主的产品开发能力较弱，文化与科技的融合程度还远远不够，文创企业的整体研发水平有

---

[1] 成赫：《谈文化生产的"二重性"》，《戏剧之家》2010年第11期。
[2] 荣跃明：《论文化生产的价值形态及其特征》，《社会科学》2009年第10期。

待提升。总体而言，西北六省区的文化产业，有着巨大的潜在市场需求，在新的时期应该抓住历史机遇，后发制人，对标追赶，转型发展，通过产业结构优化调整，深度挖掘自身资源优势，进而实现文化产业大发展和文化事业大繁荣。

（五）规模以上文化企业情况

整体来看，西北地区规模以上文化企业①总量偏少，2016年六省区规模以上文化企业共计1940个，占全国总量地比重仅为5.00%。规模以上文化企业对文化产业的贡献率较低，亟须加大政策扶持力度和市场培育工作，增加规模以上文化企业在文化及相关产业发展中的活跃度（见表4）。

表4　2016年西北地区规模以上文化及相关产业企业基本情况

单位：个，%

地区	文化制造业	文化批发和零售业	文化服务业	合计
全国	4419	9604	24763	38786
陕西	131	178	501	810
甘肃	29	98	165	292
宁夏	21	20	58	99
青海	19	11	19	49
新疆	25	42	124	191
内蒙古	266	68	165	499
西北地区	491	417	1032	1940
占全国比重	11.11	4.34	4.17	5.00

资料来源：《中国文化及相关产业统计年鉴2017》。

从2016年西北六省区规模以上文化及相关企业基本情况来看，陕西和内蒙古的文化及相关企业数量最多，其次是甘肃、新疆，宁夏和青海相对偏

---

① 规模以上企业是指年主营业务收入2000万元以上的工业企业法人组织。

少,这也是制约西北六省区文化产业发展速度的重要因素,必须引起足够的重视(见图3)。

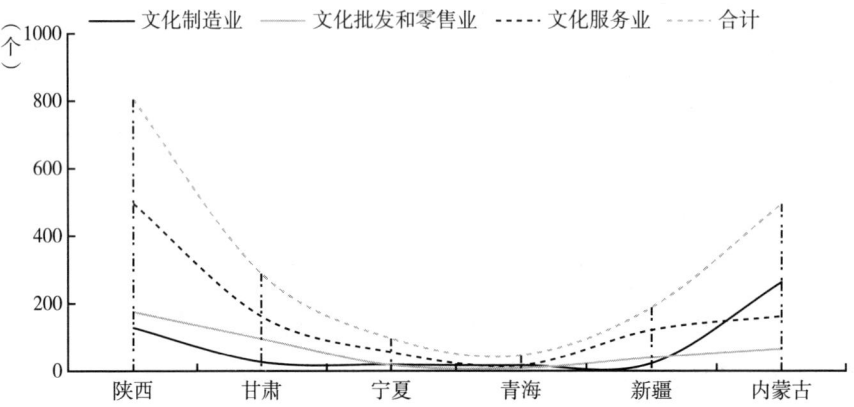

图3 2016年西北地区规模以上文化企业基本情况

资料来源:《中国文化及相关产业统计年鉴2017》。

(六)文化研发活动情况

西北地区规模以上文化制造业研发活动逐渐增强,研发(R&D)活动企业由2012年的12家增加到2016年的33家,有研发(R&D)活动规模以上文化企业数占规模以上文化制造业企业比重为14.67%,远高于全国8.07%的比重。规模以上文化制造业企业研发(R&D)项目数由2012年的80个增加到2016年的102个,从业人员也由2012年的204人年增加到2016年的561人年(见图4)。但在从业人员质量方面,普遍还存在学历层次低、专业素养水平较低以及创新能力较弱等问题。

2016年西北地区文化及相关产业专利授权总数5140项,较上一年增长79.78%,从分项目来看,增长最快的是外观设计专利,较上一年增长107.34%(见表5)。从西北地区文化及相关产业专利授权构成来看,发明专利、实用型专利所占比重较低,主要集中在外观设计专利,占专利授权总数比重为75.31%(见表5)。

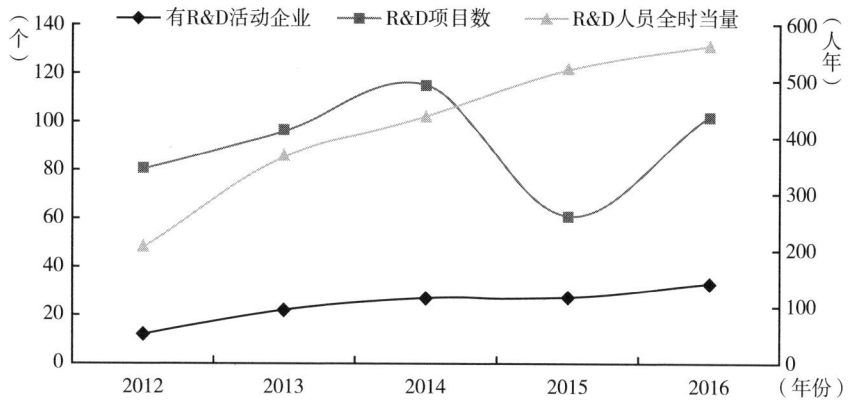

图 4　2012～2016 年西北地区规模以上文化制造业研发情况

资料来源:《中国及相关产业统计年鉴 2017》。

表 5　2015～2016 年西北地区文化及相关产业专利授权情况

年份	文化及相关产业专利授权总数	发明专利	实用型专利	外观设计专利
2015	2859	257	735	1867
2016	5140	300	969	3871

资料来源:《中国文化及相关产业统计年鉴 2017》。

二　西北地区文化产业发展亮点

　　文化产业作为一个大的产业门类,依照文化与不同产业的结合形态,可具体细分为文化旅游业、新闻出版业、广播影视业、演艺娱乐业、文化会展业与文创产品生产等不同业态。总体来说,受历史地理人才等因素影响,西北六省区的新闻出版业、广播影视业不仅比我东南地区弱,即使和同区域的其他文化产业比较,也没有令人瞩目的优势。而在文化旅游业、会展业、文创产品和演艺娱乐业方面,各个省区都结合自身文化资源优势,取得了开创性的进展。

（一）陕西：文化旅游融合带动产业发展

在西北六省区中，陕西始终处在领跑者的位置，独特的自然地理资源、丰厚的历史文化资源、多彩的民俗文化资源，成为陕西文化产业发展的重要基础。近年来，陕西省先后出台一系列政策，鼓励通过文化和旅游的深度融合，实现文化产业的跨越式发展，在不断推动文化产业转型升级的同时，努力培育文化市场新的增长点，区域文化发展的软实力明显增强，区域文化产业在国际国内文化市场的竞争力显著提高。

据统计，陕西省共有世界文化遗产3处，全国重点文物保护单位235处，国家级非物质文化遗产名录项目74项，省级441项，市级1415项，县级4150项。西安鼓乐、中国剪纸（安塞剪纸、延川剪纸）、中国皮影戏（华州区皮影戏）成功入选联合国人类非物质文化遗产名录。现有国家级非物质文化遗产项目代表性传承人50人，省级385人，市级1281人，县级3977人。国家级陕北文化生态保护实验区和国家级羌文化生态保护实验区建设也有重大进展。省、市、县、镇、村5级文化基础设施网络基本形成，建成了1个国家级文化产业示范园区，11家国家级文化产业示范基地，8家国家动漫认定企业，41家省级文化产业示范基地，101家省级文化产业示范单位，基本形成了门类比较齐全、产业链比较完整的文化产业体系[①]。

陕西省历史文化旅游资源十分雄厚，近年来以此为基础，努力发展文化旅游业，潜力巨大，势头强劲，在全国旅游发展进程中表现突出。《陕西省"十三五"文化和旅游融合发展规划》数据显示，"2016年，陕西全省旅游业总收入达到3813.43亿元，接待境内外旅游人数4.49亿人次，旅游收入增长26.87%，旅游人数增长16.45%。"[②] 以文化旅游业为先驱，带动旅游基础设施与服务设施建设，旅游法规和管理制度不断完善，加快推进旅游产业从量变到质变、从粗放经营到质效提升。

---

① 引文资料来源：《陕西省"十三五"文化和旅游融合发展规划》。
② 引文资料来源：《陕西省"十三五"文化和旅游融合发展规划》。

人们常说：文化是旅游的灵魂，旅游是文化的载体。一方面拥有丰富的文化资源；另一方面旅游业在蓬勃发展，为使文化和旅游融合发展，实现共赢，陕西省采取了积极的措施，目前初显成效。近年来，通过不断深入挖掘各旅游景区文化内涵，陕西省推出了一系列特色鲜明的旅游景区文化内容建设项目，丰富了游客的文化体验活动，也全面推动文化和旅游的深度融合，一批富有地域文化特色的文化旅游产品涌现：把红色文化与旅游项目融合，推出了枣园文化广场、《延安保育院》、《延安保卫战》等项目；此外，以舞剧《长恨歌》为代表的历史文化与旅游融合的旅游演艺项目，以礼泉县袁家村为代表的民俗文化与旅游融合的乡村民俗文化项目，以青木川古镇为代表的文学艺术与旅游融合的艺术小镇代表项目，以"大华1935"为代表的工业文化与旅游融合的工业旅游项目，也都产生了非常好的社会和经济效益。在把文化旅游产业打造成为国民经济支柱产业的过程中，陕西省各级政府密集出台相应政策，鼓励文化旅游企业广泛参与，对地方品牌文化资源进行深度发掘，使文化和旅游更加紧密地融合发展。

为了在全省进一步推动文化和旅游深度融合发展，陕西省正在全省范围内推进构建"两核十区"①融合发展格局。其中"两核"，指的是以古都西安和红色革命根据地延安为两大中心，整合区域内丰富的文化资源形成融合发展核心区。而"十区"则是指要把宝鸡、咸阳、铜川、渭南、榆林、汉中、安康、商洛、韩城、杨凌打造成全省十个特色文化旅游融合展示区。

（二）甘肃：文化会展引领产业转型升级

甘肃省地处古丝绸之路咽喉位置，是名副其实的丝绸之路黄金段，逶迤丝路在甘肃境内自东向西绵延1600余公里，几乎覆盖了甘肃全境。国家"一带一路"倡议的提出，给处于丝绸之路关键节点的甘肃省带来了经济和社会发展的历史机遇。受西北自然资源限制，甘肃省长时期处于我国经济发展大潮的"后方"，由于区位不占优势，很难成为潮流引导者和新实践的探

---

① 资料来源：《陕西省"十三五"文化和旅游融合发展规划》。

路者,而"一带一路"倡议的提出,使得甘肃从过去的"后方"升级为国家向西开放的前沿阵地。甘肃向来被誉为"河岳根源、羲轩桑梓",陇原大地蕴藏着深厚而丰富多彩的文化资源。历史上的甘肃曾经是"使者相望于道、商旅不绝于途"的繁华之地,在这里上演过隋炀帝亲巡张掖并在焉支山举办万国博览会的传奇,在这里也诞生了中国、古印度、古希腊、伊斯兰四大文化体系绝无仅有的交会地——敦煌。"一带一路"倡议实施以来,甘肃积极主动与沿线地区和国家展开文化、教育等领域的密切合作与互动交流。以"一带一路"倡议为契机,以"敦煌文博会"为平台,甘肃省已经与"'一带一路'沿线地区缔结友好省州25对、友好城市27对,有近1200名中西亚国家的学生来甘肃交流学习。甘肃经典舞剧《丝路花雨》《大梦敦煌》等先后赴21个国家演出,有力促进了沿线民众对中国、对甘肃的了解和认知"[1]。

当前,甘肃省正在举全省之力,打造以丝绸之路(敦煌)国际文化博览会和华夏文明传承创新区为重点的文化战略平台,以此为依托,统筹推进文化保护、传承、展示、创新和利用等工作,推动文化事业和文化产业共同发展。根据规划,丝绸之路(敦煌)国际文化博览会永久落户于敦煌市,截至目前,已经成功举办了两届博览会,取得了预想的效果,因此,这一平台被学界誉为甘肃连接世界的"文化高铁"。

敦煌文博会,其全称为"丝绸之路(敦煌)国际文化博览会",根据规划,其基本定位是要打造成为"一带一路"倡议有效推进的重要载体,努力建成丝绸之路沿线国家和地区之间开展文化交流合作与文化贸易往来的战略新平台,因此说,敦煌文博会自诞生以来,因其"国际性"站位,便承载着重要的国家战略使命。追溯丝绸之路(敦煌)国际文化博览会的申办过程,从2013年12月甘肃省委、省政府向国务院上报申办报告,到2015年8月17日甘肃正式向党中央、国务院报送《关于举办丝绸之路(敦煌)国际文化博览会的请示》,提出计划于2016年在甘肃省敦煌市举办首届博览

---

[1] 何玲:《甘肃千里古道续写传奇》,《中国城市报》2017年9月25日第01版。

会，直到2015年11月13日甘肃举办丝绸之路（敦煌）国际文化博览会获得国家正式批复，走过了一个漫长而又充满希望的历程。2016年9月20日首届丝绸之路国际文化博览会终于在甘肃敦煌盛大开幕，习近平主席向大会致贺信，对敦煌文博会的顺利召开表示热烈祝贺。之后，2017年9月20~21日，第二届丝绸之路（敦煌）国际文化博览会又一次在敦煌市顺利举行。

2016年9月，在首届敦煌文博会举办期间，面向世界发布的《敦煌宣言》，为新时期中外文化交流谱写了美好篇章，为开拓21世纪"新丝绸之路"奠定了重要的人文基础。敦煌文博会不仅为丝绸之路沿线国家和地区间的文化合作与人文交流搭建了很好的战略平台，同时也是"一带一路"倡议顺利推进的国际新舞台，对实现"一带一路"倡议中提出的"五通"战略发挥着不可替代的功用，成为国家向西对外开放的重要窗口。又因为历史上的文化渊源和独具的地缘优势，成为丝路沿线国家和地区人民之间实现民心相通的新通道。两届文博会的成功举办，已经历史地证明，丝绸之路（敦煌）国际文化博览会堪称丝路沿线国家和地区文化展示的大舞台、文化交流的新载体、创新发展的新动力、合作共赢的主抓手。

在总结首届文博会经验的基础上，2017年举办的第二届敦煌文博会精心设计了以"文化论坛、文化年展、文化演出、文化贸易、文化创意、文化旅游"为主题的六大专项活动，被学界浓缩为"论、展、演、贸、创、游"六字真言，其中"论"就是通过主题论坛的形式，突出大会聚焦务实合作的精神；"展"则通过各自优秀文化展示，凸显美美与共的追求；"演"即把以"敦煌艺术"为代表的艺术精品荟萃一堂，实现"以文会友"；"贸"就是要发挥博览会的商业功能，通过汇聚优质项目促进沿线国家和地区之间的务实合作与商贸往来；"创"就是要把古老的丝绸之路文化现代化、时尚化、生活化，在传承丝路精神的同时实现文化创新；"游"就是要以旅游为载体，用文化铸造灵魂，在更广阔的舞台上展示丝路魅力。第二届敦煌文博会共吸引582位中外嘉宾参会，他们分别来自51个国家和3个国际组织，另有丝路沿线国家和地区超过2100多名的文化参展商和采购商，以及国际知名企业代表和著名演出团体参与了本届文博会。

甘肃处在丝绸之路的黄金段，同其他兄弟省份相比，在"一带一路"国家倡议实施过程中，其发挥的作用有着独特之处：既是国家实施向西开放战略的重要通道，也是丝路沿线国家和地区丰富多彩的文化集聚地。通过打造永不落幕的敦煌文博会，甘肃为自身更好走向世界打开了不可错失的机遇之门，敦煌文博会的国际平台，为宣传甘肃历史文化以及改革发展新成就提供了新窗口，也对提高甘肃的世界知名度和文化软实力有着不可替代的作用。

（三）宁夏：不断深化中阿合作，实现文化产业"走出去"

宁夏回族自治区是古丝绸之路的要塞，在"一带一路"倡议提出后，宁夏积极响应，随即提出了"战略节点"的自我定位。自古以来，宁夏就是中国和阿拉伯国家文化交流的中心，与其他省份相比，在中阿文明交流和文化贸易方面，宁夏有着独特的优势。宁夏境内的回族群众与阿拉伯人民之间基于独特的地缘优势和人文条件的友好合作，自古以来就不曾中断过，"一带一路"倡议的提出，加速了宁夏与阿拉伯国家的进一步交流与合作。

阿拉伯世界位于亚、非两大洲的接合部，面积广阔，涉及国家和人口众多，对有力推进"一带一路"倡议具有重要的战略地理位置意义。宁夏是中国唯一的省级回族自治区，也是全国最大的穆斯林聚居区，与阿拉伯国家开展交流与合作，有着得天独厚的文化优势和地缘优势。宁夏在充分发挥民族地区的资源优势与文化特色的基础上，通过文化资源的深度发掘和创新发展，开发出一批具有较大影响的文化项目，以文艺演出和展览会的形式，积极探索中阿文化合作的新路径与新模式。例如，宁夏回族自治区精心编排的荡气回肠的大型回族舞剧《月上贺兰》，不仅在国内演出深受欢迎，而且受国家文化部委派，先后赴埃及、卡塔尔、阿尔及利亚等国进行文化交流演出，取得了非常好的演出效果。《月上贺兰》作为文化使者，为增进宁夏与阿拉伯国家之间的友谊与合作，搭建了一座艺术的桥梁。

2016年8月13～15日，由银川市政府和银川经济技术开发区管委会主办的"2016首届中阿国际动漫文化节"，在银川国际会展中心B馆成功举办。此次动漫文化节内容包括：动漫及 COSPLAY 展、中阿动漫影视作品展演及中阿版权贸易洽谈会，微电影展、插画展、动漫衍生产品展销、中阿国际动漫文化节论坛以及中阿图书影视展等，展会的举办标志着宁夏与阿拉伯国家在文化合作方面国际化、市场化运营平台的正式搭建。在成功举办三届"中阿经贸论坛"的基础上，经过双方协商，把论坛进一步上升为"中阿博览会"，自治区首府银川被确定为"中阿博览会"的永久性会址所在城市，成为双方深化合作机制、扩展合作内容的重要平台。中阿博览会的成功举办，使宁夏成为"阿拉伯国家向东看"和"中国向西看"的重要交会点。

多年来，宁夏依托并充分利用中阿经贸论坛等平台优势，积极开展与阿拉伯国家及伊斯兰世界之间的文化交流与文化贸易，使宁夏成为中国回族文化向西"走出去"的桥头堡。作为中国唯一的省级回族自治区，宁夏不仅是中国民族团结的典范，也成为中外文化交流和文化贸易活跃的示范区。在2012年9月《国务院关于宁夏内陆开放型经济试验区规划的批复》（国函〔2012〕130号）文件中，明确提出要在宁夏回族自治区设立内陆开放型经济试验区，同时批准在银川设立综合保税区，作为中国内陆地区首个也是唯一覆盖整个省级区域的试验区，宁夏提出要把内陆开放型经济试验区"打造成面向阿拉伯国家和穆斯林地区的清真产业基地、人才培训基地、旅游目的地，加强同阿拉伯国家和穆斯林地区在经济、文化、教育、旅游等领域的合作"。①

在对接"一带一路"倡议时，充分发挥内陆开放型经济试验区的政策优势，并且高度重视与穆斯林和阿拉伯国家合作，使得宁夏成为"一带一路"沿线国家和地区之间开展广泛合作的强有力的战略支点和合作平台，今天，宁夏在国际舞台上的重要性日渐突出。

（四）青海：走向世界的热贡艺术

"热贡"一词的藏语含义是"金色的谷地"。习惯上，人们把青海省黄

---

① 《王正伟会见马来西亚阿克拉姆·尤素福》，宁夏回族自治区人民政府网站，2012年11月28日。

南藏族自治州隆务河流域同仁县及其周边地区，统称为"热贡地区"，早在2008年8月，热贡地区便设立了少数民族地区"热贡文化生态保护实验区"。热贡地区向来被学界认为是青海全省乃至西北地区非物质文化遗产资源最富集的区域。热贡地区的人民以"六月会""於菟"等节庆仪式为文化载体，以藏族、土族等民族的风俗礼仪为文化旨趣，以宗教精神和民间信仰为文化蕴含，创造了以宗教性、地方性、民族性、艺术性为特征的文化艺术资源库。

黄南地区的热贡艺术门类丰富，近年来随着热贡艺术成为世界级非物质文化遗产项目，以唐卡为代表的热贡艺术走向了世界，取得了令人瞩目的成绩，成为名副其实的热贡艺术传承保护区。据统计，黄南州截至目前，"拥有人类非物质文化遗产代表作名录2项，包括热贡艺术和黄南藏戏；国家级非物质文化遗产6项，包括热贡艺术、热贡六月会、黄南藏戏、土族於菟、和日石刻技艺、同仁刻版印刷技艺；省级非遗项目11项，国家级非遗传承人13名，省级非遗传承人22名。全州拥有'国家级工艺美术大师'称号者6人，是西北六省区工艺美术大师和传承人最为集中的地区。全州文化旅游业经营主体达到5007家，从业人员达到3万人。建成热贡画院、龙树画苑、热贡民族文化宫、仁俊热贡艺术传习中心等15个各类非遗传习中心（点），每年培训文化从业人员达1500余人次"。①

发轫于15世纪隆务河流域的热贡艺术，尤以热贡唐卡闻名于世。热贡艺术门类繁多，绘画（唐卡、壁画）、堆绣、雕塑（木雕、泥雕）、建筑、图案等都属于它的范畴，其所涉及的题材也极其广泛，以藏传佛教为核心，包括政治、经济、历史、民俗、文艺等社会物质生活和精神生活的各个方面②。热贡艺术早在2006年便被列入《国家首批非物质文化遗产保护名录》；2008年8月，以热贡艺术为核心的国家级热贡文化生态保护实验区批准设立；2009年被联合国教科文组织列入《人类非物质文化遗产代表作

---

① 姚斌：《唐卡艺术，高原儿女献给世界的瑰宝》，《青海日报》2018年1月19日。
② 姚斌：《唐卡艺术，高原儿女献给世界的瑰宝》，《青海日报》2018年1月19日。

名录》。

热贡艺术是藏族不同地区之间、藏汉民族文化之间交相辉映的产物，也是中华民族文化宝库中的一枝奇葩。伴随着勤劳的热贡艺人的脚步，数百年来热贡艺术传遍西藏、青海、四川、甘肃、内蒙古等国内省区，同时也向外传入印度、尼泊尔、泰国、蒙古国等国家，热贡艺人不仅给其所到之处留下了众多精美艺术品，同时也把热贡文化的种子撒向了世界。我们常说，文化自信是一个国家、一个民族发展中最基本、最深沉和最具持久的力量，近年来，在各级政府的支持和文化市场的刺激下，热贡艺术大师和艺人们坚定文化自信，主动赴世界各地办展览做交流，热贡艺术的世界影响力也在不断提升。

（五）新疆：以现代文化引领产业发展

"十二五"以来，特别是中央新疆工作座谈会以来，自治区党委提出了"以现代文化为引领"的发展战略，持续加大文化产业支持力度，立足自治区历史文化、民族文化、地域文化的资源优势，"以盘活存量、做大增量、优化结构、突出特色、提高层次为重点，加快发展文化产业"。①

在"以现代文化为引领"的战略指引下，新疆各民族人民尝试着把古老的民族文化与现代时尚生活对接，做出了一系列让世界瞩目的特色文化产品。用新疆元素做出好产品，把文化符号化、时尚化、现代化，是近年来新疆文化产业发展的新路径。以前人们说到新疆文化，总会不由自主地提及曼妙的新疆歌舞和让人垂涎的新疆美食，随着新疆文化产业的快速发展，一大批不失民族风格又极富文化创意的充满现代气息文化产品涌现出来，成为新疆文化的新元素和新符号。艾德莱斯本来是传承于新疆喀什、和田地区富有民族特色的传统手工艺织品，维吾尔族女性大都喜欢用艾德莱斯绸做衣裙。如今，秉承"将传统融入现代"设计理念，人们尝试把艾德莱斯元素应用到现代服装中，市场反响同样良好：以现代感极强的亮色皮料作为面料，手

---

① 辛闻:《"一带一路"战略为新疆文创产业带来新契机》，中国网，2015年10月29日。

包上加入一些艾德莱斯元素作为点缀，不仅契合了现代人的审美需求，又巧妙地使传统文化元素走进人们的生活。在男士西装的领子、袖口上也绣上了艾德莱斯，打破西装固有的审美模式，显得别具风格。通过把新疆原生态的特色文化与现代时尚业态相融合的方式，结合新疆丰富的非物质文化遗产资源，设计师们从历史的文化源头寻找创意创新的创作灵感，开拓出更为广阔的市场。利用民族独特民俗文化和地理优势，新疆将原有的独特民俗活动如叼羊、姑娘追，以及各民族独有的民俗节日如锡伯族西迁节、塔吉克族引水节和播种节等与文化旅游结合起来，通过互动参与的方式吸引游客，既推广了新疆独特民族文化特色，又打开了文化旅游的新路子。现如今，"文化+旅游""文化+创意""文化+科技"的"文化+"理念，已经成为新疆文化资源开发和文化产业发展的新时尚和新风向。

新疆是个多民族聚居区，其中有13个主体民族，是内地通往中亚的必经之地，新疆自古以来便与丝路沿线相关国家关系紧密，相近的语言系统和生活习俗，使得新疆与中亚以及欧亚部分国家的文化交流和文化贸易有着先天优势，新疆是"一带一路"倡议向中亚及欧洲推进的桥头堡。

从世界各国文化产业发展的实践经验来看，要想打造出既富有创新精神，又极具鲜明个性的文化品牌，就必须在传承传统的同时不断创新，把传统文化与现代生活对接，赋予传统文化新的生命力。日本的动漫产业和美国的好莱坞及迪士尼，都是通过寻找传统与现代、本国本地区与世界文化潮流的新颖结合点上打造具有代表性的文化产品。正因如此，党的十八大报告明确提出"增强全民族文化创造活力"的命题，强调通过文化创新去消除文化产业领域"山寨"产品流行的风气。新疆的文化资源丰富且具有鲜明的地域性、民族性特征，为文化创新创意提供了得天独厚的资源优势。在各级政府鼓励和支持下，通过一系列利好政策引导，近些年"新疆原创"的新型文化产品陆续问世，从新疆走向全国，有的甚至在世界舞台上频频亮相。尤其是富有地方文化特色的一批批非物质文化产品，逐渐走出深闺，迈向世界文化市场。

（六）内蒙古："文化+"拓展文化产业发展空间

内蒙古草原是文化资源富矿，文化产业化、产业文化化的发展格局正在让蒙元文化、红山文化、大窑文化、河套文化、契丹文化等走向从资源向产业延伸的道路，依托"文化+"的理念，不断推动文化与旅游、生态、科技、金融等融合发展，拓展文化产业发展空间，为国民经济和社会转型升级注入文化活力。近几年，内蒙古自治区文化产业始终保持可喜的增速，2016年，全区文化产业增加值实现525亿元，增速达到20%，占GDP比重提高到2.82%[①]。

内蒙古自治区党委、政府一直以来高度重视文化产业发展以及民族文化强区建设推进工作，相继出台了《关于进一步促进文化产业发展若干意见》，为文化与科技、教育、旅游、体育、金融等产业融合发展提供了政策支持，为推进文化业态创新、大力发展创意文化产业起到了引导和推动作用。首先，文化与旅游融合，增加了旅游景点的"气质"。自治区推动建设成吉思汗陵、响沙湾等60余个重点文化旅游景区，打造了一批知名旅游工艺品品牌和文化旅游演艺精品项目，为文化旅游产品搭建了展览展示平台。围绕旅游消费市场存在巨大消费空间，加快推动文化和旅游深度融合，自治区连续两年举办"文化与旅游融合发展"系列主题活动。其次，文化与科技融合，让文化产品更加智慧。鄂尔多斯市获批全国34家国家级文化和科技融合示范基地之一，已经建成基地公共信息服务平台，并且重点孵化和培育了一批产业项目。内蒙古师范大学建设了内蒙古民族雕塑自治区级工程技术研究中心，通过开展蒙古族雕塑、陶艺壁画等民族造型艺术关键技术研究，推动了民族造型艺术研发成果向现实生产力转化。再次，文化与金融融合发展，积极搭建政银合作平台。自治区研究制定了《进一步推进文化与金融合作的具体实施意见》，近两年，全区有25家文化企业的27个项目获

---

① 《内蒙古文化产业快车跑出发展"加速度"》，内蒙古自治区文化厅，http://www.nmgwh.gov.cn/ggfw/cy/201710/t20171023_211843.html，最后访问日期：2017年12月28日。

得银行贷款26.7亿元。① 2016年内蒙古设立首只文化产业发展基金②，规模为4.04亿元，后续将通过募资进一步扩大规模。

内蒙古"十三五"规划纲要明确提出，2020年文化产业增加值占地区生产总值的比重达到4%左右，推动文化产业逐步成为自治区经济支柱性产业。近两年，内蒙古以把文化产业培育成为支柱性产业作为目标，充分释放文化发展潜力，传统文化业态持续发展，新兴文化业态快速发展，文化产业整体呈现健康快速发展。据统计，截至2017年，内蒙古已经确认了20家骨干文化企业，70家重点小微文化企业，认定了70个自治区重点文化产业项目。各个盟市都出台了加快文化产业发展的相关政策。内蒙古正在坚持共建与共享统一，积极推进文化产品供给侧结构性改革，着力提高优秀文化产品生产能力，不断为人民群众提供更多更好的文化产品和文化服务③。

三 西北地区文化产业协同发展的对策及建议

（一）共享共赢：建立西北地区区域文化产业发展联动机制

在丝绸之路经济带建设过程中，国内沿线省区尤其是西北六省区之间在共享共赢方面，虽然有过一定沟通和尝试，但整体来看，目前基本上仍然处于各自为政阶段，在区域丝路文化品牌建设方面，还缺乏系统有效的顶层设计和长远规划。近些年六省区围绕"一带一路"主题，各自都开展了不同形式的文化活动，但彼此间缺乏充分的沟通，相互间的协调机制也不健全，直接导致了区域文化产业项目重复建设和同质化发展的不良趋势。

---

① 《内蒙古文化产业快车跑出发展"加速度"》，内蒙古自治区文化厅，http://www.nmgwh.gov.cn/ggfw/cy/201710/t20171023_211843.html，最后访问日期：2017年12月28日。
② 内蒙古文化产业发展基金由自治区党委宣传部和自治区财政厅委托内蒙古财信投资集团作为文化产业发展专项资金出资机构，与内蒙古电影集团、内蒙古出版集团以及公开选聘的基金管理人内蒙古凯诺华盖投资管理有限公司共同发起设立。
③ 《内蒙古：把文化产业打造成为支柱产业》，《中国经济时报》，http://www.cet.com.cn/whpd/cyy/1040368.shtml，最后访问日期：2017年12月28日。

西北地区在文化产业发展和文化产品创新方面，基于地缘、人缘、文缘的互补性较强，通过区域内相关机制的建立，即可形成具有相对稳定性和辐射力的合作区。六省区在抓住共建"丝绸之路经济带"的战略机遇、发挥战略通道作用的同时，还要发挥产业基地的功能，在文化产品生产和文化贸易服务方面下大力气，把资源优势和区位优势转换为产业优势，从而带动区域内经济社会的全面发展。可通过建立"向西开放的文化贸易共同体"的形式，强化六省区在"一带一路"建设中的正相关关系，从而在整体上提升我国"向西开放"的竞争能力，推动形成"丝绸之路跨国文化产业带"，可以增加文化交流和文化贸易的经济贡献，同时也可以加强沿线国家和地区间的文化信任和文化认同。

（二）优势互补：构建"西北文化旅游产业圈"

随着"全域旅游"概念的提出，"大旅游时代"已经悄然来到。所谓"大旅游时代"，绝不是区域内旅游资源和旅游景区简单的叠加拼接，而是要借力"大旅游产业"，"盘整山河、贯通产业、振兴文化、实现发展"①。西北地区在地理上有共通的特点：高海拔高温差，干旱少雨、土地贫瘠，少数民族文化种类繁多且各具特色，旅游资源小集中大分散特点明显。历史上既是中华远古文化的发源地之一，又是"半月形文化传播带"的中心地段，其陆上丝绸之路的重要节点的地位在当代更是意义非凡。

西北六省区不仅有着众多的民族、辽阔的地域、悠久的历史，而且拥有极其丰富的自然地理资源。山水相依，人文相通，是西北六省区整合资源、建设"大西北旅游圈"的自然和人文基础。各省区应该及早谋划，通过对区域内重要文化资源的盘点和盘活，打造类型丰富的"主题游"，不断推出新的旅游产品，塑造"大西北"旅游品牌，把西北地区作为整体推介给外部世界，吸引域外游客，带动经济发展。

---

① 北京来也旅游规划：《大旅游时代：景区运营开发的八大模式》，搜狐网，2016年11月28日。

（三）集聚发展：发挥文化产业园区的集聚效应

通过打造文化产业园区，充分发挥产业集聚效应，以点带面，拉动区域内文化产业整体发展，是近年来各省区文化产业发展的基本趋势。西北六省区在文化产业园区建设方面，都有着较好的尝试，也出现了一些有代表性的产业园区，在推动区域内产业集聚、促进文化项目成功孵化方面有不少鲜活的案例，逐步形成一批形态多样、特色鲜明、功能互补的产业园区。

与此同时，我们也应该注意到，在推进文化产业园区发展过程中，对园区特色化建设关注不够，各省区之间互通合作模式尚未形成，这就导致了园区建设中出现项目雷同、重复建设的不良倾向。因此，我们认为六省区相关职能部门应该综合研究六省区文化资源的共性与各自区域内的文化资源特色，走差异型、特色化发展之路，"通过集约化、规模化、专业化的特色文化产业园区建设，更有效地整合利用文化资源与产业人才，生产出有竞争力的文化产品，开辟有潜力的文化消费市场，从而使区域文化价值向社会价值、经济价值转化，提升区域特色文化竞争力。"① 六省区要有"西北地区"的整体观、大局观，各有侧重地发挥产业园区的集聚功能。

---

① 刘泓：《文化产业园区发展该如何推进？》，《福建日报》2015年1月14日。

专题篇
Special Reports

B.9
粤港澳大湾区文化产业发展报告*

钟雅琴 任珺 陈良璧**

摘 要： 粤港澳大湾区是目前中国经济发展最快的区域，珠三角地区重点打造先进制造业和现代服务业，港澳两地以第三产业为支柱产业。近年来，区域内经济融合愈加成熟、产业布局逐步优化，各类文化活动较为活跃，为区域文化产业发展打下良好基础。珠三角地区文化产业数年来一直占据龙头地位，在广东省比重超过八成；香港文化及创意产业在粤港澳大湾区城市群中处于领先地位；澳门文化产业起步较晚，基本属于文化服务业，尚未成为地区支柱产业。粤港澳大湾区11座

---

* 本文为广东省哲学社科"十二五"规划项目（项目编号：GD15XYS25）和广东省普通高校省级重大科研平台项目（项目编号：2016WTSCX103）阶段性研究成果。
** 钟雅琴，深圳大学文化产业研究院，特聘副研究员，主要研究方向：文化产业、城市文化；任珺，深圳市社会科学院文化研究所，研究员，主要研究方向：公共文化政策、文化艺术资助机制；陈良璧，深圳大学文化产业研究院，硕士研究生，主要研究方向：文化产业、城市文化。

城市文化产业发展程度明显呈现分梯队现象，区域内新兴业态发展迅猛，珠三角地区文化产业内部结构需要调整，港澳地区文化产业发展亟须注入新活力。粤港澳大湾区发展目标是构建开放型经济新体制，打造全球范围内最有活力的世界级经济区，建设未来亚太地区活力充沛、富有竞争力的创意集聚区。当前粤港澳大湾区城市文化产业发展各有优势，打通生产要素流动通道，优化资源配置结构，加快培育和引进创意人才与创新人才，健全知识产权与版权保护法律法规，深化区域内合作等，是未来推动区域文化产业发展的必经之路。

关键词： 粤港澳大湾区　科技创新　文化创意

早在2009年，广东省发布的《大珠三角城镇群协调发展规划研究》中即提出了粤港澳大湾区的发展。2017年国家政府工作报告正式将"粤港澳大湾区"纳入其中。粤港澳大湾区覆盖的城市群，已然成为带动区域经济发展的新引擎，并将成为国家高水平参与国际经济合作的新平台。该区域经济形态呈现经济结构开放、资源配置能力较强、产业集聚和溢出效应明显、国际交往网络发达等特点；[1] 已初步形成先进制造业和现代服务业为主的产业结构。2016年，粤港澳大湾区城市群的GDP总量已经达到1.36万亿美元。[2]

2016年，广东文化及相关产业增加值为4256.63亿元，同比增长16.67%，占全省GDP比重为5.26%，约占全国文化产业总量的1/7，遥居各省区市首位。[3] 珠三角地区仍是广东省文化产业发展的核心区域，占广东

---

[1] 邓志新：《湾区经济发展战略下深圳自贸区的构建》，《特区经济》2014年第12期。
[2] 粤港澳大湾区研究院：《粤港澳大湾区研究报告（之一）——创新合作方式，促进共同繁荣》，2017年6月。
[3] 张建军：《广东2016年文化及相关产业增加值遥居各省区市首位》，《经济日报》2017年10月16日。

省文化及相关产业增加值超过八成。该区域传统优势文化产业仍处于较为明显的有利地位，其中平面媒体、电影电视、数字出版、印刷复制、动漫网游、游艺游戏设备生产等优势产业集群领军全国。① 与此同时，受国家政策和区域创新优势的带动，"文化+科技"及"文化+互联网"等文化新业态发展态势强劲，发展了一批领先全国的骨干企业。而香港、澳门由于相关产业的统计口径与珠三角地区不一，缺乏数据横向对比；但从经济形态来看，文化及创意产业是香港最具活力的经济环节之一，澳门则于近几年着力将立足本地特色的文化产业作为未来拉动地方经济的重要力量。未来，粤港澳大湾区的持续快速发展显然需要通过科技创新、产业升级等探索在国际产业分工体系中的产业链生态位，而文化产业的创新发展则是培育区域新经济动能的重要路径之一。

一 粤港澳大湾区文化产业发展基础环境

珠三角地区土地面积54763平方公里，占全省的30.5%。2016年末常住人口5998.49万人，年末户籍总人口3350.52万人。国民生产总值达到67905.33亿元，占广东省比重约79.3%（主要指标见表1）。同期，珠三角地区完成全社会固定资产投资22321.24亿元，占广东省的66.8%；社会消费品零售总额25048.68亿元，占广东省的72.1%；出口总额5650.87亿美元，占广东省的94.6%；进口总额3450.88亿美元，占广东省的96.6%。②

珠三角地区是中国三大经济圈之一，是我国制造业重镇，拥有国内最先进的现代产业体系和较完善的配套体系，还同时拥有两大国家自主创新示范区。区域经济结构不断优化调整，重点打造先进制造业和现代服务业。2015年，珠三角地区三次产业结构比重优化调整为1.8∶43.6∶54.6，现代服务业

---

① 中共广东省委宣传部、广东省统计局：《广东文化及相关产业统计概览2016》，2017。
② 资料来源：《广东统计年鉴2017》及《2016年广东省国民经济和社会发展统计公报》。

表1　2016年珠三角地区主要指标

区域	GDP（亿元）	GDP增长（%）	第三产业增加值增长（%）	第三产业增加值占GDP比重（%）	地方公共财政预算收入（亿元）	地方公共财政预算收入增长（%）
珠三角	67905.33	8.3	9.7	56	6923.90	10.7

资料来源：《2016年广东省国民经济和社会发展统计公报》。

增加值比重达63%，先进制造业、高技术制造业增加值比重分别达53.9%、31.8%。[1] 2015年珠三角地区研发经费支出约1500亿元，比重达2.7%，百万人口发明专利申请量达1728件，万人发明专利拥有量达23.33件，技术自给率超过71%。特别是新增国家级高新技术企业1748家，总数达10560家。[2] 珠三角地区在现代服务业及自主创新方面的优势，为该地区文化产业转型升级打下了坚实的基础。

政府在公共文化事业、科学研究和技术服务方面的投入，有助于文化产业内容及创新手段发展，也有助于文化消费市场培育。2015年，珠三角地区全社会固定资产投资额占全省的66.76%；文化、体育和娱乐业投资额占全省的52.82%；科学研究和技术服务投资额占全省的86.70%。同期，广东省文化事业费539257万元，居全国首位，比上年增加86997万元，增长19.24%。珠三角地区人均文化事业费也明显高于广东省（49.71元/人）及全国平均水平（49.68元/人）。珠三角地区县级及以上政府部门属研究与开发机构R&D科技经费支出占全省总额的85.57%；就业人员占全省总额的96.03%。除了政府在研发经费方面投入外，市场主体企业也十分重视对产品的研发投入与科技人员投入，珠三角地区工业企业R&D经费内部支出占广东省总额的94.37%；R&D活动人员占广东省总人数的92.35%（见表2、表3、表4）。

---

[1]　《珠三角已有国家级高新技术企业10560家》，《中国经济导报》2016年8月23日。
[2]　吴哲：《珠三角2015年成绩单：国家级高新技术企业逾万》，《南方日报》2016年8月23日。

表2 2015年珠三角地区9个城市生产总值

城市	生产总值(GDP)	
	人民币(亿元)	增长%
广州市	18100.41	8.4
深圳市	17502.86	8.9
佛山市	8003.92	8.5
东莞市	6275.07	8
惠州市	3140.03	9
中山市	3010.03	8.4
江门市	2240.02	8.4
珠海市	2025.41	10
肇庆市	1970.01	8.2
珠三角地区	62267.76	8.6

资料来源:《广东统计年鉴2016》。

表3 2015年珠三角地区9个城市固定资产投资/文化、体育和娱乐业投资/科学研究和技术服务投资情况

单位:亿元

城市	全社会固定资产投资额	文化、体育和娱乐业投资额	科学研究和技术服务投资额
广东省	30031.20	292.56	218.14
广州市	5405.95	52.60	81.81
深圳市	3298.31	17.96	56.48
佛山市	3035.52	20.06	7.92
东莞市	1446.52	2.03	22.56
惠州市	1863.93	6.15	2.08
中山市	1055.41	12.40	0.73
江门市	1307.87	14.72	5.66
珠海市	1305.14	26.90	6.10
肇庆市	1330.03	1.70	5.79
珠三角地区	20048.58	154.52	189.13

资料来源:《广东统计年鉴2016》。

表4 2015年珠三角地区9个城市R&D经费支出情况

城市	县级及以上政府部门属研究与开发机构R&D科技经费支出（万元）	县级及以上政府部门属研究与开发机构R&D就业人员（人）	工业企业R&D经费内部支出（万元）	R&D活动人员（人）
广东省	975458	24636	15205497	534293
广州市	837262	16923	2122613	82594
深圳市	46746	2115	6726494	174953
佛山市	1825	183	1929893	68198
东莞市	36146	676	1267890	59469
惠州市	5713	552	597225	24376
中山市	1815	104	692376	38488
江门市	3332	181	387361	17584
珠海市	2075	159	434013	16229
肇庆市	1840	187	192157	11513
珠三角地区	936754	21080	14350020	493404

注：统计范围是指规模以上工业企业。
资料来源：《广东统计年鉴2016》。

表5 2015年珠三角地区各市全体常住居民人均可支配收入与消费支出

城市	人均可支配收入（元）	人均消费支出（元）
广州市	42718.2	32886.7
深圳市	44633.3	32359.2
佛山市	38501.3	27713.1
东莞市	38650.6	28255.6
惠州市	25219.6	18314.9
中山市	35712.2	23399.1
江门市	22364.4	15610.9
珠海市	36157.9	27199.0
肇庆市	18991.4	12554.7

资料来源：《广东省统计年鉴2016》。

2016年广东省城镇常住居民人均可支配收入37684.25元，人均消费支出28613.33元；农村常住居民人均可支配收入14512.15元，人均消费支出12414.84元。从消费结构来看，广东省城镇常住居民消费支出中教育文化娱乐服务所占比重为10.9%;农村居民消费支出中教育文化娱乐服务所占比重为8.5%,上年占比6.3%,城乡差距有所缩短。珠三角九个城市消费者的消费力随着整个城市群产业和经济的发展不断提高,2016年珠三角常住居民人均可支配收入40109.1元,其中城镇常住居民人均可支配收入43967.4元,农村常住居民人均可支配收入19063.7元(如表5、图1所示)。可见,全省绝大部分消费群体集中在该区域。不过从数据显示上看,广东省居民的文化消费意愿还有待进一步提高,文化教育和娱乐消费支出占家庭消费支出比重并不高,2013~2015年呈下降趋势,2016年略有提升。文化消费与文化产业具有相互制约、相互促进的关系。如何提高文化产品质量、提升居民文化消费意愿对未来该区域文化产业可持续发展具有重要现实意义。

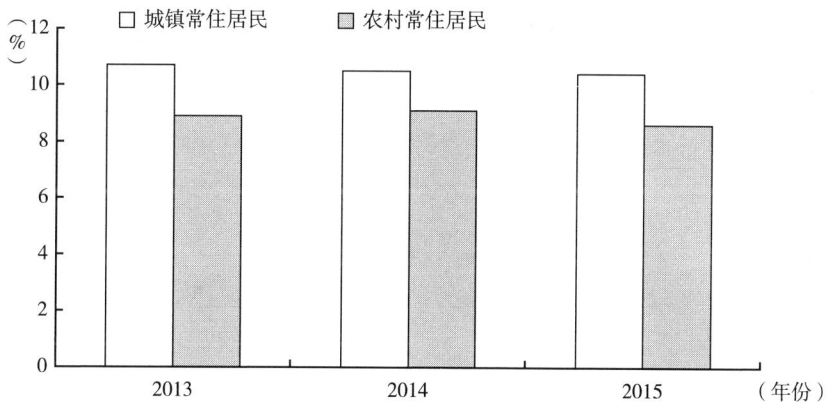

图1　2013~2015年广东省常住居民文化教育和娱乐消费支出占家庭消费支出比重

资料来源:《广东省统计年鉴2016》。

香港与澳门是中国两个特别行政区,实行资本主义制度,回归后仍保持原有的社会经济制度。港澳两地均属于经济发达地区,以第三产业为支柱产业,经济结构合理。由于发展轨迹不同,香港与澳门的经济发展模式、文化氛围、政治环境与社会法规都存在明显的差异。从产值占比来看,香港的文化产业目前已经发展成熟,经济表现活跃,在粤港澳大湾区的文化产业发展中可以起到带头作用。澳门文化产业处于萌芽阶段，不甚活跃，并未单列统计条目。特殊的历史原因造就了港澳地区多元化的人文环境以及独特的旅游资源，东西方文化的交流与融合在这两个城市留下了深厚的文化底蕴以及独特的城市气质。

香港文化及创意产业涵盖范围是根据联合国倡导的国际统计指引制定的，并结合本地经济情况做了调整。香港第三产业几乎占据了居民生产总值的全部，属于高度发达的社会经济形态。香港面积约为1104平方公里，截至2016年底，人口总数为737.71万。2015年，香港本地生产总值为1.79万亿元，在生产总值构成中，以进出口贸易、金融为代表的服务业产值占总值比重达到92.7%，全年经济增长2.4%。2016年香港人均生产总值为346163港币，大幅度高于珠三角地区水平，作为发达的国际都市，香港本地经济在近几年维持稳定发展。因为进出口贸易、批发以及零售在香港经济架构中占比较大，且受欧美经济复苏缓慢影响，2016年香港外贸表现不佳，导致经济增速缓慢，在总量上被同属粤港澳大湾区规划范围的深圳与广州赶超。2016年，香港出口至中国内地的产品占比43.3%，达186亿港币；有19168亿港币的进口产品源自中国内地，占比接近一半，以上数据表明，香港经济目前对中国内地的依赖程度较高。①

澳门面积为32.8平方公里，据2016年中期人口统计结果显示，澳门人口总数为65.09万。②澳门主要以第二产业和第三产业为主，二三次产业结构比为7.8∶92.2，博彩旅游业和金融服务业是其重要的经济支柱产业。2015年澳门居民生产总值为3626.41亿澳门元（约合460亿美元），实际收缩20.3%，人均本地生产总值为56.53万澳门元（约合7.2万美元）。③澳门经济近几年发展不佳，根本原因是其博彩业以及进出口贸易表现欠佳。基于"世界旅游休闲中心"的发展定位，澳门旅游业2016年发展较快，尤其是来自中国香港、中国台湾、韩国、日本等东亚邻近地区的旅客数量获得较

---

① 资料来源：香港政府统计局官网。
② 资料来源：澳门统计暨普查局官网。
③ 资料来源：《澳门统计年鉴2016》。

大增长,然而访澳旅客总消费额度却下降了7.1%。可见澳门旅游业并未进入全面转好的态势。澳门文化创意产业正处于大力培育阶段,尚未作为单独条目列入政府统计工作中。

粤港澳大湾区是目前中国经济发展最快的区域,也是各类文化活动较活跃、文化产业发展环境较好的片区。多年来,珠三角与港澳地区深入持久合作交流,使商品、资本、劳动力、科学技术等生产要素大量流动,促成了区域内经济融合愈加成熟、产业布局逐步优化的局面。近年来,多份研究报告再次验证粤港澳大湾区的综合实力。中国社科院与《经济日报》联合发布的《中国城市竞争力报告No.15》显示,粤港澳大湾区共有深圳、香港、广州、澳门四座城市入围2016年中国综合经济竞争力指数十强。[1] 深圳大学发布的《2017中国城市创意指数》显示,京沪港深杭穗六座城市领跑创意指数,粤港澳大湾区城市占据三席,表明湾区内城市文化产业竞争力较强。[2] 上海交通大学发布的《中国城市群发展报告2016》,从经济、社会和文化全方面评估中国9大城市群,珠三角名列第二。在评估体系五个一级指数中,珠三角地区的城市人口指数与经济指数位列第一,但在城市文化指数上位列第四。[3] 综上所述,粤港澳大湾区文化产业发展的优势与短板并存。粤港澳大湾区提出后,香港与澳门政府积极响应,主动参与粤港澳大湾区建设,区域内表现出协同推动发展的决心。

二 粤港澳大湾区文化产业发展现状

(一)珠三角地区文化产业发展现状

广东省文化及相关产业数年来一直走在全国发展的前列,2016年该产

---

[1] 《经济日报与中国社科院共同发布〈中国城市竞争力第15次报告〉》,《经济日报》2017年6月30日。
[2] 《2017中国城市创意指数发布》,《深圳特区报》2017年12月11日。
[3] 《中国城市群发展报告2016》,《光明日报》2016年4月29日。

业增加值首次突破4000亿元，收获增加值4256亿元，同比大幅提升，GDP占比提升至5.26%，刷新5年来同一数据增长速度的纪录。目前广东省文化产业总量占全国总量超过14%，继续维持占据全国各省市首位的优势。[①]单一产业增加值在本地GDP总值中所占比重是该地区某一产业能否成为地区支柱产业的重要衡量标准，过去数十年，广东省文化产业在政府的支持下，已逐渐成长为广东省支柱产业之一。珠三角文化产业在全省文化产业版图中占据龙头地位，2015年珠三角地区文化产业增加值突破3000亿元，占广东省比重超过80%。其中深圳市、广州市分列全省的第一、第二位，合计1923.39亿元，占全省的比重超过一半。其次是东莞市、佛山市，文化产业增加值均超过300亿元，东莞市产业规模和增速近两年均获得了较大提升。广东省文化产业增加值排名前十的城市中，珠三角区域9市全部进入前十名，以上数据与信息充分表明，广东省大部分文化产业单位以及文化产业增值汇集在珠三角区域。从表6数据中可看出9个城市文化产业区域布局不平衡问题仍然十分突出，横向协同发展机制尚未建立完善。

表6 2015年广东省城市文化及相关产业增加值前十位城市排行榜

排名	城市	增加值（亿元）	GDP占比（%）
1	深圳市	1010.11	5.77
2	广州市	913.28	5.05
3	东莞市	320.41	5.11
4	佛山市	313.21	3.91
5	惠州市	165.97	5.29
6	汕头市	165.82	8.88
7	中山市	110.35	3.67
8	江门市	68.88	3.07
9	珠海市	80.06	3.95
10	肇庆市	68.30	3.47

资料来源：《广东文化及相关产业统计概览2016》。

---

① 索有为：《广东文化产业增加值首破4000亿元》，中国新闻网，2017年9月23日，http://www.chinanews.com/cul/2017/09-23/8338433.shtml。

通过对比产业增加值可得出,文化用品的生产(占比29%),文化创意和设计服务(占比18%)以及工艺美术品的生产(占比15%)分别是2016年广东省文化及相关产业发展最快的三个方向(见图2)。借助珠三角区域制造业发达的优势,文化产业制造业在区域整体文化产业发展过程中占据得天独厚的优势,并且初步形成产业集聚态势。从行业吸纳人数来看,文化用品的生产、工艺美术品的生产与文化产品生产的辅助生产拥有最多人数的从业人员。其主要原因是上述行业需要较多的劳动力进行生产,属于劳动密集型产业。同时,广东省的文化创意与设计服务以及新闻出版发行服务从业人数不多,产生经济效益占比却较大(见图3),这是由行业本身的高附加值决定的。

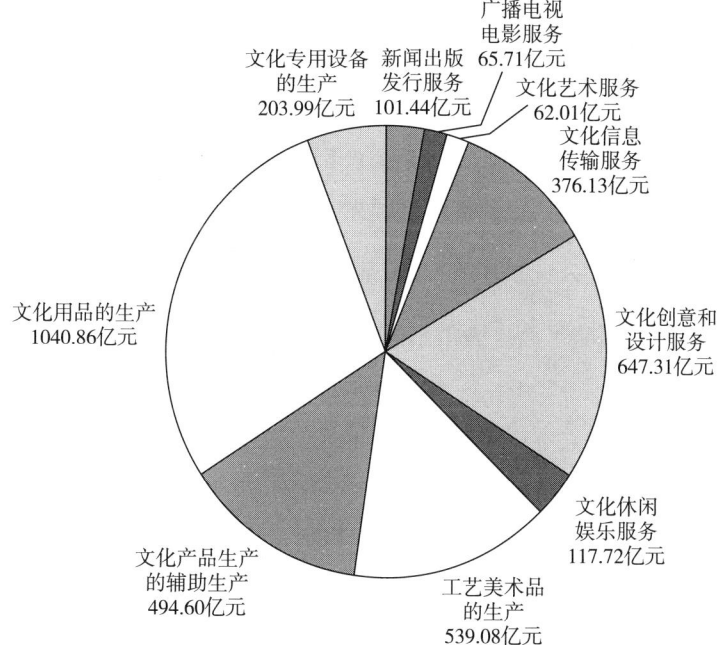

图2 2016年广东省十大类行业文化及相关产业增加值

资料来源:《广东文化及相关产业统计概览2016》。

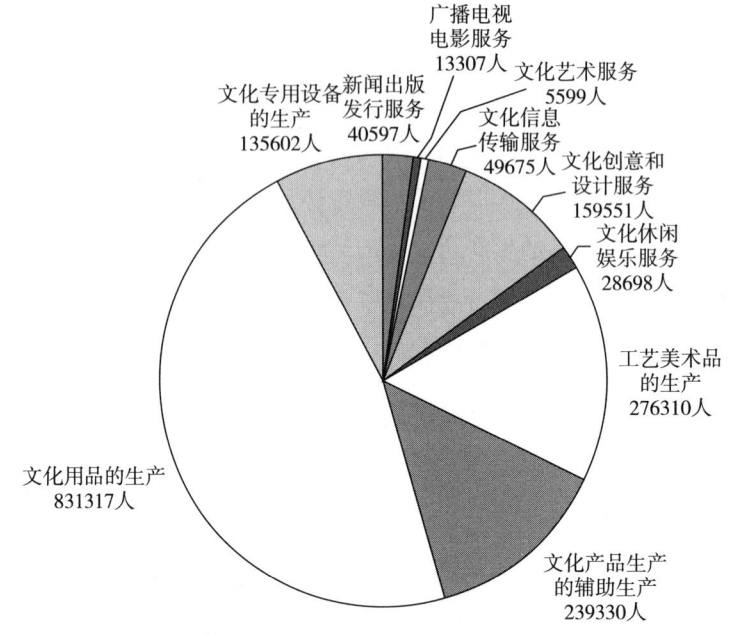

图3 按类别分规模以上文化及相关产业从业人数

资料来源:《广东文化及相关产业统计概览2016》。

广州市与深圳市是珠三角地区发展最为成熟的城市,结合自身条件、特色鲜明的产业布局赋予两座城市不同的优势,为广深引领珠三角文化产业发展提供必备条件。2015年,广东省分地区规模以上文化及相关产业法人单位总数为6653个,其中广州市与深圳市分别为1956个与1695个,占去总额的大半江山。深圳与广州相关从业人数分别以482188人与310343人位列广东省文化产业从业人数前两位,占比分别为27%与17%。[①] 同时,深圳、广州两市吸纳了珠三角大部分高校毕业生就业。其中广州市吸纳最多,为16.32万人,深圳市紧随其后,吸纳7.51万人。高精尖人才的汇集是广州、深圳文化产业具备良好发展潜能的基础之一。目前,广州、深圳两市拥有多家优秀文化企业,如腾讯控股、广东奥飞动漫、广州长隆集团、网易、巨人

---

① 资料来源:《广东文化及相关产业统计概览2016》

网络。众多优秀民营文化企业有助于拉动地区文化产业高层次发展。

2015年深圳市文化及相关产业增加值突破1000亿元，5.77%的GDP占比再一次彰显文化产业作为支柱产业在深圳的地位。2015年深圳文化制造业主营业务收入占全省比重为31.5%，维持当前珠三角区域文化制造业龙头城市的地位，不断带动周边城市工业与经济的发展。深圳市2015年继续推进产业模式改革，文化产业发展稳定，各行业百花齐放。深圳文化产业布局呈现高新技术产业引领、互联网产业为基石的特点。作为深圳文化产业的最大特色，高新技术产业2015年收获增加值5847.91亿元，同比增长13.0%，GDP占比33.4%；在多家知名企业的带领下，深圳互联网产业2015年交出增加值756.06亿元、增幅19.3%的优秀答卷，全行业产值占全市GDP总值的4.32%。高新技术产业与互联网产业是深圳市的优势产业，深圳成熟丰富的高新技术产业链为深圳推动文化与科技融合，打造城市产业发展名片提供了优厚的条件。一年一度的深圳文博会，是深圳市体现文化产业发展中文化科技有机融合的强力黏合剂。值得注意的是，深圳文化创意产业园区发展甚好，已成为本市文化产业发展的基础单位之一，亦是重要的产业集聚、交流平台。截至2015年末，深圳已有62个文创产业园区和基地，进一步提高了产业集约化水平和竞争力，增强了产业的发展后劲。

广州市2015年文化产业增加值位居广东省次席，共913.28亿元，GDP占比5.05%，维持作为地区支柱产业的地位。近几年，广州市该产业发展良好，产业总量与发展质量处于上升曲线，有关部门预计2016年该产业增加值将突破千亿元，GDP占比进一步提升。与深圳市以文化制造业为主的情况不同，广州市文化产业以文化服务业为主。广州文化服务业2015年创造利润共145.29亿元，大致为该市文化产业利润的七成左右；文化产品制造业收益25亿元，占文化产业总利润的11.95%；文化产品批发零售业收益19.25亿元，占总数的9.14%。以互联网信息服务、数字内容服务、广告、知识产权服务、会展旅游、工业设计、影视服务与文化旅游为代表的文化服务业是广州文化产业的主力军。广州历史文化底蕴深厚，拥有可观的文化资源，这一优势促使市政府近年来积极运行以广州岭南文化为标签的精品文化项目，本地特色旅游业是该市近年来文化产业发展的新增长点。广州旅游业2015年收入接近2900亿元，同比增幅为13.89%。

2015年东莞市以收获文化产业增加值320.40亿元，占比5.11%的数据在珠三角区域仅次于深圳、广州位居第三。《东莞市建设文化名城规划纲要（2011~2020年）》《关于加快文化产业发展的若干意见》等一系列以推动东莞文化产业发展为主要目标的政策相继出台，为如何基于全国经济形势背景促进东莞经济结构转型提供官方回答与政策支持。东莞是充满活力的城市，制造业发达，拥有"世界工厂"的美誉。制造业发达不仅能制造优质的轻工业产品，也能生产优秀的精神文化产品，如动漫、电影、音乐剧等。作为一座现代文化产业名城，东莞的文化产业发展趋势呈现特色明显、上升迅猛的良好态势。东莞动漫产品制造业凭借"莞式制造"的优势，成为中国最大的动漫成品生产中心。每年一度举办的中国国际影视动漫版权保护和贸易博览会为举办地东莞带来良好的平台，助推东莞文化产业实现由"产品制造"向"内容制造"的跨越式发展。印刷业亦是东莞文化产业发展的重要领域，截至2015年已拥有超过3200家印刷企业，印刷工业总产值362亿元，处于全国领先地位。

佛山与肇庆处于广东省的中部，靠近岭南文化的中心——广州。作为历史文化名城，佛山市是岭南派武术文化的诞生地之一，浓厚的岭南风情赋予佛山底蕴丰厚、品类繁多的文化资源。佛山市政府2015年提出"将旅游文化创意产业打造成为战略性支柱产业"，"到2020年文化产业增加值达到GDP的8%的目标"。① 肇庆拥有优秀的自然旅游资源，适宜发展旅游业。佛山和肇庆可以借助广佛肇城市群一体化进程，以广州为小区域文化产业龙头，承接广州文化产业的转移与分支建设，推动自身文化产业发展。2015年，惠州文化产业增加值占同年国民生产总值的5.29%，就占比而言，在珠三角地区仅次于深圳。近年来文化产业一直是全市经济发展新的突破点。

---

① 景瑾瑾：《佛山提出至2020年文创产业要达GDP的8%》，金羊网，2016年11月2日，http://news.ycwb.com/2016-11/02/content_23414169.htm。

惠州市文化产业以发达的科技制造业为重要基础，拥有年产值2亿元以上的企业20余家，以TCL、德赛、九联科技等为代表的知名企业是惠州文化产品对外的名片。"以文化制造业为主体、文化服务业为新兴增长点、门类比较齐全的产业体系"[①]是惠州文化产业的特色。惠州2015年获得"国家历史文化名城"称号，这将为惠州旅游业带来新的机会。

2015年中山市文化及创意产业共实现增加值110亿元，4%的GDP占比证明文化产业尚未成为中山市的支柱产业。印刷、文化旅游、文化娱乐、新闻出版以及发行产业是中山文化产业的主要组成部分。始办自2008年中国（中山）国际游戏游艺博览交易会目前已得到广泛的社会认可，是在珠三角地区甚至全国都有一定影响力的文化会展品牌。截至2016年，该博览交易会共贡献贸易额逾180亿元。2015年开始，为配合广东省"双创"布局，中山市在已有数年举办历史的广东（中山）文化消费节的基础上举办了广东（中山）文化创意博览交易会，在社会舆论中反响热烈，掀起了"文化创意、文化创新、文化创业"的热潮。2015年江门市文化产业增加值首次突破百亿元大关，GDP占比为4%，与中山市发展情况相当。作为珠三角地区文化产业发展较为落后的城市，江门市正在通过政策支持不断推进本市文化产业的发展进程，力争缩小与上游城市的差距。由市政府制定并实施的《江门市文化产业发展规划（2014~2020年）》出台于2014年，旨在优化文化产业发展环境，完善江门市产业布局。经过近几年的发展，在产业转型升级方面已经收到较为明显的效果。珠海文化创意产业起步晚发展快，属于后起之秀。作为城市产业架构升级转型发展战略的重要部分，文化产业已经逐步在珠海国民经济中占据一席之地。珠海文化创意产业2015年收获超过80亿元增加值，GDP占比逼近4%，与中山、江门相似。当前珠海市文化产业发展的重点方向是以文化旅游休闲产业、数字内容业、影视产业为主的轻资产高附加值的文化产业门类，符合珠海的城市定位。

[①] 徐乐乐：《惠州争创全国文化消费示范城市》，《南方日报》，2017年10月26日，http://epaper.southcn.com/nfdaily/html/2017-10/26/content_7676910.htm。

（二）香港与澳门的文化产业发展现状

香港文化及创意产业发展时间较长，在市场培育、法律法规以及文化氛围等领域已较为完善，在粤港澳大湾区城市群中处于领先地位。香港文化及创意产业涵盖范围包括11个门类：艺术品、古董及工艺品；文化教育及图书馆、档案保存和博物馆服务；表演艺术；电影及录像和音乐；电视及电台；出版软件、电脑游戏及互动媒体；设计；建筑；广告及娱乐服务。[①] 由于统计口径的差异，香港文化产业数据仅能作为参考。2015年香港文化及创意产业实现过千亿港元增加值，同比微降0.7%，GDP占比4.7%，接近5%的地区支柱产业判定标准。

自2005年开始，香港的文化及创意产业发展较快，年增加值增幅一直维持在高位，平均值为7.6%，相较于香港GDP年均5.4%的增幅，香港文化及创意产业在全港属于升幅快、活力足的朝阳产业（见图4）。在创造出可观的经济效益的同时，香港文化创意产业也为当地居民提供了大量的就业岗位。2015年，在港从事文化与创意产业人数超过210000人，占比5.7%，同比增长2.2%，高于同年全港各行业就业人数1.2%的平均增长幅度。[②] 香港近几年文化与创意产品在进出口贸易方面总量有所萎缩。2012年是香港文创产品进出口总量的高峰，此后缓慢回落。2015年，全港文化创意产品出口额仅为4900亿港币左右，相较于2012年顶峰值5400亿港币左右有明显回落。进口方面，则由2012年超过6000亿港币，降至5300亿港币左右。在近几年文创产品进出口额度下降的情况下，文创服务的输入与输出表现不错。2005~2012年维持9.5%与7.2%的高增长，2012年后维持平稳并未有明显下滑。

香港文化及创意产业所涉及11个门类发展并不均衡。从增加值与行业就业人数方面看，占比最重、发展最好的行业类别为：电脑软件、游戏与互

---

① 香港统计局：《专题文章：香港的文化及创意产业》，《香港统计月刊》2017年6月。
② 资料来源：香港统计处。

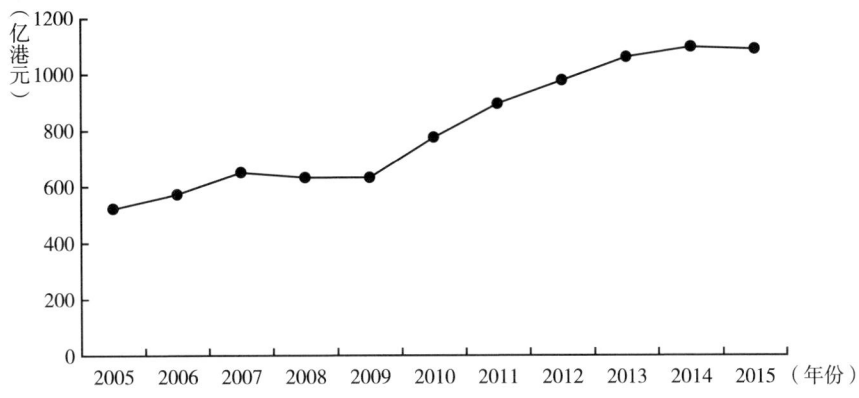

图4 2005~2015年香港文化及创意产业增加值

资料来源：《香港的文化及创意产业》，《香港统计月报》，2017年6月。

动媒体业、出版业、建筑业以及艺术品业，上述四个行业增加值占据了香港文创产业总份额的74.1%。2015年，电脑软件、游戏与互动媒体业增加值为461亿港币，占行业增加值总额43.4%，共吸纳从业人数接近6万人，占行业就业总人数1/4以上；2015年出版业收获增加值126亿港币，占总额11.6%，吸纳从业人员4万人以上，占比1/5左右；建筑业收获增加值107亿港币，占总额的9.8%，2015年从业人员1.5万人以上；艺术品行业收获增加值102亿港币，占比9.3%，2015年从业总人数为1.8万人以上，占行业总人数的8.8%。

澳门自2002年赌权开放以来，基于本地文化资源基础与优势，逐渐形成了以博彩旅游业为主导的经济结构发展模式。博彩业一业独大给澳门经济结构带来了不稳定因素。2015年澳门博彩及博彩中介业比重由58.4%下降至48.0%，整体行业增加值总额按年实质下跌21.9%。2015年澳门博彩业增加额占同期GDP的66.1%，较前一年下降3.6%。近年来澳门经济增长值呈下降趋势，其原因即博彩业的大幅调整。澳门政府意识到问题的严重性，积极寻找调整产业结构的方法，推动多元经济的发展。文化产业成为澳门政府几年来积极发展的产业门类。政府于2014年出台《澳门特别行政区文化产业发展政策框架》，该框架明确提出澳门文化产业的定位与发展目标，并制定了适用于澳门的文化产业统计框架：由文化产业委员会领导的产业及评估指标小组结合统计暨普查局提供的相关资料统计当年文化产业数据。截至2015年底，澳门拥有文化产业营业机构超过1700家，总从业人数为10192名；文化服务收益突破62.0亿澳门元，文化产业增加值突破20.0亿澳门元，GDP占比0.6%。澳门的文化产品起步较晚，目前尚未成为地区支柱产业，但是发展前景可观。澳门的文化产业由创意设计、文化展演、艺术收藏和数码媒体四个领域组成并涵盖多种门类。基于自身产业结构以服务业为主的特点，澳门文化产业基本属于文化服务业。

"数码媒体"是当前澳门文化产业发展最快的分领域，2015年共拥有营运机构512家，服务收益与增加值占行业总额的47.9%和56.8%。按照澳门统计口径，"数码媒体"包含了资讯、出版、电台电视节目、影院运营、电影制发等服务。资讯是该领域内发展最为迅速的方向，2015年收益15.0亿澳门元，占去整体领域收益的一半，实现增加值4.4亿澳门元，占去总数比例超过1/3。"创意设计"领域则涵盖所有设计相关的文化服务。2015年，澳门拥有"创意设计"相关机构接近919家，共有从业人员3336名，实现增加值6.2亿澳门元，超过"数码媒体"领域。广告设计以及会展筹办是目前该领域中重要的组成部分，两者2015年共收益12.3亿澳门元，占去"创意设计"领域总收益的2/3。"文化展演"在澳门文化产业版图中也处于重要地位，表演艺术、艺术制作、经纪、培训与场地运营服务在内相关服务均包括在其中。经统计，2015年澳门共拥有此类营运机构168家，从业人数为1829人，获取收益13.5亿澳门元，其中门票销售获益占比最大，为56.4%，实现增加值2.3亿澳门元。该领域中，表演艺术制作是重中之重，全年收益11.2亿澳门元，占"文化展演"领域的八成以上。"艺术收藏"领域总量不大，发展迅速，涵盖艺术品创作、销售和拍卖的一系列服务。截至2015年共拥有109家营运机构，435位从业人员，获取8778万澳门元收益。摄影服务是该领域内目前较受瞩目的小分类，2015年收益3795万澳门元。

三 粤港澳大湾区文化产业发展特征

（一）区域内地区间文化产业发展不平衡

粤港澳大湾区共涵盖 11 座城市，就文化产业发展程度而言，呈现明显的分梯队现象。就产值总量而言，深圳市、广州市与香港大幅领先于区域内其他城市。就 GDP 占比而言，珠三角地区城市中的深圳、广州、东莞与惠州年文化产业增加值占 GDP 均已达到 5% 以上，符合地区经济支柱产业的一般标准。香港文化及创意产业增加值 GDP 占比 4.7%，与 5% 的一般标准差距不大。深、广、港三座城市都拥有发展相对成熟且特色鲜明的文化产业，处于区域内文化产业发展的第一梯队。处于第二梯队的澳门、东莞、佛山、惠州四个城市文化产业各有长短。尽管东莞 2015 年文化产业增加值位居广东省前三位，惠州 2015 年的文化产业增加值 GDP 占比在珠三角区域仅次于深圳，但从文化产业总量以及产业发展现状角度出发这两座城市与第一梯队城市差距依然很大。位居第三梯队的中山、江门、珠海、肇庆四市，其文化产业无论从规模还是 GDP 占比与第一梯队城市都相距甚远，缺乏生产资本与专业人才。但是，在区域第一梯队城市的影响下，近几年进步明显，2015年珠三角 9 市全部进入广东省文化产业增加值排名前十，彰显了珠三角地区在广东省文化产业发展版图上的重要地位。

（二）珠三角地区新兴业态发展迅猛

广东省文化产业主要集中在珠三角区域，2015 年珠三角地区文化产业继续维持全国领先地位。2015 年广东省增加值超过百亿元的产业是互联网信息服务业、玩具制造、珠宝首饰及有关物品制造、软件开发、工程勘察设计、电视机制造、音响设备制造、广告业、专业化设计服务、影视录放设备制造（见表 7）。其中专业化设计服务以及影视录放设备制造行业增加值首次突破百亿元。以"互联网+"为主要业态的文化信息传输服务业属于后起之秀，短时间内超越多种传统产业，2015年行业规模为324.2亿元，相较2014年数据增加40.7亿元，位居广东省各行业首位。影视录放设备制造业是增长最快的行业，2015年行业增加值同比增长31.6%。就增长值而言，增长最快的互联网信息服务、软件开发行业等体现文化科技创新能力的行业，足以证明广东省文化产业的创新潜力。广东省专利发明申请数量数年来一直位于全国第一，2015年仅深圳市即申请105481件国内专利，较上年大幅增长28.2%；获得共计72120件国内专利授权，同比大幅增长34.3%。高科技迅猛发展是珠三角区域文化产业拥有创新驱动力的重要原因，基于此文化科技类行业近年来逐渐缩小与拥有绝对优势的文化产品制造业之间的差距。

表7 2015年广东文化产业增加值超过百亿元的行业

行业	增加值(亿元)	增长率(%)
互联网信息服务	324.2	14.4
玩具制造	316.0	11.4
珠宝首饰及有关物品制造	249.3	-11.9
软件开发	215.3	29.1
工程勘察设计	200.2	2.7
电视机制造	143.2	-16
音响设备制造	134.1	0.1
广告业	110.4	10.5
专业化设计服务	105.7	2.4
影视录放设备制造	100.4	31.6
合计	1898.8	2.7

资料来源：广东省统计局：《2015年广东文化产业增加值继续保持增长》。

（三）珠三角地区文化产业内部结构需要调整

珠三角地区制造业发达，广东省文化产业增加值占比一直位列全国第一与其文化产业制造业发达有很大关系。长期以来，珠三角地区依靠实力雄厚的文化生产制造企业单位，带动文化产业增加值持续增长。2015年广东文化制造业增加值超过全省文化产业增加值总额的一半，地位不言而喻（见表8）。尽管文化制造业优势依然明显，文化产业服务业是却是2015年广东省文化产业中发展最快的门类，2015年规模以上文化服务业共收获增加值924.9亿元，同比提升5.5%，占总增加值的1/3左右，由此可见文化服务业目前是广东省文化产业战略布局的重点之一。尽管文化服务业发展势头迅猛，珠三角地区文化产业结构依然不科学。文化制造业在整个产业格局中所占比重过大严重影响产业内部结构优化。文化制造业处于文化产业链的下游，珠三角区域欲从"加工制造"文化产业链下游低端位置向"研发创意"上游环节靠拢，就目前而言仍需要一段发展时间。为优化该区域的文化产业内部结构最重要的举措之一是，着重提升地区文化产业创新力，通过高附加值产品获取更大的经济效益。

表8　2015年广东文化及相关产业分类型单位数与从业人数

类别	2015年单位数（个）	比重（%）	2015年从业人数（人）	比重（%）
文化服务业	34025	27.8	292172	16.4
文化产品制造业	19054	15.6	1414819	79.5
文化产品批发零售	60318	49.3	72995	4.1
无财务数据单位	9000	7.3	—	—
合计	122397	100	1779986	100

资料来源：《2016年广东文化及相关产业统计概览》。

（四）港澳地区文化产业发展亟须注入新活力

香港2015年文化及创意产业实现增加值1089亿港币，同比微降0.7%；澳门同年文化产业增加值为20.5亿澳门元，占GDP比重为0.6%。相较于珠三角地区近几年文化产业的中高速增长，港澳地区尤其是澳门的文化产业发展进程较为迟缓。香港文化及创意产业分类精细，产业配套设施已较完善。香港经济发展成熟，服务业占比大，本地市场规模小，目前本地文化产业发展已经趋向饱和。澳门文化产业GDP占比少，由于经济结构内博彩业独大，留给刚起步的文化产业的发展空间很小。可见港澳地区文化产业发展后劲不足，亟须外来经济动能的加入。港澳应当积极借助粤港澳大湾区提供的平台，将自身优秀文化资本对内地输出，扩大本地文化产业在中国内地市场中的规模，为自身文化产业发展提供新的驱动力。近年来随着中国内地经济不断发展，文化消费水平日渐提高，内地成为港澳地区重要的文化产品输出地。港澳亟须利用自身国际化都市多元文化优势，借助创意设计、信息服务等优势产业，进一步加强与内地经济的联系，吸引内地投资，扩大其文化产业对本地经济的贡献。

四 粤港澳大湾区文化产业发展的政策建议

粤港澳大湾区发展目标是构建开放型经济新体制，打造全球范围内最有活力的世界级经济区。湾区发展需要区域内城市互联互通，共同建设合作平台，进一步提升区域经济一体化水平。粤港澳大湾区内城市各自拥有文化产业发展的优势与短板，珠三角区域必须重视与港澳的分工与合作，合理配置三大核心城市的生产要素，建设未来亚太地区活力充沛、富有竞争力的创意集聚区。

（一）明确城市分工，推动区域文化产业协同发展

粤港澳大湾区城市文化产业发展各有优势，优化资源配置结构、明确各城市分工，是推动区域文化产业发展的必经之路。处于第一梯队的三大核心城市文化产业竞争力较强，需要强化优势，积极担当起区域发展的领头角色。广州具备良好的进出口贸易与服务业发展的条件，作为中国最早对外开放的城市之一，海陆空交通便利，是国家重要中心城市，具备带动区域辐射的作用；深圳是创新能力强、高新技术人才高度集聚的城市，具备国家创新城市与经济中心城市的双重地位，创新是其城市竞争力的核心，是湾区经济

发展创新驱动力的提供者，应当担当先行者的作用，引领区域文化产业在产业结构、科技与制度上的创新；香港作为国际大都市，金融、航运、贸易行业发达，具备担当大湾区文化产业与国际交流的窗口的优秀条件。香港文化产业法律法规健全、发展成熟，将成为区域内文化产业的引导者，为珠三角地区与澳门提供先进经验，注入国际元素。

第二梯队的澳门、东莞、佛山与惠州文化产业发展已有各自特色，存在较大的提升空间，需要充当承上启下的角色，承接第一梯队产业动能提升自我，扩大区域辐射。澳门服务业发达，且与葡语国家联系密切，应进一步推动其文化旅游业发展，是湾区文化产业另一扇对外展现的窗口。东莞与惠州制造业发达，人力与土地资源相对来说价格较低，可承接深圳文化制造业转移，并依靠自身优势重点培植优势产业同时丰富产业业态，打造涵盖全面、规模大、品质高、层次丰富、特点鲜明的文化产业发展生态。佛山紧靠广州，历史文化底蕴深厚，文化旅游业成为其文化产业发展的主要方向之一，可充当承担广州文化服务业迁移并尝试发展其他方向的文化产业，提升文化产业发展水平。

第三梯队中山、珠海、江门、肇庆目前文化产业竞争力较弱，则需要加强相关基础设施建设，加大政策扶持力度与资金投入。发挥自身土地与劳动力资源丰富成本较低的优势，承接区域内其他地区部分产业转移，缩短与其他城市差距，补齐区域文化产业发展短板，为区域文化产业发展提供后劲动力。通过区域内城市的分工，形成区域内文化产业层层推进的良好发展格局。前有先行牵引，后有动力推进，有助于粤港澳大湾区文化产业形成功能齐全、结构合理、发展均衡的区域产业集群，从而带来具备高竞争优势的城市群规模效应。

（二）打通生产要素流动通道，优化资源配置

粤港澳大湾区涵盖两种政治制度，三个独立的法律体系，给区域内文化产业所需生产要素的流动带来一定的阻碍，但是多元化的制度背景也为该区域带来独特的优势。政府所要做的应当是打通流动通道，引导要素流动，促

进区域内资源的合理分配。对于以区域经济一体化为明显标签的湾区经济来说，打通生产要素流动通道是"互联互通"理念的基本要求，是深化区域内合作促进共同发展的有力举措。

文化产业的发展离不开经济基础的支持。区域内不同城市的企业或组织的资金输入与政府的资金投入对于文化产业发展来说一样重要。深港通的开通提升了资本在粤港的流动程度，方便区域内不同地区的企业或组织对文化产业的投资，但这是远远不够的。资本的融通有利于区域资本优化配置，让资金流动到需要的地方发挥更大的作用，因此进一步健全资本流通体系，对推动区域文化产业发展有重要的意义。

鼓励不同地区间企业相互投资，发挥企业作为市场主体的作用，对文化产业融资也有重要意义。文化产业的发展离不开专业人才。当前区域内文化产业相关人才分布不均衡，大多数人才集中在三大核心城市。建议建立健全创意人才交流平台与服务机构，引导区域内文化创意人才自由流动，实现区域内相关人才平衡分布。人才的顺利流动与合理分配对文化产业均衡发展、缩短城市差距有重要意义。政府可出台有关政策措施，提升竞争力较弱城市对文化创意人才的吸引力，帮助城市文化产业迎头赶上。

（三）加快人才培养，提升区域产业软实力

优秀的从业人才是文化产业发展的核心。目前，湾区内创意人才与创新人才资源相对较为紧张。可考虑在区域内城市合作共建有针对性的专业人才培养机构，培养拥有国际视野、专业知识丰富的文化产业相关专业人才，如产业运营管理、新媒体运营、艺术、设计、创作等。建议设立文化创意产业专题工作坊，促进高校人才相互交流与水平提升，促进高校培养人才与社会营运机构的交流，增加人才实践经验，帮助其毕业后更快融入区域内文化产业发展进程中。建议大力支持科研机构、高校科研活动与科研人才培养，加大资金投入，增加区域发明专利申请量与授权量，增强科技创新软实力，提升文化产业技术含量与发展层次，加强科研高校与社会企业的联系与合作，

对新技术的开发项目提供政策优惠,促进科技创新成果的应用与商业化,真正建立"产、学、研"三位一体的创新体系。

(四)健全法律法规,引导产业健康发展

珠三角区域文化产业法律法规尚不健全,尤其是知识产权与版权保护方面存在较大的漏洞。目前针对知识产权与版权的侵权现象较为严重,发明与创作主体对自身权益保护意识不强,互联网的快速普及让版权保护也更为艰难,盗版与"山寨"现象较为严重,严重拉低地区文化产业发展层次。社会尚未形成尊重知识产权、保护个人主体发明的良好氛围。2015年,广东省先后出台《关于加快科技创新的若干政策意见》和《广东省深入实施知识产权战略推动创新驱动发展行动计划》等政策措施,明确将广东建设成为知识产权强国建设先行省的目标,这为粤港澳大湾区创新发展奠定了政策保障。

港澳地区在知识产权保护方面的法律法规相对系统与完善,尤其是香港的知识产权保护处于国际水平,对珠三角地区有重要的借鉴意义。建议学习港澳地区先进经验,与港澳地区在此方面进一步合作,普及知识产权与版权知识,深化互联网资料有偿使用范围,推动全社会形成尊重发明、尊重原创、尊重个人创新的氛围。随着自贸区与跨境电商的发展,文化产品的流动比过去更为迅速与复杂,针对粤港澳大湾区城市群制定一套统一、适用性强的知识产权管理保护条例显得更为重要。

(五)深化区域合作,建设世界级文化产业中心

粤港澳大湾区是广东省与香港、澳门过去几十年合作的进一步升级,《深化粤港澳合作 推进大湾区建设框架协议》是从国家层面对接区域合作。广东省自由贸易试验区包括广州南沙、深圳前海、珠海横琴,布局区域合作平台,为深化内地与港澳合作展开了积极探索,也为区域试行文化产业管理方法、税收政策、市场制度提供了机会。三大自贸区分别担当深化广州空海港优势、深港深度合作以及粤澳深度合作的角色,其中支持横琴自贸区

与澳门加强合作，有利于湾区密切与葡语系国家的经贸往来。建议充分利用港澳自由贸易港的优势，将区域内优秀文化产业整合推向国际市场，打通文化产品贸易通道，促进文化产品走出去，提升区域文化产业国际地位。建议创新区域合作机制，在维持现行基本体制不变的情况下最大限度地促进区域间融合，整合粤港澳大湾区内文化资源。

B.10
长江文化产业带发展报告

耿达 饶蕊*

摘 要： 长江文化产业带将我国东部长三角开放前沿地带、中部崛起地区、西部大开发区域连成一线，呈现三段式梯度发展空间，其地域跨度广、基础条件差异大、产业发展各具特色。近年来长江文化产业带呈现良好的发展态势，是我国文化产业带状发展的重要增长极。但长江文化产业带也存在区域发展不平衡、区域合作机制不健全等问题，还需进一步优化长江文化产业空间格局、构建长江文化产业一体化机制、推动文化"走出去"。

关键词： 长江文化产业带 空间格局 产业转型 一体化机制

长江文化产业带覆盖上海、江苏、浙江、安徽、江西、湖北、湖南、重庆、四川、贵州、云南等11省市，横贯东中西部，是展现我国文化产业多元并进发展格局的黄金带域。党的十八大以来，在"创新、协调、绿色、开放、共享"的新发展理念指导下，文化改革发展顶层设计不断加强，"长江经济带"成为国家发展战略，使我国长江流域文化建设与产业发展空间更加广阔。打造长江文化产业带，是弘扬和创新中国优秀传统文化，开发和

---

* 耿达，云南大学公共管理学博士后，云南大学文化发展研究院助理研究员，主要研究方向：文化产业政策、公共文化管理；饶蕊，华中师范大学国家文化产业研究中心，博士研究生，主要研究方向：文化产业管理。

利用特色文化资源，推进文化与相关产业深度融合发展，创造新经济产业形态，培育国民经济新增长点，提升国家软实力和产业竞争力的重大发展战略，与"一带一路"文化产业发展空间共同构成"十三五"时期我国文化产业空间发展版图的两极。

一　长江文化产业带的发展背景

"长江经济带"是2013年5月习近平总书记视察武汉期间提出的，旨在发挥黄金水道的经济纽带作用推动上下游区域协作。同年12月，习近平在中央经济工作会议上下达中央决定将长江经济带作为国家重点实施战略，并提出要实现跨越行政区划、促进区域协调发展。为落实和促进关于长江经济带发展的相关指示，《长江经济带创新驱动产业转型升级方案》《关于加强长江经济带工业绿色发展的指导意见》《关于建设长江经济带国家级转型升级示范开发区的通知》《长江经济带发展规划纲要》等方案与规划相继发布。2017年《文化部"十三五"时期文化产业发展规划》和《国家"十三五"时期文化发展改革规划纲要》两大顶层设计纲领性文件指出要发挥长江经济带在区域文化产业发展中的引领作用，推进长江经济带城市群文化产业的业态创新和差异化发展，推动形成优势互补、相互协调、联动发展的文化产业体系布局。国家系列性的密集发文将长江经济带建设提升至国家战略的历史新高度，其在创建中国经济高地的同时，也将成为长江文明的高地。

打造长江文化产业带是在长江经济带的基础上对产业空间与文化内容做全面的整合与提质，重点在于促进长江流域产业经济的转型升级与创造性转化长江流域丰富的文化资源。

党的十八大以来，国家高度重视文化产业在经济发展新常态时期的重要作用，以优化产业结构为突破口，大力推动文化产业的供给侧结构性改革，不断完善文化市场运行机制，加速文化产业的转型升级。同时，为适应大数据和"互联网+"时代的发展变化，文化与科技深度融合，"互联网+"与"文化+"相互推进，新的文化业态蓬勃发展。互联网经济与文化经济的交融发展为文化产业的发展提供了更为广阔的发展空间。而资源禀赋是我国文化产业结构内生化的逻辑起点，文化产业的转型升级从传统文化产业向现代文化产业和新兴文化产业不断推进演进。[①] 在市场机制下，文化产业发展寻求资源的边际效益最大化促使高端资源向相对低级地区涌入，中低端产业主动与高端要素协同融合发展。文化产业的跨界融合特性将促进文化产业与相关生产要素的有机结合，带动地区产业由低级产业形态向高级产业形态逐步升级、培育新兴产业，进一步优化经济结构。尤其是文化与科技的融合创新是文化改革发展的重要引擎和牵引动力。随着我国文化改革发展速度的加快和进程的深入，文化与科技呈现融合创新趋势，成为推动文化发展的新动力。

文化产业作为国家软实力的显现，是实现经济提质增效、推动产业融合创新和带动经济增长的绿色朝阳产业。文化产业具有撬动长江经济带产业结构转型升级的巨大价值，文化产业所具有的高知识性、高创意性、高增值性和低能耗、低污染等产业特性，是促进国民经济转型升级的重要驱动力。在文化产业的内生动力和国家区域战略的驱动下，将更加强调区域协同与均衡发展。长江文化产业带将以其经济基础、文化资源和区位优势，成为提升我国文化软实力与文化产业综合竞争力的支撑带。打造长江文化产业带，就是要发挥长江经济带的高端制造业、特色农业、服务业、金融业等产业优势，融合文化产业的创新创意设计，促进一种新型创新创意生态圈的形成。在这种生态圈中，创意、技术、文化、金融、人才、信息等要素不断聚集、激荡、焕发生机，成为业态创新的活跃领域。

长江流域各民族文化多元共存，以悠远深厚的文化资源和强劲的经济实力，使文化产业发展百花齐放，催生了东、中、西部各具特色和不同产业形态的文化产业集群。长江文化产业带将探索各区域文化与历史沉淀的创造性转化和利用，弘扬中国优秀传统文化，并将进一步以文化、创新、绿色为驱动力，促进文化产业与相关产业深度融合发展，提升长江经济带产业附加值和竞争力。打造"长江文化产业带"对构建长江新型文明模式，实现东中

---

① 沈继松、胡惠林：《我国文化产业结构内生动力机制探究》，《学术论坛》2016年第10期。

西部地域均衡发展,全面对接世界经济体系,支撑梯度开发战略的实现具有非同寻常的现实意义。

总之,长江文化产业带的发展有利于促进东、中、西部的产业梯度转移,调节文化产业发展的区域性失衡问题,提升长江流域文化产业综合实力;有利于建设陆海双向对外文化开放新走廊,在传承和弘扬长江文明的同时与国际流域文明对话,推动中华文化走出去,提升国家文化软实力。

二 长江文化产业带的发展环境与基础

长江文化产业带覆盖我国东中西部11省区市,其中上海、江苏、浙江3省市属于东部地区,安徽、江西、湖南、湖北4省属于中部地区,重庆、四川、贵州、云南4省市属于西部地区。三大地区各自比较优势明显,在全国区域发展格局中具有典型性和代表性。总体而言,长江文化产业带具有优越的区位条件、丰富的文化资源和良好的经济基础。

(一)综合实力强劲

长江文化产业带覆盖的东中西部11省区市,土地面积约205万平方公里,占国土面积的1/5。2016年,长江文化产业带汇聚全国42.77%的人口,创造了全国44.8%的GDP,人均GDP和城镇化率均高于全国水平。相比2013年占全国GDP比重上升3.6个百分点,GDP平均增长速度8.6%,高于全国1.9个百分点。在经济进入新常态时期,长江文化产业带的整体经济发展态势稳中有进,高于全国社会经济发展水平,具有独特优势和巨大发展潜力,是我国经济重心所在。

长江文化产业带将我国东部长三角开放前沿地带、中部崛起地区、西部大开发区域连成一线,呈现三段式发展空间,从经济指标看,GDP东中西部所占长江文化产业带比重各为45%、35%、23%,东部三省市2016年人均GDP为97468元,分别是中部和西部地区的2.1倍和2.4倍,东部以高段位经济总量领先于中西部地区;GDP增长率则呈现由西向东反向递增趋势,

表1　2016年长江文化产业带发展的社会整体情况

地区	GDP总量（亿）	GDP增速（%）	GDP占全国比重（%）	人口（万）	人口占全国比重（%）	人均GDP（元）	城镇化率（%）
全国	744127	6.7	100	138271	100	53817	57.35
上海	27466.15	7.5	3.69	2419.7	1.75	113600	87.6
江苏	76086.2	7.8	10.23	7998.6	5.78	95259	67.7
浙江	46485.0	7.5	6.24	5590.0	4.04	83538	67.0
安徽	24117.9	8.7	3.24	6195.5	4.48	39092	52.0
江西	18364.4	9	2.46	4592.3	3.32	40106	53.1
湖北	32297.9	8.1	4.46	5885.0	4.26	56465	58.1
湖南	31244.7	7.9	4.19	6822.0	4.93	45931	52.75
重庆	17558.8	10.7	2.35	3048.4	2.2	57902	62.6
四川	32680.5	7.7	4.39	8262.0	5.98	39695	47.69
贵州	11734.4	10.5	1.57	3555.0	2.57	33127	44.15
云南	14870.0	8.7	1.99	4770.5	3.45	31265	45.03
长江经济带	332905.95	8.6	44.8	59139.0	42.77	57816	58.00

资料来源：各省统计公报和官方网站。

西部地区以9.4%的增速领跑长江文化产业带，分别超过中部和西部1%和2%。人口比重和面积比例上，东中西部分别为27%、39.7%、33.2%和10.68%、34.36%、54.78%，人口密度和人均资源跨度较大，西部地区在资源的可开发利用方面的潜力巨大。在城镇化率方面，东部地区达到74.1%，比肩发达国家水平，其中上海城镇化水平达到87.6%，与发达国家水平相当，中西部分别为54%和50%，处于城镇化发展的加速期，为推动城市的发展和人口的流动，在基础设施和教育、文化、医疗等方面具有较大的投资和发展空间（见表1）。在长江文化产业带一体化区域机制引领下，产业价值链延伸将激发中西部地区的市场潜能，实现区域经济增长的空间溢出效应。

（二）产业结构合理

产业结构的演进表现在整个经济体中，由第一产业优势逐级向第二、三产业优势进发，构成要素由低级向高端要素升级，由劳动密集型产业向知识密集型产业演进。长江文化产业带汇集了我国一、二、三产业的优势区域，形成全产业链的梯度式复合空间，2016年长江文化产业带第一产业增加值为26972.79亿元、增长2.8%、占总产值的9.4%，第二产业增加值为142738.81亿元、增长7.6%、占总产值的42.5%，第三产业增加值为163194.3亿元、增长9.5%、占总产值的48.1%，分别占全国三次产业增加值的比重为42.3%、48.2%和42.4%。长江文化产业带三次产业呈现三、二、一梯度增长态势，第三产业增速高于一、二产业，平均增长率为9.9%，高于全国2.1个百分点，第二产业平均增长7.6%，高于全国同期1.5个百分点，第一产业增长率平均为2.8%，低于全国0.5个百分点。

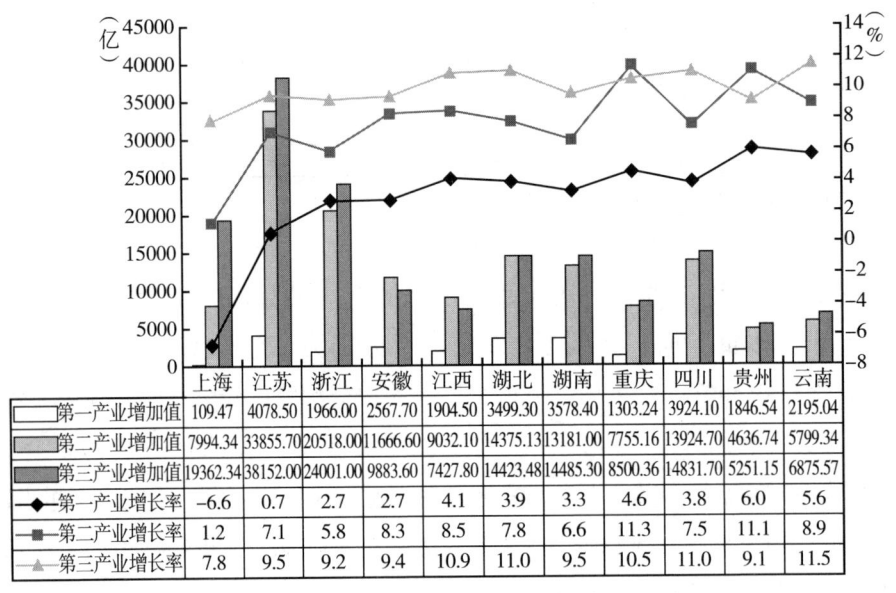

图1　2016年长江文化产业带三次产业增加值及增长率

资料来源：各省统计公报和官方网站。

从空间分布来看，东部地区第三产业发达，上海、江苏、浙江三省市的第三产业构成比均超过50%；中部地区第二产业优势明显，安徽、江西的第二产业构成比最高，接近50%；西部地区第一产业占有重要地位，四川、贵州、云南的第一产业构成比均超过12%（见图2）。这表明，长江文化产业带的区域产业发展结构相对合理，东中西三地区产业发展各自具有明显的比较优势，东部地区可重点打造金融业和现代服务业，中部区重点打造高端制造业，西部地区重点打造现代特色生态农业。另外，也应该看到西部地区三次产业增长率普遍高于中东部，尤其以第三产业增长最为显著，达到11%以上。这也表明西部地区作为基础相对薄弱的地区，具有后发优势，通过东中西部之间的产业整合和梯度转移，能够促进中西部地区的快速发展。

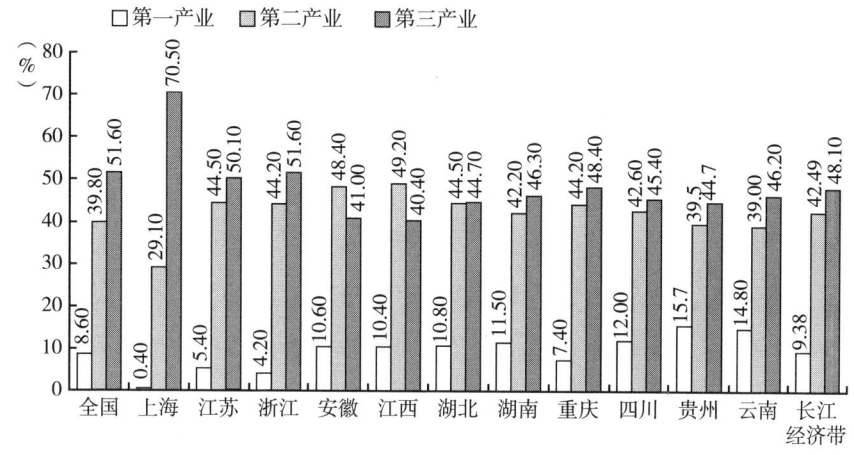

图2　2016年长江文化产业带三次产业各省生产总值构成比

资料来源：各省统计公报和官方网站。

（三）文化资源丰富

长江文化产业带具有丰富的文化资源，分处上、中、下游的羌藏文化、巴蜀文化、荆楚文化与吴越文化等地域文化各具特色。自然与人文遗产丰富灿烂，不仅有九寨沟、三江并流、武陵源、神农架、黄山、三清山等壮美的自然遗产，大运河、土司遗址、大足石刻、武当山、庐山、西湖等厚重的文化遗产，还有昆曲、川剧、黄梅戏等独特的非物质文化遗产，是我国重要的文化宝库。据统计，长江文化产业带有世界文化遗产17处、国际级非物质文化遗产1180处，分别占全国的55%、86%，文化资源相当富集。通观中华文明发展史，从巴山蜀水到江南水乡，长江流域人杰地灵，陶冶历代思想精英，涌现无数风流人物。历史文化、红色文化、民俗文化等文化形式多种多样。数据显示，长江文化产业带有1634个国家重点文物保护单位、59个历史文化名城、145个历史文化名镇、136个历史文化名村、1698个中国传统村落、10个国家级考古遗址公园，分别占全国的38%、45%、58.5%、49%、66%、42%（见表2）。如此丰富的文化资源造就了长江文化产业带繁荣的文化旅游产业。长江文化产业带拥有115家5A级景区，占全国的47%。另外，随着新型城镇化的加速发展，具有鲜明产业定位、文化内涵、旅游特征和一定社区功能的特色小镇应运而生，成为推动基层社会经济发展的重要支点。特色小镇是以特色产业和文化生态资源为基础、以产城乡一体化综合开发为手段、以全域旅游为引擎，集旅游景区、消费产业聚集区、新型城镇化发展区三区合一的新型模式。截至2017年，长江文化产业带共有174个特色小镇，占全国的43%。这些丰富的文化资源是传承和弘扬长江文明是构建中华文化共同体、增强民族认同感和自豪感、推动中华文明永续发展的重要支撑，也是促进文化产业发展更加多元化、娱乐化、精神化、规模化，提高文化产业发展综合效益、影响力和竞争力的重要基础。

表2 长江文化产业带各省市文化资源情况

地区	世界文化遗产	国家级非物质文化遗产	国家重点文物保护单位	历史文化名城	历史文化名镇	历史文化名村	中国传统村落	5A级景区	国家级考古遗址公园	特色小镇
全国	31	1372	4296	131	252	276	2555	246	24	403
上海	0	55	30	1	9	2	5	3	0	9
江苏	3	153	224	13	24	10	26	23	1	22
浙江	2	217	230	10	20	28	176	16	1	23
安徽	2	72	204	5	8	28	111	11	0	15
江西	1	70	128	4	10	23	125	10	2	12
湖北	3	127	148	5	12	7	89	11	1	16
湖南	1	118	183	4	5	9	91	8	1	16
重庆	1	39	55	1	18	1	63	8	1	13
四川	1	139	230	8	24	6	84	12	2	20
贵州	1	85	70	2	8	14	426	5	1	15
云南	2	105	132	6	7	9	502	8	0	13
长江文化产业带	17	1180	1634	59	145	136	1698	115	10	174

资料来源：各省官方网站。

（四）发展潜力巨大

长江文化产业带是连接丝绸之路文化产业带、21世纪海上丝绸之路文化产业带、藏羌彝文化产业走廊和大运河文化产业带的重要纽带，在文化产业带状发展的新趋势下优势明显。长江文化产业带教育科技资源富集，是我国文化、教育、科技水平发展程度最高的地区之一，区域内双一流大学数量达到17个，占全国的40%；规模以上文化制造业有效发明专利数达到9973件，占全国的45%，是我国最具创新活力的区域之一，为文化产业的发展提供了充分的智力基础（见表3）。长江文化产业带横跨东中西部三级阶梯，而且涵盖了我国区域梯度的主要城市群和战略节点城市，有利于发挥"点轴效益"促进区域之间的联动。随着下游地区文化产业转型升级加快，产业溯江而上梯度转移，同时中西部地区的特色文化产业也在逐步释放发展潜力，市场需求和发展空间巨大。

表3 长江文化产业带双一流大学与发明专利情况

地区	双一流大学(个)	规模以上文化制造业有效发明专利数(件)
上海	4	1049
江苏	2	3657
浙江	1	1021
安徽	1	1400
江西	0	231
湖北	2	437
湖南	3	354
重庆	1	71
四川	2	1488
贵州	0	59
云南	1	206
长江文化产业带	17	9973
全国	42	22107

资料来源：教育部网站，国家统计局，中宣部网站。

三 长江文化产业带的发展现状

长江文化产业带的文化产业整体运行情况良好，文化市场需求逐年增长，文化企业主体地位得到增强，文化产业引领创新、融合的态势日益明显。长江文化产业带以其丰富的文化资源、雄厚的经济基础和通达的区位优势，成为提升文化产业综合竞争力和我国文化软实力的重要支撑带。但是，在长江文化产业带发展中也存在文化产业发展同质化、区域发展不平衡、区域合作机制不健全等问题。

（一）文化产业发展整体情况

近年来，长江文化产业带各省文化产业发展迅猛，文化产业增加值的规模不断扩大，占GDP比重不断提高。2016年，长江文化产业带11省市的文化产业增加值总量达到15477.9亿元，相比2015年的13779.58亿元，增加12.3%，占长江文化产业带GDP总量的4.64%；长江文化产业带文化产业增加值占全国文化产业增加值的50.27%，高于长江文化产业带GDP占全国比重的44.81%。可见长江文化产业带是我国文化产业发展的核心区域，占据着我国文化产业增加值的半壁江山，且文化产业比重高于GDP比重约6个百分点，表明长江文化产业带文化产业发展势头良好。其中上海、浙江的文化产业增加值占地区GDP比重超过5%，已经成为各地区的支柱性产业；江苏、湖南接近5%，四川、安徽、江西、湖北、重庆、贵州距离5%还有一定差距，具有非常大的提升空间。根据中国人民大学和文化部文化产业司联合发布的《2016中国省市文化产业发展指数》显示，长江文化产业带有5个省市进入综合指数前十名，分别是上海（第二名）、江苏（第三名）、浙江（第四名）、四川（第七名）、江西（第九名），与2015年数据相比，上海由排名第一次居第二，四川上升一名，而第九名的湖南则未能保住前十席位，江西在文化生产力及驱动力方面表现突出，首次入榜前十，这进一步表明长江文化产业整体竞争力和影响力强劲，其中上海、江西和江西、四川成为东、中、西部区域文化产业发展的领头羊,引导各自区域文化产业发展。按东中西部区域视角看,东部3省市的文化产业增加值为8471.1亿元,比2015年增长12.9%,中部4省的文化产业增加值为4351.4亿元,比2015年增长10.7%,西部4省市的文化产业增加值为2655.4亿元,比2015年增长13.1%。东、中、西各自区域占长江文化产业带文化产业增加值的比重为54.73%、28.11%、17.16%,东部的总量比中西部的总量和还多,东部是中部的1.9倍,西部的3.2倍,中部又是西部的1.6倍(见表4)。这同时也表明长江文化产业带内部东中西部各区域之间的差距较大,东中西三部整体上呈由高到低的梯度发展态势。但西部地区文化产业增长最为迅猛,其丰厚的特色文化资源为文化产业化奠定了发展基础,在科技创新和供给侧结构性改革的驱动下,将以厚积薄发之力,呈现智慧化、创意化、绿色化的特色文化产业发展路径。

表4 2015年、2016年长江文化产业带各省市文化产业增加值情况

单位:亿元,%

地区\数值	2015年		2016年	
	文化产业增加值	占地区GDP比重	文化产业增加值	占地区GDP比重
上海	1632.68	6.5	1861.7	6.61
江苏	3481.90	4.97	3863.9	4.99
浙江	2385.50	5.56	2745.5	5.81
安徽	833.71	3.79	976.3	4.00
江西	613.89	3.67	703.0	3.80
湖北	1111.90	3.00	1212.8	3.00
湖南	1371.60	4.75	1459.3	4.63
重庆	540.50	3.44	592.7	3.34
四川	1141.20	3.8	1323.8	4.02
贵州	241.60	2.30	285.3	2.24
云南	425.10	3.12	453.6	3.07
长江文化产业带	13779.58	4.51	15477.9	4.64
全国	27235.00	3.95	30785.0	4.14

资料来源:国家统计局、中宣部编《中国文化及相关产业统计年鉴2017》。

（二）文化市场需求情况

近年来，长江文化产业带社会经济发展良好，国民收入不断提高，文化消费能力也逐渐提高。数据显示，2016年长江文化产业带各省市城镇居民文化娱乐消费增幅平稳，长江文化产业带的文化娱乐消费平均值达到1352.42元，比2015年增长7.8%，比2014年增长19.4%，比2013年增长40.5%，高于全国平均文化消费额1268.70元。长江文化产业带的文化娱乐消费支出占总支出比重也由2013年的5.39%，2014年的5.67%，逐步上升到2015年的5.85%，2016年稍有波动至5.84%。其中，上海、江苏、湖南、四川、贵州、云南的文化娱乐消费占总支出比高于全国5.50%的平均水平，浙江、江西、重庆低于全国平均水平，而安徽、湖北则大大低于全国平均水平。2016年，长江文化产业带文化消费额最高的是上海2898.14元，最低的是安徽847.18元，上海是安徽的3.4倍（见图3）。这表明长江文化产业带文化市场需求整体高于全国平均水平，但是内部各区域之间的差异较大，体现出文化消费"东部旺盛""中部塌陷""西部热切"的态势。

（三）文化产业投入产出情况

投入和产出状况反映了文化产业发展的活力和潜力，这直接反映了政府政策支持的力度、文化市场的创造力、文化企业的竞争力。文化产业投入的指标。本文主要选取文化及相关产业的法人单位数和固定资产投资，文化产业产出的指标本文主要选取规模以上文化企业的营业利润。

2015年，长江文化产业带各省市文化及相关产业法人单位数达到547747个，占全国的48.04%。其中江苏的法人单位数最多，为121450个，贵州的最少，为12280个，江苏将近是贵州的10倍。按照东中西部区域计算，东部3省市法人单位数为277308个，占长江文化产业带的50.63%；中部4省法人单位数为178316个，占长江文化产业带的32.55%；西部4省市法人单位数为92123个，占长江文化产业带的16.82%。2015年，长江文化产业带各省市文化及相关产业固定资产投资总额达到130582821万元，占全

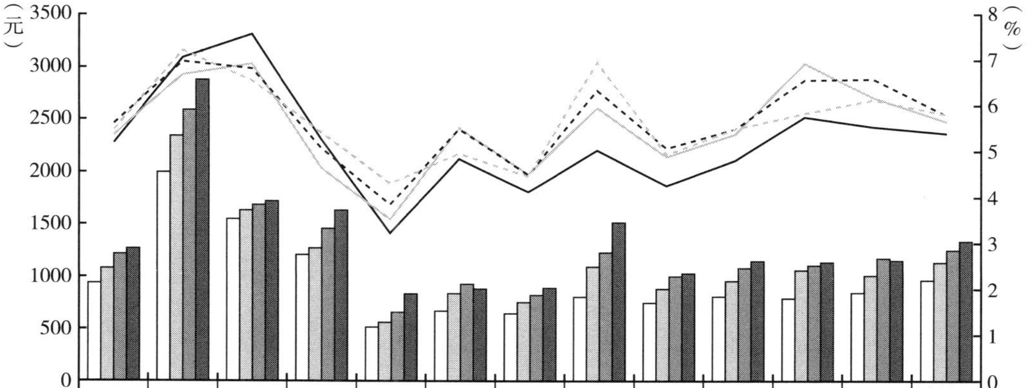

长江文化产业带发展报告

	全国	上海	江苏	浙江	安徽	江西	湖北	湖南	重庆	四川	贵州	云南	长江经济带
2013年文娱消费额	945.74	1999.73	1550.93	1209.11	520.38	673.59	649.67	805.18	759.01	798.56	797.60	840.03	963.98
2014年文娱消费额	1097.90	2359.09	1636.20	1272.24	570.70	833.25	754.92	1095.11	891.30	968.13	1067.00	1009.04	1132.45
2015年文娱消费额	1216.11	2593.18	1700.03	1462.90	661.86	921.87	823.87	1244.28	1001.99	1087.15	1126.63	1168.43	1253.84
2016年文娱消费额	1268.70	2898.14	1733.64	1636.33	847.18	887.81	897.27	1514.10	1025.73	1159.38	1129.74	1147.30	1352.42
2013年文娱支出占比	5.25	7.10	7.61	5.20	3.20	4.86	4.13	5.07	4.26	4.89	5.82	5.54	5.39
2014年文娱支出占比	5.45	6.71	6.97	4.67	3.54	5.50	4.53	5.97	4.88	5.45	6.99	6.20	5.67
2015年文娱支出占比	5.68	7.02	6.81	5.10	3.84	5.51	4.53	6.38	5.08	5.64	6.66	6.61	5.85
2016年文娱支出占比	5.50	7.27	6.56	5.44	4.32	5.02	4.48	7.07	4.88	5.61	5.88	6.16	5.84

图3 2013～2016年长江文化产业带城镇居民文化娱乐消费支出及占总支出比重情况

资料来源：国家统计局、中宣部编《中国文化及相关产业统计年鉴 2017》。

国的45.19%。其中江苏的固定资产投资最多，为26412230万元，贵州的最少，为5208059万元，江苏为贵州的5倍（见表5）。东中西部区域之间固定资产投资的比例为32.77∶43.49∶23.74。这表明国家对中西部地区存在一定的政策倾斜，注重通过加大对中西部地区的文化资金投入，来提升中西部地区文化产业的发展水平。

表5 2015年文化及相关产业法人单位及固定投资情况

地区	法人单位数(个)	固定投资(万元)
全国	1140290	288979574
上海	42874	1959561
江苏	121450	26412230
浙江	112984	14423125
安徽	43404	11734126
江西	48991	14574845
湖北	46263	13851636
湖南	39658	16621908
重庆	29726	11873347
四川	31366	9387277
贵州	12280	5208059
云南	18751	4536707
长江文化产业带	547747	130582821
长江文化产业带占全国比重	48.04%	45.19%

资料来源：国家统计局、中宣部编《中国文化及相关产业统计年鉴2016》。

文化产业产出方面，本文主要选取了规模以上文化企业的营业利润作为指标，通过考察规模以上文化制造企业、限额以上文化批发和零售业、规模以上文化服务企业的营业利润来分析文化产业发展的效应。数据显示，2016年长江文化产业带规模以上文化制造企业、限额以上文化批发和零售业、规模以上文化服务企业的营业利润总额分别达到14009948.7万元、2475880.5万元、18727816.2万元，比2015年分别增长13.18%、40.66%、26.71%，其中限额以上文化批发和零售企业以及文化服务企业实现了较高的业绩增长，整体上文化企业盈利能力在文化需求扩大和政府财政扶持下进一步增强；长江文化产业规模以上文化制造企业、文化批发和零售业和文化服务企业三者分别占全国的比重为48.84%、51.25%、57.64%，均占据全国文化企业营业利润总额的半壁江山，其中文化服务企业的表现尤为突出（见表6、图4）。在长江文化产业带内部，东部发达省市上海、浙江的文化服务业表现抢眼，江苏、湖南、江西、安徽的文化制造业表现突出，中西部大部分省市文化企业的营业利润表现较低。综合投入与产出的情况，可以看出东部三省市的文化产业发展效益较好，中西部省市的文化产业发展效益有待提高。

表6 2015年、2016年长江文化产业带各地区规模以上文化企业营业利润情况

单位：万元

地区	2015年			2016年		
	规模以上文化制造业企业	限额以上文化批发和零售企业	规模以上文化服务企业	规模以上文化制造业企业	限额以上文化批发和零售企业	规模以上文化服务企业
全国	25554051.7	3597437.2	25905277	28683241.2	4830454.5	32488268.4
上海	645284.2	214124.5	4720089.8	670677.8	449914.2	4675794.3
江苏	4715481.9	587929.5	1833549.0	5555385.4	773484.5	2048666.1
浙江	1259273.6	165562.5	5983245.2	1462816.5	204404.7	8820005.9
安徽	870666.2	95293.1	223867.6	923632.0	195879.7	272951.7
江西	1269204.7	99138.1	186823.2	1451448.8	101333.6	239852.0
湖北	553191.1	178715.2	600335.3	571238.2	202630.1	604724.5
湖南	1754191.5	183314.7	594793.6	1802887.7	226772.7	496091.4
重庆	450158.8	106916.5	146254.0	470710.2	143684.4	328775.4
四川	491043.4	47812.7	300416.2	691653.7	72150.4	893472.6
贵州	122324.2	14755.9	91354.4	137092.4	22212.4	107047.7
云南	246918.7	66522.0	98967.1	272406.2	83413.8	240434.6
长江文化产业带	12377738.3	1760085.2	14779695.4	14009948.7	2475880.5	18727816.2

资料来源：国家统计局、中宣部编《中国文化及相关产业统计年鉴2016、2017》。

（四）文化产业集聚发展情况

文化产业园区（基地）是文化产业集聚态势的重要面向。长江文化产

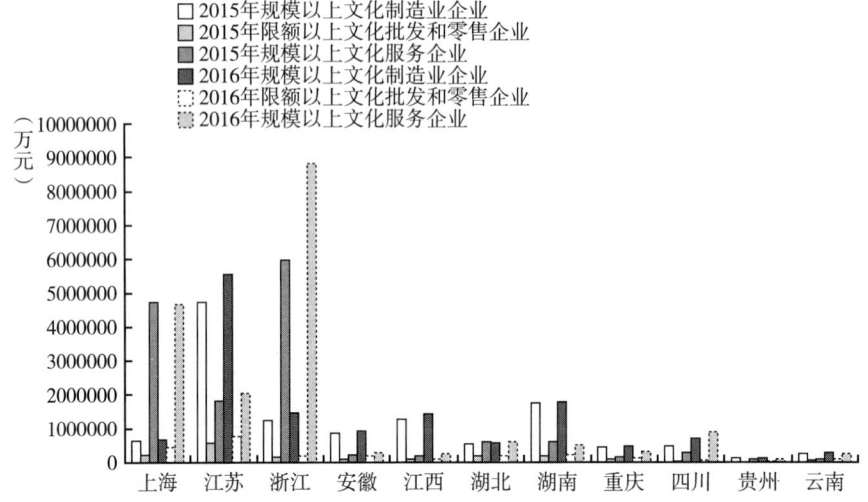

图4 2015年、2016年长江文化产业带各省市文化企业营业利润情况

资料来源：国家统计局、中宣部编《中国文化及相关产业统计年鉴2016、2017》。

业带区域内文化产业发展基础较好，文化企业众多，国家级文化产业园区与基地成为集聚文化企业、延长文化产业链条、发挥文化产业效益的重要载体。其中，长江文化产业带共有4家国家级文化产业示范园区：上海张江文化产业园区（2011年第三批）、湖南省长沙天心文化产业园（2012年第四批）、四川省成都青羊绿舟文化产业园区（2012年第四批）、安徽省蚌埠大禹文化产业示范园区（2014年第五批）占全国的40%；长江文化产业带地区有4家国家级文化产业试验园区：长沙天心文化产业园区（2011年第一批），江苏省南京秦淮特色文化产业园、浙江省衢州儒学文化产业园和湖北省武昌长江文化创意设计产业园3家都是2014年第五批进入，占全国的33%；长江文化产业带地区还有127家国家级文化产业示范基地，占全国的37%。文化产业领域科技实力和自主创新能力走在前列，拥有16家国家级文化和科技融合示范基地，占全国的47%；新型文化产业形态发展迅速，拥有11家国家级动漫产业基地，占全国的55%（见表7）。总之，长江文化产业带地区的文化产业园区与基地在数量和质量上都有较大提升，发挥了一定的示范引领作用。长江文化产业带是我国文化产业重心所在、活力所在,其中以沪、苏、浙为主体的长江三角洲地区是我国文化产业最发达的区域之一。

表7 长江文化产业带国家级文化产业集聚发展情况

地区	国家级文化产业示范园区	国家级文化产业试验园区	国家级文化产业示范基地	国家级文化和科技融合示范基地	国家级动漫产业基地
全国	10	12	344	34	20
上海	1	—	16	1	2
江苏	—	1	16	3	4
浙江	—	1	17	3	1
安徽	1	—	11	1	—
江西	—	—	9	1	—
湖北	—	1	11	1	1
湖南	1	1	10	1	2
重庆	—	—	6	1	1
四川	1	—	15	2	—
贵州	—	—	6	1	—
云南	—	—	10	1	—
长江文化产业带	4	4	127	16	11

资料来源：各省官方网站。

四 长江文化产业带的发展困境与推进策略

长江流域各省市立足于各自优势,基于各自的实际提出了文化产业发展战略,积极引进人才、资本及管理模式,大力发展文化产业,并把发展文化产业看作实现经济社会跨越式发展的一个重要途径,文化产业发展出现一些新局面。但是,长江文化产业带的地域跨度广、基础条件差异大、产业发展各具特色。目前在文化产业发展过程中,还存在着一些问题,主要表现在以下几方面。

一是文化资源相对分散,整合力不强。资源主导是长江中上游地区文化产业发展的主要特征,和长江下游地区的市场主导形成鲜明对比。"世间一切可利用资源的最高层次恰恰在于文化资源,这也是内陆地区文化产业发展必须首先加以利用的得天独厚的条件。"① 长江中上游地区文化资源比较丰富,挖掘和开发利用民族文化资源是长江中上游地区文化产业发展的共同切入点。如四川依托历史文化资源和自然风光发展旅游休闲产业;云南依托众多民族文化资源建设民族文化大省发展文化产业等。长江中上游地区丰富多样的自然景观和民族文化资源拥有良好的开发前景,这不仅是长江中上游地区文化多样性持续发展的路径,也是经济发展的增长点。但是,整体而言,长江流域文化资源相对零散、分散,种类繁多。这些资源单独看来,很难形成具体的文化消费产品,因此,整合性、混生的文化产业就成为发展的一个重点。

二是不合理开发与盲目开发现象严重,特色文化品牌缺乏。在产业开发过程中,盲目复制、产品同质化泛滥。一些特色地方文化资源的价值被忽视,没有得到充分挖掘与利用;一些地方独特的文化生态环境和珍贵的文化遗产遭受建设性破坏,部分濒临失传,部分地域和民族特色文化流失严重。文化内容打造不足,特色文化品牌不突出。盲目过度开发,忽视对文化产业内容的提炼,导致文化内核缺失,文化内涵体现不足,文化产品特色不鲜明,缺少拥有自主知识产权的文化产品,缺乏知名文化产业品牌,低端同质化竞争现象明显。

三是区域之间发展不平衡。长江文化产业带横跨我国东、中、西部,资源、环境、交通、产业基础等发展条件差异较大,地区间发展差距明显,东部文化产业发展水平明显优于中西部地区。产业要素和创意人才向少数中心城市集聚,中小城市文化产业发展乏力,总体水平不高。区域内各省市之间、大城市与中小城市之间、城乡之间的文化产业发展差距出现扩大趋势,区域发展不平衡现象仍在加剧。

四是区域合作机制不健全。缺乏区域文化产业合作机制,缺乏具有整体

---

① 胡惠林:《文化产业学——现代文化产业理论与政策》,上海文艺出版社,2006,第78页。

性、专业性和协调性的大区域合作平台。区域一体化的文化市场体系尚未形成，依然存在阻碍要素合理流动的各种壁垒。文化产业分工协作体系不健全，地方文化产业发展各自为政，低水平重复建设问题较为严重。文化资源保护与利用存在多龙治水局面，相关部门权责不清，管理条块分割，缺乏对文化资源的高层次整合，缺乏对区域文化产业发展的分工协作，亟须完善顶层设计。

要破解长江文化产业带存在的诸多问题，必须在空间发展和产业发展方面进一步协调与优化，以达到空间布局合理、产业融合发展的带状发展格局。

（一）空间上：借助"点轴效应"形成"雁阵模型"

要依托行政区划、自然本底、文化底蕴和产业基础，借助"点轴效应"形成"雁阵模型"以推动长江文化产业空间协同共进发展。要充分发挥长江交通纽带、经济纽带和文化纽带作用，以上海、南京、武汉、重庆、成都为核心节点城市，构建沿江文化产业发展轴，充分发挥核心城市作为文化创新中心的作用，促进文化创新要素的自由流动和优化配置。要依托中心城市群打造长三角文化产业集聚区、长江中游文化产业集聚区和长江上游文化产业集聚区三大文化产业集聚区，形成"沿海—沿江—沿边"全方位开放格局，最终形成文化产业的重点发展体系，东、中、西部文化产业梯度转移的纵深发展体系。

第一，长三角文化产业集聚区要发挥辐射带动作用，引领发展。长三角是中国综合实力最强的区域，位列世界六大城市群，区位条件优越、自然禀赋优良、经济基础雄厚。在文化艺术、广播影视、出版发行、文化科技等各方面，长三角文化产业集聚区都拥有实力强劲的领军企业，文化产业园区为数众多，文化资本市场活跃，文化产业领域的投资、并购、上市等资本活动规模较大，频率较高。长三角文化产业集聚区主要包含吴越文化、淮扬文化、徽派文化和海派文化等地域文化体系，文化特色鲜明。拥有众多的名胜古迹，多处列入世界文化遗产名录；还拥有大量的非物质文化遗产，文化底蕴深厚，开发潜力巨大。长三角是全球重要的先进制造业基地，聚集了大量的高新科技企业，文化与科技融合也长期走在国内前列，技术革新和创新成果纷纷涌现，传统文化产业与科技不断进行融合，并获得数字媒体展示、大数据建设等新兴技术优势。因此，要发挥长三角文化产业集聚区的产业优势，进一步优化区内产业结构与空间格局，发挥对外文化交流合作的窗口作用，同时加强对中西部地区的文化产业梯度转移与辐射带动作用。重点发展文化科技产业、文化传媒产业、创意设计产业、动漫游戏产业、文化旅游产业、文化装备制造业等业态，着重培育一批骨干型、外向型、主导型的具有核心竞争力的文化企业，通过文化产业与相关产业融合发展进一步推动传统产业的转型升级。

第二，长江中游文化产业集聚区要发挥区位优势，实现"中部崛起"。长江中游文化产业集聚区发展历史悠久，包含荆楚文化、湖湘文化和赣鄱文化等地域文化体系，鄂西、湘西地区还拥有别具特色的土家族、苗族等少数民族文化，文化种类繁多，人文自然景观丰富，拥有多处世界文化遗产和自然遗产。长江中游文化产业集聚区位居中国大陆版图的中部，拥有独特的地缘优势。高速公路网络密集，多条高铁动脉在此交会，水运、空运条件发展良好，前往华东地区、华南地区、华北地区和西南地区都很方便快捷，消费市场覆盖范围广阔。因此，要充分发挥中部地区承东启西的战略地位与区位优势，通过传统产业与新兴产业并举，夯实长江中游文化产业集聚区的发展基础，促进文化产业与相关产业融合发展，重点发展新闻出版产业、影视传媒产业、创意设计产业、文化旅游产业、文化装备制造业等产业业态。

第三，长江上游文化产业集聚区要发挥生态资源优势，打造特色文化产业。长江上游文化产业集聚区地处中国内陆，集高原、山地、盆地、河谷等地貌于一身，地形地貌复杂，环境别具特色，生态优良、风景优美，形成了西南地区开发文化产业的特有生态优势。长江上游文化产业集聚区包含独具特色的巴蜀文化、藏羌文化和西南少数民族文化等地域文化体系，民族形态丰富多彩，蕴含着丰富灿烂的多元民族文化，是其特色和魅力所在。这里拥有较多富有特色的名胜古迹，包括多处世界自然遗产与文化遗产，是我国世界遗产最为集中的地区之一。并由于多样文化类型的聚集,拥有大量手工技艺、节事活动、民风民俗等原生态民族文化资源。因此,要以多元民族文化特色和优美的自然环境为基础,积极发展特色化、差异化、多元化的文化内涵与产业形态;同时充分依托西南地区地缘优势,成为联结"一带一路"、藏羌彝文化产业走廊、辐射印缅的重要区位节点。重点发展工艺美术产业、文化旅游产业、文化养生产业、文化艺术品产业等具有民族和地域特色的文化产业。

另外,还需构建长江文化产业带的区域协调机制。要设立和完善以国家为主导、各部门联动、各省市政府为主体及社会参与的多层级跨区域联合机构,建立健全信息沟通机制、联审会商机制、统筹协调机制、分工协作机制、产业引导机制、利益分配机制,不断强化文化产业发展的共商、共建、共治和共享,妥善解决区域利益相关者合作过程中发生的各种问题,促进长江文化产业带建设走上全方位、多领域、深层次的一体化发展轨道。把长江文化产业带建设纳入国家经济社会发展总体规划、国家文化产业发展规划、长江经济带发展规划等国家战略规划体系。编制长江文化产业带发展总体规划,对长江流域的文化产业发展统筹策划、统一安排、统一组织和统一实施。各省、直辖市结合实际,制订出台相关实施方案和行动计划。

(二)产业上:以一体化促进业态融合

推进长江文化产业带建设,还须进一步加强产业之间的业态融合,在市场建设、产业合作、文化"走出去"等方面要重点规划和着手突破。

第一,推进长江文化产业带市场一体化建设。要推动跨地区、跨部门、跨行业、跨所有制的兼并重组和战略合作,培育和壮大具有核心竞争力、规模效益好、产业贡献率高的大型龙头骨干文化企业和文化产业集团,使之成为文化市场的主导力量和文化领域的战略投资者。拓展中小微企业、民营企业、个人发展文化产业空间,营造"大众创业、万众创新"环境氛围,促进其朝着"专、精、特、新"的方向发展。充分发挥企业主体作用,在资源开发、项目建设、联合营销等方面加强协商与合作,逐步形成企业间的专业分工和企业内的地域分工体系。打破行政区划界限和市场分割壁垒，共同培育和发展统一、开放、有序的市场体系。支持文化体制深化改革，进一步放宽文化市场准入条件和领域，建立统一、公平、透明的投资准入体制，鼓励和支持非公有制资本和外资进入文化投资领域，激发全社会的文化创造活力。继续努力构建贯通城乡、快捷高效的文化产品流通网络，增加文化消费总量，提高文化消费水平。加快发展文化生产要素市场，实现产品、服务、资本、产权、技术、信息、人力资源等跨区域无障碍流动和优化配置。深入推进文化产业领域供给侧结构性改革，全面营造良好的文化消费市场环境。不断加强文化产品和服务的有效供给，满足人民群众日益丰富的精神文化需求，加速释放居民文化消费需求，扩大文化消费规模，提升文化消费质量。通过文化消费促进长江文化产业带文化消费市场一体化建设，加快推进长江文化产业转型升级。

第二，加强长江文化产业带产业之间的合作。要制定长江文化产业带发展指导目录，明确鼓励、允许、限制和禁止投资的产业项目，加快培育各地特色文化产业集群，根据资源要素禀赋和产业基础形成优势互补、差异发展的主导文化产业体系。共谋重大文化产业合作项目和工程，推进文化产业园区、基地联动与共建，重点扶持出版传媒、文化创意、影视动漫、数字内容、文化会展、文化旅游等产业的合作对接，加强在公共文化服务与基础设施建设、演艺市场开发培育、无障碍旅游带建设、文物保护利用、非物质文化遗产生产性保护等方面的合作交流，促进产业结构优化升级，调节文化产业发展的区域性和结构性失衡问题，实现长江文化产业带纵深发展、均衡发展与全域发展。鼓励文化产品创新和商业模式创新，奖励原创文化项目研发和艺术精品生产，支持弘扬地域文化和民族风情的特色产业、创意产业，发挥行业协会、商会、产业联盟等的桥梁纽带作用，拓宽省际、企业间的合作渠道。

第三，推动长江文化产业"走出去"。梳理长江文化的价值精髓，推出更多体现中华优秀文化、展示当代中国形象、面向国际市场的文化产品和服务。讲好中国故事、传播好中国声音、阐释好中国特色，发挥中国长江文化在未来世界文化中的引领作用,更好地推动中华文化"走出去"。以长江文化为内涵,推广陶瓷文化、茶道文化、太极文化、饮食文化、汉字文化、传统养生文化等具有中国符号性的文化体系。做好文化长江的内容创新和形式创新,发挥长江沿线区域在演艺、娱乐、文化旅游、工艺美术等传统优秀文化产品和服务的优势,树精品、造亮点,同步推进动漫、游戏、创意设计和数字内容等新型文化产品的出口贸易。着力打造具有长江文化特色的国际文化节庆品牌,不断推进布局科学、功能完善、规模适宜的海外长江文化中心建设与发展,集中展现长江文化的优秀品质和独特魅力。

B.11 藏羌彝文化产业走廊文化产业发展报告*

胡洪斌　于良楠**

摘　要： 藏羌彝文化产业走廊位于中国西部腹心，自古以来就是众多民族南来北往、繁衍迁徙和沟通交流的重要廊道，区域内自然生态独特，文化形态多样，文化资源富集，是我国重要的历史文化沉积带，在我国区域发展和文化建设格局中具有特殊地位，为推动藏羌彝文化产业走廊文化产业发展，2014年文化部和财政部制定出台了《藏羌彝文化产业走廊总体规划》。近年来，藏羌彝文化产业走廊相关地区各级政府充分发挥得天独厚的文化和自然资源优势，在文化保护传承、文化设施建设、特色文化产业发展等方面取得积极进展，有效推动了廊道经济社会健康持续发展。

关键词： 藏羌彝文化产业走廊　文化产业　国家战略　协同创新

一　藏羌彝文化产业走廊的缘起

1980年费孝通先生提出"藏彝走廊"这个概念，主要指今川、滇、藏

---

* 本文为2017年云南省省院省校教育合作人文社科重点研究项目"藏羌彝走廊建设中的云南特色文化产业发展研究"（项目编号：SYSX201704）的阶段性研究成果。
** 胡洪斌，云南大学文化发展研究院副院长、副教授，主要研究方向：文化产业理论与实践、服务业发展理论与实践、产业经济学；于良楠，云南省文化产业研究会副秘书长，主要研究方向：文化产业规划与文化管理。

三省区毗邻地区由一系列南北走向的山系、河流所构成的高山峡谷区域。在这片区域以藏族、羌族、彝族为代表的几十个民族，而以藏缅语族的藏语支和彝语支的民族居多，故从民族学而言称之为"藏彝走廊"。藏羌彝走廊的主体民族是藏族、羌族、彝族，呈现廊道式空间分布，藏族主要分布于青藏高原以及甘肃甘南州、四川阿坝州、云南迪庆州等地；羌族是一个古老民族，是氐羌文化系统的直接传承者，影响到中国南方很多民族，主要聚居在四川阿坝州、汶川县、理县、绵阳市等地；氐羌民族南下或西行，与当地土著居民融合发展，成为汉藏语系汉族、羌族以外的其他民族的先民，因此藏羌彝民族具有深厚的渊源。随着彝族迁徙与分支，逐渐形成了两条线路的彝文化走廊，一是从青藏高原南下，沿着岷江、安宁河谷，跨过金沙江，往东进入云南昭通、贵州毕节，沿乌蒙山南下，经曲靖，直抵广西百色；二是从青藏高原南下，沿着岷江、安宁河谷，经四川雅安、凉山、攀枝花，跨过金沙江，从云南楚雄、大理，沿着无量山、哀牢山，抵红河、文山、西双版纳。藏羌彝文化走廊源远流长，是长期的民族迁徙与历史积淀而成。现在，藏羌彝走廊沿线生活着藏、门巴、珞巴、保安、东乡、土、撒拉、羌、彝、苗、普米、傈僳、独龙、怒、纳西、白、哈尼、拉祜、基诺、景颇、傣等多个民族，成为这些民族生产生活、繁衍生息的"家园走廊"，也是生活于这片土地的不同民族之间团结互助、和睦共处的"家园走廊"。藏羌彝文化产业走廊的地位与价值越来越凸显：从民族迁徙、融合与分化的史实来看，这是一条民族历史文化迁徙流动的"生命走廊"；从区域内各民族交往交流的发展历程来看，这是一条民族团结和睦共处的"家园走廊"；将这一区域置于西部少数民族地区发展的大格局之下审视，这是一条加快西部经济联系，推动社会发展的"经济走廊"；从区域内大尺度自然景观与生态环境、人文景观的独特构成来看，这是一条人与自然和谐共存的"生态走廊"，也是一条世界文化与自然遗产富集的"遗产走廊"。①

2014年文化部、财政部出台国家新一轮西部大开发的重大文化战略——

---

① 范建华：《穿越藏羌彝文化产业走廊》，《中国文化报》2016年9月7日，第6版。

《藏羌彝文化产业走廊总体规划》，规划涉及四川、贵州、云南、西藏、陕西、甘肃、青海七个省区，以文化产业为切入点，推动走廊生态、文化保护传承、地方经济社会发展，实现资源保护与经济社会发展的协调可持续。①

二 藏羌彝文化产业走廊经济社会发展环境

（一）国民经济运行情况

伴随国家"西部大开发"等战略的实施，近些年藏羌彝文化产业走廊七省（区）国民经济呈现快速发展态势，地区生产总值由2011年的55309.23亿元增加到2016年的89324.87亿元（见图1），年均增长率高达10.06%，占全国生产总值的比重也由2011年的11.41%提高到2016年12.00%，经济快速增长为藏羌彝文化产业走廊文化产业发展创造了有利条件。

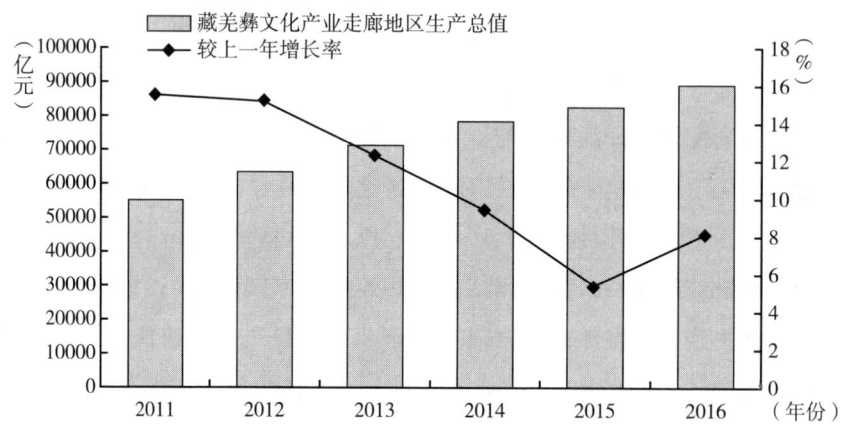

图1 2011~2016年藏羌彝文化产业走廊地区生产总值增长趋势

资料来源：国家统计局网站。

---

① 范建华：《穿越藏羌彝文化产业走廊》，《中国文化报》2016年9月7日，第6版。

（二）社会发展状况

藏羌彝文化产业走廊七省区总人口由2011年的2.33亿增加到2016年的2.39亿，人均生产总值由2011年的2.37万元提高到2016年的3.73万元。2013~2016年藏羌彝文化产业走廊七省区城乡居民可支配收入呈现快速增长趋势（见表1），年均增长率都超过9.50%，远高于全国平均水平，其中，西藏、贵州、甘肃、青海分别排在第一、第二、第四、第五位，其余三省也都排在前15位。

表1　2013~2016年七省区城乡居民可支配收入增长趋势

单位：元

年份 省区	2013	2014	2015	2016
四川	14230.99	15749.01	17220.96	18808.26
贵州	11083.06	12371.06	13696.61	15121.15
云南	12577.87	13772.21	15222.57	16719.90
西藏	9740.43	10730.22	12254.30	13639.24
陕西	14371.55	15836.75	17394.98	18873.74
甘肃	10954.40	12184.71	13466.59	14670.31
青海	12947.84	14373.98	15812.70	17301.76

资料来源：《中国统计年鉴2017》。

2011~2016年七省区社会消费品零售总额[①]均呈现快速增长态势（见表2），七省区年均增速均排在前15位，其中，贵州、西藏分别排在第一、第二。

---

① 社会消费品零售总额（Total Retail Sales of Consumer Goods）是指批发和零售业、住宿和餐饮业以及其他行业直接售给城乡居民和社会集团的消费品零售额，是反映各行业通过多种商品流通渠道向居民和社会集团供应的生活消费品总量，是研究国内零售市场变动情况、反映经济景气程度的重要指标。

表 2　2011~2016 年七省区社会消费品零售总额情况

单位：亿元

年份 省区	2011	2012	2013	2014	2015	2016
四川	8290.8	9622.0	11001.0	12393.0	13877.7	15601.9
贵州	1899.9	2266.3	2601.2	2936.9	3283.0	3709.0
云南	3105.9	3597.9	4112.6	4632.9	5103.2	5722.9
西藏	237.5	277.9	322.2	364.5	408.5	459.4
陕西	3900.6	4581.6	5245.0	5918.7	6578.1	7367.6
甘肃	1772.9	2064.4	2368.8	2668.3	2907.2	3184.4
青海	413.4	480.3	549.6	620.8	691.0	767.3

资料来源：《中国统计年鉴 2017》。

（三）基础设施建设不断完善

伴随西部大开发的深入推进，藏羌彝文化产业走廊七省区固定资产投资持续快速增加，全社会固定资产投资由 2011 年的 41275.72 亿元提高到 2016 年的 93265.7 亿元（见图 2），交通、文化、教育、卫生等基础设施建设不

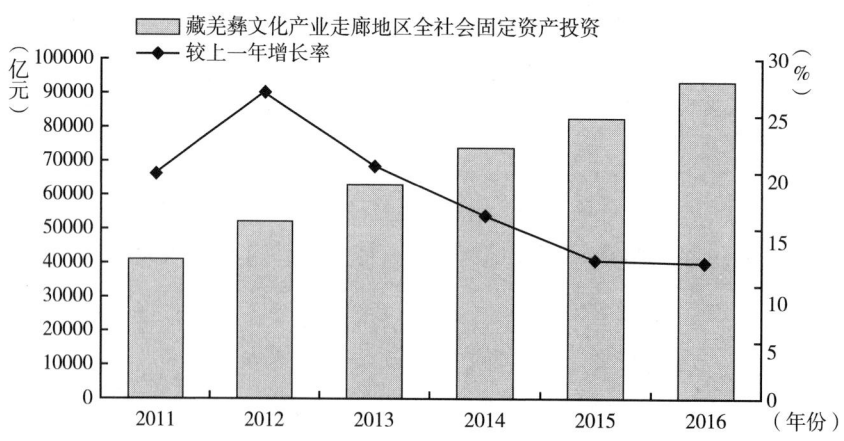

图 2　2011~2016 年藏羌彝文化产业走廊全社会固定资产投资增长趋势

资料来源：国家统计局网站。

断完善。近些年，藏羌彝文化产业走廊各省区交通基础设施不断完善，七省区铁路营业里程由2011年的1.7万公里增长到2015年的2.15万公里；公路里程由2011年的105.87万公里增加到2015年的120.21万公里，其中，高速公路通车里程由2011年的1.49万公里增加到2015年的2.64万公里。"十二五"期间，藏羌彝文化产业走廊七省区公共文化基础设施建设不断完善，公共图书馆、文化馆、文化站、博物馆、艺术表演团体等数量和质量都有了很大改善（详见附件1）。

三 藏羌彝文化产业走廊文化资源

文化资源是文化产业的创意内容和创新源泉，是文化产品生产的原料和对象。藏羌彝文化产业走廊沿线涉及七个省区，四川、云南、陕西等都是全国的文化旅游资源大省，区域内形成了丰富多样、底蕴深厚、独具特色、影响力巨大的文化资源体系，是世界自然、文化最为丰富和集中的区域之一。

（一）世界遗产

藏羌彝文化产业走廊所涉及的七省（区）有着极为丰富的世界遗产资源，七省（区）共有世界文化遗产9项，世界自然和文化双遗产1项，世界自然遗产8项（见表3），占全国52项世界遗产总数的34.62%。藏羌彝文化产业走廊还有贵州侗族大哥、《格萨尔》史诗、青海热贡艺术、藏戏、甘肃花儿、西安鼓乐、羌年等世界非物质文化遗产，以及纳西东巴古籍文献、中国元代西藏官方档案等世界记忆遗产，由此可见，藏羌彝文化产业走廊的确是一条世界文化与自然资源富集的"遗产走廊"。

表3 藏羌彝文化产业走廊世界遗产名录

地区	世界遗产
四川	青城山-都江堰、峨眉山-乐山大佛、黄龙、九寨沟、四川大熊猫栖息地
贵州	土司遗址(贵州播州海龙屯遗址)、中国南方喀斯特(贵州荔波)、中国丹霞(贵州赤水)
云南	丽江古城、三江并流、中国南方喀斯特(云南石林)、红河哈尼梯田文化景观、澄江化石地

续表

地区	世界遗产
西藏	布达拉宫建筑群（大昭寺、罗布林卡）
陕西	秦始皇陵及兵马俑坑、中国长城（陕西段）、丝绸之路：长安－天山廊道的路网（汉长安城未央宫遗址、唐长安城大明宫遗址、大雁塔、小雁塔、兴教寺塔、张骞墓、彬县大佛寺石窟）
甘肃	莫高窟、中国长城（甘肃段）、丝绸之路：长安－天山廊道的路网（玉门关遗址、悬泉置遗址、麦积山石窟、炳灵寺石窟、锁阳城遗址）
青海	中国长城（青海段）、可可西里

（二）国家级文化资源

藏羌彝文化产业走廊沿线七省区地域广阔、多元民族共同居住，文化资源多元丰富，多项国家级文化资源在全国占据重要地位。截至目前，七省区入选国家级非物质文化遗产目录636项，占全国总量比重高达46.36%；中国传统村落共有1590个，占全国总量比重达到38.29%；国家级风景名胜区、中国历史文化名城、全国重点文物保护单位等占全国总量比重都超过20%（详见附件2）。

四 藏羌彝文化产业走廊文化产业发展现状

《藏羌彝文化产业走廊总体规划》出台后，国家给予了大力支持，对走廊建设起到积极的引导推动作用，各省区及相关州市也结合自身特点，制定了相关的规划和政策，积极推动走廊建设和发展，取得了丰硕的成果。

（一）七省区整体发展现状

藏羌彝文化产业走廊七省区文化产业呈现快速健康发展态势，2016年文化产业增加值达到3111.3亿元，较上一年增长14.17%，占地区生产总值比重由2015年的3.30%提高到2016年的3.48%（见表4），预计2017年藏羌彝文化产业走廊七省区文化产业增加值将超过3500亿元，占地区生产总值将达到3.50%。分省区来看,四川省和陕西省文化产业整体发展较好,2016年文化产业增加值分别达到1323.8亿元、802.5亿元,占GDP比重也都超过了4%,基本与全国平均水平持平;其余五省区文化产业增加值绝对值、占GDP比重都相对较低,文化产业整体发展仍相对滞后。

表4 2015年、2016年藏羌彝走廊七省区文化产业增加值及占地区生产总值比重情况

单位:亿元,%

地区	2015年		2016年	
	增加值	占GDP比重	增加值	占GDP比重
全国	27235	3.97	30785	4.07
四川	1141.2	3.80	1323.8	4.02
贵州	241.6	2.30	285.3	2.42
云南	425.1	3.12	453.6	3.07
西藏	26.5	2.58	36.3	3.16
陕西	711.9	3.95	802.5	4.14
甘肃	124.2	1.83	146.0	2.03
青海	54.8	2.27	63.8	2.48
合计	2300.2	3.30	3111.3	3.48

注:2016年分地区文化产业增加值数据包含研发支出。
资料来源:《中国文化及相关产业统计年鉴2017》。

2016年藏羌彝文化产业走廊七省区规模以上文化企业共有3909家,较上一年度增加715家,增长22.39%;年末从业人员数50.65万人,较上一年度增长11.81%;企业资产总计6701.39亿元,较上一年度增长34.46%;营业收入为4795.08亿元,较上一年度增长27.31%。[1]

---

[1] 资料来源:《中国文化及相关产业统计年鉴2016》《中国文化及相关产业统计年鉴2017》。

（二）核心区域文化产业发展现状

近些年，在国家和地方支持下，藏羌彝文化产业走廊核心区域[①]经济社会实现快速发展（见表5），交通、文化、卫生等基础设施不断完善。文化旅游、演艺娱乐、工艺美术、节庆会展等特色文化产业健康快速发展，文化产业整体呈现健康持续发展态势。2015年藏羌彝文化产业走廊核心区11个州市旅游接待人次达到18708.01万人次，实现旅游总收入1467.21亿元。

表5 2015年藏羌彝文化产业走廊核心区域主要经济指标

	年末人口总数（万人）	城镇化率（%）	地区生产总值（亿元）	第三产业增加值（亿元）	人均GDP（元）	城镇居民可支配收入（元）	农村居民可支配收入（元）	全年接待旅游人次（万人次）	旅游总收入（亿元）
甘南州	70.50	30.50	126.54	78.84	17990.00	19656	5928	770.02	34.03
甘孜州	109.23	28.06	213.04	82.84	18423.00	24978	8408	1076.18	107.50
阿坝州	91.41	36.77	265.04	94.18	28728.68	25939	9711	3230.57	285.09
凉山州	511.78	31.44（2014）	1314.84	402.61	28276.00	24084	9422	3729.51	251.66
毕节市	660.61	30.90	1461.30	570.1	22230.00	23121	6945	4093.80	312.60
楚雄州	273.30	40.44	762.97	318.29	27969.21	26763	8327	2029.82	105.68
迪庆州	40.80	31.13	161.14	79.19	39582.31	27097	6487	1758.07	160.34
拉萨市	53.03	53.10	376.73	221.98	59223.00	26908	10378	1179.03	154.93

---

① 文化部、财政部：《藏羌彝文化产业走廊总体规划》，2014年，藏羌彝文化产业走廊的核心区域位于四川省、贵州省、云南省、西藏自治区、陕西省、甘肃省、青海省七省（区）交会处，包括四川省甘孜藏族自治州、阿坝藏族羌族自治州、凉山彝族自治州，贵州省毕节市，云南省楚雄彝族自治州、迪庆藏族自治州，西藏自治区拉萨市、昌都市、林芝市，甘肃省甘南藏族自治州，青海省黄南藏族自治州等七个省（区）的11个市（州），该区域覆盖面积超过68万平方公里，藏、羌、彝等少数民族人口超过760万人。

续表

	年末人口总数（万人）	城镇化率（%）	地区生产总值（亿元）	第三产业增加值（亿元）	人均GDP（元）	城镇居民可支配收入（元）	农村居民可支配收入（元）	全年接待旅游人次（万人次）	旅游总收入（亿元）
昌都市	73.00（2014）	15.00	136.00	59.20	18630.14	22374	7311	145.00	11.80
林芝市	20.33（2013）	37.97	104.33	57.79	51647.81	22387	10703	351.72	32.83
黄南州	26.88	31.00	72.75	27.72	27179.00	24407	6819	344.29	10.75

资料来源：2014年和2015年十一州市统计年鉴、统计公报。

四川省甘孜藏族自治州充分挖掘"锅庄文化""茶马文化""格萨尔文化""情歌文化"特色文化，[1] 积极争取国家、四川省文化产业扶持，推动文化产业发展。截至目前，已有"亚丁演艺中心""德格大藏经复刻"等13个项目列为国家藏羌彝文化产业走廊重点项目，2014年全州文化产业增加值达5.05亿元，同比增长19.8%，占全州GDP比重为1.96%。[2] 阿坝藏族羌族自治州依托丰富的文化资源大力发展特色文化产业，2014年阿坝州文化产业增加值达5亿元，占全州GDP的2.3%。[3] 凉山彝族自治州充分发挥作为全国最大彝族聚居地优势，围绕资源、区位、交通优势推动以彝族文化为特色的文化产业发展，打造的彝文化风情实景剧《阿惹妞》影响力不断扩大，逐步推动凉山民族文化创意产业园、凉山民族特色绿陶旅游纪念品开发（2015年度藏羌彝文化产业走廊重点项目）等重点项目建设。[4]

---

[1] 《四川省甘孜藏族自治州"一园三区"布局文化产业发展》，中国民宗委，http://www.seac.gov.cn/art/2015/8/17/art_36_234468.html，最后访问日期：2017年12月28日。

[2] 《四川甘孜：文化产业奋力爬坡》，四川省文化厅，http://www.sccnt.gov.cn/snwhxw/201509/t20150930_20081.html，最后访问日期：2017年12月28日。

[3] 《阿坝州"十二五"期间文化产业发展态势良好》，阿坝州人民政府网，http://www.abazhou.gov.cn/jrab/zwyw/201509/t20150911_1095533.html，最后访问日期：2017年12月28日。

[4] 《四川凉山：谱写文化产业发展"五彩云霞"》，《中国文化报》2015年9月22日。

贵州省毕节市确立了"古彝胜地、走廊要地、文化高地"[①]发展定位，主动融入国家战略，深挖丰富的彝族文化，成功举办"藏羌彝文化走廊·彝族文化产业博览会"，着力推动以彝族文化为特色的旅游发展，2014年，全市文化产业实现增加值18.44亿元，占GDP的比重达到1.46%。[②]

云南省楚雄彝族自治州强化规划引领，大力推进民族文化强州战略，以品牌和项目带动产业发展，2015年，楚雄州文化及相关产业增加值为11.29亿元，占GDP的比重为1.48%。[③] 迪庆藏族自治州围绕"三江并流"、香格里拉等品牌，重点推动迪庆藏族自治州梅里雪山传统古村落传承保护及文化旅游建设项目、迪庆民族文化生态保护实验区、香巴拉旅游小镇莲花文化广场建设项目、香格里拉蓝琉璃藏医药文化博物馆、香格里拉大峡谷巴拉格宗景区等项目，文化产业呈现蓬勃发展的良好势头，2015年，迪庆州文化产业增加值总量达91849万元，占地区生产总值比重达5.7%。[④]

西藏自治区拉萨市深入实施"文化兴市、产业强市"战略，围绕自然风光和独具魅力的藏文化，实施大项目带动大产业，大产业拉动大发展，大力推动文化旅游项目建设，截至2016年底，西藏文化旅游创意园区已签订正式开发协议项目29个，总投资100.4亿元，[⑤] 西藏文化创意产业孵化园区和产品推广平台、"文成公主文化旅游主题园"及配套商业项目入选藏羌彝文化产业走廊重点项目。昌都市组织力量编制了专项发展规划，重点推动一批重点文化和旅游项目建设和发展，有效推动了文化产业发展，截至目前，

[①] 毕节市委宣传部：《毕节：开启文化产业"腾飞模式"》，2017年8月9日。
[②] 《毕节文化（文艺）产业发展研究》，毕节社会科学网，http://www.bjskw.com/2016/book/943_1.html，最后访问日期：2017年12月28日。
[③] 云南省统计局、云南省文产办：《云南文化产业2016》，2016年11月。
[④] 《云南迪庆发展创意文化产业带动州域经济发展》，中国经济网，http://district.ce.cn/zg/201610/08/t20161008_16538933.shtml，最后访问日期：2017年12月28日。
[⑤] 《让产业成为拉萨发展的重要支撑——党中央治边稳藏战略在拉萨的生动实践述评之四》，《拉萨日报》，http://www.lasa-eveningnews.com.cn/lsrb/pc/content/201710/21/c12513.html，最后访问日期：2017年12月28日。

昌都市共有文化生产企业34家，从业人员1000人左右，年产值1亿元。[1]林芝市以"桃花旅游文化节""雅鲁藏布生态文化旅游节"引领全市文化旅游业发展，"人间净地·醉美林芝"的知名度和影响力不断提升，2016年全市接待国内外游客437万人次，较上一年增长24.3%，实现旅游收入39亿元，较上一年度增长19.8%，[2]文化产业呈现良好发展态势，2015年林芝市文化产业实现增加值达3.95亿元。[3]

甘肃省甘南藏族自治州紧抓"一带一路"建设，以"丝绸之路经济带""华夏文明传承创新区"甘南板块建设为统揽，多措并举着力推进文化建设和文化产业发展，2016年，全州文化产业实现增加值2.27亿元，[4]占地区生产总值比重为1.67%，文化产业法人单位260个，从业人员4459人。[5]黄南藏族自治州大力推动文化产业发展，以热贡文化生态保护实验区建设为统领，重点培育"金色热贡""五彩神箭""灵秀尖扎""高天圣境""最美草原"五大文化旅游品牌，重点推动同仁县热贡艺术产业园区、尖扎县创意产业园、泽库县和砚和雕文化旅游产品研发基地、"苏德勒"蒙古族风情园文化旅游服务拓展建设项目（入选2015年藏羌彝文化产业走廊重点项目）等重点文化项目，2016年，全州文化产业企业达到253家，文化产业从业人员达3.48万人，文化产业增加值达6.46亿元。[6]

---

[1]《百花齐放春满园——昌都市近几年文化工作综述》，西藏自治区人民政府网，http://www.xizang.gov.cn/xwzx/dsyw/201609/t20160913_86445.html，最后访问日期：2017年12月28日。

[2]《旺堆：打造林芝旅游升级版》，中国西藏新闻网，http://www.chinatibetnews.com/zhuanti/201703/t20170308_1704285.html，最后访问日期：2017年12月28日。

[3]《西藏"江南"林芝宣布筹建首个特色文化产业示范基地》，中国新闻网，http://www.chinanews.com/sh/2016/12-02/8081705.shtml，最后访问日期：2017年12月28日。

[4]《文化之花绚丽绽放——甘南州文化事业发展综述》，甘南政府网，http://www.gn.gansu.gov.cn/2017/gnyw_0510/10022.html，最后访问日期：2017年12月28日。

[5]《甘南藏族自治州2016年国民经济和社会发展统计公报》，甘南州人民政府网，http://www.gn.gansu.gov.cn/2017/tjxx_0412/9337.html，最后访问日期：2017年12月28日。

[6]《黄南州文化产业发展现状及存在的问题》，黄南州政务在线，http://www.huangnan.gov.cn/Html/Contents/706/47780.html，最后访问日期：2017年12月28日。

（三）辐射区域文化产业发展现状

藏羌彝文化产业走廊辐射区域[①]经济社会发展大都相对落后，交通等基础设施建设相对滞后，文化产业整体发展也相对缓慢和滞后。但这些区域文化生境、生态环境等保存相对完整，文化资源丰富多元，具有显著的后发优势。伴随西部大开发、"一带一路"建设的深入实施，这些区域经济社会呈现较快发展态势，基础设施建设逐步完善，文化产业发展迎来新的机遇。

四川省绵阳市深入实施文化强市战略，重点实施"羌藏风情""蜀道怀古""人文瑰宝""创意之都"四个建设工程，[②] 积极推动李白文化产业园、绵阳华夏历史文明传承主题园、北影西南影视基地、126文化创意园等项目建设，以大项目带动形成核心竞争力，文化产业呈现快速发展态势，2015年全市文化产业增加值达到156.36亿元，占地区生产总值比重提高到2015年的9.20%，[③] 文化产业成为全市国民经济重要支柱性产业。乐山市围绕全市"转型升级、美丽发展"的总体要求，不断挖掘和开发乐山名山、名人、名佛等本土独特的文化旅游资源，文化产业整体呈现快速发展，2015年全市文化产业增加值达到41.75亿元，占地区生产总值比重为3.21%。并积极促进文化创意产业与一、二、三产各次产业以及各领域企业深度融合、协同发展，文化创意产业对全市转变经济发展方式、促进产业转型升级的作用日益明显。雅安市紧抓"国家生态文化旅游融合发展试验区""国家生态文

---

① 藏羌彝文化产业走廊辐射区域包括四川省绵阳市、乐山市、雅安市、攀枝花市，贵州省六盘水市，云南省丽江市、大理白族自治州，西藏自治区山南市、那曲市，陕西省宝鸡市、汉中市，甘肃省临夏回族自治州、武威市、张掖市、陇南市，青海省海北藏族自治州、海南藏族自治州、海西蒙古族藏族自治州、果洛藏族自治州、玉树藏族自治州等20个州市，以及与上述区域紧密相连的西部省（区、市）藏、羌、彝、纳西、苗等少数民族聚居区域。
② 《绵阳市"十三五"文化产业发展规划》，《2016年度雅安规上文化产业发展良好》，雅安市人民政府网，http://www.yaan.gov.cn/htm/openview.htm?id=20170207163333-755237-00-000，最后访问日期：2017年12月28日。
③ 《绵阳市"十三五"文化产业发展规划》。

明先行示范区"建设的重大历史机遇,着力推动"中国·雅安熊猫"文化产业核心区、雅安藏茶村、名山茶马古城、芦山根雕艺术城、荥经黑砂文化博览苑、宝兴石雕文化产业基地等重点文化产业项目建设,全市文化产业呈现快速发展态势,2016年,雅安有规模以上文化产业企业法人单位14家,资产总计9.74亿元,实现营业收入9.55亿元。[1]攀枝花市相继出台了《攀枝花市委、攀枝花市人民政府关于加快全市文化产业发展的若干意见》《攀枝花市人民政府关于进一步加快推进文化产业发展的意见》《攀枝花市人民政府关于进一步加快建设区域文化高地的意见》等文件推动文化产业发展,着力推动苴却砚"千砚工程"、苴却砚产业园区、渡口记忆三线建设文化特色商业街、攀枝花动漫主题公园、红格康养文化主题公园、国际茶文化产业园区、龙潭溶洞龙文化主题景区等重点项目建设,全市文化产业整体呈现快速发展态势,2013年攀枝花市文化产业法人单位实现增加值17.62亿元,占GDP的比重达到2.20%。[2]

贵州省六盘水依托"三线文化"、民族文化、农耕文化、健康文化等资源,积极发展具有本土特色的文化产业,先后制定出台了《六盘水市关于加快民族文化产业 发展的实施意见》《六盘水市民族文化产业发展"十三五"规划》推动文化产业发展。近年来,六盘水市文化产业发展较快,文化产业增加值从2011年的5.56亿元跃升到2014年的28.25亿元,增加值占GDP比重从0.91%增长到2.71%,文化产业增加值排名从全省末位升至第三,[3] 文化产业在全市转型发展、产业结构升级调整,以及经济社会发展中的作用日益明显。

---

[1] 《2016年度雅安规上文化产业发展良好》,雅安市人民政府网,http://www.yaan.gov.cn/htm/openview.htm?id=20170207163333-755237-00-000,最后访问日期:2017年12月28日。

[2] 《攀枝花市文化产业发展现状简析》,四川省人民政府网,http://www.sc.gov.cn/10462/10464/10591/10592/2016/3/24/10373864.shtml,最后访问日期:2017年12月28日。

[3] 《走凉都特色文化产业发展新路——2015年我市文化产业发展综合调研报告》,《六盘水日报》,http://epaper.lpswz.com/lpsrb/html/2015-12/16/content_319868.htm,最后访问日期:2018年3月15日。

云南省丽江市围绕打造文化硅谷、建设世界文化名市的发展目标，全力推进丽江宋城文化旅游区二期、泸沽湖女儿国文化旅游区、金茂丽江创意文化产业园项目，以及中国纳西文化传承基地、丽江宋城旅游区入选藏羌彝文化产业走廊重点项目的建设，全市文化产业呈现良好发展态势，2015年丽江市文化产业增加值达到16.80亿元，占地区生产总值比重达到5.82%，[1]位居云南全省第一。大理白族自治州以国家大力发展旅游文化产业和大理州被列为国家现代服务业综合改革试点和全域旅游示范区为契机，坚持"生态优先、农业稳州、工业强州、文化立州"的发展思路，加快文化创意产业发展，剑川狮河木雕文化产业园、洱源邓川石文化产业园、鹤庆新华民族文化产业园等重点项目建设快速推进，2015年大理白族自治州文化产业增加值达17.46亿元，占地区生产总值比重达到1.94%。[2]西藏自治区山南市立足自身生态、藏源文化优势，以特色节庆活动[3]带动全市文化旅游、民族民间工艺品等特色文化产业发展，截至目前，山南市民族手工业企业（合作社）共有174家，民族手工业总产值达7000万元，从业人员达3600多人。[4]那曲市围绕"文化立市"战略，深入挖掘打造历史、生态、人文、高原四大地方特色文化品牌，积极推动那曲草原游牧文化产业集聚区（入选藏羌彝文化产业走廊重点项目）等项目发展，重点推进色林措景区建设和旅游推广，把那曲打造成为独具特色的羌塘草原文化生态旅游区。[5]

陕西省宝鸡市重点推动秦源文化产业园、西周文化景区、大水川、西府

---

[1] 云南省统计局、云南省文产办：《云南文化产业2016》。
[2] 云南省统计局、云南省文产办：《云南文化产业2016》。
[3] 山南市成功举办扎囊氆氇文化节、错那仓央嘉措情歌文化旅游节、措美哲古牧人节、加查达布核桃节、中国西藏雅砻文化节等特色节庆活动。
[4] 《2017年山南市文化工作：花满枝头结硕果 百花竞放春满园》，中国西藏新闻网，http://www.xzzw.com/xw/xzyw/201802/t20180201_2108865.html，最后访问日期：2018年3月15日。
[5] 《主动作为描绘美丽蓝图——那曲地区狠抓经济发展重点工作纪实》，《西藏日报》，http://epaper.chinatibetnews.com/xzrb/html/2018-02/27/content_818824.htm，最后访问日期：2018年3月15日。

老街、雍州古镇等一批重点文化产业项目建设和发展，着力打造宝鸡互联网产业园、宝鸡传媒文化产业园、宝鸡石鼓文化产业园等一批文化园区，全市文化产业保持较快发展，2016年，全市文化产业实现增加值39.27亿元，占地区生产总值比重的2.03%。① 汉中市围绕建设"区域中心城市、文化旅游强市、陕西最美城市"的新"三市"目标，依托汉文化之都、两汉三国、古丝绸之路源点城市、国家级生态功能保护区、南水北调水源涵养地等特色文化生态资源，先后制定出台了《汉中市文化产业发展2012~2015年规划纲要》《关于实施文化振兴工程的意见》《汉中市人民政府关于推进文化创意和设计服务与相关产业融合发展的实施意见》等政策和规划推动文化产业发展，着力推动"中国·汉中（国际）汉文化产业园"、两汉三国文化景区诸葛古镇、天汉长街、龙岗遗址文化生态园区、宁强羌族文化产业园等重点项目建设，全市文化产业呈现良好发展态势，2016年汉中市文化及相关产业增加值29.38亿元，仅占地区生产总值比重的2.54%。②

甘肃省临夏回族自治州紧紧抓住国家加快发展文化产业的战略决策和甘肃建设特色文化大省的历史机遇，立足和依托马家窑文化、齐家文化、炳灵石窟、古丝绸之路、唐蕃古道，以及多姿多彩的民族民间民俗风情等地域特色，不断加大文化基础设施建设，着力推动临夏国家级民族民俗文化产业园区、积石关黄河文化民族风情游览苑等重点项目建设，文化产业发展步伐加快，2014年全州完成文化产业增加值4.03亿元，③ 占地区生产总值比重为2.17%。武威市围绕华夏文明传承创新区建设，立足资源优势，加大政策引导力度，全市文化产业呈现良好发展态势，2015年全市文化产业增加值完

---

① 宝鸡市统计局：《文化产业稳步发展，转型升级仍需加力——宝鸡市文化产业发展研究报告》，http://www.baoji.gov.cn/site/11/html/276/300/296396.htm，最后访问日期：2018年3月15日。
② 汉中市统计局：《"三市"建设促进文化产业加快发展——2017年汉中规上文化企业发展情况分析》，http://tjj.hanzhong.gov.cn/tj/tjfx/201803/t20180308_499461.html，最后访问日期：2018年3月15日。
③ 甘肃省临夏州民委：《甘肃省临夏回族自治州2014年完成民族文化产业增加值4亿元》。

成4.65亿元，占GDP的比重为1.12%。①张掖市抢抓"一带一路"建设、华夏文明传承创新区建设机遇，积极推动文化与旅游、体育等融合发展，打造产业融合发展的新高地，全市文化产业呈现良好发展态势，2015年全市文化产业增加值达到8.39亿元，占地区生产总值比重达到2.25%。陇南市依托秦早期文化、书法文化、青泥古道文化、羌藏文化、朝阳洞佛教文化等丰富多样的地域特色文化，着力推动一批重点项目和文化产业园区建设，全市文化产业开发步伐加快，2015年全市文化产业增加值完成5.71亿元，占地区生产总值比重为1.81%。②

青海省海北藏族自治州出台相关政策措施大力推进全州文化产业发展，围绕建设环青海湖生态文化旅游先行区，重点推动祁县民族影视中心、峨堡古城遗址博物馆、"高原桃花园"、奥斯卡影城、原子城纪念馆、青海湖人文生态博物馆、王洛宾音乐艺术馆、青藏生态博物馆、藏城演艺中心、藏城影院等项目建设，文化基础不断夯实，地方特色节庆文化活动的影响力不断提升，青海湖、祁连山、金银滩、原子城、百里花海等地域文化的品牌效应正在形成。海南藏族自治州围绕建设环青海湖生态文化旅游先行区，深入挖掘和利用宗日文化、齐家文化、马家窑文化、卡约文化、辛店文化、藏族文化、佛教文化等地域特色文化，加快推动藏文化创意产业园、共和县藏文化产业园、贵德文旅创意产业园、贵南县藏秀产业园、贵德黄河生态文化旅游基地、布绣嘎玛贵德藏艺园等重点项目建设，海南州热贡文化产品绘画矿物颜料精加工项目、拉脊山安多民俗文化开发项目入选藏羌彝文化产业走廊重点项目，引领和带动全州文化产业呈现良好发展态势。海西蒙古族藏族自治州把发展文化产业作为实施"文化名州"战略的重要内容，通过制定政策、加大投入等推动产业发展，逐步推动格尔木昆仑为文化产业园、德令哈德都

---

① 《提升"软实力"支撑"硬发展"——武威市文化旅游产业发展综述》，中国甘肃网-《武威日报》，http://gansu.gscn.com.cn/system/2016/10/20/011505874.shtml，最后访问日期：2018年3月15日。
② 《陇南市政府工作报告解读（上）》，陇南市人民政府网，http://www.longnan.gov.cn/4455665/4812236.html，最后访问日期：2018年3月15日。

蒙古文化产业园、都兰吐谷浑吐蕃文化产业园和天峻西王母文化产业园四大园区建设，2016年全州文化产业生产总值达4.9亿元，占全州GDP的1%。[1] 果洛藏族自治州制定出台了《关于加快果洛州文化改革发展建设文化名州的实施意见》等政策措施，着力推动全州文化产业发展，以格萨尔文化（果洛）生态保护实验区建设为契机，推动和加强果洛州文化产业基础建设，果洛州特色民俗文化体验中心项目（藏羌彝文化产业走廊重点项目）、沁县文化产业园区、甘德县格萨尔产业园区、久治县年保民俗风情园、班玛县藏文化产业园区等项目建设快速推进，为果洛州文化产业奠定了良好基础。玉树藏族自治州依托三江源、康巴文化、嘉那玛尼、勒巴沟、藏娘佛塔等丰富的文化资源，大力推进文化与旅游、休闲、生态等融合发展，着力推动康巴文化风情园、巴塘藏文化园，以及玉树藏区原创文化艺术品加工项目、玉树市恭藏民族手工艺品加工项目、玉树年画旅游精品剧目《玉树春天》项目（藏羌彝文化产业走廊重点项目）建设，全州文化产业呈现良好发展态势，取得了良好的社会效益和经济效益。

（四）城市枢纽文化产业发展现状

伴随西部大开发深入推进，藏羌彝文化产业走廊城市枢纽[2]呈现快速发展，基础设施建设逐步完善，城乡居民生活不断改善。伴随经济社会快速发展，交通、卫生等基础设施不断完善，七个枢纽城市的旅游业呈现良好发展态势，旅游人次、旅游总收入不断提升，2015年七个城市接待旅游人次54261.25万人次，旅游总收入达到5426.11亿元（见表6）。伴随基础设施完善、国民经济和社会快速发展、旅游快速发展，七个城市的文化产业也呈现良好发展态势。

---

[1] 《海西州文化产业发展情况及存在的问题和对策》，海西州人民政府网，http://www.haixi.gov.cn/info/1113/173382.htm，最后访问日期：2018年3月15日。
[2] 藏羌彝文化产业走廊城市枢纽包括四川省成都市、贵州省贵阳市、云南省昆明市、西藏自治区拉萨市、陕西省西安市、甘肃省兰州市和青海省西宁市七个城市。其中，拉萨市既属于枢纽城市，又属于核心区域，拉萨文化产业发展已经在"核心区域文化产业发展"部门做过相关报告，在此不再赘述。

表6 2015年藏羌彝文化产业走廊枢纽城市主要经济指标

地区	年末人口总数（万人）	地区生产总值（亿元）	人均GDP（元）	城镇居民可支配收入（元）	农村居民可支配收入（元）	全年接待旅游人次（万人次）	旅游总收入（亿元）
西安	870.56	5810.03	67343.15	33188.00	14072.00	13600.80	1073.69
兰州	369.31	2095.99	56972.00	27088.00	9621.00	3700.18	290.44
西宁	231.08	1131.62	49200.00	25232.00	16240.00	1606.53	156.46
拉萨	53.03	376.73	59223.00	26908.00	10378.00	1179.03	154.93
成都	1465.80	10801.20	74273.00	33476.00	17690.00	18900.00	1986.60
昆明	667.70	3970.00	59686.00	33955.00	11444.00	6796.91	723.46
贵阳	462.18	2891.16	63003.00	27241.00	11918.00	8477.80	1040.53
合计	4119.66	27076.73	65725.64	—	—	54261.25	5426.11

资料来源：2015年七市统计年鉴。

成都市围绕努力建设中西部最具影响力、全国一流和国际知名的"文化之都"的发展目标，出台了《关于加快推进文化产业发展的意见》《成都市文化创意和设计服务与相关产业融合发展行动计划（2014～2020年）》《成都市市级文化产业发展专项资金管理办法》《建设西部文创中心行动计划（2017～2022年）》《成都市促进西部文创中心建设若干政策》等政策文件，宽窄巷子、大慈寺历史文化街区等重大项目建设快速推进，东郊记忆、浓园国际艺术村、西村创意产业园、国际非物质文化遗产博览园等园区建设成效初显，全市文化创意产业呈现健康持续发展态势，2015年成都文化产业增加值达497.5亿元，占地区生产总值比重为4.61%。[1]

贵阳市以构建"三足鼎筑"为核心，以完善公共文化服务体系和推动文化产业发展为抓手，文化产业呈现健康快速发展态势，2015年贵阳市文化产业增加值达100.88亿元，文化产业活动单位数4263家，其中民营企业数量达2221家，占比52.1%，产业发展活力不断释放。文化产业吸纳就业能力进一步提升，文化产业从业人员数从2011年的5.11万人增长到2015年的5.26万人，其中文化创意和设计服务业、文化信息传输服务等新兴文

---

[1] 《成都市"十三五"文化产业发展规划》。

化产业吸纳就业能力凸显。[1]

昆明市着力推动文化创意产业发展，近年来出台了《昆明市文化产业发展专项资金管理使用办法》《昆明市"十三五"文化创意产业发展规划》《加快昆明文化创意产业发展的实施意见》等一批政策性文件推动文化产业发展，积极打造以昆明金鼎文化创意产业园、紫云青鸟云南文化创意博览园为代表的文化产业园区，文化产业发展呈现快速发展态势，2015年昆明市文化及相关产业增加值193.84亿元，占地区生产总值的比重为4.9%。[2]

西安市先后制定出台了《西安市加快文化产业发展的实施方案》《西安市关于加快推进文化与科技旅游金融融合发展的措施》等政策措施，"十大文化产业园区"建设初见成效、"西安千古情"大型演出、碑林历史文化街区、小雁塔历史文化街区、渼陂湖水系修复工程等项目快速推进，有力推动了全市文化产业快速发展，2015年，西安市文化产业实现增加值410.52亿元，占地区生产总值达到7.07%。[3]

兰州市依托黄河文化、丝路文化、民族文化等丰富的资源，围绕"华夏文明传承创新区"文化战略平台建设，通过实施项目带动、品牌带动，先后制定出台了《兰州文化产业三年（2013~2015年）跨越发展实施方案》《兰州都市文化产业区规划纲要（2015~2020年）》等政策文件支持文化产业发展，全市文化产业呈现较快发展，2015年文化产业增加值达到60.91亿元，占地区生产总值比重提高到2.91%，[4] 2015年全市文化产业企业共3172家，其中规模以上企业66家，对全市经济发展的贡献不断增大，对全市经济结构的调整、经济增长方式的转变发挥了积极作用。

---

[1] 《贵阳市加快文化产业发展研究》，贵州宣传，http://gyxc.gywb.cn/html/2017-03/07/content_862864.htm，最后访问日期：2018年3月15日。
[2] 云南统计局、云南省文产办：《云南文化产业2016》，2017。
[3] 《西安VS成都：西成高铁即将开通，两地文化创意产业现状比较》，丝路国际创意梦工厂，http://www.sohu.com/a/206570617_99921598，最后访问日期：2018年3月15日。
[4] 兰州统计局：《2015年兰州市国民经济和社会发展统计公报》，http://tjj.lanzhou.gov.cn/art/2016/3/21/art_4850_311660.html?authkey=svunf1，最后访问日期：2018年3月15日。

西宁市依托青藏高原文化、民族特色文化优势，先后出台《西宁市文化体育旅游发展专项资金管理办法》《西宁市文化产业示范园区、示范基地（户）评选命名管理办法》等政策助推产业发展，2015年文化产业增加值达到2015年的29.4亿元，占GDP比重提升到2.85%，文化产业从业人员达到3.2万人。[①]

五 藏羌彝文化产业走廊发展趋势与思考

（一）主动融入国家战略，拓展廊道发展空间

伴随"一带一路"建设的深入实施，藏羌彝文化产业走廊沿线区域由相对封闭落后的地区一跃成为发展的前沿窗口地带，为走廊全面可持续发展和创新发展提供了新维度和新背景，为廊道文化产业发展创造了前所未有的重大机遇。藏羌彝文化产业走廊沿线多元民族聚居，具有强大的民族通融性，在世界文化之林具有互通互联基础，很容易走向世界，与全球化发展联系在一起。藏羌彝文化产业走廊沿线七省区应充分利用自身特点和优势，积极融入和服务"一带一路"建设，加强对外文化交流与合作。对接新一轮西部大开发、长江经济带等国家战略，充分利用好区域内和全国"两种资源"、"两个市场"，进一步加快推动走廊建设与发展，拓展走廊文化产业发展空间。

（二）构建跨区域合作机制，强化跨区域资源配置

树立"走廊"整体意识和行为方式，加强走廊内七省区之间的交流合作和跨区域资源配置，建立统一机制，实施区域一体化战略，为廊道建设营造良好的环境和氛围，共同推动藏羌彝文化产业走廊建设和发展。进一步完善走廊建设与发展的协同机制，建立藏羌彝文化产业走廊协同发展论坛、联席会、项目库等合作共建机制，突破行政区域的阻隔，实现七省区无缝连接

---

① 西宁市人民政府办公厅：《西宁市"十三五"文化发展规划》，2017年6月。

和跨区域协同发展，推动藏羌彝文化产业走廊协同可持续发展。充分利用走廊内南博会（昆明）、国际非遗文化节（成都）、西部文博会（西安）、"藏羌彝走廊·彝族文化产业博览会"（毕节）等平台，积极争取打造"藏羌彝文化产业博览会"，加强藏羌彝文化产业走廊对外展示、宣传和招商等工作，推动藏羌彝文化产业走廊协同发展。

（三）强化文化和生态保护，推动廊道持续健康发展

从世界屋脊青藏高原的雪域高原一直延伸到西双版纳的热带雨林，藏羌彝走廊地形地貌复杂多变，青藏高原、云贵高原、黄土高原、秦岭、高黎贡山、无量山、哀牢山、乌蒙山等山脉，金沙江、澜沧江、怒江、大渡河、雅砻江、岷江、黄河等河流，柴达木盆地、四川盆地等盆地，共同构筑起藏羌彝文化走廊主要的自然景观，在长期的人与地、人与自然适应和发展过程中，人与特殊的地域生态环境形成了良好的生态平衡关系。[①] 由于地理地貌、自然环境、区位、交通等因素，形成了藏羌彝沿线生态多样性、文化多样性的特点，这也成为藏羌彝文化产业走廊发展的基础和前提，也是走廊建设和发展的愿景与目标。藏羌彝文化产业走廊未来建设与发展，应始终将生态环境保护作为廊道建设和发展的首要任务，注重科学发展，将对自然和传统文化的干扰和损害降到最低。

（四）充分发挥"后发优势"，推动廊道协调创新发展

受交通、区位等因素制约，藏羌彝文化产业走廊沿线七省区经济社会发展大都相对滞后，生态环境、文化生境等保存相对完整，具有先天的"后发优势"。"藏羌彝文化产业走廊"发展要走在充分保护当地各种资源的基础上，创新发展思路和发展方式，走出一条适合藏羌彝民族地区文化产业协调创新发展之路。立足走廊"后发优势"，更新发展理念，全方位、全面普查、梳理、研究走廊沿线生态、历史、民族等文化资源，强化生态环境和文

---

① 范建华：《穿越藏羌彝文化产业走廊》，《中国文化报》2016年9月7日，第6版。

化生境的保护,在保护与传承的基础上创新发展方式,推动廊道文化产业实现协调可持续发展。

(五)推动产业融合发展,转变产业发展方式

深入挖掘西部得天独厚的历史文化、民族文化和生态文化资源,梳理"互联网+"发展思路,充分利用数字化、互联网、人工智能等新技术,加快培育文化创意和设计服务、数字文化产业等新业态,构建新时期文化产业发展体系,推动藏羌彝文化产业走廊实现快速跨越式发展。强化"文化+"发展思路,推动文化与科技、金融等融合发展,转变产业发展方式,推动文化与旅游、体育、健康、生态、农牧业等产业间融合发展,推动文化产业持续健康发展,进一步带动和增加就业,提高当地居民收入水平、扩大居民消费,为区域经济社会发展注入新动力。

附件1："十二五"期间藏羌彝文化产业走廊七省区公共基础设施建设情况

"十二五"期间藏羌彝文化产业走廊七省区公共基础设施建设情况

单位：个

	公共图书馆		群众艺术馆		文化馆		文化站		博物馆		艺术表演团体		艺术表演场馆	
	2011年	2015年	2011年	2015年	2011年	2015年	2011年	2015年	2011年	2015年	2011年	2015年	2011年	2015年
四川	161	203	22	22	182	185	4448	4578	108	225	348	543	94	99
贵州	93	96	8	10	87	88	1429	1567	59	73	52	95	7	8
云南	150	151	17	17	131	131	1369	1416	120	86	142	276	36	40
西藏	4	79	8	8	74	74	239	692	2	7	37	87	21	14
陕西	112	110	11	12	109	110	1707	1469	106	249	127	177	97	88
甘肃	94	103	16	17	86	86	1315	1352	102	150	82	191	27	24
青海	44	49	9	9	42	46	358	359	18	23	32	54	20	16
合计	658	791	91	95	711	720	10865	11433	515	813	820	1423	302	289

资料来源：《中国文化文物统计年鉴2011》《中国文化文物统计年鉴2016》。

附件2：藏羌彝文化产业走廊国家级重点文化资源一览

藏羌彝文化产业走廊国家级重点文化资源一览

	国家级非物质文化遗产名录(项)	全国重点文保单位(处)	中国历史文化名城(座)	中国历史文化名镇(个)	中国历史文化名村(个)	中国传统村落(个)	国家级风景名胜区(家)	国家AAAAA级景区(家)
全国	1372	4296	133	252	276	4153	244	249
四川	139	230	8	24	6	225	15	12
贵州	85	70	2	8	15	545	18	5
云南	105	132	6	7	9	615	12	8
西藏	89	55	3	2	3	19	4	4
陕西	74	243	6	6	3	71	6	8
甘肃	68	131	4	7	2	36	4	4
青海	76	44	1	1	5	79	1	3
七省区合计	636	905	30	55	43	1590	60	44
七省区占全国比重	46.36%	21.07%	22.56%	21.83%	15.58%	38.29%	24.59%	17.67%

资料来源：根据国家和七省区政府网站公布数据整理。

B.12
台湾地区文化创意产业区域发展报告

潘博成*

摘　要： 台湾地区文化创意产业向来受到中国大陆地区关注。2015年，台湾地区文化创意产业在全行业层面，依然维持着平稳小幅增长的发展态势，但在视觉传达设计产业和视觉艺术产业等部分子产业（领域）却呈现较大幅度波动。在政策及其实践层面，台湾地区文化部门和经济部门以"价值产值化——文创产业价值链建构与创新"计划为统领，对文化与科技融合、文化资源整合与增值应用以及文化创意产业中介平台建设这三个方面予以特别重视。但由于统计口径或政策反应时效性等客观因素限制，台湾地区文化创意产业的一些新兴发展现象尚难以触及。本报告选取农业"文创化""地方小杂志"以及城市意象创新三个热点现象加以评述，最终指出"青年发展"与社会文化的"文创化"，是最近一段时期台湾地区文化创意产业颇值得瞩目的变化动向。究其实质，这也是台湾地区社会文化脉络在文化创意产业的反映。

关键词： 台湾地区　文化创意产业　青年发展　"文创化"

近年来，中国大陆地区对台湾地区文化创意产业的发展状况关注度较高，陆续形成了一批分析报告或研究论文。这些成果中，既有宏观综论式的

---

* 潘博成，台湾交通大学，博士研究生，主要研究方向：中国近现代城市文化史。

年度报告或行业情况介绍①,也有一系列细化至各子产业(领域)的专门研究。总体而言,在描述性论述之外,它们特别重视"台湾经验"之于大陆地区的转换可能性与具体方法,这种"他山之石"的思考取径有助于将讨论聚焦在台湾文化创意产业的成果、经验或方法等层面,却也容易导致"去台湾社会文化脉络化"的讨论,亦即割裂文化创意产业,与其社会文化土壤的关联性,或未能将文化创意产业视作一种社会文化现象展开讨论。本报告承续 2010~2014 年台湾文化创意产业发展情况的讨论,② 继续评述 2015~2017 年的发展趋势与政策动向。此外还将重点评述农业生产、"地方小杂志"以及城市文化资源这三个热点文化创意产业现象,指出目前台湾在文化创意产业发展中,青年世代正在成为撬动产业思维的重要力量,"文创化"也成为台湾社会文化现象。

一 台湾地区文化创意产业2015~2016年发展趋势

本节主要利用 2016 年和 2017 年《台湾文化创意产业发展年报》,以及"文化统计网"公布的文化创意产业相关指标与数据,并回溯对比此前年份同类数据,从营业额、就业和对内外销售三个方面,概览台湾文化创意产业发展趋向。

总体而言,台湾文化创意产业在 2015 年呈现微幅增长后,在 2016 年出现较大幅度衰退,部分子产业(领域)波动更为剧烈。究其实质,亦与台湾当地社会文化基本生态有关。就全产业营业额看,2015 年的数字表现与此前数年相当,但增幅明显低于 2013~2014 年,2016 年则出现较大幅度

---

① 邱琪瑄、陈韦利:《台湾文化创意产业发展报告(2011~2015)》,载于丁未等主编《粤港澳台文化创意产业发展报告(2014)》,社会科学文献出版社,2015,第 97~131 页;马群杰:《台湾地区文化产业与文化营销》,科学出版社,2011;潘博成:《台湾文创产业发展报告》,载于李炎、胡洪斌《中国区域文化产业发展报告(2015)》,社会科学文献出版社,2016。

② 潘博成:《台湾文创产业发展报告》,载于李炎、胡洪斌《中国区域文化产业发展报告(2015)》,社会科学文献出版社,2016。

"缩水"，绝对数字已经贴近2012年水平（见表1）。台湾文化创意产业主管部门将此种增幅明显放缓乃至于倒退的迹象归因于两个方面。其一，现有文化创意产业统计难以有效计算数字化趋势下的数字文化产业产值，由于此类产业在统计门类不属于文化创意产业，进而造成了发展良好的数字文化产业，缺位于文化创意产业统计。[①] 其二，全球经济增长不景气，以及台湾地区家庭消费中休闲、文化及教育方面的趋于保守。[②]

值得注意的另一趋势是，文化创意产业占GDP比重在近五年来持续缓慢下降，此一方面与前述统计口径有关，另一方面也反映出台湾当前文化创意产业在国民经济结构中的地位正在小幅调整。若以各子产业考察，则能较为明显地发现行业生态具体的调整过程。

表1 台湾地区文化创意产业营业额（2012~2017年）

年份	文化创意产业营业额（亿元新台币）	年增长率(%)	占GDP比重(%)
2012	7923.78	—	5.40
2013	8133.90	2.54	5.34
2014	8319.99	2.29	5.16
2015	8358.36	0.46	4.99
2016	8072.49	-3.42	4.72

资料来源：《台湾文化创意产业发展报告（2017年）》，2017，第18、20页。

2016年，增速最大前三个行业分别是视觉传达设计产业（18.99%）、设计品牌时尚产业（9.20%）和创意生活产业（5.38%）。跌幅最大的则依次是工艺产业（-14.43%）、电影产业（-9.01%）和音乐及表演艺术产业（-7.75%）（见表2）。

其中，视觉传达设计产业在2015~2016年均是增幅最大的子产业，在配合诸如AR和VR等先进数字技术后，未来仍有较强的发挥空间。2015

[①] 《台湾文化创意产业发展报告（2016年）》，2016，第20、36页。
[②] 《台湾文化创意产业发展报告（2017年）》，2017，第18~19页。

年，视觉艺术产业是跌幅最大的子产业，跌幅达 14.41%。视觉艺术产业以艺术评论、艺术作品修复，字画装裱，艺术品鉴定，物流、仓储，艺术保险等业务范畴。[1] 有分析认为，视觉艺术产业之所以受到较大冲击，与大陆地区经济增速放缓，导致艺术品市场衰退相关，从而较大程度影响了台湾地区艺术拍卖市场。[2] 在 2016 年，工艺产业的跌幅，也与之有类似背景，访台旅客消费金额减少等经济不景气的大环境因素，使工业艺术产品消费端出现较大困境。[3]

表2 台湾地区文化创意产业子产业营业额（2016 年）

子产业	营业额（千元新台币）	较 2015 年增长率（%）
视觉艺术产业	5594193	0.23
音乐及表演艺术产业	18143819	-7.75
文化资产应用及展演设施产业	1732161	4.28
工艺产业	102566895	-14.43
电影产业	27754793	-9.01
广播电视产业	158069959	-1.76
出版产业	101610717	-1.42
流行音乐及文化内容产业	30070464	3.97
广告产业	145524712	-1.48
产品设计产业	57330960	-5.34
视觉传达设计产业	2899264	18.99
设计品牌时尚产业	499979	9.20
建筑设计产业	33477217	-0.32
数位内容产业	84267508	-1.01
创意生活产业	37706601	5.38

资料来源：《台湾文化创意产业发展报告（2017 年）》，2017，第 24 页。

---

[1] 《台湾文化创意产业发展报告（2016 年）》，2016，第 56 页。
[2] 《台湾文化创意产业发展报告（2016 年）》，2016，第 23 页。
[3] 《台湾文化创意产业发展报告（2017 年）》，2017，第 23 页。

近年来，台湾青年世代"就业难"已是台湾普遍关注的社会问题。文化创意产业作为新兴产业，使之一贯具有青年世代紧密联系的产业意象。在本报告第三节将要论述的农业文创化与地方小杂志等产业热点中，青年世代都是极为重要的产业参与角色。以下部分，则将主要聚焦在全行业的就业情势，对于青年世代在文化创意产业中的作用或表现，将于产业热点部门以个案方式呈现。

据测算，台湾地区 2015 年从事文化创意产业领域的就业者达到 33.2 万人，占台湾就业人口的 2.25%，系近五年来最高比重。[①] 2016 年相关数据亦与之持平。其中，以运动、娱乐及休闲服务业，以及专门设计服务业为从业者最多的领域[②]，分别达到 59660 人和 54420 人。这再次反映设计产业目前在台湾文化创意产业中的重要性。运动、娱乐及休闲服务业，很大程度上则是依托于台湾较为发达和成熟的旅游市场而吸纳了较多的就业人口。

在 2015 年，出版业（-3.36%），广告业及市场研究业（-1.59%），影片服务、声音录制及音乐出版业（-7.05%）则出现不同程度的就业人口衰退现象。它们有一共同特点，即多属于文化创意产业中相对传统的子产业领域，在目前诸如数字化和网络化等新兴产业趋势的冲击下便渐显失势。但由于它们在内容生产流程中的专业性，应促使政府适当加强特别是对出版业，影片服务、声音录制及音乐出版业的扶持力度，以使它们在内容生产中保持一定人才累积。

在市场一端，内需市场为主，外需市场偏弱。尽管历年台湾文化部门编印的《台湾文化创意产业发展报告》均对此有所讨论，但迄今为止这仍然是台湾文化创意产业难以有所突破的市场结构困境。以 2015 年为例，当年外销营业额为 89089706 千元新台币，内销营业额则达到 7448163434

---

① 关于此推算数据的具体算法，可见《台湾文化创意产业发展报告（2016 年）》，2016，第 30~31 页。
② 此分类法系口径引用自"行政院主计总处"人力资源调查统计，与《台湾文化创意产业发展报告》对文化创意产业子产业区分有较大差异。

千元新台币,外销比仅有10.68%。① 在数据表现上与过往年份并无较大变化。

对此困境,《台湾文化创意产业发展报告(2016)》专门以韩国和英国为例,指出它们文化创意产业或相关产业的高出口效益,并反思自身之所以外销乏力,一方面受制于经济环境影响,另一方面则在整个产业政策中缺乏新动能的引入。② 除此之外,由子产业外销比结构观之,如产品设计产业(57.95%)、创意生活产业(29.79%)和数位内容产业(22.10%)是外销比最高的三个子产业。由此可见,台湾文化创意产业的外销结构,在设计或创意构思方面,具有一定优势,但在诸如流行音乐、文化资产、表演艺术和电影等涉及文化内容产业的子产业门类,则相对薄弱。就近期而论,在两岸关系较为紧张的大情势下,此后数年内,台湾文化创意产业的内外销结构是否还将出现变动,是值得关注的一个动向。

二 台湾地区文化创意产业2015年及此后的政策动向

本节主要讨论2015年之后主要的政策走向。这些政策以"价值产值化——文创产业价值链建构与创新"计划为统领,陆续形成了"行动宽频影音节目制作补助"计划、"新形态流行音乐节目制播"计划、"数位媒体发展中心"计划、"台湾科技融艺创新计划"等突出强调文化与科技融合的发展计划,电影、广播电视和流行音乐等子产业相关计划,以及数位内容创新整合发展计划。文化部门和经济部门是上述政策的主要制定机关,其中仍然以文化部门为最主要的推动机关(见表3)。

---

① 《台湾文化创意产业发展报告(2016年)》,2016,第23页。
② 《台湾文化创意产业发展报告(2016年)》,2016,第33~35页。

表3 台湾地区文化创意产业近期相关政策

政策	年份	制定机关	所涉领域或主旨
"价值产值化——文创产业价值链建构与创新"计划	2015	文化部门	推动文化内容开放(Open Data)与增值应用;促进一源多用与强化中介体系;促成跨界与跨业整合,提升文创产业价值
"行动宽频影音节目制作补助"计划	2015	文化部门影视及流行音乐产业局	鼓励文化创意产业业者积极运用科学技术制作行动宽频影音节目,内容为符合行动宽频特性的戏剧类节目或非戏剧类节目,并鼓励在岛内网络影音平台播送
"新形态流行音乐节目制播"计划	2015	文化部门影视及流行音乐产业局	鼓励流行音乐业者运用4G行动网络科技的特性,开发具创意的影音内容,以符合现行流行音乐的商务模式
"数位媒体发展中心"计划	2015	文化部门影视及流行音乐产业局	开办"数位媒体发展中心"计划,并推动跨业合作,辅导业者开发内容服务与新兴技术
"台湾科技融艺创新计划"	2015	文化部门艺术司	办理产业趋势研究及建立跨部门监辅沟通平台,配合广电趋势办理人才培训及电视剧本奖,辅导内容创制、办理广播电视金钟奖及金视奖,持续补助业者海外参展、规划行销奖励措施及办理国际性展览活动
电影产业旗舰计划	2015	文化部门影视及流行音乐产业局	提升国语片产制质量,丰富多元创意开发;强化国语片行销通路,培育电影人才,以促进电影产业永续发展;培育电影专业人才及培养观影人口;构筑友善产业环境,促进电影产业发展
流行音乐产业发展旗舰计划	2015	文化部门影视及流行音乐产业局	人才培育:发展台湾成为全球产业人才培育基地;品牌经纪:打造台湾流行音乐国际品牌;产制研发:整合台湾流行音乐与特色产业跨界实力,带动其他产业共荣发展;行销推广:发展亚洲指标性商展,鼓励跨地区合作及拓展海外演销市场
"广播电视内容产业发展旗舰"计划	2015	文化部门影视及流行音乐产业局	产业环境优化、人才厚植与开发:办理产业趋势研究及建立跨部门监辅沟通平台,配合广电趋势办理人才培训及电视剧本奖;内容产制与创新:辅导内容创制、办理广播电视金钟奖及金视奖;海外行销与推广:持续补助业者海外参展、规划行销奖励措施及办理国际性展览活动
数位内容创新整合发展计划	2014	经济部门工业局	鼓励数位内容一源多用,促进跨业合作共同开发,辅导岛内数位内容厂商投入资金开发创新性产品或服务

资料来源:《台湾文化创意产业发展报告(2016年)》,2016,第38~50页;文化部门影视及流行音乐产业局网站,http://www.bamid.gov.tw/bin/home.php。

纵观上述政策，在政策结构上与既往政策保持着相对一致性，如"作为整体"的文化创意产业，与各子产业之间的协调；"环境整备"与产业拓展之间的并重等。但与既往政策相比，亦出现了几个比较突出的趋向。

其一，文化与科技融合成为政策重要着力点。随着4G网络技术、互联网展示技术等科技手段的发达成熟，台湾文化创意产业较之于既往，更加重视如何利用新兴科技手段促进产业发展。"行动宽频影音节目制作补助"计划、"新形态流行音乐节目制播"计划、"数位媒体发展中心"计划和"台湾科技融艺创新计划"均属于特别针对该导向制定的政策。它们反映出一个趋势：不仅要如何使用新科技技术，使文化内容增值，还需要以科技变革为思考中心，从技术的角度重新规划乃至设置文化内容的生产。换言之，科技已经不是文化创意产业生产与流通环节中的技术机制，"被动地"服务于文化内容的传播。它同时正在成为整个生产流程中重要的思考支点，主动影响了文化内容的生产。

其二，文化资源的整理、整合与增值利用备受重视。尽管在既有文化创意产业或其他文化政策中，文化资源的调查、整理和展示已受到较多重视，并且产生了大批数字化成果。[①] 但在新政策中，如何进一步整合文化资源，尤其是如何使文化资源得以能被开放地取用（Open data），成为核心要点。在具体实践成效中，如台湾工艺研究发展中心利用数位典藏网[②]将台湾工艺文化产品转换为数字图像，建立检索系统，并且制定了使用规则。就目前所见，图像资源已经应用于若干博物馆或文化馆特展中。2017年，台北故宫博物院则进一步更新了"故宫OPEN DATA专区"，以"不限用途、不用付费，可直接下载使用"的方式，[③] 将故宫馆藏文物资源的数字图像大规模地

---

① 关于此方面政策及实践绩效，以"中央研究院数位文化中心"的"典藏台湾"（http://digitalarchives.tw/）为代表。该计划原型为"数位典藏与数位学习'国家'型科技计划"。
② http://collections.culture.tw/ntcri_collectionsweb/，台湾工艺研究发展中心数位典藏网站，最后访问日期：2017年年12月25日。
③ http://theme.npm.edu.tw/opendata/，"国立故宫博物院"网站，最后访问日期：2017年年12月25日。

开放予公众和各产业界别使用。

其三，文化创意产业的中介环节被更加重视。在过去数年中，文化创意产业中介经纪人才已经以年度"培育课程"等方式，① 受到政策专门关注。但在新近政策实践中，"文创咖啡厅"（iMatch）作为一个专事刊载和媒合创意提案的新官方站点，旨在"收集有创意之民众或文创业者在平台上提出创意专案，吸引具投资意愿之业者关注，利用平台媒合功能，协助找寻投资人或跨界、跨领域之应用需求者，并透过创意商品化与商业模式之咨询服务，让创意可顺利转化成商品，且经由可运作之商业模式创造出产值"。②

三 台湾地区文化创意产业当前热点评述

以上两节主要是从宏观数据或政策走向回顾了台湾地区文化创意产业在 2015 年及此后发展的整体态势和变化的突出特征。但碍于统计口径和政策对现实发展状况的反应速度较慢等原因，全面而有时效性地评述台湾当前文化创意产业发展最新情势，还需要考虑数据或政策难以展示的面向。本报告将选择农业生产中的"文创化"、"地方小杂志"以及城市文化资源利用进行热点评述。

（一）农业生产的文创化转型

农业与文化创意产业的结合，或说农业透过"文创化"的包装，以更高附加值进入都市文化或日常饮食消费市场，并不是最近两年才出现的崭新社会文化现象。在诸如"有机食品"和"在地产品"等概念的塑造下，农产品已经不再简单作为农业集贸市场中的日常饮食产品，而渐趋成为创意生

---

① http：//ccia. mic. org. tw/，文化部门文创产业中介经纪人才培育网，最后访问日期：2017 年 12 月 25 日。
② http：//imatch. moc. gov. tw/，文化部门文创咖啡厅媒合平台，最后访问日期：2017 年 12 月 25 日。

活产业的一环，出现在诸如诚品书店、各地小咖啡店或创意市集等文化创意市场中。

不同于以上这类已经具有一定规模的农业文化创意产业，本报告希望指出的是另一类，以青年世代返乡作为主体意象的"农业文创化"过程。尽管在产业产值上，它无法与成规模的农业文化创意产业相对比，但就社会文化观感而言，它却在不断强化，成为台湾社会理解农业与文化创意产业融合的一种新的思路。

"青年返乡"是此热点现象的重要背景，它既是政策促动下的产物，也与青年世代知识结构或生活处境有关。在政策层面，"行政院农业委员会"和文化部门对此着力甚多，提出了"青年农民培育与创新农业推广"①、"青年村落行动计划"② 等一系列相关政策。一方面，这是改善青年就业整体环境的一种策略，使位处都市的青年世代，特别是高校学生（毕业生）有意选择返回农村家乡或前往农村服务。另一方面，这也是改善台湾农村与农业发展的有效手段，透过青年世代的新知识、技术与观念，得以推动农业产品重新走向都市消费市场。返乡青年世代中，很大一部分并非修读农学等相关领域，而是从事诸如产品设计或市场营销等实务性学科，或是社会学、人类学和文化研究等人文社会科学背景。他们由此能够为农业发展，提供"非农学技术"的智力支持，而这方面恰是过往农业发展比较缺乏的知识结构，当然也成为引导当地农业"文创化"的重要力量。

以文化部门"青年村落行动计划"为例，③ 青年回乡被区分为活动型、复振型、转译型和社会创新型四个类别。活动型所指是通过举办村落活动，以实现文化保存或社会资本凝聚目的；复振型顾名思义强调的是要对村落文化资源或地方生活的查找、深化与保存工作；转译型则偏重于如何将旧有村落资源赋予新的社会价值或社会功能，使之能够形成新的社会意义；社会创

---

① "行政院农业委员会"：《2017年度施政计划》，2016。
② 青年村落文化行动计划，https：//youthgo.moc.gov.tw/home。
③ https：//youthgo.moc.gov.tw/information? uid=1066&pid=66373。

新型可认为是以上三种计划模式的综合提升,以"创造新的文化经济及文化生活价值的发展模式"为目标。换言之,我们既可以将青年返乡归纳为以上四种模式,又可以认为"社会创新型计划"是终极性的目标追求。透过这类计划,目前已经产生了一系列正在成熟化的实践案例。例如,泰武乡比悠玛部落的青年,以"比悠玛部落青年会"的组织名义,提出"部落学习青年"的概念,从工寮搭建的过程中汲取诸如砍树、种植生姜和负重搬运等技能,另外则在村落实践过程中,与村落中的孩子们形成更多交流,从而凝聚了村落的社会文化网络。

位于新北市三峡的"甘乐文创",则是近年来农村文化创意产业较为成功的个案。创办人林峻丞利用老屋改造的方法,建立了甘乐咖啡店,并创办下文即将谈到的"地方小杂志"《甘乐志》,利用文化创意产业作为技术,推动了当地环境保育、社区营造、艺文展演或社会教育的发展,也带动了三峡老街的经济效益。它实际上也代表了这类新兴社会文化实践的趋向:文化创意产业既是一门需要创造经济效益的"生意",即作为一门使从业者得以营生的事业;同时也可以成为一种方法或取径,创造社会或文化等领域的非经济效益,这类非经济效益在实现村落等地方重振的同时,也能够为文化创意产业带来营收。究其性质,与包括文化创意产业或社区总体营造政策所重视的"环境整备"是一脉相承的。

这种青年带动的农村"文创化"趋向,也促动了地方政府采取文创化的思路推广农业产品。例如,高雄市农业局主办的《旬味》大开本月报,以每月的节气或时令为主题,从农作物耕种文化、地方社会文化与农作物关系等因素,全面地介绍当地农产品及其加工制品。以 2016 年 7 月刊为例,该期重点推介了高雄凤梨及其加工制品(如凤梨酥)。在文本结构上,从凤梨的命名与传说,转入地方地理环境优势对凤梨生产的益处,以及农民、农村与凤梨之间的生产故事等主题①,使凤梨在地方经济作物之外,形成了更为强烈的地方社会与文化特征。

---

① 高雄市政府农业局:《旬味》2016 年 7 月,第 2 版。

简而言之，以青年为主导世代的"文创化"实践使台湾农业产业生态正在出现一些新的变化。农业产品不仅仅得益于文化创意产业设计带来的品牌或形象附加值。"青年返乡"等社会文化动向本身，也使农业产品甚至整个农村文化更加受到城市社会的关注，为农业产品在城市市场中的开拓提供了意蕴更为丰富的社会基础。

（二）"地方小杂志"全面兴起

"地方小杂志"并非是一个成熟概念，台湾语境中还有"地方特色杂志"和"在地杂志"等提法。本研究以"地方小杂志"为提法，是基于对这类杂志两个特征的归纳："地方"（locality）固然有"本地"或"当地"之意，但地方依恋等对地方的情感依附（topophilia）也包含其中。在台湾脉络下，"小杂志"则是相对于地方政府杂志和成规模的商业杂志而言的一种生态模式。杂志主体的差异意味着其内容和媒介观点存在某些张力，也意味着他们可能对于相同地方形成不同的叙述，从而有助于彼此观点的展示。

基于台湾"在地刊物 Local Zine"整理的资料，[1] 这类杂志当前已遍布台湾几乎所有县市（见表4）。台湾最早的小杂志可追溯至1973~1974年的《栅美报导》和《今日美浓》，它们分别以台北木栅、景美，以及高雄美浓为主要报道地点。前者由台湾政治大学新闻系《学生新闻》改版而来，后者则是黄森松进行自身学位论文研究时的实验之作。与此后地方小杂志具有极为相似的社会结构：媒体的主导者都是接受过高等教育的青年世代。2006年迄今地方小杂志主导者尽管依然是青年世代，但他们视小杂志为一种社会宣传或实践的媒介，而非仅仅再将之作为新闻媒体。社会运动式的立场诉求有着目的性的差别。

---

[1] http：//timemapper.okfnlabs.org/cheweiii/local-zine-and-alternative-publishing。

表4 台湾主要"地方小杂志"一览

杂志名称	主办者	创刊(结刊)时间	主要关注地区
《写写字:海那边的193》	写写字工作室	2015年	花莲
《O'rip》	生活旅人工作室	2006年	花莲
《边线》	边线杂志	不详	花莲
《拾纸》	拾纸	2015年4月	花莲
《About 关于地方》	The New Days 旅店	不详	宜兰南方澳
《鸡笼雾雨》	鸡笼雾雨	2015年	基隆
《台北小船仔》	好管家	2015年	台北万华
《五花盐》	五花盐有限公司	2014年3月	台北
《台大意识报》	台大意识报社	2008年	台北台湾大学
《中山大同社区报》	台湾好基金	2011年	台北中山
《Shock! 三峡客》	八拍子股份有限公司	2012年	新北三峡
《甘乐志》	甘乐文创	2013年	新北三峡
《瓦磘沟社区抱报》	经典工程顾问有限公司	2012年(2013年)	新北中永和
《树梅坑溪·阮ㄟ报》	竹围工作室	2013年(2016年)	新北竹围
《夭夭》	夭夭行动小组	2013年	桃园
《凑町报》	爱木凑町	2015年	高雄
《野上野下》	野上野下文化	2008年	高雄美浓
《盐埕水上人家》	叁捌旅居	2016年10月	高雄盐埕
《什货生活》	叁捌旅居	2014年	高雄盐埕
《埔里报导》	埔里报导杂志	2011年	南投埔里
《正与闻》	彩虹来了	2015年	台南正兴街
《透南风》	透南风工作室	2012年	台南
《温度》	台湾青年基金会	2012年	台中
《风起 Uprisings 专刊》	风起团队	2015年1月	新竹
《贡丸汤》	见域工作室	2015年3月	新竹
《拾志》	拾志	2014年	苗栗中港溪
《952vazaytamo》	952vazaytamo 刊物社	2015年	台东兰屿
《行南》	行南文化协会	2011年	台湾南部
《蓝鲸》	黑潮文化有限公司	2014年5月	台湾在地文化
《台味志》	台味志团队	不详	台语

资料来源:根据"博客来"网站销售书目,以及台湾清华大学水木书店地方小杂志柜台销售杂志种类整理所得。

社区总体营造等朝向地方的"向下看"观念,经过近20年的传播后,已广泛地渗透到台湾文化产业生产者的实践逻辑中,小杂志生产者亦在其列。他们在具体实践中,以路上观察学式的对地方意象再发现的思路,从空间和时间的双重维度重新书写地方意象。在时间上，日本殖民时期与蒋介石政府来台初期，是两个经常受到重视的时期。与对日本时代的再发现是透过城市建设的物质空间表达，对20世纪后半叶的表述经常坐落在具体人物身上。他们的生命史在口述历史和访问等过程中，被不断发现与展示，成为一类新的地方意象。在空间层面，街巷、公园和市场等并非属于大众旅游意义上的空间被不断展示在小杂志中。"以小为美"甚至"越小越美"成为这类杂志表述城市意象时的一种清晰取向。

以《贡丸汤》创刊号《城市漫游者——新竹路上观察指南》[1]为例，开篇对卡尔维诺《看不见的城市》的征引片段"……在窗户的栅栏、在阶梯的扶手、在避雷针的天线，在旗杆上，每个小地方，都一一铭记了刻痕、缺口和卷曲的边缘"便已能反映出上述城市意象再发现的意图了。具体的"再发现"方法，包括寻找老屋、钻进巷弄、解读痕迹和人亦风景四种。作者希望借此提醒读者留意老屋、巷弄及它们的痕迹，以及市民等城市意象。有别于路上观察学最初本意"非刻意形成的聚集物本身极具震撼力"，[2]地方小杂志生产者所理解的再发现过程，更多是一种路径依赖式的实践，它们沿循着类似于社区总体营造对"人、文、地、景、产"的调查框架，进一步挖掘更为微观的城市意象信息。

日本町造运动并非以直接方式影响台湾地区社会文化，而转以1994年推行至今的社区总体营造计划进行。2016年以来，台湾文化创意产业政策尤重"地方学"建构，透过学校、图书馆、社区组织、书店乃至民宿等"文化热点"，发展地方文史和产业生态等地方知识的学习网络。[3]地方小杂志对于地方意象再发现的凸显，在社会文化结构上，与这项政策有较为直接的联系。《台北画刊》等地方政府出版物以及旅游手册，或商业性旅游杂志，都是城市意象形成与传递的渠道，前者能够利用大量政府公共场所以免费方式向公众传播，后者则以其商业渠道和专业翔实的有效信息，对旅游者

---

[1] 见域工作室：《贡丸汤（创刊号）》，2015，第26~27页。
[2] 赤瀬川原平、藤森照信、南伸坊：《路上观察学入门》，2014，第11页。
[3] 《台湾文化创意产业发展报告（2017年）》，2017，第59页。

了解城市意象具有影响力。在公共资源或商业渠道上，地方小杂志均不具备优势条件。但政府出版物和商业出版物在关注的地方上，与地方小杂志却具有相当同质性甚至重叠性。在这种背景下，地方小杂志如何发展出具有独特性的内容与风格，便成为需要考虑的问题。对此，我们将在谈论地方政府出版物之后予以简要分析。

以小为美的城市意象偏好，除了政策环境等社会文化脉络对文化生产者实践的影响外，他们的"小资产阶级"的品位偏好同样扮演着极为关键的作用。一定量之文化资本能力与有限经济资本叠加以后，呈现"小确幸"式品位。他们难以自如地接纳资产阶级的高经济消费，但相对于更底层的工人阶级而言，又具备更好的文化资本底蕴。在这种状况下，他们首先需要使自身接近于资产阶级式的品位，以实现其与工人阶级在品位上更为显著的区隔。但无法真正实现的资产阶级梦想，使他们必须寻求一些替代性品位展示方案。"小确幸"式的文化品位这是如此社会文化结构之下的产物。空间化地理解小确幸品位，近年来遍布台湾都市中的咖啡店、创意市集、文创小店或独立书店都是"小确幸们"活动的主要场所。相较于高档西餐厅或文化消费场所，这些场所显然不需要过高的经济资本，却能清楚地区别出小资产阶级与工人阶级之间的区隔。在此脉络中，小资产阶级同样还透过这些空间，凸显出自己不仅有别工人阶级的品位，与资产阶级同样存有差异：小确幸在社会文化结构上同样作为一种象征资本，成为表达小资产阶级拒绝接受资产阶级品位的符号。

（三）城市意象的创新与展示

"文创化"的思路，近年来同样广泛地被台湾各城市在城市形象推广等实践中使用。与前述的"地方小杂志"文化品位相似，台北、台中和高雄等地方文化部门，积极寻找城市文化资源，以生活节、地方杂志（手册）或旅行导览等方式，充分地活化与展示自身所具备的文化资源。有别于过去以旅游为主的城市文化宣传方式，这类城市文化资源的活化较近似于"地方小杂志"的整体叙事风格，偏重于挖掘地方社会中的民众起居生活经验，或强调要如地方居民般生活，而不再简单地罗列或简介城市中的知名游览景点。抑或大力探索城市周边的文化或自然景观，向民众营造出一种城市意象的"陌生感"。

以2017年上半年台北市观光传播局组织或主动宣传的相关活动（见表5）为例，这些活动包括展览、导览、文艺表演等形式，而涉及地点或以台北市中心城区过去较少为游人甚至市民熟悉的古旧街区（街道），或"城市之外"意象的台北市周边自然景观。综合而论，它们营造出一系列有别于过往台北的城市意象：知名台北历史文化景观之外，尚有大量民众生活意象可待挖掘，作为都市的台北城市之外，亦还有大量自然景观，是公众所尚不熟悉的。

"文创化"是以上活动的重要思路。不论是商业活动或非商业活动，由其具体组织与实施经过考察，均能发现其具备极强的文化创意意识与技术表现。以非商业活动为例，"2017走读大安文化节"和"芝兰街新街导览"活动，与"台北城市散步"等商业都市导赏活动[①]具有较强相似性：主题选定在独特性（或说制造一定程度的"冷门感"）与通俗性之间取得了良好平衡，既关照到大众对台北都市文化的一般认知需求与兴趣，新颖性和"陌生感"并举；在导赏活动结构上，专业讲师、小群体讲解、手绘地图（手册）几乎完全一致；导赏内容上，则一般均良好的兼顾了步行体验和饮食等参与性，注重对导览所在地商家或社区的联结，避免呈现为"外来游客"式的生硬进入感。换言之，这也是非文化创意产业领域利用"文创化"作为策略，使自身活动得以增加附加值的重要体现。

除了具体活动实践外，目前台湾部分市县的文化或观光事务主管机关采取了免费杂志的方式向社会大众推介当地艺文活动、特色社会文化资源以及旅行信息。以《台北画刊》为典型案例可以发现，市县地方政府出版品已经逐步摒弃了单纯的政策宣导作用，转而大量推介地方社会文化特色，并且

---

① https：//www.taipei－walkingtour.tw/t－tours166。

表5　台北市2017年城市文化活动（部分）

活动名称	时间	主要内容
同安街，一日表情——纪州庵五周年庆	2016.12～2017.2	同安街街区文化与纪州庵展览
走春！绢丝瀑布出鱼路古道	2017.2	以亲子游等方式探访台北市北投区旧鱼路古道
2017走读大安文化节	2017.3	导览"温罗汀"一带的书店、名人故居等文化景观
台北市公民会馆走读趣系列活动：芝兰街新街导览	2017.6	竹材业是台北市士林区旧时重要产业，活动以"士林竹"为主题，由竹材师傅和工匠艺人导赏当地竹业文化与街道景观
"来内沟，水森伙乐"	2017.7	台北内沟溪生态展示馆利用内沟森林进行自然探索、亲水活动、地质观察等形式的"生态小旅行"
"夏水乐"台北亲水节	2017.7～8	文艺表演、喷泉庭园环境互动、原住民文化系列活动
2017艋舺文化节系列活动	2017.8	以台北艋舺（万华区）的地方生活为主题，以桌游、导赏等方式，引介了当地的地方饮食文化，地方教育、商业和休闲历史
士林阳明山山药季	2017.11～12	以"山药复古时光机"为主题，透过山药从产地到餐桌的过程，展现出台北农产品的特色

资料来源：台北旅游网活动资讯，https://www.travel.taipei/zh-tw/activity。

邀请相关领域的专栏作家为其书写或绘制地方文史等主题之内容。正如前文所述，《台北画刊》与台北各类"地方小杂志"已经呈现初步的趋同性。对"地方小杂志"而言，调研与书写不仅应进一步向街区"下沉"，更重要的区分度，应是对"人"与"事"的挖掘能力，① 这种细节化呈现街区街坊或生活事件的调研能力，恰是《台北画刊》相对薄弱的地方。对大陆地方政府而言，如何透过类似杂志媒介，在旅行手册等商业书刊或自媒体之外，更有效地展示本地的社会与文化特质？《台北画刊》等政府出版物或各类"地方小杂志"的成败经验，均能够提供重要的参照资源。

---

① 目前所见，以反映台中市正兴街区的《正与闻》社区杂志，以及以台湾地区青年世代"小人物"经历与故事为主要内容的《小人物》杂志，是此方向比较成功的尝试之作。

表6　台湾地区部分市县文化（观光）定期杂志介绍

杂志名称	市县	主办（承办）机关	创刊时间（年）
《台北画刊》	台北	台北市观光传播局	1968
《新北市文化季刊》	新北	新北市文化局	2011
《新竹生活》	新竹	新竹市文化局	2016
《台中好生活》	台中	台中市政府新闻局	2015
《高雄画刊》	高雄	高雄市政府新闻局	2014

结　语

本报告在宏观分析台湾地区文化创意产业发展情势与政策变动的基础上，指出碍于统计口径以及政策对现实的反应速度等客观条件，使诸如农业"文创化"、"地方小杂志"以及城市意象创新等近期产业发展热点难以被触及。透过宏观分析与热点现象评述，不难发现"青年发展"与"文创化"可以作为台湾地区文化创意产业近期值得关注的视角。

青年世代的发展问题与困境，是台湾社会多年来热烈议论的话题。在文化创意产业领域，我们已经注意到青年世代透过返乡、社区营造或地方文化建设等方向，正在逐步扩大自身在本产业领域的影响力。例如，"地方小杂志"对其他同方向出版品的城市意象创新，便起到较好引领作用。可以预见，在政府对青年世代日趋强调与支持的政策环境下，青年世代在未来一段时期还将在文化创意产业领域发挥更为重要的作用。但我们同样需要注意，如何在引导青年世代不仅在文化创意产业与社会联结中扮演角色之外，也需要考虑提升他们在文化创意产业产值增长过程中的贡献，或实现文化创意产业"老—中—青"不同世代在知识、技能与观念等层次的交织和传承。

"文创化"是本报告反复述及的概念，它强调的是，文化创意产业在台湾已经不再是一门单纯的经济产业门类，它正在成为一种社会普遍的思维意识：不论在商业或非商业领域，越来越多的社会群体都在"文创化"地构思、策划、设计与执行实现目标。正如台湾地区长期强调的"环境整备"

观念,这种使文化创意思维遍地开花的做法,对培育文化创意产业的生产或消费环境均具有基础意义。但值得省思的是,当"文创化"能力不再被文化创意产业所专有时,文化创意产业自身如何在此环境中避免被同质化或"免费'文创化'产品"所消解吞噬?商业企业、各级政府机关以及文化创意产业人才培育者等相关群体,又应如何预先地构想相关的远期解决方案?这不仅是台湾地区未来将可能面对的问题,同样也可能是包括中国大陆文化创意产业未来的重要课题。

区域文化产业竞争力

Competitiveness of Regional Cultural Industries

B.13
区域文化产业竞争力分析报告

何继想*

摘　要： 根据《中国文化及相关产业统计年鉴2017》的相关数据，进一步梳理和研究构建一个区域文化竞争力评价体系的指标结构。运用主成分分析方法对区域文化产业竞争力指标体系进行实证，通过指标数据的关联性分解成具有明确指向和分析说明的指标集，明确不同视角下区域文化产业发展的特征，解读不同地区文化产业竞争力强弱的形成原因，为进一步推动不同区域文化产业竞争力的发展提供一定的理论依据。

关键词： 区域文化产业　指标体系　竞争力

---

* 何继想，云南和昶文化传播有限公司总策划师，主要研究方向：数据分析、产业规划。

一 区域文化产业竞争力评价指标体系的构建

报告严格梳理了国家统计局发布的《中国文化及相关产业统计年鉴2017》，在有限指标的框架内采用国家统计局正式公布的指标数据，以及《中国统计年鉴2017》的相关数据，确立"区域文化产业竞争力评价指标体系"（见表1）。

表1 区域文化产业竞争力评价指标体系

一级指标	二级指标	三级指标	单位
区域文化产业竞争力	发展基础	地区生产总值	亿元
		地区第三产业生产总值	亿元
		文化产业增加值	亿元
		全国居民人均文化消费支出	元
		城镇居民文化消费支出	元
		农村居民文化消费支出	元
		农村居民人均文化消费支出占其人均现金消费支出	%
		接待入境过夜游客	万人次
		国际旅游(外汇)收入	百万美元
	产业规模	文化产业固定资产投资	万元
		文化法人单位数量	个
		文化法人单位资产总计	亿元
		年末文化产业从业人员数	人
		规上文化企业应付职工薪酬	亿元
		动漫企业资产总计	万元
		分地区娱乐场所资产总计	万元
		分地区广播电视资产总计	万元
	产业收益	文化法人单位营业收入	亿元
		文化法人单位营业税金及附加	亿元
		规上文化企业利润总额	亿元
		规上文化企业应交增值税	亿元
	产业研发	规上制造业有R&D活动企业	个
		规上制造业R&D项目数	个
		规上制造业新产品销售收入	万元
	政府资金支持	公共预算文化体育与传媒支出	亿元

二 省域文化产业竞争力评价结果的相关阐释

本文根据表 1 所列各指标采集相应数据,并对相应数据进行了正向化和标准化处理。采用主成分分析法提取公因子,通过因子载荷矩阵的计算,根据各因子的得分状况明确各因子的载荷指标,将指标集提炼成四个主因子。

第一主因子在全国居民人均文化消费支出、城镇居民文化消费支出、农村居民文化消费支出、文化法人单位数量、文化法人单位资产总计、动漫企业资产总计、规上文化企业应付职工薪酬、分地区广播电视资产总计、文化法人单位营业收入等指标具有很大载荷,从各指标的经济含义可知反映了地区文化产业的持续发展的需求状态以及文化产业自身发展的投资和规模等状况,可将其定义为文化产业发展的内生动力因子(F1)。

第二主因子在规上文化企业利润总额、规上文化企业应交增值税、规模以上制造业有 R&D 活动企业、规模以上制造业 R&D 项目数、规上制造业新产品销售收入等指标具有很大载荷,从各指标的经济含义可知反映了文化产业的盈利能力以及研发创新能力,盈利能力是研发创新持续扩大投入的前提和保障,研发创新能力又是盈利能力的再生动力,将其定义为文化产业发展的可持续发展因子(F2)。

第三主因子在接待入境过夜游客、国际旅游(外汇)收入、年末文化产业从业人员数、分地区娱乐场所资产总计等指标具有很大的载荷,明确反映了旅游业的发展对于地区文化产业的强力推动作用,将其定义为文化产业发展的动能因子(F3)。

第四主因子在地区生产总值、地区第三产业生产总值、文化产业增加值、文化产业固定资产投资、文化法人单位营业税金及附加、公共预算文化体育与传媒支出等指标具有很大载荷,反映了文化产业发展经济基础,将其定义为文化产业发展的基础因子(F4)。

以各主因子的方差贡献率占五个主因子总方差贡献率的比重作为权重进

行加权汇总，得出省级地区服务业竞争力（Z）：Z =（0.29656 × F1 + 0.23336 × F2 + 0.20756 × F3 + 0.2036 × F4）/0.94107。

表2 主因子得分及排名状况表

地区	Z	排序	F1	排序	F2	排序	F3	排序	F4	排序
广东	1.4213	1	-0.2978	14	1.3770	3	4.8775	1	0.4466	8
江苏	1.2232	2	1.1291	3	2.7708	2	-1.0070	31	1.8547	2
北京	0.8811	3	3.7945	1	-0.5198	31	0.1362	7	0.1449	13
浙江	0.8415	4	0.9808	4	3.5742	1	-0.9711	30	-0.6494	23
上海	0.6695	5	2.7760	2	-1.5077	24	0.8196	3	-1.2055	29
山东	0.4669	6	-0.4083	19	0.3199	7	-0.3367	22	2.7277	1
湖南	0.2157	7	0.5842	5	-0.6077	26	-0.4914	28	1.3423	4
福建	0.0733	8	-0.3166	16	-0.1189	12	0.8798	2	0.0391	14
四川	0.0057	9	-0.2318	10	-0.1070	11	0.0597	10	0.4257	10
河南	0.0023	10	-0.3708	17	-0.7893	29	-0.3025	18	1.7640	3
湖北	-0.0284	11	-0.2718	13	-0.6418	27	0.0696	8	0.9295	6
天津	-0.0531	12	0.3426	6	0.4112	4	-0.3302	21	-0.8785	26
安徽	-0.0948	13	-0.6285	28	0.1875	9	0.0637	9	0.1977	12
辽宁	-0.1523	14	0.2443	7	-0.4769	22	0.0061	11	-0.5190	21
河北	-0.1580	15	-0.4300	22	-0.6547	28	-0.4474	26	1.1036	5
陕西	-0.1811	16	-0.2462	11	-1.0924	30	0.1791	6	0.5917	7
江西	-0.1859	17	-0.4702	26	-0.2346	17	-0.3259	19	0.4275	9
重庆	-0.2117	18	-0.4312	24	-0.2478	18	-0.2704	16	0.2105	11
云南	-0.2503	19	-0.4834	27	-0.3027	19	0.6272	4	-0.7441	25
内蒙古	-0.2679	20	-0.0005	8	-0.5496	25	-0.1651	14	-0.4382	19
广西	-0.2980	21	-0.7060	30	-0.4876	23	0.3064	5	-0.1012	15
吉林	-0.3033	22	-0.1169	9	-0.3058	20	-0.4144	24	-0.4578	20
贵州	-0.3244	23	-0.4094	20	-0.2104	15	-0.2530	15	-0.4027	17
山西	-0.3353	24	-0.4316	25	-0.4264	21	-0.2740	17	-0.1513	16
黑龙江	-0.3393	25	-0.3732	18	-0.1305	14	-0.4284	25	-0.4370	18
甘肃	-0.3749	26	-0.4199	21	-0.1254	13	-0.3282	20	-0.6416	22
新疆	-0.3803	27	-0.4311	23	-0.2309	16	-0.1422	12	-0.7182	24
宁夏	-0.4202	28	-0.2710	12	0.2263	8	-0.5227	29	-1.2725	31
青海	-0.4333	29	-0.3066	15	0.1773	10	-0.4805	27	-1.2679	30
海南	-0.4592	30	-0.6926	29	0.3689	5	-0.3800	23	-1.1472	27
西藏	-0.5489	31	-1.1063	31	0.3548	6	-0.1539	13	-1.1734	28

表3 五项指标梯度划分依据表①

项目	相对优势	一般水平	相对劣势
综合竞争力 Z	$\chi_i \geq 0.498$	$-0.498 < \chi_i < 0.498$	$\chi_i \leq -0.498$
内生动力因子 F1	$\chi_i \geq 0.984$	$-0.984 < \chi_i < 0.984$	$\chi_i \leq -0.984$
可持续发展因子 F2	$\chi_i \geq 0.984$	$-0.984 < \chi_i < 0.984$	$\chi_i \leq -0.984$
发展动能因子 F3	$\chi_i \geq 0.984$	$-0.984 < \chi_i < 0.984$	$\chi_i \leq -0.984$
发展基础因子 F4	$\chi_i \geq 0.984$	$-0.984 < \chi_i < 0.984$	$\chi_i \leq -0.984$

表4 中国省区文化产业竞争力分梯度比较②

相对优势($Z \geq 0.577$)	广东、江苏、北京、浙江、上海
一般水平($-0.577 < Z < 0.577$)	山东、湖南、福建、四川、河南、湖北、天津、安徽、辽宁、河北、陕西、江西、重庆、云南、内蒙古、广西、吉林、贵州、山西、黑龙江、甘肃、新疆、宁夏、青海、海南
相对劣势($Z \leq -0.577$)	西藏

表5 中国省区文化产业发展的内生动力因子分梯度比较③

相对优势(F1 ≥ 0.984)	江苏、北京、上海
一般水平($-0.984 <$ F1 < 0.984)	广东、浙江、山东、湖南、福建、四川、河南、湖北、天津、安徽、辽宁、河北、陕西、江西、重庆、云南、内蒙古、广西、吉林、贵州、山西、黑龙江、甘肃、新疆、宁夏、青海、海南
相对劣势(F1 ≤ -0.984)	西藏

表6 中国省区文化产业发展的可持续发展因子分梯度比较④

相对优势(F2 ≥ 0.984)	广东、江苏、浙江
一般水平($-0.984 <$ F2 < 0.984)	江苏、广东、浙江、山东、湖南、福建、河南、四川、湖北、辽宁、陕西、河北、天津、吉林、江西、内蒙古、广西、山西、重庆、甘肃、新疆、青海、黑龙江、贵州、云南、宁夏
相对劣势(F2 ≤ -0.984)	北京、陕西

①②③④ 结合综合竞争力 Z 指标及各主因子的得分状况,运用指标得分的平均值 $\bar{\chi}$ 及标准差 S_i 建立计算公式:$y = \left| \dfrac{\chi_i - \bar{\chi}}{S_i} \right|$。通过将 y 值与 1 之间的大小关系进行比较,基本可以定义:当 $\chi_i \geq (\bar{\chi} + S_i)$ 时,说明该区域在该项指标的得分上处于相对优势;当 $(\bar{\chi} - S_i) < \chi_i < (\bar{\chi} + S_i)$ 时,说明该区域在该项指标的得分上,处于一般水平;当 $\chi_i \leq (\bar{\chi} - S_i)$ 时,说明该区域在该项指标的得分上处于相对劣势。

表7 中国省区文化产业发展的动能因子分梯度比较①

相对优势（F3≥0.984）	广东
一般水平（-0.984＜F3＜0.984）	北京、浙江、上海、山东、湖南、福建、四川、河南、湖北、天津、安徽、辽宁、河北、陕西、江西、重庆、云南、内蒙古、广西、吉林、贵州、山西、黑龙江、甘肃、新疆、宁夏、青海、海南、西藏
相对劣势（F3≤-0.984）	江苏

表8 中国省区文化产业发展的基础因子分梯度比较②

相对优势（F4≥0.984）	江苏、山东、湖南、河南、河北
一般水平（-0.984＜F4＜0.984）	广东、北京、浙江、福建、四川、湖北、天津、安徽、辽宁、陕西、江西、重庆、云南、内蒙古、广西、吉林、贵州、山西、黑龙江、甘肃、新疆
相对劣势（F4≤-0.984）	上海、宁夏、青海、海南、西藏

三 七大区域文化产业竞争力评价结果

（一）七大区域文化产业竞争力的概况

表9 七大区域所辖省域及文化产业综合竞争力梯度对应省域数

区域	省域	相对优势 省域个数	一般水平 省域个数	相对劣势 省域个数
东北地区	辽宁、吉林、黑龙江		3	
环渤海地区	北京、山东、河北、天津	1	3	
长三角地区	浙江、江苏、上海、安徽	3	1	

---

①② 结合综合竞争力Z指标及各主因子的得分状况，运用指标得分的平均值$\bar{\chi}$及标准差S_i建立计算公式：$y = \left| \frac{\chi_i - \bar{\chi}}{S_i} \right|$。通过将$y$值与1之间的大小关系进行比较，基本可以定义：当$\chi_i \geq (\bar{\chi} + S_i)$时，说明该区域在该项指标的得分上处于相对优势；当$(\bar{\chi} - S_i) < \chi_i < (\bar{\chi} + S_i)$时，说明该区域在该项指标的得分上，处于一般水平；当$\chi_i \leq (\bar{\chi} - S_i)$时，说明该区域在该项指标的得分上处于相对劣势。

续表

区域	省域	相对优势 省域个数	一般水平 省域个数	相对劣势 省域个数
东南地区	广东、福建、海南	1	2	
中部地区	河南、湖北、湖南、山西、江西		5	
西北地区	陕西、内蒙古、新疆、甘肃、宁夏、青海		6	
西南地区	四川、云南、广西、重庆、贵州、西藏		5	1

表10 七大区域各因子得分及排名情况表

地区	Z	排序	F1	排序	F2	排序	F3	排序	F4	排序
长三角地区	0.6599	1	1.0644	1	1.5062	1	-0.2737	6	0.0494	3
东南地区	0.3452	2	-0.4357	6	0.5423	2	1.7924	1	-0.2205	4
环渤海地区	0.2843	3	0.8247	2	-0.3609	6	-0.2445	4	0.7744	2
中部地区	-0.0663	4	-0.1920	4	-0.5400	7	-0.2648	5	0.8624	1
东北地区	-0.2650	5	-0.0819	3	-0.3044	5	-0.2789	7	-0.4713	6
西南地区	-0.2713	6	-0.5614	7	-0.1668	3	0.0527	2	-0.2975	5
西北地区	-0.3430	7	-0.2792	5	-0.2658	4	-0.2433	3	-0.6245	7

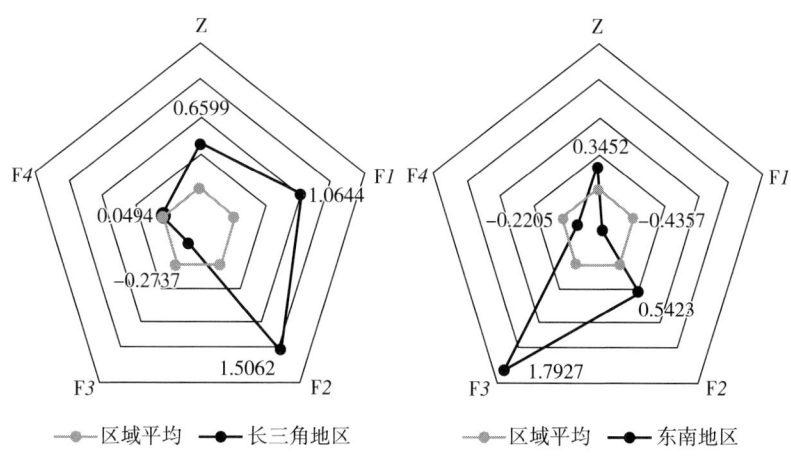

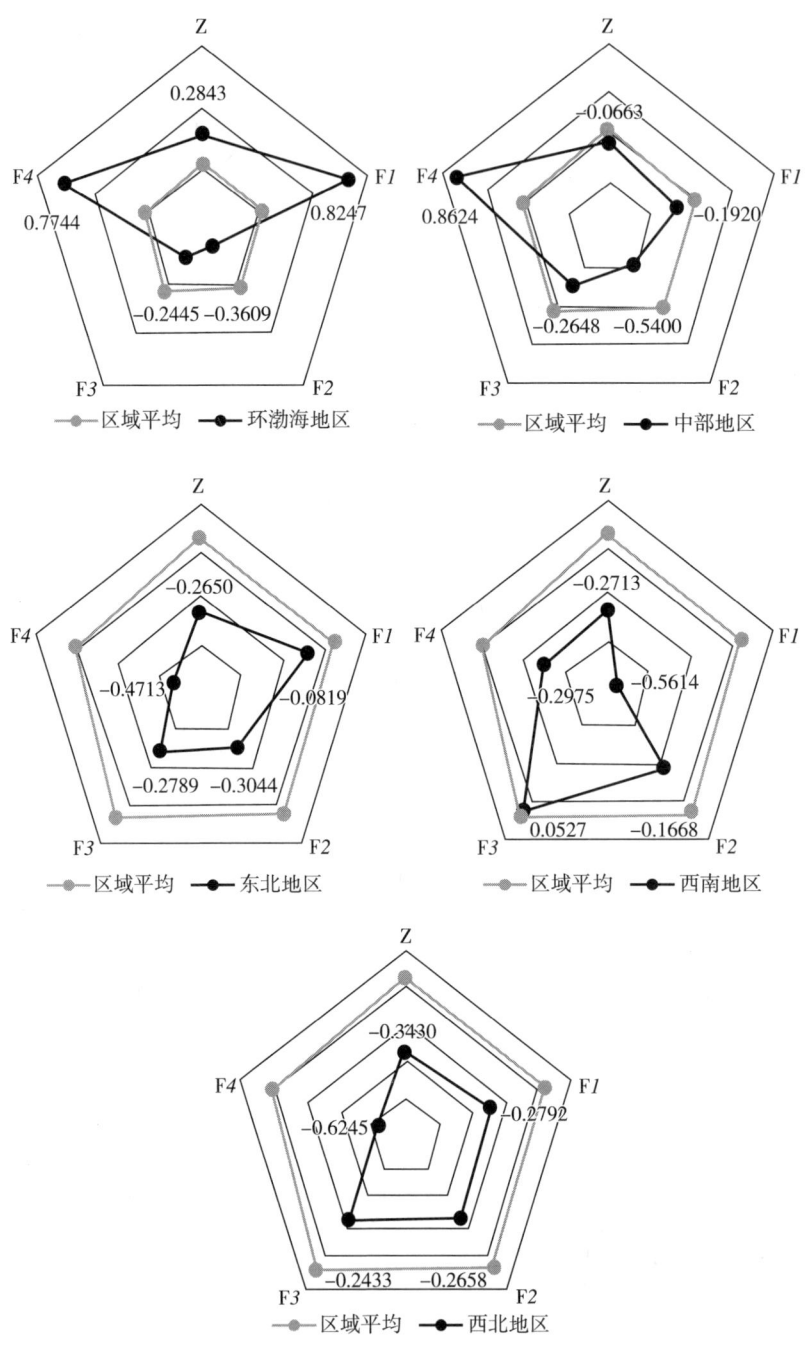

图1 七大区域文化产业综合竞争力雷达图

（二）七大区域文化产业竞争力的综合评述

1. 东部引领、中部稳健、西部弱势的基本格局将是一个较长时期的态势

本文根据《中国文化及相关产业统计年鉴2013～2017》等相关年份的统计数据，因年鉴的统计内容有些许差异，指标进行微调，但并未影响整体的评价结果。东部引领、中部稳健、西部弱势的基本格局将是一个较长时期的态势。以长三角、东南地区和环渤海地区为主导，无论在综合竞争力以及四大因子的相应竞争能力上看，东部区域处于我国文化产业发展的高端，起着引领我国文化产业发展的作用。中部省域的各项评价能力相对稳定，基本处于第二梯队，并在部分能力上表现突出。西部省域受到文化产业发展基础、内生动力、文化产业发展动能和文化产业可持续发展等各方面因素的制约，除个别省域在不同领域表现出相对优势外，均排名靠后。

2. 文化产业的内生动力成为区域文化产业竞争力发展的重大支撑

从各项文化产业发展能力因子来看，本次报告期内以文化消费和产业自身规模为主要载荷的内生动力因子对于文化产业区域竞争力的整体支撑起到一个至关重要的作用。文化产业发展所立足的文化消费需求和产业自身发展规模对于区域文化产业竞争力的贡献权重高达29.66%，有力支持了长三角地区和环渤海地区的文化产业竞争能力。文化消费需求和文化产业的资本投入是推动文化产业整体发展的主要内在动力，也是一个地区文化产业竞争力能力得到提升的关键因素。数据实证的结果进一步说明了通过进一步拉动社会文化消费和投资依然是当前我国文化产业持续发展的重中之重。

3. 获利和研发能力的持续提升是未来区域文化产业竞争力提升的重点领域

以利润和研发等相关指标为主要载荷的文化产业发展的可持续发展因子，是文化产业持续发展和供给能力不断创新的重要衡量标准。利润的获得能力不仅表明了企业适应市场的能力，也是文化企业对产品研发和创新扩大再投入的前提和保障；产品研发和创新的持续投入，通过研发创新推动文化产业商业模式的变革、产品的科技附加和文化附加，能够进一步使得文化企业获得市场地位，增强文化企业的盈利能力。因此，研发能力和获利能力的

不断增强，能够为区域文化产业竞争力的提高提供强劲的技术支持，长三角地区和东南地区文化产业的发展从实证的视角诠释了研发投入的重要性。文化资本区域分布的由东向西推进，西部地区，尤其是西北地区对于研发能力和研发转化效率的重视，使得西北地区在研发能力上表现出强力的追赶东部的态势。

4. 旅游业的发展成为提升区域文化产业竞争力的强大推动力

从竞争力相关分析的过程数据来看，区域文化产业综合竞争力与地区旅游业尤其是文化旅游的发展状况成正相关的关系。从区域文化产业发展动能因子（F3）的载荷来看，接待入境过夜游客和国际旅游（外汇）收入两项指标所反映的一个地区旅游业的发展状况为区域文化产业竞争力提供了20.76%的贡献权重。而从区域来看，全国旅游业相对发达的云南、贵州和四川等地均为西南地区的省（市）区，其丰富的自然旅游资源、人文历史资源和少数民族地区旅游资源等，为该地区的旅游业尤其是文化旅游业的快速兴起并蓬勃发展奠定了基础。文化与旅游的深度融合，不仅推动了地区文化产业的快速发展，也为地区文化产业竞争能力的获得提供了有效支撑。

理论综述与大事记

Research Review and Significant Events

B.14
2015~2017年区域文化产业研究综述

贾 佳*

自2002年党的十六大报告提出"积极发展文化事业和文化产业"以来,中国文化产业的理论研究取得了长足进展。许多文化产业理论研究成果在实践中发挥了重要的指导和参考作用,促进了中国文化产业的发展。2011年,党的"十二五"建议首次提出要"推动文化产业成为国民经济支柱产业"。在这样的发展背景下,理论界对于文化产业的理论研究自此进入了一个高峰时期。

2014~2017年,随着中国经济发展进入"新常态",文化产业发展也进入转型期和创新驱动阶段。根据经济发展和文化产业发展态势,按照当前统计口径,2017年中国文化产业增加值预计可以达到3.45万亿元,GDP占比

---

* 贾佳,四川农业大学人文学院,讲师,主要研究方向为文化艺术管理、民族文化保护与文化产业发展。

增至约4.4%,①向着"成为国民经济支柱产业"的目标奋力前行。2014~2017年,随着党中央提出和强化的一系列发展战略,包括"一带一路"倡议、长江经济带和京津冀一体化协同发展战略,为推动区域经济社会发展提供了新的路径,也为2014~2017年区域文化产业发展、特色文化产业发展提供了实践空间以及重要支撑点。特别是2014年,无论是中央和国务院层面还是国家各部门层面,促进文化产业发展的政策先后密集出台,这为区域文化产业的发展创造了有利条件。为了更好地推进区域文化产业的健康发展,结合国家战略层面对文化产业的空间布局以及不同区域的资源禀赋、生产要素集聚程度、文化市场、文化消费以及文化产业发展基础,国内文化产业领域的学者们开展了许多区域文化产业的理论研究工作,这是近些年也是未来一段时期中国文化产业理论研究工作的重点领域之一。

作为文化产业理论与实践研究的有机组成部分,2014~2017年,区域文化产业理论研究取得了显著成绩,学术思想和学术体系更加趋于完善。从对区域文化产业理论前瞻式探索到将区域文化产业理论研究应用到产业实践中,从对区域文化产业发展模式一些笼统的概括到对区域文化产业实践进程中进行有针对性、专题性的学术研究,区域文化产业理论的积淀和学术的发展随着迅速发展的文化产业实践,进入新的历史时期。综观2014~2017年中国文化产业研究成果,关于区域文化产业的学术研究文章、专著数量明显增多,与区域文化产业研究有关的课题研究和科研基金项目、学术交流与合作及各级政府的文化产业政策也不断增加。

一 论文期刊

2014~2017年在中国知网上以"文化产业"为主题跨库检索出近30000条检索结果。其中,从2014~2017年发表主要涉及"区域文化产业"

---

① 《2017年文化产业增加值或达3.45万亿元文化产业发展仍需金融助力》,http://www.ce.cn/culture/gd/201801/29/t20180129_27949177.shtml,2018年1月29日。

相关研究的文章来看，有5000余篇，在数量上较往年大幅增加。国内学者们对于区域文化产业的理论研究除了区域文化产业的现状分析、对策建议、竞争力评价以及与经济关系等方面，更多地集中在以下几个方面。

1. 特色文化资源推动区域文化产业升级

近年来，中国各地区一直基于当地文化资源特色致力于发展区域文化产业，取得一定成绩的同时也暴露出很多问题。尤其是在中西部地区、文化资源丰富的地区，需要创新区域文化产业的发展思路和发展方式，在经济转型的新常态背景下，搭建新的平台，建立起与区域发展相适应的区域文化产业发展道路。因此，基于特色文化资源推动区域文化产业向特色文化产业升级发展，就成为国内学术界研究的新热点之一。周锦在《民族文化与区域文化产业的融合发展研究》（《学术交流》2014年第11期）中，认为民族文化是区域文化产业发展的重要文化资源，要合理开发民族文化资源，通过文化品牌培育、丰富文物保护形式、广辟融资渠道等路径实现民族文化与区域文化产业融合发展。王彦林、姚和霞在《河北区域特色文化产业打造探析》（《大舞台》2014年第1期）中，以河北省11个行政市文化产业发展实际为依据，分析各市区区域特色文化产业发展框架，并从现实可行的路径出发，提出深化文化体制改革、打造区域文化品牌、完善扶持政策、推动文化产业与高科技融合、实施产业集聚工程和龙头再造工程、建立顺畅有序不断增值的文化产业链和价值链等打造河北区域特色文化产业的基本策略。卢杰、李红勇在《基于文化资源开发的江西特色文化产业集群发展路径》（《企业经济》2015年第12期）一文中认为，各区域发展文化产业必须以各地区独特而丰富的文化资源为基础，有意识地加入创意元素，从而推动区域文化产业的可持续发展。文章依据产业集群和文化产业集群理论，针对江西省独特的文化资源，结合江西目前文化产业的发展现状，提出了基于江西特色的文化产业集群发展之路径选择。刘金祥在《文化资源视角下的东北主要城市特色文化产业发展研究》（《中国名城》2014年第7期）中提到，文化资源是潜在的文化生产力要素。大连、沈阳、长春和哈尔滨等东北地区的副省级主要城市，对本地文化资源深入挖掘，已经打造出初具规模的海洋文化产业、冰雪文化产业、工业旅游产业等特色文化产业,采取强化顶层设计、建立协商合作机制、在保护中开发、加强政府扶持和市场监管等措施将特色文化产业做强做大。连雪梅在《宝鸡市民歌文化资源及特色文化产业研究》(《经济研究导刊》2017年第6期)中,针对宝鸡市的民歌文化资源以及特色的文化产业进行深入的研究与分析,并针对性地提出应注重梯度开发文化产业,首先将文化旅游业发展为宝鸡文化市场中的主导产业,同时加强专项旅游和休闲度假旅游的发展。

2. "互联网+"促区域文化产业创新发展

2014年,"互联网+"这一新概念出现,基于互联网的文化产业新业态蓬勃发展,催生出IP热、企业联盟、平台为王、视频时代、跨界发展等新的产业价值链特征,深刻地改变着中国文化产业的内在结构和人们的文化消费习惯。基于这样的大环境,学术界把"互联网+"视为促进区域文化产业整体业态升级的新机遇,从理论研究角度出发,提出区域发展文化产业需要顺势而为,通过"互联网+"构建一个能够应对各种变化、拥有可持续竞争力的区域文化产业新局面。花建在《移动互联背景下的文化产业融合创新》[《深圳大学学报》(人文社会科学版)2015年第6期]中认为,移动互联网的背景下,文化产业正跨入融合创新的新阶段,重点在于:更新文化产业的价值链和供应链,集聚更多的优良资源;扩大文化服务,为制造业等相关产业提供更多的文化价值;推动文化产业与金融业的合作,建设新型的文化产业集群;发展服务平台体系,促进文化产业园区升级。骆嘉、王中云在《"互联网+"时代我国区域文化产业协同发展新路径探析》(《中国文化产业评论》2016年第1期)中,提出我国区域文化产业的发展,必须最大限度地发挥文化产业的协同创新作用,借力数字化技术全面实施"互联网+"竞合战略。范藻《由资源到产业:区域文化的"互联网+"转型战略——兼及四川省达州市文化产业发展的新思维》(《四川戏剧》2017年第4期)明确指出,在四川省达州市文化产业的发展过程中,要实行"互联网+"的转型战略,让地方的资源优势转变为区域的产业强势。刘星在《"互联网+"背景下贵州文化产业创新发展研究》(《贵州师范学院学报》

2015年第8期)中提到,贵州省面对"互联网+"与大数据时代的发展机遇,要从以互联网思维发展文化产业、以大数据技术创新文化产业、以互联网平台助推文化产业三个方面来推动文化产业创新发展。姜晓秋在《互联网时代辽宁文化产业创新发展对策研究》(《理论界》2014年第12期)中,试图站在互联网视域,运用马克思主义中国化关于创新驱动理论,借鉴文化产业经济学、技术经济学、演化经济学等理论,参照国内外有益经验,探索了辽宁文化产业创新发展的新思路,提出新的对策建议。刘玉堂等在《关于实施湖北文化产业"互联网+"行动计划的若干思考》(《湖北社会科学》2015年第10期)中认为,与荆楚文化资源的丰富度相比,湖北文化产业还存在诸多的不足和问题。湖北要利用互联网+思维,加快数字化建设,打造湖北文化+泛文化产业生态链,推动湖北文化产业创新发展。

3. 区域文化产业集聚发展研究

经过培养,中国各地形成了众多文化产业集聚区,文化产业集聚区成为推动文化产业发展的重要载体和平台。在新一轮增长的战略布局中,充分认识区域文化产业集聚现状,分析集聚动因,继续提升产业集聚度,既是构建区域核心竞争力的时代要求,也是推动区域文化产业跨越发展的现实需要。章军杰、夏春红在《地理集聚与文化整合:区域文化产业集群发展的策略选择》(《东岳论丛》2014年第5期)中认为,地理集聚与文化整合均为区域文化产业集群发展的现实路径,共同推动区域文化产业的集群发展与协同创新。地理集聚是当前区域文化产业集群发展的重要突破口,具有规模经济与外部效应的双重优势。文化整合是区域文化产业集群发展的新思路,拓展了区域文化产业集群的空间分布状态及组合形式。薛东前等在《西安市文化产业集聚特征及机制分析》(《经济地理》2015年第5期)中,从文化资源开发、消费市场的培育、政府机构的改革和文化产业发展的方向四个方面,提出促进区域文化产业的集聚发展的具体措施,为西安市文化产业的资源优化配置和产业结构调整提供一定参考。肖博华、李忠斌在《我国文化产业区域集聚度测算及影响因素研究》(《统计与决策》2014年第18期)中,对2004~2010年中国各省市文化产业进行测度分析表明,城市化、教育经费、零售业、区域科研力度和邮电量对文化产业集聚度具有显著正向影响，而行业工资、金融支持、政府拨款等因素影响不显著。梁琳娜、张伟玲在《甘肃省文化产业的集聚度分析》(《科技资讯》2015年第4期)中，采用集中度指数和赫芬达指数对甘肃省14个市、州的文化产业的空间集聚程度进行测算，并从区域角度分析得出，兰州、陇南、天水、平凉、酒泉、庆阳等地区的行业集中度较高，而嘉峪关、金昌等地区的行业集中度较低。最后针对促进甘肃省文化产业集群发展提出了具体措施。马英娟、郭莲在《河西走廊文化产业集群发展策略研究》[《洛阳理工学院学报》(社会科学版)2017年第6期]中通过对河西走廊文化产业集群发展现状和问题的分析，表明该地区已形成围绕敦煌文化、长城文化、西夏文化等地方文化产业集群，同时也形成了各具特色的新兴文化等产业集群。提出要从实现文化整合、依托科技创新、推进产业链建设和引进创新型人才等方面解决河西走廊文化产业集群在发展过程中存在的区域和行业发展不平衡，科技融合度低，产业结构单一，产业链较短，创意人才缺乏等问题。

4. 文化产业与相关产业融合

在我国经济进入新常态的大背景下，传统产业相对饱和，新产品、新业态正大量涌现，融合发展渐成趋势，继续深化改革也成为各方共识。近年来，文化产业如何与旅游、科技、金融、创意设计等相关产业融合发展，顺应新常态的发展趋势，也就成为学术界关注的热点问题。李炎、胡洪斌在《集成创新：文化产业与科技融合本质》[《深圳大学学报》(人文社会科学版)2015年第6期]中认为，当下文化产业与科技的融合实质是人类在数字化和网络化时代，现代科技与文化、经济集成的创新方式。文章从内容生产、内容载体、内容传播与内容消费的角度对现代科技与文化的融合创新进行了系统性动态审视。霍艳莲的文章《产业融合视阈下文化产业与旅游产业的融合效应、机理与路径》(《商业经济研究》2015年第12期)，首先基于产业融合理论，在定位文化产业与旅游产业融合属性基础上，分析两者融合所产生的效应，并以此为基础，利用"三层次框架"全面分析文化与旅游产业融合的机理，提出文化与旅游产业融合的现实路径与操作框架。钟晟、王敏的《文化与科技融合发展过程中政府政策创新研究——以武汉东湖高新区为例》(《科技进步与对策》2015年第5期)文中,认为政府角色与政策在文化与科技融合发展过程中起重要的推动作用。以武汉东湖高新区为例,指出东湖高新区应从宏观层面创新政府管理体制,中观层面明确产业发展特色,微观层面采取综合政策措施,推动文化与科技融合在高新区内迅速发展。南宇等的《丝绸之路背景下甘南藏族自治州旅游产业与文化产业融合问题研究》(《干旱区资源与环境》2017年第3期),文中利用lotka-volterra模型分析发现,甘南民族地区旅游产业与文化产业目前的融合层次低下,要依托现有的区域文化资源优势发展旅游产业,加强产业融合。侯兵、周晓倩在文章《长三角地区文化产业与旅游产业融合态势测度与评价》(《经济地理》2015年第11期)中,以长江三角洲地区为例,对16个城市2010~2014年文化产业与旅游产业发展水平及两者融合发展情况进行测度,在此基础上,对各地文化产业和旅游产业融合发展水平进行了分析和评价。李凤亮、胡鹏林在《"互联网+"时代的文化科技融合——2014年文化科技创新总报告》[《福建论坛》(人文社会科学版)2015年第12期]中认为,2014年在"互联网+"的时代背景下,电影、动漫、游戏、广播电视与网络视听、数字出版等文化科技产业,通过移动互联网、物联网、云计算,以及电信网、广播电视网和互联网的三网融合,实现了新的跨越。新形势下,文化科技产业应该发展三种模式:一是以"互联网+"为平台,探索文化信息传播新模式;二是以"文化+"为核心,探索文化科技融合新模式;三是以"科技+"为驱动,探索文化科技创新新模式。

5. 区域文化产业的协同发展

文化产业各区域之间的协同发展对提升文化产业的发展速度,使其尽快成为各区域新的经济增长点发挥着愈来愈重要的作用。文化产业要实现成为国家经济支柱性产业这一目标,关键在于其区域间、产业内部间的协同发展。因此,研究区域文化产业的协同发展具有重要的理论意义和实践意义。国家行政学院高宏存在《特色文化产业发展要实现"跨区域"治理》(《行政管理改革》2015年第5期)中认为,未来中国文化产业将呈现专业化、区域化和特色化的布局特征，因此推动特色文化产业发展，要更加注重围绕城市群、产业带的新格局规划和布局，积极搭建跨区域合作组织平台、建立跨区域合作机制规则和政策工具、深入推动特色文化资源资本化运作，推动跨区域协同发展的同时，提高跨区域协同治理水平和质量。侯妍妍、李荣菊在《对京津冀文化产业协同发展的思考》（《科技展望》2014年第22期）中，提出要通过对文化资源的充分整合和协同开发利用，打破区域行政壁垒、充分发挥市场的决定性作用，建立三地协同发展机制，避免同质性的竞争，做到优势互补、互利共赢，实现京津冀文化产业协同发展。王嘉瑞、董原的文章《甘陕文化产业协同发展的路径选择》〔《兰州大学学报》（社会科学版）2016年第6期〕中提出，国家"一带一路"建设为挖掘地方文化资源提供了重要机遇，作为丝绸之路经济带建设的前沿地区，甘肃和陕西的文化产业可以通过建立专门的区域管理机构、打造集群产业链、建立文化产业特区等路径实现协同发展，为两地文化产业发展拓展新空间。潘玉香等在《京津冀协同发展背景下文化产业资源配置效率评价与对策》（《科技进步与对策》2017年第7期）中，为提高京津冀协同发展战略实施效率，用DEA方法对京津冀地区文化产业资源配置效率进行评价。表明京津冀地区文化产业发展不均衡，相比于长三角地区在资源配置效率方面还存在一定差距。在此基础上，提出提高京津冀协同发展文化产业资源配置效率的对策建议。王琳在文章《环渤海区域文化产业协同发展研究》（《南方论丛》2015年第5期）中认为，环渤海区域文化产业发展迎来了协调发展的战略黄金期。应抓住机遇，积极整合区域文化优势资源，加强区域文化产业基地规划和建设，鼓励有实力的文化企业跨地区、跨行业、跨所有制兼并重组，培育文化产业领域战略投资者，促使环渤海区域成为中国文化产业发展的战略引领区。赵然的文章《锡赤经济带区域文化产业协同发展研究》（《前沿》2015年第12期），指出锡赤经济带区域文化产业协同的路径突破需要处理好锡赤经济带内部关系、锡赤经济带与东北经济区的关系、锡赤经济带与京津冀的关系以及锡赤经济带与蒙俄的关系，并为保障协同发展实施提出了相应的保障机制。熊正贤、吴黎围在《乌江流域文化产业协同创新发展研究》

(《贵州民族研究》2014年第9期）中，认为协同创新发展是乌江流域地区实现区域经济增长和文化产业繁荣发展的必然选择。文章运用热力学中的耗散结构理论对乌江流域文化产业协同创新发展进行研究，总结出协同创新发展的核心内容主要体现在领衔单位的培育、体制机制的创新以及创新体系（包括平台建设和创新内容建设）的建设和完善。

二 学术著作

2014～2015年，在学术专著的研究和成果转化方面，国家文化产业理论研究主要机构与高校的学者们不断搭建学术交流平台，继续推出一批权威的周期性著作，对文化产业有较为系统、科学的认识，丰富了文化产业学科理论教材，对中国文化产业的可持续发展提供了良好的支撑。

2014～2017年，文化产业理论研究领域权威的连续性出版著作，无论在数量上还是质量上都取得了更大的进展。一批多年来持续出版的年度发展报告继续出版，如2016年中国社科院文化研究中心继续出版《中国文化产业发展报告（2015～2016）》（张晓明、王家新、章建刚，社会科学文献出版社），这是第13本中国文化产业发展报告，邀请了国内专家学者对中国文化产业发展重大战略问题进行联合攻关研究。作为中国首个研究文化产业品牌的专门机构，中南大学中国文化产业品牌研究中心在2014～2017年连续推出《中国文化品牌报告（2014）》《中国文化品牌发展报告（2015）》《中国文化品牌发展报告（2016）》（欧阳友权，社会科学文献出版社），展示了每年度中国文化产业在品牌建设上的喜人成就。报告对上一年度文化产业品牌发展的整体情况和发展趋势做宏观解析，并重点探讨各门类文化品牌和品牌企业的创新经营以及存在的问题，提出发展对策。还有《中国文化产业安全报告》（北京印刷学院文化产业安全研究院，社会科学文献出版社）、《中国文化产业年度发展报告》（叶朗，北京大学出版社）、《中国文化创新报告》（于平、傅才武，社会科学文献出版社）、《两岸文化产业合作发展报告》（胡惠林、李保宗，社会科学文献出版社）、《中国文化企业报告》(陈少峰,清华大学出版社)、《中国文化企业发展报告》(张晓明、史东辉,社会科学文献出版社)、《中国电影产业研究报告》(中国电影家协会、中国文联电影艺术中心,中国电影出版社)、《文化科技创新发展报告》(于平、李凤亮,社会科学文献出版社)、《中国文化投资报告》(中央文化企业国有资产监督管理领导小组办公室、中国社会科学院文化研究中心,社会科学文献出版社)、《中国对外文化贸易年度报告》(中华人民共和国文化部对外文化联络局、北京大学文化产业研究院,北京大学出版社)、《中国文化消费需求景气评价报告》(王亚南,社会科学文献出版社)、《中国文化产业供需协调增长测评报告》(王亚南,社会科学文献出版社)、《中国少数民族文化发展报告》(武翠英、张晓明、任乌晶等,社会科学文献出版社)、《中国非物质文化遗产保护发展报告》(康保成,社会科学文献出版社)等,都是文化产业理论研究领域权威的连续性出版著作。

此外,随着中国文化产业理论与实践的发展,文化产业与相关产业融合的不断升级,2014~2017年,文化产业理论研究力度持续深入,各种新的文化产业相关领域的年度发展报告如雨后春笋般大量涌现,如《中国区域文化产业发展报告》(李炎、胡洪斌,社会科学文献出版社)、《中国互联网文化产业报告》(陈少峰、王建平、余霖,浙江工商大学出版社)、《中国影视产业发展报告》(司若、陈鹏、徐亚萍、陈锐,社会科学文献出版社)、《中国游戏产业发展报告》(孙立军、刘跃军,社会科学文献出版社)、《中国动漫产业发展报告》(卢斌、郑玉明、牛兴侦,社会科学文献出版社)、《中国传媒产业发展报告》(崔保国,社会科学文献出版社)、《中国"VR+影视"产业发展报告》(张锐、刘晓红,科学出版社)、《中国文化旅游发展报告》(河南文化旅游研究院,中国旅游出版社)等。需要特别指出的是,2014年,中国首份音乐产业年度报告——《2014中国音乐产业发展报告》(赵志安,中国传媒大学出版社)诞生,由中国传媒大学和国家音乐产业促进工作委员会联合推出,这是我国首份在政府相关部门和行业协会指导和支持下,由高等科研院校专业项目组完成的音乐产业年度发展报告。既填补我国音乐产业无年度报告的空白,也为音乐产业相关的学术机构、企事业单位提供权威研究资料和市场信息,为政府部门相关产业政策和发展规划的制定提供重要的参考。

2014~2017年,关于各省市地区的文化或文化创意产业领域的发展报告越来越多,大部分省市地区都形成了持续的对区域文化或文化创意产业领域发展状况的跨年度观察和分析。如北京市的《北京文化创意产业发展报告》(张京成、王国华,社会科学文献出版社)、《北京文化发展报告》(李建盛,社会科学文献出版社)、《北京文化创意产业功能区发展报告》(北京市国有文化资产监督管理办公室编著,中国经济出版社)、《北京新闻出版广电发展报告》(北京市新闻出版研究中心,社会科学文献出版社),上海市的《上海文化发展报告》(蒯大申,社会科学文献出版社)、《上海文化产业发展报告》(荣跃明、花建,上海社会科学院出版社)、《上海文化活动国际影响力报告》(陈沛芹,上海文化活动国际影响力报告)、《上海文化创意产业发展报告》(王慧敏、王兴,社会科学文献出版社)、《上海电影产业发展报告》(荣跃明,上海社会科学院出版社)、《上海文化交流发展报告》(荣跃明主编,上海书店出版社),南京市的《南京文化发展报告》(中共南京市委宣传部,社会科学文献出版社),武汉市的《武汉文化创意产业发展报告》(黄永林、吴天勇,社会科学文献出版社),广西壮族自治区的《广西文化产业发展报告》(广西壮族自治区文化厅,广西师范大学出版社),甘肃省的《甘肃文化发展分析与预测》(王福生、周小华,社会科学文献出版社),四川省的《四川文化产业发展报告》(侯水平、向宝云、张立伟,社会科学文献出版社),重庆市的《重庆创意产业发展报告》(程宇宁,社会科学文献出版社),青岛市的《青岛文化创意产业发展报告》(马达、张丹妮,社会科学文献出版社),江苏省的《江苏文化产业发展研究报告》(张为付,南京大学出版社),云南省的《云南文化产业发展报告》(李炎、胡洪斌,云南大学出版社),湖北省的《湖北文化发展报告》(吴成国,社会科学文献出版社)、《湖北省文化产业发展报告》(黄晓华,社会科学文献出版社),还有关注港澳台地区文化产业发展的年度报告,如《台北文化创意产业发展报告》(陈耀竹、邱琪瑄,社会科学文献出版社)、《粤港澳台文化创意产业发展报告》（丁未、李凤亮，社会科学文献出版社）等。

2014~2017年关于文化产业理论研究完成出版的专著内容涉及面更加广泛，学术界的专家学者们兼具国际视野和中国特色，深入研究文化产业理论问题，总结文化发展中的经验得失，探索适应未来文化产业发展新路径，形成更加完善的文化产业理论研究体系。代表著作有《全面构建现代文化市场体系》（张晓明、惠鸣，社会科学文献出版社）、《国际文化市场报告》（李怀亮，首都经济贸易大学出版社）、《文化产业：国际经验与中国路径》（刘绍坚，中国社会科学出版社）、《中国文化产业发展数字地图（2006~2012）》（胡惠林、申广荣、王婷，上海人民出版社）、《新型城镇化与文化产业转型发展》（胡惠林、单世联，上海人民出版社）、《胡惠林论文化产业》（胡惠林，云南大学出版社）、《中国文化产业发展战略论》（胡惠林，经济科学出版社）、《中国文化产业新思考Ⅱ》（范周，光明日报出版社）、《中国文化金融合作与创新》（张洪生、金巍，中国传媒大学出版社）、《世界文化产业发展概况》（李炎、陈曦，云南大学出版社）、《文化产业导论》（向勇，北京大学出版社）、《百年文创力：文化创意产业案例集（第2辑）》（向勇、李凤亮、佘日新，北京联合出版公司）、《世界文化产业导论》（张胜冰、徐向昱、马树华，北京大学出版社）、《中国文化产业经典案例》（于少东、李季，中国建筑工业出版社）、《世界文化产业经典案例》（李季，中国建筑工业出版社）、《中国经典文化产业园区》（于少东、李季，中国建筑工业出版社）、《文化创意产业投融资创新》（李军，中国传媒大学出版社）、《文化创意产业现状与发展前景》（赵英、向晓梅、李娟，广东经济出版社）、《年度文化产业案例选粹：（2014）》（陈致中，暨南大学出版社）、《中国特色文化产业案例集》（文化部文化产业司，社会科学文献出版社）、《中国文化的根基：特色文化产业研究（第1辑）》（齐勇锋，光明日报出版社）、《中国文化产业史》（张廷兴、董佳兰、丛曙光，经济日报出版社）、《中国文化产业政策研究》（熊澄宇，清华大学出版社）、《文化产业管理概论》（詹一虹，中华书局）、《文化产业导论（第二版）》（周正兵，经济科学出版社）、《文化产业无形资产价值评估：理论与实务》（向勇，北京大学出版社)、《文化经济研究(1~4辑)》(范周,知识产权出版社)、《文化产业论纲》(范周,社会科学文献出版社)、《互联互通的文化创意产业新业态》(花建,东方出版中心)等。

其中,随着文化产业成为区域经济发展的重要推动力,学术界迎来了区域文化产业研究热潮,针对区域文化产业的专题研究也开始成为重要的研究领域。如《区域文化产业发展新论》(谭志云,中国社会科学出版社)、《区域文化产业升级机制与路径》(梁君,广西师范大学出版社)、《区域文化产业研究》(李炎、王佳,云南大学出版社)、《西藏文化产业发展探析》(罗莉,社会科学文献出版社)、《丽江民族文化产业集群式发展研究》(晏雄,经济科学出版社)、《文化产业的时空集散:西安的案例》(薛东前,社会科学文献出版社)、《文化势能与西部地区文化产业发展研究》(熊正贤,经济科学出版社)、《区域文化经济论》(陈凯、史红亮,经济科学出版社)、《民族文化产业论纲》(陈庆德、郑宇、潘春梅,人民出版社)、《中部农区特色文化产业集群发展理论与实践》(李学鑫等,科学出版社)、《澳门文化产业发展战略研究》(潘知常、刘燕、汪菲,人民出版社)、《文化创意产业——"北京模式"与"昆士兰模式"比较研究》(李庆本,北京大学出版社)、《城市文化创意产业发展研究——以北京为例》(赵继敏,科学出版社)、《浙江区域文化产业发展战略研究》(张仁汉,光明日报出版社)、《区域文化资源与旅游经济耦合研究——以江苏为例》(胡小海,东南大学出版社)等。

2014~2017年出版的文化产业高等学校基础教材类代表专著有《文化产业概论(第3版)》(李思屈、李涛,浙江大学出版社)、《文化产业概论(第二版)》(韩骏伟、胡晓明,中山大学出版社)、《文化经纪理论与实务(第二版)》(胡晓明、肖春晔,中山大学出版社)、《文化产业概论(第二版)》(韩英、付晓青,福建人民出版社)、《文化产业概论》(颜海、苏娴、熊晓亮,北京大学出版社)、《文化产业管理概论》(宋桂友,重庆大学出版社)、《文化产业创意与策划》(唐任伍,北京师范大学出版社)、《文化市场调查与分析》(阳光宁、张军占,中国科学技术大学出版社)、《文化产业概论》(尹章池,北京大学出版社)、《文化资源学》(唐月民,山东大学出版社)、《文化产业创意与策划》(高小康、钟雅琴,南京大学出版社)、《中国文化产业概论》(张延兴,山东人民出版社)、《文化投资学》(王广振,福建人民出版社)、《文化产业创意与策划》(袁连升、王元伦,清华大学出版社)、《海外文化产业概论》(李大伟,福建人民出版社)、《文化产业项目管理》(唐建军,福建人民出版社)、《文化学概要》(王晓鹏,福建人民出版社)、《文化产业规划学》(昝胜锋,福建人民出版社)、《文化经济学》(昝胜锋,中国人民大学出版社)、《文化产业商业模式概论》(昝胜锋,福建人民出版社)、《文化产业管理学》(何群,中国人民大学出版社)、《文化产业案例(第二版)》(殷亚丽、胡晓明,中山大学出版社)、《文化市场营销学(第二版)》(赵泽润、蒋昀、温芳,中山大学出版社)、《文化产业基础理论》(徐海龙,高等教育出版社)等,进一步丰富了文化产业管理专业的基础教材。

其中,有两套系列教材值得关注。自2014年,由上海交通大学胡惠林教授担任总主编开始推出了"十二五"普通高等院校文化产业管理系列规划教材,该丛书内容新颖全面,与中国文化产业的发展紧密结合,注重文化产业理论的实践和应用,是目前较为完善的文化产业管理专业的系列教材。该丛书有《西方文化管理概论(第2版)》(陈鸣,清华大学出版社)、《文化行政学原理》(凌金铸,清华大学出版社)、《文化经济学(第2版)》(胡惠林,清华大学出版社)、《文化资源学》(姚伟钧,清华大学出版社)、《文化产业管理概论》(李向民、王晨,清华大学出版社)、《区域文化导论》(林艺、刘涛,清华大学出版社)等共计十余本,可作为普通高等院校文化产业管理专业和其他相关专业的教材使用,也可作为文化产业从业人员的培训用书和参考读物。2015年,由白庆祥担任主编推出中国文化产业创意师培训系列教材,系列教材达200万字,有《文化产业政策解读》(王祎庆,中国传媒大学出版社)、《文化产业商业模式创新》(董薇、刘吉晨,中国传媒大学出版社)、《文化产业经营管理学》(王丹娜、王祎庆,中国传媒大学出版社)、《文化产业经营管理案例解读》(刘吉晨、白宇,中国传媒大学出版社）等8部。教材极其注重实用性，按照人力资源和社会保障教育培训中心的培训要求，结合我国文化产业的实际情况量身建构，是中国较早的关于文化产业系统的培训教材。

三 课题研究和科研基金项目

作为新兴学科，文化产业的学科理论体系构建仍需尽快完善，文化产业的研究也需要更加广阔的学术视野和宽阔的胸襟。我们注意到，2014～2017年，关于文化产业的科研基金立项方面内容比较丰富，许多学者在前辈专家取得的成就基础上，积极借鉴其他成熟的学科理论与方法开展研究，来自管理学、法学、民族学、社会学、经济学、艺术学、新闻学与传播学等不同学科背景、具有多样研究视角的年轻学者加入了文化产业的研究阵营。其中，这两年也涌现出不少关注区域文化产业发展的课题，学者们就区域文化产业展开了更广、更具现实意义的研究。

2014～2017年，国家社科基金年度项目和青年项目立项方面，与文化产业相关的重点项目有《文化产业社会效益研究》（上海交通大学，单世联）、《改革开放以来社会意识变动视阈下的国家文化安全问题研究》（河南理工大学，程伟）、《我国少数民族文化开放与文化安全研究》（中南民族大学，李资源）、《民族地区文化产业发展的商业模式创新研究》（中央民族大学，胥悦红）、《文化企业兼并重组的实现路径及效应评价研究》（山东大学，潘爱玲）、《闽台历史民俗文化资源保护与产业化问题研究》（厦门理工学院，刘芝凤）等；一般项目有《中国文化软实力评估与增进方略研究》（上海社会科学院，胡键）、《文化资源产业化开发路径与机制研究》（浙江财经大学，陈朝霞）、《我国文化产业安全预警体系构建研究》（安徽工程大学，周晓宏）、《小微文化企业商业模式与发展研究》（济南大学，张振鹏）、《我国文化产业安全实现机制研究》（南昌大学，曾荣平）、《引导民间资本投资文化产业研究》（兰州商学院，陈芳平）、《中国文化资源产权交易法律保障机制研究》（华东交通大学，胡卫萍）、《制度环境下终极控股股东对文化企业并购绩效影响研究》(山东财经大学,邵春燕)、《丝绸之路经济带背景下西北民族地区文化产业与旅游产业融合发展机制、路径、模式研究》(西北师范大学,南宇)、《文化旅游需求与产品创新系统建设研究》(山西财经大学,宋鹏飞)、《文化事业与文化产业全面协调可持续发展研究》(中共湖南省委党校,彭益民)、《五大发展理念视阈下我国文化制度变革研究》(重庆理工大学,胡剑)、《"文化+"视阈下西北民族特色文化产业发展进程测度及转型升级研究》(中共甘肃省委党校,吕文涓)、《文化演艺融入旅游产业的经济效应分析及实证检验研究》(云南大学,王克岭)、《"一带一路"背景下民族地区建设文化产业公共服务平台研究》(厦门大学,杨玲)、《"一带一路"建设与西部民族地区文化产业的知识产权战略研究》(兰州大学,刘斌斌)、《"互联网+"时代民族地区文化产业的转型升级与创新发展研究》(大连民族大学,张瑾燕)、《好莱坞电影意识形态输出运行机制与美国国际文化战略研究》(国家行政学院,刘恩东)、《民营影视产业发展研究》(浙江传媒学院,詹成大)、《中国与"一带一路"沿线支点国家文化产业优先合作领域的战略选择研究》(绍兴文理学院,冯根尧)、《新闻传播对藏羌彝文化产业走廊的协同创新作用研究》(西南民族大学,俞运宏)、《我国文化产业内生境界动力机制研究》(山西师范大学,杨茜)、《西藏文化产业政策体系构建对文化组织形式创新的调节机制研究》(西藏民族大学,黄林)、《文化产业推动藏羌彝文化走廊精准扶贫、脱贫的实现路径研究》(西藏民族大学,李俊)、《国有文化企业公司治理及评价研究》(北京交通大学,张娜)等;青年项目有《哈尼族美学与文化创意产业发展研究》(红河学院,王馨)、《青海热贡区地方性市场发展的文化机制研究》(甘肃政法学院,刘生琰)、《徽州文化资源保护与产业融合研究》(安徽师范大学,秦枫)、《小微文化企业孵化集聚的组织生态环境研究》(上海社会科学院,孙洁)、《青藏高原多民族聚居区旅游产业与民族文化产业融合途径及其效应研究》(青海民族大学,张俊英)、《文化演出产业与旅游产业融合战略研究》(宁波大学,周春波)、《藏羌彝文化产业走廊运动休闲旅游产业带的开发研究》(四川大学,李少波)、《资金配置与西藏文化产业发展的路径及对策研究》（西藏民族大学，王小娟）、《文化产业供给侧结构性改革下著作权保护制度与机制研究》（华东交通大学，张祥志）、《国有文化企业转型社会企业的战略与对策研究》（中国社会科学院，潘娜）等。

2014~2017年，教育部人文社会科学研究规划基金、青年基金立项方面，与文化产业相关的规划基金项目包括《京津冀文化创意产业协同发展的困境与突围》（河北大学，杜浩）、《效率视域下文化产权交易市场制度创新研究》（华东交通大学，廖继胜）、《中国文化产业投资机制运行效率及其创新研究》（长春理工大学，张肃）、《休闲视野下苏南国家级非物质文化遗产的保护与开发研究》（江南大学，吴媛媛）等；青年基金项目有《海峡两岸文化产业管理人才培养机制比较与创新研究》（厦门大学嘉庚学院，王乃考）、《大都市小微文化企业的集聚模式、机制和政策研究——以北京和成都为例》（四川大学，刘鑫）、《小微文化企业发展研究》（北京印刷学院，余博）、《"新经济"背景下文化产业链的产业关联度及其演变趋势研究》（江西科技师范大学，刘珊）、《云经济视阈下文化创意产业空间塑造及空间价值提升研究》（上海立信会计学院，谭娜）、《文化创意产业集聚空间特征、演化机理与优化——以浙江省为例》（浙江万里学院，丛海彬）、《文化创意产业背景下的大学生创业生态体系构建研究——以浙江省为例》（浙江传媒学院，孙丽园）、《大数据时代我国文化消费的影响机理与提升路径研究》（上海工程技术大学，何琦）、《基于文化自觉的中国数字娱乐产业发展研究》（杭州电子科技大学，李婷）、《大数据视阈下影视产业发展战略研究》（湖州师范学院，吴卫华）、《传承与创新语境下的博物馆文化创意产品品牌化发展研究》（南京林业大学，王颖）、《基于文化消费与技术创新互动的"文化+"产业融合研究》（长春理工大学，黄蕊）、《基于网络情境的小微文化企业融资征信体系构建与策略研究》（山东财经大学，韩倩倩）、《"互联网+"背景下影视产业IP运营机制研究——基于价值链创新的视角》（北京联合大学，金韶）、《"一带一路"框架下的西部地区文化产业翻译及文化软实力提升策略研究》（陕西学前师范学院，温宏社）、《丝绸之路经济带背景下的新疆文化产业发展研究》（新疆艺术学院，赵洪斌）、《影响我国文化产业结构优化的核心变量研究》（广西师范大学，沈继松）、《基于文化消费需求的传统节日文化创意产品开发设计研究》（天津理工大学，李洋）等。

四 学术交流与合作

2014～2017年，国内文化产业研究的交流与合作规模不断扩大，部分学术交流活动继续举办并常态化。通过搭建文化产业交流与合作的高端平台，围绕我国重大理论与实践问题，邀请中外高校文化领域学者、文化企业家、文化行政管理者、文化非政府组织管理者进行学术交流与合作，推动文化产业学科发展、产学研对话交流，切实为我国文化产业与区域合作提供良好平台和环境。

经过多年沉淀，在2014～2017年继续举办并常态化的文化产业相关学术交流与合作会议有国际文化产业大会、中日韩文化产业论坛、亚洲艺术节"文化论坛"、亚洲文化合作论坛、中意文化外交和创意产业论坛、中国文化产业高峰峰会、中国民族文化产业发展论坛、全国文化管理类学科建设联席会议、中国文化产业新年论坛、中国文化创意产业论坛、中国文化产业前沿论坛（烽火文创论坛）、中国文化金融50人论坛、中国文化产业创新创业大会、海峡两岸文化创意产业高校研究联盟论坛、两岸经贸文化论坛、海峡两岸青少年新媒体文创论坛、中国文化产业资本大会、全国文化产业青年学者论坛、文化科技创新论坛、北京大学文化产业国际博士生论坛、U40文化产业暑期工作营等。其中，中韩文化产业论坛、中意文化外交和创意产业论坛、海峡两岸文化创意产业高校研究联盟论坛、全国文化管理类学科建设联席会议等活动的举办甚至跨越了地域的限制，实现了高校、海峡两岸或国家（地区）间的轮流举办机制，为更密切的文化产业交流与合作奠定坚实基础。

2014～2017年相关文化产业交流与合作会议还有2014文化创意产业领军人才研讨会、2014CCIP文创产业园发展高峰论坛、2014中国文化产

业与经济融合论坛、文化经济发展论坛、2014丝绸之路经济带文化资源与文化产业高峰论坛、2014丝绸之路与民族文化发展学术研讨会、2014国际文化版权创新服务研讨会、2014年长江文化创意设计与相关产业融合发展学术研讨会、2015特色文化与文创园区发展战略研讨会、2015文化金融论坛、2015西部文化金融论坛、2015两岸文化研讨会、2015京津冀文化产业协同发展研讨会、2015京杭大运河文化产业带高峰论坛、2015"一带一路"文化与产业发展研讨会、2015年高层次文化人才论坛、2015非物质文化遗产国际论坛、2015年文化部文化产业创业创意人才交流分享会、2015文化创意产业园区创新发展论坛、文化产业高峰论坛2016、2016国际影视文化产业发展与投融资高峰论坛、2016中国文化产业投融资高峰论坛、2016特色文化产业与扶贫攻坚（陕西）论坛、2016文化企业无形资产评估与文化产业发展论坛、2017特色文化产业与脱贫攻坚（贵州）高峰论坛、2017数字艺术产业论坛、2017中国（横店）影视文化产业发展大会、2016文化企业无形资产评估与文化产业发展论坛、文化产业转型升级与文化企业创新成长高端论坛、"一带一路"文化产业建设与发展论坛、2017全球文化娱乐创新大会、2017中国文创产业论坛、2017中国文化金融发展研讨会等。

这些会议针对我国文化产业发展相关的重大问题，如文化产业管理、文化产业集聚、文化与金融、文化与科技、文化与旅游、文化与城市创新、区域文化产业发展、国际（地区）文化合作等，进行了认真的学理梳理和有深度的探究。海峡两岸文化创意产业高校研究联盟论坛、U40文化产业暑期工作营等会议的相关论文或著作的成果诞生，推动了文化产业研究工作的务实发展和互动交流，进一步丰富了文化产业的学术成果，产生了一定的学术影响力。

五 政策研究

中国文化产业的发展势头良好，但还亟须完善政策体系来进行引导和促进。2014~2017年，文化产业在顶层设计上不断完善，文化产业主管部门联动性政策增加，无论国家综合性经济政策还是专门领域的经济政策也都常常能看到文化产业的身影，从中央到地方政府部门陆续颁发一系列关于促进文化产业、金融科技、文创人才、产业融合以及创业创新等方面发展的政策和意见，其中不乏一些具有战略性建构功能的政策。除此之外，2014年和2015年，国家财政部分别下达了50亿元年度文化产业发展专项资金，较2013年增加了4.2%，政府投入持续加大，有力地支持了文化体制改革和文化产业发展，对推动全国文化领域结构调整、合理配置文化资源、优化产业发展整体布局发挥了重要作用。

作为最高国家权力机关，国务院主导、积极有为，作为主管全国文化产业的核心部门，文化部继续加强规划引导，联合其他相关部门先后制定和发布了《关于推进文化创意和设计服务与相关产业融合发展的若干意见》（国发〔2014〕10号）、《关于印发〈藏羌彝文化产业走廊总体规划〉的通知》（文产发〔2014〕11号）、《关于加快发展对外文化贸易的意见》（国发〔2014〕13号）、《关于深入推进文化金融合作的意见》（国发〔2014〕14号）、《关于印发文化体制改革中经营性文化事业单位转制为企业和进一步支持文化企业发展两个规定的通知》（国办发〔2014〕15号）、《关于大力支持小微文化企业发展的实施意见》（文产发〔2014〕27号）、《关于推动特色文化产业发展的指导意见》（文产发〔2014〕28号）、《关于加快发展体育产业促进体育消费的若干意见》（国发〔2014〕46号）、《关于支持电影发展若干经济政策的通知》（财教〔2014〕56号）、《关于知识产权支持小微企业发展的若干意见》（知发管字〔2014〕57号）、《关于加快构建现代公共文化服务体系的意见》（中办发〔2015〕2号）、《国务院关于进一步促进展览业改革发展的若干意见》（国发〔2015〕15号）、《国务院关于大力推进大众创业万众创新若干政策措施的意见》（国发〔2015〕32号）、《关于积极推进"互联网+"行动的指导意见》（国发〔2015〕40号）、《关于支持戏曲传承发展若干政策的通知》（国办发〔2015〕52号）、《关于推进基层综合性文化服务中心建设的指导意见》（国办发〔2015〕74号）、

《博物馆条例》（国务院令第659号）、《关于推动文化娱乐行业转型升级的意见》（文市发〔2016〕26号）、《艺术品经营管理办法》（中华人民共和国文化部令第56号）、《关于加强文化领域行业组织建设的指导意见》、《关于推动数字文化产业创新发展的指导意见》（文产发〔2017〕8号）等重要文件。

其中，2014年是国家提出"文化产业政策"概念以来，政策出台密集度最高的一年，也被称为文化产业"政策红利之年"。从2014年1月李克强总理部署推进文化创意和设计服务与相关产业融合发展算起，国家层面先后发布了产业融合、文化金融、文化贸易等十余个文件。特别是2014年3月，短短一月内就连续发布了4个国家级文化产业文件。2014年3月国务院印发《关于推进文化创意和设计服务与相关产业融合发展的若干意见》，这是我国就文化创意和设计服务与相关产业融合发展出台的第一个系统性文件。

在2014年的政策基础上，2015年成为由政策引导文化产业发展的一年。这一年相继有几部重要的政策出台。如《关于加快构建现代公共文化服务体系的意见》《国务院关于大力推进大众创业万众创新若干政策措施的意见》《关于积极推进"互联网+"行动的指导意见》等，这些都是文化产业当前和未来的关键性指导政策，均体现了国家政策对文化产业的保驾护航。2015年3月，由国家发展改革委、外交部、商务部联合发布的《推动共建丝绸之路经济带和21世纪海上丝绸之路的愿景与行动》，在合作重点中提出了加强与沿线各国的文化交流、积极开展文化产业合作、塑造和谐友好的文化生态的新要求。原本就承载着几千年中华文化内涵的"一带一路"建设，给中华文化走向世界及文化产业的发展提供了绝佳的机遇。

2014~2017年，国家层面的政策制定和推动中还有重要亮点。2014年10月15日，习近平总书记在主持召开文艺工作座谈会并做重要讲话，2015年同日《在文艺工作座谈会上的讲话》全文发表，强调中华优秀传统文化是中华民族的精神命脉，是涵养社会主义核心价值观的重要源泉，也是我们在世界文化激荡中站稳脚跟的坚实根基。增强文化自觉和文化自信，是坚定道路自信、理论自信、制度自信的题中应有之义，这次重要讲话体现了国家对传统文化的重视。2016年，"十三五"开局之年，文化立法取得重要突破。11月7日，全国人大常委会第二十四次会议表决通过《中华人民共和国电影产业促进法》（主席令12届第54号）。12月25日，全国人大常委会第二十五次会议表决通过《中华人民共和国公共文化服务保障法》（主席令12届第60号）。《电影产业促进法》是中国文化产业领域的第一部法律，这部法律将长期以来中国电影产业改革发展的成熟经验上升为法律制度，为未来电影产业持续健康繁荣发展提供了有力的法制保障。《公共文化服务保障法》是中国文化领域的一部重要法律，其出台弥补了中国文化立法的短板，进一步完善了中国文化法律体系，对推进公共文化服务的法治化规范化具有重要意义。2017年，加强戏曲艺术等传统文化保护、扶持战略性新兴产业成为政策的重点。4月，文化部发布首个"数字文化产业"概念的政策文件——《关于推动数字文化产业创新发展的指导意见》，向社会发出国家鼓励数字文化产业发展的明确信号，这意味着数字文化产业已经取得了高度的政策保障。5～10月，中宣部、文化部、教育部、财政部联合先后印发《关于新形势下加强戏曲教育工作的意见》《关于戏曲进乡村的实施方案》《关于戏曲进校园的实施意见》《关于进一步做好戏曲进校园工作的通知》。

2014～2017年，各省（直辖市）紧跟国家政策精神，纷纷出台进一步推进文化产业发展的政策法规，并在各省（直辖市）发布的"十三五"规划纲要中，也直接或间接部署了文化产业的发展方向，为实现"文化产业成为国民经济支柱性产业"的目标提出具体的措施。各地文化产业利好政策陆续出台，文化产业迎来新的发展契机。

北京市在2014年制定了《北京市文化创意产业功能区建设发展规划（2014～2020年）》，这是中国首个省级文创产业空间布局规划，首次明确提出了全市文创产业错位发展的空间格局。根据该规划，到2020年，北京市将在平原地区规划建设20个文创功能区，形成特色化、差异化、集群化的发展态势。此外，为进一步加快发展文化产业小额贷款公司，完善科技、文化领域小微企业融资配套政策，还出台了《关于进一步加强金融支持小微企业发展的若干措施》（京政办发〔2014〕58号）。2015年2月，北京市印发《关于促进文化消费的意见》，这是全国首部专门针对文化消费的省级地方政策，明确了文化消费在消费体系和人民精神文化生活中的重要地位，凸显了北京作为全国文化中心对于文化产业发展应当投资、消费"双轮驱动"的深刻认知。2016年2月，为进一步促进旅游业改革发展，北京市印发《关于促进旅游业改革发展的实施意见》。该意见明确，政府将采取措施促进产业转型升级，表示力争到2020年，旅游业增加值占全市国内生产总值的比重超过8%。

天津市在2014~2017年，先后出台《天津市文化服务、文化产业转型升级工程》、《关于促进天津市文化贸易发展的实施意见》（津商务服贸〔2014〕1号）、《关于进一步加强文物工作的实施意见》（津政办发〔2017〕105号）等多个文化产业相关政策。为推进文化和旅游业的融合发展，印发了《天津市关于推进文化和旅游融合发展的实施意见》（津党宣发〔2014〕19号）。除此之外，天津市还极其重视提升公共文化服务水平，专门出台《天津市基层公共文化服务体系建设专项资金管理暂行办法》，强调专项资金用于完善基层公共文化服务网络，丰富基层公共文化服务手段和内容，推进基本公共文化服务标准化、均等化，更好地保障人民群众基本文化权益。2016年，又再次印发《关于做好政府向社会力量购买公共文化服务工作的实施意见》，进一步深化文化体制改革，丰富公共文化服务供给。

上海市重视文化产业的发展，先后出台《关于深入推进文化与金融合作的实施意见》、《关于加快发展本市对外文化贸易的实施意见》（沪府发〔2014〕71号）、《中国（上海）自由贸易试验区文化市场开放项目实施细则》、《促进创意涉及产业发展财政专项资金实施办法》、《关于促进上海电影发展的若干政策》、《关于本市发展众创空间推进大众创新创业的指导意见》、《关于印发〈上海市旅游发展专项资金使用管理指导意见〉的通知》（沪财行〔2014〕60号）等多部推动文化产业发展的政策。

江苏、山东等省份一直着力推动文化产业规模、效益和竞争力走在全国前列，纷纷制定了本地支持文化产业发展的相关意见和措施。江苏省出台的文化产业政策有《关于全面构建"畅游江苏"体系促进旅游业改革发展的实施意见》（苏政发〔2014〕85号）、《关于推进公共体育服务体系示范区建设的实施意见》（苏政办发〔2014〕99号）、《江苏省公共文化服务促进条例》等。为推动文化产业规模发展、集聚发展、融合发展，山东省在2014年9月出台《关于加快发展文化产业的意见》，意见提出力争2020年，文化产业成为国民经济支柱产业。2015年10月，山东省发布《山东省深入实施知识产权战略行动计划（2015~2020年）》，明确提出"建设知识产权强省"的奋斗目标，加快推进知识产权产业化的主要任务，落实相关资金投入等保障措施，推动山东省知识产权发展进入新阶段。

2014~2017年，文化产业政策出台涉及范围之广、数量之多、密集程度之高、扶持力度之大可谓空前，可以看出国家层面对文化产业发展极为重视，中国文化产业政策环境正在不断优化。这些政策或从国家宏观层面出发，或各部委联合出台，或各省市政府部门制定，承前启后、各有侧重，为文化产业发展保驾护航。与此同时，文化产业政策研究一直是学术界研究的重大理论问题，取得的相关理论成果有力地提高了文化产业政策整体研究水平，为中国制定和实施文化产业政策提供了理论支撑。从某种意义上说，这些都为接下来的"十三五"时期文化产业发展方向奠定了基调。

中国文化产业经过了十余年时间，随着近年来国家的鼓励政策连续出台，文化产业实践得到迅速发展，已经走上了与市场经济先行同样的常态化道路。许多文化产业理论研究成果在实践中发挥了重要的指导和参考作用。从2014~2017年中国文化产业理论研究工作来看，理论研究工作继续深入开展，区域文化产业理论研究随着实践的发展不断深化，取得了比较丰富和更具现实意义的成果。但是相较文化产业实践，文化产业的理论研究总体上仍显滞后和不足。未来的区域文化产业理论研究，要从实践需要出发，重视跨学科、综合性研究，继续加强对文化产业发展实践中的问题进行研究，对文化产业快速发展过程中的新矛盾和新难题，提供更具前瞻性、指导性的文化理论指导。

B.15
2015~2017年中国区域文化产业大事记

2015年

2015年1月29日，由福建海峡经济文化交流协作中心主办的首届福建琉球文化经济论坛在福州开幕，来自全国的100多名学者专家出席了该论坛。与会专家学者从不同角度，就中琉经济文化、旅游投资等方面进行了广泛交流。

2015年2月11~16日，第二十三届台北国际书展在台北举行。

2015年3月2日，北京市、天津市和河北省三省市的群艺馆在北京国家大剧院共同签署了《京津冀三省（市）群众艺术馆（中心）协同发展合作协议》。

2015年3月18日，北京市文化局、天津市文化局、河北省文化厅在北京市政府新闻发布厅举办了京津冀演艺领域深化合作协议签字仪式暨京津冀2015年演艺项目推介会，并签署了《京津冀演艺领域深化合作协议》。

2015年3月21~22日，以"IT重塑经济结构"为主题的中国（深圳）IT领袖峰会在深圳召开，本次峰会围绕"未来，下一个风口在哪儿"和"IT全球化的机遇与挑战"两个主题。

2015年4月11日，中国上海自贸区国家对外文化贸易基地和NAB组织签订了中国（上海）国际跨媒体技术装备博览会（NAB SHOW GIX）协议。

2015年4月13日《国家发展改革委关于印发长江中游城市群发展规划的通知》（发改地区〔2015〕738号）。

2015年4月20日，台湾文化创意产业博览会在台北开幕，本届博览会首次提出"城市即展场，展场即生活"的展会策划理念，分设松山文创园区（创意设计）、华山1914文创园区（工艺授权）以及花博争艳馆（流行时尚）三个展区。

2015年4月29日，第六届海峡两岸文化创意产业展在台北开幕。

2015年5月21日，第二届天津国际设计周在天津举办，为来自国际优秀设计大师、企业、院校以及设计类人才提供广阔的交流平台。

2015年6月26日，在第四届中国西部旅游产业博览会上，四川、重庆、贵州三个省市旅游主管部门共同签署了《"四川好玩、重庆好耍、贵州好爽"跨区域旅游营销合作的协议书》，未来三年，川渝黔旅游主管部门将围绕"四川好玩、重庆好耍、贵州好爽"主题，通过联合宣传造势、共同参加国内外大型旅游营销活动、共同设计跨区域旅游精品线路产品、联合编制旅游宣传资料、联合制定跨区域优惠奖励措施等方式，实现三省市游客间的互动，吸引更多海内外游客游览三省市的美丽风光。

2015年7月4日，第39届世界遗产委员会会议上，贵州遵义海龙屯遗址、湖南永顺老司城遗址、湖北恩施唐崖土司城遗址打包组成的"中国土司文化遗产"申遗项目获得了21个评审国超过三分之二的赞成票，申遗成功，成为我国继京杭大运河之后第48个世界物质文化遗产项目。

2015年7月20日，作为"湖湘动漫月"主题活动之一的第六届长沙（国际）动漫游戏展在湖南国际会展中心圆满闭幕，湖湘动漫游戏热潮乘移动互联网之风吹遍湖南，影响了中部，席卷了全国。

2015年7月23日，由中国民间文艺家协会、省文联和三明市政府联合主办的中国古村落文化遗产保护高峰论坛在福建泰宁举行。

2015年8月26日，川滇黔渝接合部旅游联盟推介会暨旅游产业项目签约仪式隆重举行，参加推介的8个川滇黔渝接合部旅游城市在推介会上签订了战略合作协议，共同推动各市区共同开展旅游宣传，打造旅游精品和品牌，共同促进8市区旅游经济的发展。

2015年9月11日，第五届中国成都国际非物质文化遗产节在成都非遗博览园举行，本届非遗节以中国传统手工技艺为重点，聚焦"现代化进程中的非遗保护"这一时代课题,将探索"互联网+非遗""文化+双创"的融合发展路径。

2015年9月16日,由湖北省人民政府、重庆市人民政府主办的第六届中国长江三峡国际旅游节,由中国音乐家协会、宜昌市人民政府主办的第五届中国宜昌长江钢琴音乐节隆重开幕。

2015年9月24日,文化部部分省(市、区)文化厅(局)非遗处长座谈会在湖南工艺美术职业学院召开,北京、山西、上海、江苏、湖南、湖北、江西、安徽、云南、广东、广西、四川等12个省市的文化厅(局)非遗部门负责人参加了会议。

2015年9月26日,北京国际设计周以"设计之都·智慧城市·产业融合"为主题,展示了北京文化创意和设计服务与相关产业融合发展的创新成果,落户大兴区的"中国设计节"搭建全新设计产业创新交流平台,进一步推动创意设计和城市、民生、科技等领域融合。

2015年9月27日,第七届世界儒学大会暨2015年度"孔子文化奖"颁奖仪式在曲阜召开。

2015年10月,长江经济带覆盖的11省市共同签署了长江经济带旅游产业合作宣言。

2015年10月10日,文化部、财政部拉动城乡居民文化消费试点项目(武昌)新闻发布会暨"文化汇"公众号启动仪式在武昌区政府议政厅举行。

2015年10月15日,第三届乌镇戏剧节于水乡乌镇开幕,世界八大国家级名团齐聚乌镇,多部国际剧目首度访华。

2015年10月17日,由湖南、江西、湖北、安徽四省文化厅主办的第二届湘赣鄂皖非物质文化遗产联展在江西省非物质文化遗产樟树林展示馆开幕。

2015年10月23日,由四川省文化厅主办的"一带一路"藏羌彝文化产业走廊建设发展高峰论坛在成都召开,文化部文化产业司、财政部文资办与四川、云南、西藏、甘肃、青海等省区的政府文化部门负责人、国内知名专家学者以及文化企业界代表出席会议,共商新常态下藏羌彝文化产业走廊发展大计。

2015年10月24~25日，由湖北、湖南两省文物局联合举办，湖南省益阳市文物管理处承办的"万里茶道"申遗工作推进会在益阳市召开。

2015年10月29日，第十届中国北京国际文化创意产业博览会在北京开幕。本届文博会吸引了来自俄罗斯、匈牙利、伊朗、埃及、阿根廷、澳大利亚、韩国、印度等40个国家和地区的45个代表团组参会，中外参展机构和企业近1800家。

2015年10月30日，台北国际艺术博览会在台北开幕，参展艺廊168家，参观人数达4.7万人次。

2015年10月30日至11月1日，由澳门市民联合会主办，澳门福建同乡总会等多家闽籍社团协办，以"海上丝绸之路"为主题的第三届澳门福建文化节在澳门举行。

2015年11月4日，江西、湖北、湖南、河南等省份的12个城市的50余名示范区创建工作代表在湖北襄阳由文化部组织的2015年国家公共文化服务体系示范区创建城市区域文化联动华中片区经验交流活动。

2015年11月9~10日，第三届亚洲文化论坛在福建泉州举行，本届论坛将以"一带一路"建设与亚洲文化对话为主题，围绕"亚洲合作对话中文化的角色与作用""亚洲文化合作共赢的路径"等话题展开积极研讨。

2015年11月13~15日，由中国国家旅游局、中国民用航空局和云南省人民政府共同主办的2015中国国际旅游交易会在云南昆明滇池国际会展中心举行。

2015年11月21日，由中国非物质文化遗产保护协会、中国非物质文化遗产保护中心、武汉市人民政府和湖北省文化厅主办的2015中国长江非物质文化遗产大展在武汉国际会展中心开幕。

2015年12月18日，2015中国"互联网+"创投大会在海口举行。大会凝聚了金融界、科学界及企业界等业界精英，力促海南优势产业市场化，推动中国南部一带的创新发展。

2015年12月25~27日，首届2015中国（海南）海上丝绸之路文化产业博览交易会在海南国际会展中心举办。

2015年12月30日，2015东亚文化之都·青岛活动年在青岛落下帷幕，活动年共举行五大板块130余项活动，主要包括活动年开幕式、中日韩第7次文化部长会议及中日韩艺术节、闭幕式及中日韩文化教育论坛。

2016年

2016年1月17日，在上海铁路局和沪、苏、浙、皖三省一市旅游局的支持下，中国（长三角）高铁旅游联盟在浙江丽水成立，丽水市旅游委与联盟签署战略合作协议，成为联盟首家会员单位，大力培育"高铁+自驾游"、"高铁+公共交通"和"高铁+电动汽车分时租赁"等旅游新业态。

2016年2月16~21日，第二十四届台北国际书展在台北举行。

2016年3月2日，国家发展改革委、科技部、工业和信息化部联合出台《关于印发〈长江经济带创新驱动产业转型升级方案〉的通知》（发改高技〔2016〕440号）。

2016年3月27日，广东省首只百亿元级媒体融合投资基金——广东南方媒体融合发展投资基金在广州成立，广东省委宣传部、省新闻出版广电局等相关机构负责人参加了揭牌仪式。

2016年4月12日，国务院印发《关于成渝城市群发展规划的批复》（国函〔2016〕68号），批复同意《成渝城市群发展规划》，标志着成渝迈向一体化发展。

2016年4月19日，台湾文化创意产业博览会在台北开幕，本届博览会主题为"品东风"，以"品东风"、"茶文化"、"食日常"和"倚生活"为四个主题展馆。

2016年4月27日，《国家发展改革委住房城乡建设部关于印发成渝城市群发展规划的通知》（发改规划〔2016〕910号），成渝城市群的发展，有利于释放中西部巨大内需潜力，拓展西南地区文化产业发展新空间。

2016年5月25日，以"文化引领 联通侨界 创新转型共建丝路"为主题的2016中国华侨文化创意产业发展峰会在福建莆田市举行，来自美国、加拿大、意大利、新加坡等20多个国家和台港澳地区的近300位知名侨领、侨资企业家、文化创意产业专家、工艺美术大师等参加峰会。

2016年5月27日，北京市文化局、天津市文化广播影视局、河北省文化厅在北京签署了《京津冀三地文化人才交流与合作框架协议》。该协议以促进和支撑京津冀文化协同发展为总体目标，全力推进三地文化人才交流与合作，强化人才资源统筹、加大人才交流培养、创新人才互动模式、探索人才共建共享合作机制，为京津冀文化协同发展提供智力支持和人才支撑。

2016年6月6~10日，第22届上海电视节举行。

2016年6月11日，第19届上海国际电影节开幕。

2016年6月12日，第四届中国—南亚博览会开幕，本届南博会暨昆交会以"亲诚惠容、合作共赢"为主题，共有89个国家和地区参展参会，参展企业约5000家，境外企业占50%左右。

2016年6月13日，中国国家博物馆与上海自贸区签署合作协议，共同启动"文创中国"中国大区运营中心等项目，"文创中国"线下运营中心正式落户上海自贸区。

2016年7月5日，"华夏银行杯"首届北京市文化创意创新创业大赛开赛，赛事由市委宣传部、市文资办指导，北京市文化创意产业促进中心主办，北京东方嘉诚文化产业发展有限公司承办，旨在响应李克强总理提出的"大众创业、万众创新"的号召，通过竞赛的形式，寻找在文化创意产业领域挖掘具有成长性的创新创业人才和项目，激发文创领域创新创业的活力。

2016年7月7~11日，文化部与上海市政府联合主办的第12届中国国际动漫游戏博览会（CCGEXPO2016）在上海世博展览馆举行。

2016年8月3日，由贵州省文化厅、毕节市人民政府主办的首届"藏羌彝走廊·彝族文化产业博览会"在贵州省毕节市大方县举办，旨在整合国家藏羌彝文化产业走廊川、滇、黔、桂四省（区）彝族区域的彝族文化资源，共同推动彝族文化产业融合发展。

2016年8月12日，由中国文化部、黑龙江省政府和俄罗斯联邦文化部、阿穆尔州政府主办，黑龙江省文化厅、黑河市政府和阿穆尔州文化档案部、布拉戈维申斯克行政公署承办的第七届中俄文化大集在黑河开幕。

2016年8月12~14日，由华东师范大学、南昌大学、上海市人民政府发展研究中心、中国地理学会长江分会、中国区域科学协会区域创新研究专业委员会联合主办的"长江经济带协同发展高层论坛（2016）"在南昌大学举行，本次论坛以"推进长江经济带绿色·创新·协同发展"为主题，探讨长江经济带经济协同发展的科学基础、分析方法、实践应用等问题，为长江经济带的建设发展出谋划策。

2016年8月16日，"第四届北京惠民文化消费季"开幕，第四届消费季由北京市文资办、文化局、新闻出版广电局、文物局四部门主办，市发展改革委等19家委办局和16区政府联合主办，旨在着力扩大文化供给，创新消费服务，丰富消费业态，提升消费品质，改善消费环境。

2016年9月2日，由北京市国有文化资产监督管理办公室、天津市文化体制改革和发展工作领导小组办公室、河北省文化体制改革和发展工作领导小组办公室共同指导，北京市朝阳区文创实验区企业信用促进会等单位联合倡议发起的京津冀文化产业园区（企业）联盟在北京成立。

2016年9月3日，京津冀文化创意产业合作暨项目对接推介会在承德举行。此次参加对接推介会的三地文化企业共有55家，会上共有4个京承文化产业合作项目签约，7家承德文化企业和4种特色文化产品在会上做了重点推介。

2016年9月《长江经济带发展规划纲要》正式印发，确立了长江经济带"一轴、两翼、三极、多点"的发展新格局。

2016年9月10日，第五届辽宁工艺精品文化节在沈阳国际展览中心举办。展会为全省文化企业搭建交流、交易、展示的平台，项目签约额超1800万元。

2016年9月11~14日第13届中国—东盟博览会在广西南宁举办，本届盛会以"共建21世纪海上丝绸之路，共筑更紧密的中国—东盟命运共同体"为主题，围绕中国—东盟建立对话关系25周年举办系列纪念活动。

2016年9月11~20日，以"传承文脉，创造未来"为主题的第五届中国成都国际非遗节在成都举行，通过国际国内广泛参与的展示、展演、展览、展销、学术交流和互动参与，凝聚"互联网+"时代的非遗保护智慧，弘扬中华优秀传统文化，形成永不落幕的"互联网+非遗节"。

2016年9月24日，"百名国匠签约盛典暨北玉60周年文化航母全球启航、2016世界你好文创节"开幕式在上海世界手工艺产业博览园启动，百名国匠签约打造权威创意平台。

2016年10月14日，第六届天津滨海国际文化创意展交会启幕。本届会议由文化部文化产业司、中共天津市委宣传部、天津市文化广播影视局、滨海新区人民政府主办，中共滨海新区区委宣传部、滨海新区文化广播电视局、滨海高新技术产业开发区管委会承办，以"自贸助力协同发展，跨界推动产业融合"为主题，主会场面积20000平方米，共计7大展区10大板块，另设20个分会场，参会企业300余家。

2016年10月21日，第六届滦河文化节首届"中国滦河杯"微电影节举行。本届微电影吸引了来自北京、天津、河北、宁夏、山西、湖北等地的微电影创作团队报送的158部微电影作品。

2016年11月3~14日以"中国西部·世界机遇"为主题的第十六届中国西部国际博览会在四川成都举办，来自全球各地的6万余名嘉宾代表和专业客商汇聚蓉城。

2016年11月4~7日，由中共中央台办、文化部、国家新闻出版广电总局主办，福建省人民政府、厦门市人民政府、台湾亚太文化创意产业协会承办的第九届海峡两岸（厦门）文化产业博览交易会在厦门国际会展中心举办。

2016年11月30日，深圳、澳门双方代表签署《关于共同推进深圳前海、澳门青年创业孵化的战略合作框架协议》，澳门和深圳两地政府领导在会议上总结了2016年深澳合作的成果成效和经验，并为下一年的合作提出了工作重点，包括推进"粤港澳大湾区"建设、参与"一带一路"建设等。

2016年12月3日，由新西兰中国文化中心、辽宁省文化厅共同主办，辽宁省非物质文化遗产保护中心承办的"辽宁省非物质文化遗产展览"在新西兰首都惠灵顿举办，这是辽宁省非遗首次登陆新西兰。

2016年12月11日，由武汉大学和湖北省发展改革委共同举办的"中国中部发展论坛2016"在湖北省武汉市举行，本次论坛的主题是"新十年促进中部地区崛起的思路与对策"。

2016年12月15~16日，2016年度中国游戏产业年会（CGIAC）在海南海口希尔顿酒店隆重举办。

2016年12月17日，2016创新创业国际博览会在北京国家会议中心开幕，这是国内首次举办的国际性"双创"主题博览会。

2016年12月20日，国家发展和改革委员会印发了《促进中部地区崛起"十三五"规划》，规划是指导当前和今后一个时期中部地区经济社会发展的纲领性文件。

2016年12月28日，上海至昆明高速铁路贵阳至昆明段开通运营，标志着我国东西向最长高铁——沪昆高铁全线通车。

2016年12月29日，"长三角品牌发展论坛暨长三角品牌建设联盟启动仪式"在上海举行，专家学者深入探讨全球化背景下如何发挥品质与知识产权在品牌建设中的关键作用，推动品牌战略与知识产权战略联动发展。同时还发布了《上海品牌发展报告（2016）》。

2017年

2017年1月7日，西南地区PPP与"一带一路"专家研讨会在成都天府新区科学城隆重召开。

2017年1月11日，《国家发展改革委关于印发西部大开发"十三五"规划的通知》（发改西部〔2017〕89号）正式下发。

2017年1月16日，广东省旅游局局长曾颖如在佛山举行的广东省旅游工作会议上称，2017年广东将大力发展全域旅游，打造支柱产业，努力建设粤港澳大湾区世界级旅游区。

2017年2月21日，广东省政府在湛江市召开粤东西北（西片）振兴发展工作现场办公会，广东省旅游局将紧紧围绕广东省委、省政府关于发展滨海旅游工作的部署，联合各沿海城市及相关部门，邀请全国知名专家、团队参与，重点规划粤港澳大湾区世界级旅游区，打造广东最美丽、最有魅力的滨海旅游带。

2017年3月6日，在十二届全国人大五次会议广东团全体会议上，全国人大代表、广东省发改委主任何宁卡发言时系统论述建设粤港澳大湾区。

2017年3月18~20日，2017长沙（中部）智能印刷与文化创意产业博览会在湖南省展览馆隆重举行，这是湖南唯一一个大型、全面的印刷包装类展览，致力于打造"中部领先，特色鲜明"的行业盛会。

2017年4月初，长三角城市群以"联盟"的方式，搭建区域一体化发展的新平台，新建立了文化产业发展和企业服务两大联盟。

2017年4月19日，台湾文化创意产业博览会在台北开幕，以华山1914文创园区、松山文创园区和花博公园争妍馆三地，分别展出工艺、设计、授权产业。

2017年4月26日，北京文化创意产业展（台北）（"京台文创展"）于台北开幕，主题为"交流、合作、发展"。

2017年5月8~10日，由上海市旅游局发起，北京、南京、杭州、宁波、嘉兴、苏州等城市旅游主管部门联合主办的中国会议与商务旅行论坛暨交易会在上海举办，长三角多个城市期待联合打造国际会展目的地城市群。

2017年5月11~15日，第十三届中国（深圳）文化产业博览会在深圳会展中心举行，本届深圳文博会以"贸易扬帆，文化远航"为主题，积极贯彻落实"一带一路"倡议，顺应时代趋势，设立了"一带一路"馆和文化创客馆等展馆，向各地的文化业界展示文化产业新兴领域的各项成果，充分发挥其作为展示窗口和合作平台的作用。

2017年5月12~14日，由国家旅游局和福建省人民政府主办的第十三届海峡旅游博览会在厦门举行。

2017年5月17~19日，第十届中部博览会在安徽省合肥市举办，本届大会以"发展新理念 崛起新机遇"为主题，开展政策研讨、产业对接、项目洽谈、展览展示等系列活动，搭建承接产业转移和投资贸易交流平台，促进中部地区高水平参与国际国内合作。

2017年6月11~19日，以"传承发展的生动实践"为主题第六届"中国成都国际非物质文化遗产节"在成都成功举办，300多万游客和群众参与了在非遗博览园主会场、9个分会场以及326个社区开展的各项节会活动。

2017年6月20日，首届粤港澳大湾区论坛于香港召开，这是首个以粤港澳大湾区为主题的高峰论坛。该论坛由国家高端智库中国（深圳）综合开发研究院、一国两制研究中心主办，腾讯公司承办，广东省港澳事务办公室、国务院参事室公共政策研究中心指导。

2017年7月1日，国家主席习近平在香港出席了《深化粤港澳合作推进大湾区建设框架协议》签署仪式，协议是由国家发展和改革委员会、广东省人民政府、香港特别行政区政府、澳门特别行政区政府四方协商一致制定，努力将粤港澳大湾区建设成为更具活力的经济区、宜居宜业宜游的优质生活圈和内地与港澳深度合作的示范区，携手打造国际一流湾区和世界级城市群。该协议签署标志着粤港澳大湾区建设全面启动。

2017年7月12日，由文化部产业司指导，云南省文化厅、云南广播电视台主办，云南广视传媒地产有限公司承办、深圳证券信息有限公司协办的"文化部2017藏羌彝文化产业走廊项目推广系列活动"在云南举办，陕西、重庆、西藏等省区市的文化部门领导参加推介活动。

2017年7月27日，海峡两岸·济南文创学院在济南大学挂牌成立。

2017年7月，台湾地区文化事务主管部门"城乡建设－文化生活圈建设计划（2017~2021年）"核定通过。

2017年8月7日，国家文化部举办2018年"东亚文化之都"评选活动，黑龙江省哈尔滨市当选2018年"东亚文化之都"。

2017年8月17日，以"创新发展、全域旅游"为主题的滇黔桂三省（区）社科联第三届南盘江流域发展论坛在曲靖召开，与会专家学者为探索南盘江流域生态文化旅游发展深度合作与融合提出意见对策。

2017年9月5日，由黑龙江省、辽宁省、吉林省和内蒙古自治区四省区文化厅联合主办的"菊苑流芳·第三届辽吉黑蒙四省区地方戏曲优秀剧目展演"开幕式在黑龙江哈尔滨举办。

2017年9月22日,粤港澳大湾区研究院在深圳举行挂牌仪式,宣告落户深圳市罗湖区,组建粤港澳大湾区研究院,是广东省贯彻落实《深化粤港澳合作推进大湾区建设框架协议》的重要举措,共同推动粤港澳大湾区建设走向纵深。

2017年9月28~30日,2017中国(武汉)国际电影产业博览会中部院线发展峰会在武汉国际博览中心召开。

2017年9月29~30日,2017长江经济带发展高端论坛暨中国区域经济学会长江经济带专业委员会成立大会在武汉大学召开。

2017年10月1~4日第九届中国西部动漫文化节(ACCF)在重庆两江悦来国博中心举办,是中国动漫会展联盟支持的西南地区最大规模和最高档次的动漫游戏类综合展会。

2017年10月22日,吉林省东北亚文化创意科技园获得国家级文化产业示范园区创建资格。

2017年11月6日至11月7日,2017两岸企业家紫金山峰会在南京举行。本届峰会以"两岸产业融合发展：新形势、新商机、新思路"为主题。

2017年12月6日,台湾地区行政主管部门核定"新故宫——故宫公共化带动观光产业发展中程计划(2018~2023年)"。该计划编列37.1亿元新台币用于故宫南院建设。

2017年12月8日,在山西省发改委、武汉大学和山西大学共同主办的"中国中部发展论坛2017"现场,国家发改委地区经济司副司长于合军提出的问题引发了与会政府部门、研究机构等相关参会人员的深入讨论,对促进中部地区崛起的发展战略、政策设计和工作推进形成了重要影响。

2017年12月8日,2017首届长三角旅游文化投资论坛暨第二届上海(浦东)旅游文化投资发展推介会在上海举办。

2017年12月16日,长三角旅游合作第七次联席会议在安徽省黄山市召开。签署了《推进长三角区域旅游一体化发展2018年行动计划》。

附 录
Appendix

B.16
关于对本书"区域"划分与板块设置的说明

在经济与文化消费快速增长的当下，城市化进程、现代信息技术、全球文化交流与贸易，以及区域间竞争不断影响着中国文化产业的发展，使得不同区域文化产业呈现差异化发展。中国文化产业发展还处于初期阶段，文化产业的区域特性尚未充分体现，影响区域文化产业发展的因素也没有充分显示出来，这给中国文化产业的区域划分带来较大的困难。这也是目前对中国文化产业区域划分较为混乱的原因之一。就目前中国文化产业的区域划分而言，简单的东中西部显然已经不能体现中国区域文化产业的发展现状和发展态势。结合城市的发展，以中心城市集聚和经济区为中心，将中国区域文化发展与产业经济区相结合的划分方法，体现了文化产业集聚发展的特征，但忽略了文化产业发展的区域整体性和差异性。从历史自然地理因素出发，将中国文化产业划分为以空间为主体特征的若干区域，体现了区域划分的历史自然地理沿革，却忽略了文化产业发展规律与区域发展的不平衡问题。为此，本书结合历史地理沿革、区域社会经济发展、区域文化资源禀赋、区域文化消费差异和区域产业发展基础等影响区域文化产业发展的重要因素，综合考虑中国文化产业的区域划分。

一 区域文化产业划分依据

中国文化产业的区域划分受自然地理沿革的限制，也受中国经济社会发展因素的制约，同时也需要考虑影响中国区域文化产业发展的市场、文化资源和产业发展现状、特征与态势。从自然地理沿革角度考虑，中国文化产业的空间区划，需要考虑东部、中部和西部区位沿革，也需要考虑南北之间的空间差异。从历史文化发展沿革角度考虑，更多考虑的是社会、经济和文化相似性与差异性，在东中西部和南北自然地理的基础上，学者们结合历史交通地理、历史文化景观、区域经济开发与城市发展状况等角度，将中国划分为西北、西南、中原、长江中下游、东南沿海、岭南、东北和北亚蒙古草原等发展区块。现阶段经济社会发展的东中西部划分法和历史地理学对中国区域已有的划分，为中国区域文化产业的划分奠定了学理基础。但文化产业的区域划分还需要在社会经济发展现状和历史地理基础上，综合考虑文化发展规律、文化产业发展现状等因素，文化产业的区域发展不平衡及产业发展的现状更是决定文化产业区域划分的重要基础。为此，本书认为目前中国文化产业区域划分的依据可从以下四个方面考虑。

第一，历史自然地理因素。以该因素划分中国区域文化产业的空间，其主要依据包括地理环境、气候、对人类活动产生重要影响的标志性环境景观、历史自然沿革的相关内容，还包括交通、水运环境特征及历史地缘政治等。这是中国文化产业区域划分的自然与历史支撑依据。

第二，区域社会经济因素。区域经济发展现状的评定因素包括经济发展水平、产业结构、人均可支配收入等，也包括地区开发与历史政区分合等。其中影响文化产业区域划分和区域文化产业发展的重要因素是城市分布、城镇人口的比例、城市形态特征及城市化发展进程等。

第三，区域文化资源因素。文化资源是文化产业发展的基础，也是划分区域文化产业的重要因素。构成区域文化资源的三大要素是影响人类生存发展的自然生态资源、历史文化资源和民族文化资源。此外，影响产业发展的文化要素还包括文化的扩散与融合能力、区域内的公共文化设施、文化消费市场、文化人才、文化结构等。

第四，文化产业发展现状。区域的文化产业划分不仅受到历史地理、区域经济发展、区域文化资源的影响，更重要的影响因素是，区域文化产业已有的相应基础与条件。产业发展现状是决定文化产业区域划分的重要依据。文化产业发展现状包括区域内文化产业发展的规模、市场、环境、结构状况，区域集聚与空间聚合程度，文化企业类型和规模，文化消费偏好与区域差异，文化产业科技与人才支撑体系，以及政策选择等因素。

二 中国文化产业的区域划分

中国文化产业发展经历了十余年的快速发展，区域性特征已经开始显现。在综合考虑影响区域文化产业的四个方面的重要因素及未来区域文化产业的发展空间和态势，本书将中国区域文化产业划分为七大板块。

环渤海地区 环渤海地区以北京为中心，包括河北省、天津市、山东省。京津冀是中国政治经济文化的"首都圈"，随着一体化协同发展的不断加速，依托丰厚的历史文化、民俗文化，完善的工业体系和商业金融体系，沿线大型文化创意产业园区不断形成，为大规模复制、生产文化产品、提供文化展示、文化贸易奠定了基础，极大地激发了该区域文化产业的集聚发展。山东省作为环渤海合作发展的重要一极，不仅与京津冀协同发展紧密相关，而且是联接南方文化、东部和中部文化的重要地区。山东以济南、泰安为中心的历史文化圈，以潍坊、临沂为核心的地方文化，以青岛、威海为核心的海洋文化，已经形成文化产业多元发展的态势，与"首都圈"在地缘、文缘，以及文化产业发展能级上可以归为同一区域。因此，良好的区位优势，以及完备的文化产业发展基础条件使该区域成为中国文化产业发展起步时期产业发展最为迅速、产业结构最为完整、产业业态最为齐备、文化产业集聚发展最为充分、文化服务体系最为完善、文化产业竞争力最强的区域。其产业发展水平不仅体现在世界文化产业发展格局中，也以自身的发展方式引领了全国文化产业的发展。

长三角地区 长三角地区以长江三角洲为中心，包括上海、江苏、浙江、安徽四个省市。该地区以上海、南京、杭州为核心，已经形成了版权服务、影视服务、文化艺术服务、会展服务等现代文化产业集聚中心，此外以扬州、无锡、苏州、东阳等为中心，形成了具有地方特色的传统工艺美术创意、生产、销售中心。现代文化产业业态与区域地方特色文化产业互动发展，形成的中心城市与中小城市群互动，是该区域文化产业发展的重要特征。丰富多样的文化资源、相对集聚的城市群、完善的商业金融服务体系、面向国际的开放性产业园区、现代大型的文化设施，以及较多的文化创意、科技人才、文化品牌使该区域成为中国文化产业发展区域特征最为明显的地区。与环渤海地区相比，高度的市场集聚、发达的文化服务与文化展示体系、强大的中心城市带动力，以及新兴产业业态与地方性特色文化产业协调互动是该区域文化产业发展的重要特征。

东北地区 东北地区包括黑龙江、吉林、辽宁三省，西南与河北省相邻，西部与内蒙古接壤，北部与俄罗斯、朝鲜接界，隔海与山东半岛、日本相望。由于近现代的大规模移民，其区域文化受中原文化影响较深。中原文化，朝鲜族、蒙古族为主的民族文化，以及俄罗斯文化和日本文化是其区域文化的重要组成部分。东北作为中国重要的现代工业基地，在老工业区转型升级的过程中，大量现代工业文化遗产成为其重要的文化资源。沈阳、吉林、哈尔滨、大连等重要城市各有鲜明的城市文化个性，其潜在的城市文化消费市场是文化产业发展的重要资源，也是东北文化产业集聚发展、形成区域文化产业发展特色的重要基础。东北民间文化资源丰富，城乡文化消费市场活跃，以民间说唱艺术为主体的文化产品开发不仅具有一定的产业规模，并且成为文化产业发展的区域品牌。东北地区紧邻俄罗斯，与朝鲜接界，与韩国、日本一海相隔，战略位置十分重要，在国家文化发展布局中，东北地区是推进中国与东北亚文化交流与文化贸易的重要桥梁。历史自然地理环境及文化资源的相似性，产业发展现状及区域文化产业发展的自成一体，使东北地区的文化产业具有明显的区域特征。

东南地区 东南地区包括广东、福建、海南三个省，该区域从地理空间角度看，其位置在中国东南沿海，从市场经济与开放程度看，广东、福建和海南毗邻香港、澳门和台湾，该区域特殊的地域政治经济环境使得东南沿海地区成为中国改革开放的桥头堡，也是中国市场经济开放最早、发展程度最高的地区。香港、澳门和台湾近现代以来特殊的历史、政治和社会发展背景，孕育了相对成熟的市场经济和具有鲜明地区特征的消费市场。港澳台地区的国际化程度为广东、福建和海南在市场经济引领下文化创意产业的快速发展，尤其是国际性的文化交流与文化贸易提供了巨大的便利，确立了三省在亚太地区国际文化交流与贸易的中心地位，也形成了东南沿海地区文化产品的规模化生产、文化产品市场集聚、对外文化贸易发达的文化产业区域性特征。以广州、深圳、厦门等大城市为中心，加之佛山、石狮、泉州、莆田、汕头、东莞、中山、三亚等中小城市群形成了中国最具活力的文化产品创意、生产和交易市场体系。巨大的文化产品市场、营销平台、销售网络，促进了区域文化市场的繁荣与发展，推动了音像制作、广告、印刷、会展、民间工艺美术产业的快速发展。

中部地区 中部地区包括山西、河南、湖南、湖北和江西5个省，其空间由北到南，横跨中原。该区域是中国人口相对集中，以汉民族为主体的地区。尽管各地区地方文化、民俗文化丰富各异，但历史文化是该区域文化资源的主体。依托丰富厚重的历史文化资源和相对广阔的潜在文化消费市场，以中心城市为主体，培育和挖掘城乡文化消费市场，发展文化创意、影视文化、版权服务、会展、文化旅游业是该区域文化产业发展的主要路径。近年来，湖南省以全国性的综艺、动漫、演艺等为品牌的创新发展模式，形成广播影视的传播和品牌效应，大大拓展了全国大众文化消费市场，对中西部地区广播影视产业和新兴业态的发展起到了重要的引领作用。

西南地区 西南地区包括四川、贵州、云南三省，西藏、广西两个自治区和重庆直辖市。该区域民族众多，特殊的地理环境孕育了丰富多彩的民族文化，是中国乃至世界地质多样性、生物多样性、民族文化多样性最为集中的地区。该区域在全球化和城市化进程中，意识到作为现代工业与经济后发地区，应该充分吸取世界各地在工业化发展中的教训，在现代科技的支撑下，走民族文化、生态文化和经济社会协调发展的道路。围绕西南地区丰富多彩的民族文化和良好的生态环境、气候条件、区位优势，强化民族文化与地方历史文化、生态文化品牌的营销，构建具有地方特色和民族特色的公共文化服务体系，推动旅游产业与文化产业互动发展，重点培育具有区域特色的演艺、影视、民族民间工艺、节庆会展及乡村文化产业，成为该地区鲜明的区域文化产业发展特色。西南地区具有区域特征的文化产业实践，为经济欠发达地区文化产业的发展提供了实证，也完善了国家文化产业结构与空间布局。

西北地区 西北地区包括陕西、甘肃、青海三省和新疆、宁夏两区。考虑内蒙古同西北地区文化资源与产业发展现状、路径的相似性，也将行政区划中的内蒙古划入西北地区。西北地区地域广阔，人口密度较小。与东部沿海地区相比，区域经济、城市化发展水平较低，公共文化设施较差，文化服务体系不够完善。但西北地区有悠久的历史文化，同时也是生态文化、民族文化最为丰富的区域之一。产业发展的基础条件薄弱与文化资源的富集是该区域文化产业发展中存在的主要矛盾。利用其丰富多样的历史文化、民族文化和生态文化，依托旅游产业，培育外部文化消费市场，拓展产业发展空间，成为西北地区区域文化产业发展的选择。在其区域文化产业发展实践中，以文化产业与旅游产业互动发展，形成中心城市带动，旅游线路集聚，培育特色优势产业品牌成为西北地区文化产业发展的亮点。

七大区域文化产业发展格局是中国文化产业发展初期不同区域资源、市场、产业发展环境及产业发展现状相互作用的结果。未来中国文化产业发展将进入从政府主导向市场主导发展时期，市场在资源配置、产品生产与服务中的作用将进一步加强，跨地区之间的资源配置与产业合作，行业之间的融合发展将促进中国文化产业的区域竞争与合作。原来的区域划分与格局也会相应发生变化，区域之间的竞合发展也将进一步促使文化产业在市场、产业业态、服务体系产业及发展路径等方面呈现多元化发展。社会分层的加速，文化多样性的全球诉求，文化产品与文化服务从复制走向定制将促使文化产业的区域细化，区域之间竞争加剧将使中国文化产业的区域格局更加复杂，呈现多级化和分级化的态势。

三 本书板块设置说明

影响中国区域文化产业发展的因素很多。在当下，统一市场条件下的竞合发展，尤其是现代科技与互联网对文化产品生产、贮存及分配方式带来的革命性冲击，以及国家战略调整以及资本流动引致的区域政治、经济、社会边界的突破，使得文化产业区域的划分呈现边界的不确定性和模糊性。课题组依托数字可视化地理信息系统与多源异构数据分析，认为：中国区域文化产业的边界"大体则有，定体则无"。七大区域的划分是考虑中国作为一个13亿人口的大国，与欧美国家相比，疆域较大，东中西部经济发展不均衡，文化资源禀赋不一，不同区域文化产业发展基础不同，文化传统与文化消费偏好不同，在一定时期区域文化产业的确存在着消费市场、产业规模、产业业态和产品生产方式的差异。随着区域经济发展之间差距进一步缩小，现代科技与互联网对文化产品生产、贮存与分配方式的革新，包括国家带状发展战略的影响，区域文化产业的边界划分当然可能还会有一定的变动。尤其是处在几大板块边缘，其产业业态、消费和发展态势具有不确定性的地区，划分进入哪一个板块，有较大的可变动性。这些恰好是区域文化产业研究中最值得关注和追踪研究的内容。

书稿中我们把七大区域放在了"区域篇"板块，在统一分析框架与统一数据口径的视角下，希望对其进行持续动态研究，呈现中国文化产业空间分布与区域文化产业发展的态势，为中国区域文化产业发展提供一种观察审视的角度与方法。把国家在新时期提出的文化产业"带状"发展的战略与实践，或者统计口径不一致的台湾、港澳地区，或者某一产业发展呈现的区域集聚，或者统一市场条件下数据可视化呈现出来的"区域"，放入"专题篇"板块，根据资料准备、发展热度，以及书稿篇幅等条件与情况，分步骤分阶段进行研究。我们相信，通过《中国区域文化产业发展报告》的研究，既能动态把握和评价中国区域文化产业发展态势，也能持续关注国家文化产业区域战略调整，还能连续追踪区域文化产业研究动向，从而形成多维度对中国区域文化产业发展的"观察"。

社会科学文献出版社　　皮书系列

❖ 皮书起源 ❖

"皮书"起源于十七、十八世纪的英国，主要指官方或社会组织正式发表的重要文件或报告，多以"白皮书"命名。在中国，"皮书"这一概念被社会广泛接受，并被成功运作、发展成为一种全新的出版形态，则源于中国社会科学院社会科学文献出版社。

❖ 皮书定义 ❖

皮书是对中国与世界发展状况和热点问题进行年度监测，以专业的角度、专家的视野和实证研究方法，针对某一领域或区域现状与发展态势展开分析和预测，具备原创性、实证性、专业性、连续性、前沿性、时效性等特点的公开出版物，由一系列权威研究报告组成。

❖ 皮书作者 ❖

皮书系列的作者以中国社会科学院、著名高校、地方社会科学院的研究人员为主，多为国内一流研究机构的权威专家学者，他们的看法和观点代表了学界对中国与世界的现实和未来最高水平的解读与分析。

❖ 皮书荣誉 ❖

皮书系列已成为社会科学文献出版社的著名图书品牌和中国社会科学院的知名学术品牌。2016年，皮书系列正式列入"十三五"国家重点出版规划项目；2013~2018年，重点皮书列入中国社会科学院承担的国家哲学社会科学创新工程项目；2018年，59种院外皮书使用"中国社会科学院创新工程学术出版项目"标识。

中国皮书网

（网址：www.pishu.cn）

发布皮书研创资讯，传播皮书精彩内容
引领皮书出版潮流，打造皮书服务平台

栏目设置

关于皮书：何谓皮书、皮书分类、皮书大事记、皮书荣誉、
皮书出版第一人、皮书编辑部

最新资讯：通知公告、新闻动态、媒体聚焦、网站专题、视频直播、下载专区

皮书研创：皮书规范、皮书选题、皮书出版、皮书研究、研创团队

皮书评奖评价：指标体系、皮书评价、皮书评奖

互动专区：皮书说、社科数托邦、皮书微博、留言板

所获荣誉

2008年、2011年，中国皮书网均在全国新闻出版业网站荣誉评选中获得"最具商业价值网站"称号；

2012年，获得"出版业网站百强"称号。

网库合一

2014年，中国皮书网与皮书数据库端口合一，实现资源共享。

权威报告·一手数据·特色资源

皮书数据库
ANNUAL REPORT(YEARBOOK) DATABASE

当代中国经济与社会发展高端智库平台

所获荣誉

- 2016年,入选"'十三五'国家重点电子出版物出版规划骨干工程"
- 2015年,荣获"搜索中国正能量 点赞2015""创新中国科技创新奖"
- 2013年,荣获"中国出版政府奖·网络出版物奖"提名奖
- 连续多年荣获中国数字出版博览会"数字出版·优秀品牌"奖

成为会员

通过网址www.pishu.com.cn访问皮书数据库网站或下载皮书数据库APP,进行手机号码验证或邮箱验证即可成为皮书数据库会员。

会员福利

- 使用手机号码首次注册的会员,账号自动充值100元体验金,可直接购买和查看数据库内容(仅限PC端)。
- 已注册用户购书后可免费获赠100元皮书数据库充值卡。刮开充值卡涂层获取充值密码,登录并进入"会员中心"—"在线充值"—"充值卡充值",充值成功后即可购买和查看数据库内容(仅限PC端)。
- 会员福利最终解释权归社会科学文献出版社所有。

数据库服务热线:400-008-6695
数据库服务QQ:2475522410
数据库服务邮箱:database@ssap.cn
图书销售热线:010-59367070/7028
图书服务QQ:1265056568
图书服务邮箱:duzhe@ssap.cn

社会科学文献出版社 皮书系列
卡号:314869427935
密码:

S 基本子库
SUB DATABASE

中国社会发展数据库（下设 12 个子库）

全面整合国内外中国社会发展研究成果，汇聚独家统计数据、深度分析报告，涉及社会、人口、政治、教育、法律等 12 个领域，为了解中国社会发展动态、跟踪社会核心热点、分析社会发展趋势提供一站式资源搜索和数据分析与挖掘服务。

中国经济发展数据库（下设 12 个子库）

基于"皮书系列"中涉及中国经济发展的研究资料构建，内容涵盖宏观经济、农业经济、工业经济、产业经济等 12 个重点经济领域，为实时掌控经济运行态势、把握经济发展规律、洞察经济形势、进行经济决策提供参考和依据。

中国行业发展数据库（下设 17 个子库）

以中国国民经济行业分类为依据，覆盖金融业、旅游、医疗卫生、交通运输、能源矿产等 100 多个行业，跟踪分析国民经济相关行业市场运行状况和政策导向，汇集行业发展前沿资讯，为投资、从业及各种经济决策提供理论基础和实践指导。

中国区域发展数据库（下设 6 个子库）

对中国特定区域内的经济、社会、文化等领域现状与发展情况进行深度分析和预测，研究层级至县及县以下行政区，涉及地区、区域经济体、城市、农村等不同维度。为地方经济社会宏观态势研究、发展经验研究、案例分析提供数据服务。

中国文化传媒数据库（下设 18 个子库）

汇聚文化传媒领域专家观点、热点资讯，梳理国内外中国文化发展相关学术研究成果、一手统计数据，涵盖文化产业、新闻传播、电影娱乐、文学艺术、群众文化等 18 个重点研究领域。为文化传媒研究提供相关数据、研究报告和综合分析服务。

世界经济与国际关系数据库（下设 6 个子库）

立足"皮书系列"世界经济、国际关系相关学术资源，整合世界经济、国际政治、世界文化与科技、全球性问题、国际组织与国际法、区域研究 6 大领域研究成果，为世界经济与国际关系研究提供全方位数据分析，为决策和形势研判提供参考。

法律声明

"皮书系列"(含蓝皮书、绿皮书、黄皮书)之品牌由社会科学文献出版社最早使用并持续至今,现已被中国图书市场所熟知。"皮书系列"的相关商标已在中华人民共和国国家工商行政管理总局商标局注册,如LOGO( )、皮书、Pishu、经济蓝皮书、社会蓝皮书等。"皮书系列"图书的注册商标专用权及封面设计、版式设计的著作权均为社会科学文献出版社所有。未经社会科学文献出版社书面授权许可,任何使用与"皮书系列"图书注册商标、封面设计、版式设计相同或者近似的文字、图形或其组合的行为均系侵权行为。

经作者授权,本书的专有出版权及信息网络传播权等为社会科学文献出版社享有。未经社会科学文献出版社书面授权许可,任何就本书内容的复制、发行或以数字形式进行网络传播的行为均系侵权行为。

社会科学文献出版社将通过法律途径追究上述侵权行为的法律责任,维护自身合法权益。

欢迎社会各界人士对侵犯社会科学文献出版社上述权利的侵权行为进行举报。电话:010-59367121,电子邮箱:fawubu@ssap.cn。

社会科学文献出版社

皮书系列

2018年

智库成果出版与传播平台

社会科学文献出版社

SOCIAL SCIENCES ACADEMIC PRESS (CHINA)

社长致辞

蓦然回首,皮书的专业化历程已经走过了二十年。20年来从一个出版社的学术产品名称到媒体热词再到智库成果研创及传播平台,皮书以专业化为主线,进行了系列化、市场化、品牌化、数字化、国际化、平台化的运作,实现了跨越式的发展。特别是在党的十八大以后,以习近平总书记为核心的党中央高度重视新型智库建设,皮书也迎来了长足的发展,总品种达到600余种,经过专业评审机制、淘汰机制遴选,目前,每年稳定出版近400个品种。"皮书"已经成为中国新型智库建设的抓手,成为国际国内社会各界快速、便捷地了解真实中国的最佳窗口。

20年孜孜以求,"皮书"始终将自己的研究视野与经济社会发展中的前沿热点问题紧密相连。600个研究领域,3万多位分布于800余个研究机构的专家学者参与了研创写作。皮书数据库中共收录了15万篇专业报告,50余万张数据图表,合计30亿字,每年报告下载量近80万次。皮书为中国学术与社会发展实践的结合提供了一个激荡智力、传播思想的入口,皮书作者们用学术的话语、客观翔实的数据谱写出了中国故事壮丽的篇章。

20年跬步千里,"皮书"始终将自己的发展与时代赋予的使命与责任紧紧相连。每年百余场新闻发布会,10万余次中外媒体报道,中、英、俄、日、韩等12个语种共同出版。皮书所具有的凝聚力正在形成一种无形的力量,吸引着社会各界关注中国的发展,参与中国的发展,它是我们向世界传递中国声音、总结中国经验、争取中国国际话语权最主要的平台。

皮书这一系列成就的取得,得益于中国改革开放的伟大时代,离不开来自中国社会科学院、新闻出版广电总局、全国哲学社会科学规划办公室等主管部门的大力支持和帮助,也离不开皮书研创者和出版者的共同努力。他们与皮书的故事创造了皮书的历史,他们对皮书的拳拳之心将继续谱写皮书的未来!

现在,"皮书"品牌已经进入了快速成长的青壮年时期。全方位进行规范化管理,树立中国的学术出版标准;不断提升皮书的内容质量和影响力,搭建起中国智库产品和智库建设的交流服务平台和国际传播平台;发布各类皮书指数,并使之成为中国指数,让中国智库的声音响彻世界舞台,为人类的发展做出中国的贡献——这是皮书未来发展的图景。作为"皮书"这个概念的提出者,"皮书"从一般图书到系列图书和品牌图书,最终成为智库研究和社会科学应用对策研究的知识服务和成果推广平台这整个过程的操盘者,我相信,这也是每一位皮书人执着追求的目标。

"当代中国正经历着我国历史上最为广泛而深刻的社会变革,也正在进行着人类历史上最为宏大而独特的实践创新。这种前无古人的伟大实践,必将给理论创造、学术繁荣提供强大动力和广阔空间。"

在这个需要思想而且一定能够产生思想的时代,皮书的研创出版一定能创造出新的更大的辉煌!

社会科学文献出版社社长
中国社会学会秘书长

2017年11月

社会科学文献出版社简介

社会科学文献出版社（以下简称"社科文献出版社"）成立于1985年，是直属于中国社会科学院的人文社会科学学术出版机构。成立至今，社科文献出版社始终依托中国社会科学院和国内外人文社会科学界丰厚的学术出版和专家学者资源，坚持"创社科经典，出传世文献"的出版理念、"权威、前沿、原创"的产品定位以及学术成果和智库成果出版的专业化、数字化、国际化、市场化的经营道路。

社科文献出版社是中国新闻出版业转型与文化体制改革的先行者。积极探索文化体制改革的先进方向和现代企业经营决策机制，社科文献出版社先后荣获"全国文化体制改革工作先进单位"、中国出版政府奖·先进出版单位奖，中国社会科学院先进集体、全国科普工作先进集体等荣誉称号。多人次荣获"第十届韬奋出版奖""全国新闻出版行业领军人才""数字出版先进人物""北京市新闻出版广电行业领军人才"等称号。

社科文献出版社是中国人文社会科学学术出版的大社名社，也是以皮书为代表的智库成果出版的专业强社。年出版图书2000余种，其中皮书400余种，出版新书字数5.5亿字，承印与发行中国社科院院属期刊72种，先后创立了皮书系列、列国志、中国史话、社科文献学术译库、社科文献学术文库、甲骨文书系等一大批既有学术影响又有市场价值的品牌，确立了在社会学、近代史、苏东问题研究等专业学科及领域出版的领先地位。图书多次荣获中国出版政府奖、"三个一百"原创图书出版工程、"五个'一'工程奖"、"大众喜爱的50种图书"等奖项，在中央国家机关"强素质·做表率"读书活动中，入选图书品种数位居各大出版社之首。

社科文献出版社是中国学术出版规范与标准的倡议者与制定者，代表全国50多家出版社发起实施学术著作出版规范的倡议，承担学术著作规范国家标准的起草工作，率先编撰完成《皮书手册》对皮书品牌进行规范化管理，并在此基础上推出中国版芝加哥手册——《社科文献出版社学术出版手册》。

社科文献出版社是中国数字出版的引领者，拥有皮书数据库、列国志数据库、"一带一路"数据库、减贫数据库、集刊数据库等4大产品线11个数据库产品，机构用户达1300余家，海外用户百余家，荣获"数字出版转型示范单位""新闻出版标准化先进单位""专业数字内容资源知识服务模式试点企业标准化示范单位"等称号。

社科文献出版社是中国学术出版走出去的践行者。社科文献出版社海外图书出版与学术合作业务遍及全球40余个国家和地区，并于2016年成立俄罗斯分社，累计输出图书500余种，涉及近20个语种，累计获得国家社科基金中华学术外译项目资助76种、"丝路书香工程"项目资助60种、中国图书对外推广计划项目资助71种以及经典中国国际出版工程资助28种，被五部委联合认定为"2015-2016年度国家文化出口重点企业"。

如今，社科文献出版社完全靠自身积累拥有固定资产3.6亿元，年收入3亿元，设置了七大出版分社、六大专业部门，成立了皮书研究院和博士后科研工作站，培养了一支近400人的高素质与高效率的编辑、出版、营销和国际推广队伍，为未来成为学术出版的大社、名社、强社，成为文化体制改革与文化企业转型发展的排头兵奠定了坚实的基础。

 宏观经济类 | 皮书系列 重点推荐

宏观经济类

经济蓝皮书
2018年中国经济形势分析与预测
李平 / 主编　2017年12月出版　定价：89.00元

◆ 本书为总理基金项目，由著名经济学家李扬领衔，联合中国社会科学院等数十家科研机构、国家部委和高等院校的专家共同撰写，系统分析了2017年的中国经济形势并预测2018年中国经济运行情况。

城市蓝皮书
中国城市发展报告 No.11
潘家华　单菁菁 / 主编　2018年9月出版　估价：99.00元

◆ 本书是由中国社会科学院城市发展与环境研究中心编著的，多角度、全方位地立体展示了中国城市的发展状况，并对中国城市的未来发展提出了许多建议。该书有强烈的时代感，对中国城市发展实践有重要的参考价值。

人口与劳动绿皮书
中国人口与劳动问题报告 No.19
张车伟 / 主编　2018年10月出版　估价：99.00元

◆ 本书为中国社会科学院人口与劳动经济研究所主编的年度报告，对当前中国人口与劳动形势做了比较全面和系统的深入讨论，为研究中国人口与劳动问题提供了一个专业性的视角。

宏观经济类 · 区域经济类

中国省域竞争力蓝皮书
中国省域经济综合竞争力发展报告（2017～2018）

李建平　李闽榕　高燕京/主编　2018年5月出版　估价：198.00元

◆ 本书融多学科的理论为一体，深入追踪研究了省域经济发展与中国国家竞争力的内在关系，为提升中国省域经济综合竞争力提供有价值的决策依据。

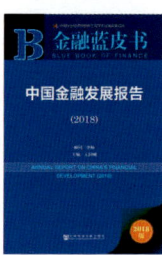

金融蓝皮书
中国金融发展报告（2018）

王国刚/主编　2018年6月出版　估价：99.00元

◆ 本书由中国社会科学院金融研究所组织编写，概括和分析了2017年中国金融发展和运行中的各方面情况，研讨和评论了2017年发生的主要金融事件，有利于读者了解掌握2017年中国的金融状况，把握2018年中国金融的走势。

区域经济类

京津冀蓝皮书
京津冀发展报告（2018）

祝合良　叶堂林　张贵祥/等著　2018年6月出版　估价：99.00元

◆ 本书遵循问题导向与目标导向相结合、统计数据分析与大数据分析相结合、纵向分析和长期监测与结构分析和综合监测相结合等原则，对京津冀协同发展新形势与新进展进行测度与评价。

皮书系列 重点推荐

社会政法类

社会蓝皮书
2018年中国社会形势分析与预测

李培林　陈光金　张翼/主编　2017年12月出版　定价：89.00元

◆ 本书由中国社会科学院社会学研究所组织研究机构专家、高校学者和政府研究人员撰写，聚焦当下社会热点，对2017年中国社会发展的各个方面内容进行了权威解读，同时对2018年社会形势发展趋势进行了预测。

法治蓝皮书
中国法治发展报告 No.16（2018）

李林　田禾/主编　2018年3月出版　定价：128.00元

◆ 本年度法治蓝皮书回顾总结了2017年度中国法治发展取得的成就和存在的不足，对中国政府、司法、检务透明度进行了跟踪调研，并对2018年中国法治发展形势进行了预测和展望。

教育蓝皮书
中国教育发展报告（2018）

杨东平/主编　2018年3月出版　定价：89.00元

◆ 本书重点关注了2017年教育领域的热点，资料翔实，分析有据，既有专题研究，又有实践案例，从多角度对2017年教育改革和实践进行了分析和研究。

社会政法类

社会体制蓝皮书
中国社会体制改革报告 No.6（2018）
龚维斌 / 主编　2018年3月出版　定价：98.00元

◆ 本书由国家行政学院社会治理研究中心和北京师范大学中国社会管理研究院共同组织编写，主要对2017年社会体制改革情况进行回顾和总结，对2018年的改革走向进行分析，提出相关政策建议。

社会心态蓝皮书
中国社会心态研究报告（2018）
王俊秀　杨宜音 / 主编　2018年12月出版　估价：99.00元

◆ 本书是中国社会科学院社会学研究所社会心理研究中心"社会心态蓝皮书课题组"的年度研究成果，运用社会心理学、社会学、经济学、传播学等多种学科的方法进行了调查和研究，对于目前中国社会心态状况有较广泛和深入的揭示。

华侨华人蓝皮书
华侨华人研究报告（2018）
贾益民 / 主编　2017年12月出版　估价：139.00元

◆ 本书关注华侨华人生产与生活的方方面面。华侨华人是中国建设21世纪海上丝绸之路的重要中介者、推动者和参与者。本书旨在全面调研华侨华人，提供最新涉侨动态、理论研究成果和政策建议。

民族发展蓝皮书
中国民族发展报告（2018）
王延中 / 主编　2018年10月出版　估价：188.00元

◆ 本书从民族学人类学视角，研究近年来少数民族和民族地区的发展情况，展示民族地区经济、政治、文化、社会和生态文明"五位一体"建设取得的辉煌成就和面临的困难挑战，为深刻理解中央民族工作会议精神、加快民族地区全面建成小康社会进程提供了实证材料。

产业经济类·行业及其他类　　皮书系列重点推荐

产业经济类

房地产蓝皮书
中国房地产发展报告 No.15（2018）

李春华　王业强 / 主编　2018年5月出版　估价：99.00元

◆ 2018年《房地产蓝皮书》持续追踪中国房地产市场最新动态，深度剖析市场热点，展望2018年发展趋势，积极谋划应对策略。对2017年房地产市场的发展态势进行全面、综合的分析。

新能源汽车蓝皮书
中国新能源汽车产业发展报告（2018）

中国汽车技术研究中心　日产（中国）投资有限公司

东风汽车有限公司 / 编著　2018年8月出版　估价：99.00元

◆ 本书对中国2017年新能源汽车产业发展进行了全面系统的分析，并介绍了国外的发展经验。有助于相关机构、行业和社会公众等了解中国新能源汽车产业发展的最新动态，为政府部门出台新能源汽车产业相关政策法规、企业制定相关战略规划，提供必要的借鉴和参考。

行业及其他类

旅游绿皮书
2017~2018年中国旅游发展分析与预测

中国社会科学院旅游研究中心 / 编　2018年1月出版　定价：99.00元

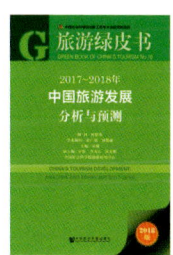

◆ 本书从政策、产业、市场、社会等多个角度勾画出2017年中国旅游发展全貌，剖析了其中的热点和核心问题，并就未来发展作出预测。

皮书系列 重点推荐

行业及其他类

民营医院蓝皮书
中国民营医院发展报告（2018）

薛晓林 / 主编　2018年11月出版　估价：99.00元

◆ 本书在梳理国家对社会办医的各种利好政策的前提下，对我国民营医疗发展现状、我国民营医院竞争力进行了分析，并结合我国医疗体制改革对民营医院的发展趋势、发展策略、战略规划等方面进行了预估。

会展蓝皮书
中外会展业动态评估研究报告（2018）

张敏 / 主编　2018年12月出版　估价：99.00元

◆ 本书回顾了2017年的会展业发展动态，结合"供给侧改革"、"互联网+"、"绿色经济"的新形势分析了我国展会的行业现状，并介绍了国外的发展经验，有助于行业和社会了解最新的展会业动态。

中国上市公司蓝皮书
中国上市公司发展报告（2018）

张平　王宏淼 / 主编　2018年9月出版　估价：99.00元

◆ 本书由中国社会科学院上市公司研究中心组织编写的，着力于全面、真实、客观反映当前中国上市公司财务状况和价值评估的综合性年度报告。本书详尽分析了2017年中国上市公司情况，特别是现实中暴露出的制度性、基础性问题，并对资本市场改革进行了探讨。

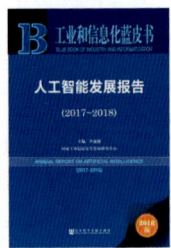

工业和信息化蓝皮书
人工智能发展报告（2017～2018）

尹丽波 / 主编　2018年6月出版　估价：99.00元

◆ 本书国家工业信息安全发展研究中心在对2017年全球人工智能技术和产业进行全面跟踪研究基础上形成的研究报告。该报告内容翔实、视角独特，具有较强的产业发展前瞻性和预测性，可为相关主管部门、行业协会、企业等全面了解人工智能发展形势以及进行科学决策提供参考。

国际问题与全球治理类

世界经济黄皮书
2018年世界经济形势分析与预测

张宇燕 / 主编　2018年1月出版　定价：99.00元

◆ 本书由中国社会科学院世界经济与政治研究所的研究团队撰写，分总论、国别与地区、专题、热点、世界经济统计与预测等五个部分，对2018年世界经济形势进行了分析。

国际城市蓝皮书
国际城市发展报告（2018）

屠启宇 / 主编　2018年2月出版　定价：89.00元

◆ 本书作者以上海社会科学院从事国际城市研究的学者团队为核心，汇集同济大学、华东师范大学、复旦大学、上海交通大学、南京大学、浙江大学相关城市研究专业学者。立足动态跟踪介绍国际城市发展时间中，最新出现的重大战略、重大理念、重大项目、重大报告和最佳案例。

非洲黄皮书
非洲发展报告 No.20（2017～2018）

张宏明 / 主编　2018年7月出版　估价：99.00元

◆ 本书是由中国社会科学院西亚非洲研究所组织编撰的非洲形势年度报告，比较全面、系统地分析了2017年非洲政治形势和热点问题，探讨了非洲经济形势和市场走向，剖析了大国对非洲关系的新动向；此外，还介绍了国内非洲研究的新成果。

国别类

美国蓝皮书
美国研究报告（2018）

郑秉文　黄平 / 主编　2018 年 5 月出版　估价：99.00 元

◆ 本书是由中国社会科学院美国研究所主持完成的研究成果，它回顾了美国 2017 年的经济、政治形势与外交战略，对美国内政外交发生的重大事件及重要政策进行了较为全面的回顾和梳理。

德国蓝皮书
德国发展报告（2018）

郑春荣 / 主编　2018 年 6 月出版　估价：99.00 元

◆ 本报告由同济大学德国研究所组织编撰，由该领域的专家学者对德国的政治、经济、社会文化、外交等方面的形势发展情况，进行全面的阐述与分析。

俄罗斯黄皮书
俄罗斯发展报告（2018）

李永全 / 编著　2018 年 6 月出版　估价：99.00 元

◆ 本书系统介绍了 2017 年俄罗斯经济政治情况，并对 2016 年该地区发生的焦点、热点问题进行了分析与回顾；在此基础上，对该地区 2018 年的发展前景进行了预测。

 文化传媒类　　皮书系列 重点推荐

文化传媒类

新媒体蓝皮书
中国新媒体发展报告 No.9（2018）

唐绪军 / 主编　2018 年 6 月出版　估价：99.00 元

◆ 本书是由中国社会科学院新闻与传播研究所组织编写的关于新媒体发展的最新年度报告，旨在全面分析中国新媒体的发展现状，解读新媒体的发展趋势，探析新媒体的深刻影响。

移动互联网蓝皮书
中国移动互联网发展报告（2018）

余清楚 / 主编　2018 年 6 月出版　估价：99.00 元

◆ 本书着眼于对 2017 年度中国移动互联网的发展情况做深入解析，对未来发展趋势进行预测，力求从不同视角、不同层面全面剖析中国移动互联网发展的现状、年度突破及热点趋势等。

文化蓝皮书
中国文化消费需求景气评价报告（2018）

王亚南 / 主编　2018 年 3 月出版　定价：99.00 元

◆ 本书首创全国文化发展量化检测评价体系，也是至今全国唯一的文化民生量化检测评价体系，对于检验全国及各地"以人民为中心"的文化发展具有首创意义。

地方发展类

北京蓝皮书

北京经济发展报告(2017~2018)

杨松/主编　2018年6月出版　估价:99.00元

◆ 本书对2017年北京市经济发展的整体形势进行了系统性的分析与回顾,并对2018年经济形势走势进行了预测与研判,聚焦北京市经济社会发展中的全局性、战略性和关键领域的重点问题,运用定量和定性分析相结合的方法,对北京市经济社会发展的现状、问题、成因进行了深入分析,提出了可操作性的对策建议。

温州蓝皮书

2018年温州经济社会形势分析与预测

蒋儒标　王春光　金浩/主编　2018年6月出版　估价:99.00元

◆ 本书是中共温州市委党校和中国社会科学院社会学研究所合作推出的第十一本温州蓝皮书,由来自党校、政府部门、科研机构、高校的专家、学者共同撰写的2017年温州区域发展形势的最新研究成果。

黑龙江蓝皮书

黑龙江社会发展报告(2018)

王爱丽/主编　2018年1月出版　定价:89.00元

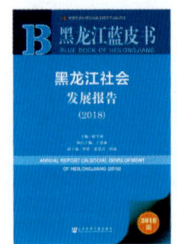

◆ 本书以千份随机抽样问卷调查和专题研究为依据,运用社会学理论框架和分析方法,从专家和学者的独特视角,对2017年黑龙江省关系民生的问题进行广泛的调研与分析,并对2017年黑龙江省诸多社会热点和焦点问题进行了有益的探索。这些研究不仅可以为政府部门更加全面深入了解省情、科学制定决策提供智力支持,同时也可以为广大读者认识、了解、关注黑龙江社会发展提供理性思考。

宏观经济类

皮书系列 2018全品种

城市蓝皮书
中国城市发展报告（No.11）
著(编)者：潘家华 单菁菁
2018年9月出版 / 估价：99.00元
PSN B-2007-091-1/1

城乡一体化蓝皮书
中国城乡一体化发展报告（2018）
著(编)者：付崇兰
2018年9月出版 / 估价：99.00元
PSN B-2011-226-1/2

城镇化蓝皮书
中国新型城镇化健康发展报告（2018）
著(编)者：张占斌
2018年8月出版 / 估价：99.00元
PSN B-2014-396-1/1

创新蓝皮书
创新型国家建设报告（2018~2019）
著(编)者：詹正茂
2018年12月出版 / 估价：99.00元
PSN B-2009-140-1/1

低碳发展蓝皮书
中国低碳发展报告（2018）
著(编)者：张希良 齐晔
2018年6月出版 / 估价：99.00元
PSN B-2011-223-1/1

低碳经济蓝皮书
中国低碳经济发展报告（2018）
著(编)者：薛进军 赵忠秀
2018年11月出版 / 估价：99.00元
PSN B-2011-194-1/1

发展和改革蓝皮书
中国经济发展和体制改革报告No.9
著(编)者：邹东涛 王再文
2018年1月出版 / 估价：99.00元
PSN B-2008-122-1/1

国家创新蓝皮书
中国创新发展报告（2017）
著(编)者：陈劲 2018年5月出版 / 估价：99.00元
PSN B-2014-370-1/1

金融蓝皮书
中国金融发展报告（2018）
著(编)者：王国刚
2018年6月出版 / 估价：99.00元
PSN B-2004-031-1/7

经济蓝皮书
2018年中国经济形势分析与预测
著(编)者：李平 2017年12月出版 / 定价：89.00元
PSN B-1996-001-1/1

经济蓝皮书春季号
2018年中国经济前景分析
著(编)者：李扬 2018年5月出版 / 估价：99.00元
PSN B-1999-008-1/1

经济蓝皮书夏季号
中国经济增长报告（2017~2018）
著(编)者：李扬 2018年9月出版 / 估价：99.00元
PSN B-2010-176-1/1

农村绿皮书
中国农村经济形势分析与预测（2017~2018）
著(编)者：魏后凯 黄秉信
2018年4月出版 / 定价：99.00元
PSN B-1998-003-1/1

人口与劳动绿皮书
中国人口与劳动问题报告No.19
著(编)者：张车伟 2018年11月出版 / 估价：99.00元
PSN G-2000-012-1/1

新型城镇化蓝皮书
新型城镇化发展报告（2017）
著(编)者：李伟 宋敏
2018年3月出版 / 定价：98.00元
PSN B-2005-038-1/1

中国省域竞争力蓝皮书
中国省域经济综合竞争力发展报告（2016~2017）
著(编)者：李建平 李闽榕
2018年2月出版 / 定价：198.00元
PSN B-2007-088-1/1

中小城市绿皮书
中国中小城市发展报告（2018）
著(编)者：中国城市经济学会中小城市经济发展委员会
中国城镇化促进会中小城市发展委员会
《中国中小城市发展报告》编纂委员会
中小城市发展战略研究院
2018年11月出版 / 估价：128.00元
PSN G-2010-161-1/1

区域经济类

东北蓝皮书
中国东北地区发展报告（2018）
著(编)者：姜晓秋　2018年11月出版／估价：99.00元
PSN B-2006-067-1/1

金融蓝皮书
中国金融中心发展报告（2017～2018）
著(编)者：王力　黄育华　2018年11月出版／估价：99.00元
PSN B-2011-186-6/7

京津冀蓝皮书
京津冀发展报告（2018）
著(编)者：祝合良　叶堂林　张贵祥
2018年6月出版／估价：99.00元
PSN B-2012-262-1/1

西北蓝皮书
中国西北发展报告（2018）
著(编)者：王福生　马廷旭　董秋生
2018年1月出版／定价：99.00元
PSN B-2012-261-1/1

西部蓝皮书
中国西部发展报告（2018）
著(编)者：璋勇　任保平　2018年8月出版／估价：99.00元
PSN B-2005-039-1/1

长江经济带产业蓝皮书
长江经济带产业发展报告（2018）
著(编)者：吴传清　2018年11月出版／估价：128.00元
PSN B-2017-666-1/1

长江经济带蓝皮书
长江经济带发展报告（2017～2018）
著(编)者：王振　2018年11月出版／估价：99.00元
PSN B-2016-575-1/1

长江中游城市群蓝皮书
长江中游城市群新型城镇化与产业协同发展报告（2018）
著(编)者：杨刚强　2018年11月出版／估价：99.00元
PSN B-2016-578-1/1

长三角蓝皮书
2017年创新融合发展的长三角
著(编)者：刘飞跃　2018年5月出版／估价：99.00元
PSN B-2005-038-1/1

长株潭城市群蓝皮书
长株潭城市群发展报告（2017）
著(编)者：张萍　朱有志　2018年6月出版／估价：99.00元
PSN B-2008-109-1/1

特色小镇蓝皮书
特色小镇智慧运营报告（2018）：顶层设计与智慧架构标准
著(编)者：陈劲　2018年1月出版／定价：79.00元
PSN B-2018-692-1/1

中部竞争力蓝皮书
中国中部经济社会竞争力报告（2018）
著(编)者：教育部人文社会科学重点研究基地南昌大学中国
　　　　　中部经济社会发展研究中心
2018年12月出版／估价：99.00元
PSN B-2012-276-1/1

中部蓝皮书
中国中部地区发展报告（2018）
著(编)者：宋亚平　2018年12月出版／估价：99.00元
PSN B-2007-089-1/1

区域蓝皮书
中国区域经济发展报告（2017～2018）
著(编)者：赵弘　2018年5月出版／估价：99.00元
PSN B-2004-034-1/1

中三角蓝皮书
长江中游城市群发展报告（2018）
著(编)者：秦尊文　2018年9月出版／估价：99.00元
PSN B-2014-417-1/1

中原蓝皮书
中原经济区发展报告（2018）
著(编)者：李英杰　2018年6月出版／估价：99.00元
PSN B-2011-192-1/1

珠三角流通蓝皮书
珠三角商圈发展研究报告（2018）
著(编)者：王先庆　林至颖　2018年7月出版／估价：99.00元
PSN B-2012-292-1/1

社会政法类

北京蓝皮书
中国社区发展报告（2017～2018）
著(编)者：于燕燕　2018年9月出版／估价：99.00元
PSN B-2007-083-5/8

殡葬绿皮书
中国殡葬事业发展报告（2017～2018）
著(编)者：李伯森　2018年6月出版／估价：158.00元
PSN G-2010-180-1/1

城市管理蓝皮书
中国城市管理报告（2017-2018）
著(编)者：刘林　刘承水　2018年5月出版／估价：158.00元
PSN B-2013-336-1/1

城市生活质量蓝皮书
中国城市生活质量报告（2017）
著(编)者：张连城　张平　杨春学　郭丽华
2017年12月出版／定价：89.00元
PSN B-2013-326-1/1

社会政法类 皮书系列 2018全品种

城市政府能力蓝皮书
中国城市政府公共服务能力评估报告（2018）
著（编）者：何艳玲　2018年5月出版 / 估价：99.00元
PSN B-2013-338-1/1

创业蓝皮书
中国创业发展研究报告（2017~2018）
著（编）者：黄群慧 赵卫星 钟宏武
2018年11月出版 / 估价：99.00元
PSN B-2016-577-1/1

慈善蓝皮书
中国慈善发展报告（2018）
著（编）者：杨团　2018年6月出版 / 估价：99.00元
PSN B-2009-142-1/1

党建蓝皮书
党的建设研究报告No.2（2018）
著（编）者：崔建民 陈东平　2018年6月出版 / 估价：99.00元
PSN B-2016-523-1/1

地方法治蓝皮书
中国地方法治发展报告No.3（2018）
著（编）者：李林 田禾　2018年6月出版 / 估价：118.00元
PSN B-2015-442-1/1

电子政务蓝皮书
中国电子政务发展报告（2018）
著（编）者：李季　2018年8月出版 / 估价：99.00元
PSN B-2003-022-1/1

儿童蓝皮书
中国儿童参与状况报告（2017）
著（编）者：苑立新　2017年12月出版 / 定价：89.00元
PSN B-2017-682-1/1

法治蓝皮书
中国法治发展报告No.16（2018）
著（编）者：李林 田禾　2018年3月出版 / 定价：128.00元
PSN B-2004-027-1/3

法治蓝皮书
中国法院信息化发展报告No.2（2018）
著（编）者：李林 田禾　2018年2月出版 / 定价：118.00元
PSN B-2017-604-3/3

法治政府蓝皮书
中国法治政府发展报告（2017）
著（编）者：中国政法大学法治政府研究院
2018年3月出版 / 定价：158.00元
PSN B-2015-502-1/2

法治政府蓝皮书
中国法治政府评估报告（2018）
著（编）者：中国政法大学法治政府研究院
2018年9月出版 / 估价：168.00元
PSN B-2016-576-2/2

反腐倡廉蓝皮书
中国反腐倡廉建设报告No.8
著（编）者：张英伟　2018年12月出版 / 估价：99.00元
PSN B-2012-259-1/1

扶贫蓝皮书
中国扶贫开发报告（2018）
著（编）者：李培林 魏后凯　2018年12月出版 / 估价：128.00元
PSN B-2016-599-1/1

妇女发展蓝皮书
中国妇女发展报告No.6
著（编）者：王金玲　2018年9月出版 / 估价：158.00元
PSN B-2006-069-1/1

妇女教育蓝皮书
中国妇女教育发展报告No.3
著（编）者：张李玺　2018年10月出版 / 估价：99.00元
PSN B-2008-121-1/1

妇女绿皮书
2018年：中国性别平等与妇女发展报告
著（编）者：谭琳　2018年12月出版 / 估价：99.00元
PSN G-2006-073-1/1

公共安全蓝皮书
中国城市公共安全发展报告（2017~2018）
著（编）者：黄育华 杨文明 赵建辉
2018年6月出版 / 估价：99.00元
PSN B-2017-628-1/1

公共服务蓝皮书
中国城市基本公共服务力评价（2018）
著（编）者：钟君 刘志昌 吴正杲
2018年12月出版 / 估价：99.00元
PSN B-2011-214-1/1

公民科学素质蓝皮书
中国公民科学素质报告（2017~2018）
著（编）者：李群 陈雄 马宗文
2017年12月出版 / 定价：89.00元
PSN B-2014-379-1/1

公益蓝皮书
中国公益慈善发展报告（2016）
著（编）者：朱健刚 胡小军　2018年6月出版 / 估价：99.00元
PSN B-2012-283-1/1

国际人才蓝皮书
中国国际移民报告（2018）
著（编）者：王辉耀　2018年6月出版 / 估价：99.00元
PSN B-2012-304-3/4

国际人才蓝皮书
中国留学发展报告（2018）No.7
著（编）者：王辉耀 苗绿　2018年12月出版 / 估价：99.00元
PSN B-2012-244-2/4

海洋社会蓝皮书
中国海洋社会发展报告（2017）
著（编）者：崔凤 宋宁而　2018年3月出版 / 定价：89.00元
PSN B-2015-478-1/1

行政改革蓝皮书
中国行政体制改革报告No.7（2018）
著（编）者：魏礼群　2018年6月出版 / 估价：99.00元
PSN B-2011-231-1/1

皮书系列 2018全品种 社会政法类

华侨华人蓝皮书
华侨华人研究报告（2017）
著(编)者：张禹东 庄国土　2017年12月出版 / 定价：148.00元
PSN B-2011-204-1/1

互联网与国家治理蓝皮书
互联网与国家治理发展报告（2017）
著(编)者：张志安　2018年1月出版 / 定价：98.00元
PSN B-2017-671-1/1

环境管理蓝皮书
中国环境管理发展报告（2017）
著(编)者：李金惠　2017年12月出版 / 定价：98.00元
PSN B-2017-678-1/1

环境竞争力绿皮书
中国省域环境竞争力发展报告（2018）
著(编)者：李建平 李闽榕 王金南
2018年11月出版 / 估价：198.00元
PSN G-2010-165-1/1

环境绿皮书
中国环境发展报告（2017~2018）
著(编)者：李波　2018年6月出版 / 估价：99.00元
PSN G-2006-048-1/1

家庭蓝皮书
中国"创建幸福家庭活动"评估报告（2018）
著(编)者：国务院发展研究中心"创建幸福家庭活动评估"课题组
2018年12月出版 / 估价：99.00元
PSN B-2015-508-1/1

健康城市蓝皮书
中国健康城市建设研究报告（2018）
著(编)者：王鸿春 盛继洪　2018年12月出版 / 估价：99.00元
PSN B-2016-564-2/2

健康中国蓝皮书
社区首诊与健康中国分析报告（2018）
著(编)者：高和荣 杨叔禹 姜杰
2018年6月出版 / 估价：99.00元
PSN B-2017-611-1/1

教师蓝皮书
中国中小学教师发展报告（2017）
著(编)者：曾晓东 鱼霞
2018年6月出版 / 估价：99.00元
PSN B-2012-289-1/1

教育扶贫蓝皮书
中国教育扶贫报告（2018）
著(编)者：司树杰 王文静 李兴洲
2018年12月出版 / 估价：99.00元
PSN B-2016-590-1/1

教育蓝皮书
中国教育发展报告（2018）
著(编)者：杨东平　2018年3月出版 / 定价：89.00元
PSN B-2006-047-1/1

金融法治建设蓝皮书
中国金融法治建设年度报告（2015~2016）
著(编)者：朱小黄　2018年6月出版 / 估价：99.00元
PSN B-2017-633-1/1

京津冀教育蓝皮书
京津冀教育发展研究报告（2017~2018）
著(编)者：方中雄　2018年6月出版 / 估价：99.00元
PSN B-2017-608-1/1

就业蓝皮书
2018年中国本科生就业报告
著(编)者：麦可思研究院　2018年6月出版 / 估价：99.00元
PSN B-2009-146-1/2

就业蓝皮书
2018年中国高职高专生就业报告
著(编)者：麦可思研究院　2018年6月出版 / 估价：99.00元
PSN B-2015-472-2/2

科学教育蓝皮书
中国科学教育发展报告（2018）
著(编)者：王康友　2018年10月出版 / 估价：99.00元
PSN B-2015-487-1/1

劳动保障蓝皮书
中国劳动保障发展报告（2018）
著(编)者：刘燕斌　2018年9月出版 / 估价：158.00元
PSN B-2014-415-1/1

老龄蓝皮书
中国老年宜居环境发展报告（2017）
著(编)者：党俊武 周燕珉　2018年6月出版 / 估价：99.00元
PSN B-2013-320-1/1

连片特困区蓝皮书
中国连片特困区发展报告（2017~2018）
著(编)者：游俊 冷志明 丁建军
2018年6月出版 / 估价：99.00元
PSN B-2013-321-1/1

流动儿童蓝皮书
中国流动儿童教育发展报告（2017）
著(编)者：杨东平　2018年6月出版 / 估价：99.00元
PSN B-2017-600-1/1

民调蓝皮书
中国民生调查报告（2018）
著(编)者：谢耘耕　2018年12月出版 / 估价：99.00元
PSN B-2014-398-1/1

民族发展蓝皮书
中国民族发展报告（2018）
著(编)者：王延中　2018年10月出版 / 估价：188.00元
PSN B-2006-070-1/1

女性生活蓝皮书
中国女性生活状况报告No.12（2018）
著(编)者：高博燕　2018年7月出版 / 估价：99.00元
PSN B-2006-071-1/1

社会政法类

皮书系列
2018全品种

汽车社会蓝皮书
中国汽车社会发展报告（2017~2018）
著(编)者：王俊秀　2018年6月出版／估价：99.00元
PSN B-2011-224-1/1

青年蓝皮书
中国青年发展报告（2018）No.3
著(编)者：廉思　2018年6月出版／估价：99.00元
PSN B-2013-333-1/1

青少年蓝皮书
中国未成年人互联网运用报告（2017~2018）
著(编)者：季为民　李文革　沈杰
2018年11月出版／估价：99.00元
PSN B-2010-156-1/1

人权蓝皮书
中国人权事业发展报告No.8（2018）
著(编)者：李君如　2018年9月出版／估价：99.00元
PSN B-2011-215-1/1

社会保障绿皮书
中国社会保障发展报告No.9（2018）
著(编)者：王延中　2018年6月出版／估价：99.00元
PSN G-2001-014-1/1

社会风险评估蓝皮书
风险评估与危机预警报告（2017~2018）
著(编)者：唐钧　2018年8月出版／估价：99.00元
PSN B-2012-293-1/1

社会工作蓝皮书
中国社会工作发展报告（2016~2017）
著(编)者：民政部社会工作研究中心
2018年8月出版／估价：99.00元
PSN B-2009-141-1/1

社会管理蓝皮书
中国社会管理创新报告No.6
著(编)者：连玉明　2018年11月出版／估价：99.00元
PSN B-2012-300-1/1

社会蓝皮书
2018年中国社会形势分析与预测
著(编)者：李培林　陈光金　张翼
2017年12月出版／定价：89.00元
PSN B-1998-002-1/1

社会体制蓝皮书
中国社会体制改革报告No.6（2018）
著(编)者：龚维斌　2018年3月出版／定价：98.00元
PSN B-2013-330-1/1

社会心态蓝皮书
中国社会心态研究报告（2018）
著(编)者：王俊秀　2018年12月出版／估价：99.00元
PSN B-2011-199-1/1

社会组织蓝皮书
中国社会组织报告（2017-2018）
著(编)者：黄晓勇　2018年6月出版／估价：99.00元
PSN B-2008-118-1/2

社会组织蓝皮书
中国社会组织评估发展报告（2018）
著(编)者：徐家良　2018年12月出版／估价：99.00元
PSN B-2013-366-2/2

生态城市绿皮书
中国生态城市建设发展报告（2018）
著(编)者：刘举科　孙伟平　胡文臻
2018年9月出版／估价：158.00元
PSN G-2012-269-1/1

生态文明绿皮书
中国省域生态文明建设评价报告（ECI 2018）
著(编)者：严耕　2018年12月出版／估价：99.00元
PSN G-2010-170-1/1

退休生活蓝皮书
中国城市居民退休生活质量指数报告（2017）
著(编)者：杨一帆　2018年6月出版／估价：99.00元
PSN B-2017-618-1/1

危机管理蓝皮书
中国危机管理报告（2018）
著(编)者：文学国　范正青
2018年8月出版／估价：99.00元
PSN B-2010-171-1/1

学会蓝皮书
2018年中国学会发展报告
著(编)者：麦可思研究院　2018年12月出版／估价：99.00元
PSN B-2016-597-1/1

医改蓝皮书
中国医药卫生体制改革报告（2017~2018）
著(编)者：文学国　房志武
2018年11月出版／估价：99.00元
PSN B-2014-432-1/1

应急管理蓝皮书
中国应急管理报告（2018）
著(编)者：宋英华　2018年9月出版／估价：99.00元
PSN B-2016-562-1/1

政府绩效评估蓝皮书
中国地方政府绩效评估报告No.2
著(编)者：贠杰　2018年12月出版／估价：99.00元
PSN B-2017-672-1/1

政治参与蓝皮书
中国政治参与报告（2018）
著(编)者：房宁　2018年8月出版／估价：128.00元
PSN B-2011-200-1/1

政治文化蓝皮书
中国政治文化报告（2018）
著(编)者：邢彦敏　魏大鹏　龚克
2018年8月出版／估价：128.00元
PSN B-2017-615-1/1

中国传统村落蓝皮书
中国传统村落保护现状报告（2018）
著(编)者：胡彬彬　李向军　王晓波
2018年12月出版／估价：99.00元
PSN B-2017-663-1/1

皮书系列 2018全品种 社会政法类·产业经济类

中国农村妇女发展蓝皮书
农村流动女性城市生活发展报告（2018）
著（编）者：谢丽华　　2018年12月出版 / 估价：99.00元
PSN B-2014-434-1/1

宗教蓝皮书
中国宗教报告（2017）
著（编）者：邱永辉　　2018年8月出版 / 估价：99.00元
PSN B-2008-117-1/1

产业经济类

保健蓝皮书
中国保健服务产业发展报告 No.2
著（编）者：中国保健协会　中共中央党校
2018年7月出版 / 估价：198.00元
PSN B-2012-272-3/3

保健蓝皮书
中国保健食品产业发展报告 No.2
著（编）者：中国保健协会
　　　中国社会科学院食品药品产业发展与监管研究中心
2018年8月出版 / 估价：198.00元
PSN B-2012-271-2/3

保健蓝皮书
中国保健用品产业发展报告 No.2
著（编）者：中国保健协会
　　　国务院国有资产监督管理委员会研究中心
2018年6月出版 / 估价：198.00元
PSN B-2012-270-1/3

保险蓝皮书
中国保险业竞争力报告（2018）
著（编）者：保监会　　2018年12月出版 / 估价：99.00元
PSN B-2013-311-1/1

冰雪蓝皮书
中国冰上运动产业发展报告（2018）
著（编）者：孙承华　杨占武　刘戈　张鸿俊
2018年9月出版 / 估价：99.00元
PSN B-2017-648-3/3

冰雪蓝皮书
中国滑雪产业发展报告（2018）
著（编）者：孙承华　伍斌　魏庆华　张鸿俊
2018年9月出版 / 估价：99.00元
PSN B-2016-559-1/3

餐饮产业蓝皮书
中国餐饮产业发展报告（2018）
著（编）者：邢颖
2018年6月出版 / 估价：99.00元
PSN B-2009-151-1/1

茶业蓝皮书
中国茶产业发展报告（2018）
著（编）者：杨江帆　李闽榕
2018年10月出版 / 估价：99.00元
PSN B-2010-164-1/1

产业安全蓝皮书
中国文化产业安全报告（2018）
著（编）者：北京印刷学院文化产业安全研究院
2018年12月出版 / 估价：99.00元
PSN B-2014-378-12/14

产业安全蓝皮书
中国新媒体产业安全报告（2016~2017）
著（编）者：肖丽　　2018年6月出版 / 估价：99.00元
PSN B-2015-500-14/14

产业安全蓝皮书
中国出版传媒产业安全报告（2017~2018）
著（编）者：北京印刷学院文化产业安全研究院
2018年6月出版 / 估价：99.00元
PSN B-2014-384-13/14

产业蓝皮书
中国产业竞争力报告（2018）No.8
著（编）者：张其仔　　2018年12月出版 / 估价：168.00元
PSN B-2010-175-1/1

动力电池蓝皮书
中国新能源汽车动力电池产业发展报告（2018）
著（编）者：中国汽车技术研究中心
2018年8月出版 / 估价：99.00元
PSN B-2017-639-1/1

杜仲产业绿皮书
中国杜仲橡胶资源与产业发展报告（2017~2018）
著（编）者：杜红岩　胡文臻　俞锐
2018年6月出版 / 估价：99.00元
PSN G-2013-350-1/1

房地产蓝皮书
中国房地产发展报告No.15（2018）
著（编）者：李春华　王业强
2018年5月出版 / 估价：99.00元
PSN B-2004-028-1/1

服务外包蓝皮书
中国服务外包产业发展报告（2017~2018）
著（编）者：王晓红　刘德军
2018年6月出版 / 估价：99.00元
PSN B-2013-331-2/2

服务外包蓝皮书
中国服务外包竞争力报告（2017~2018）
著（编）者：刘春生　王力　黄育华
2018年12月出版 / 估价：99.00元
PSN B-2011-216-1/2

产业经济类

工业和信息化蓝皮书
世界信息技术产业发展报告（2017~2018）
著(编)者：尹丽波　2018年6月出版／估价：99.00元
PSN B-2015-449-2/6

工业和信息化蓝皮书
战略性新兴产业发展报告（2017~2018）
著(编)者：尹丽波　2018年6月出版／估价：99.00元
PSN B-2015-450-3/6

海洋经济蓝皮书
中国海洋经济发展报告（2015~2018）
著(编)者：殷克东　高金田　方胜民
2018年3月出版／定价：128.00元
PSN B-2018-697-1/1

康养蓝皮书
中国康养产业发展报告（2017）
著(编)者：何莽　2017年12月出版／定价：88.00元
PSN B-2017-685-1/1

客车蓝皮书
中国客车产业发展报告（2017~2018）
著(编)者：姚蔚　2018年10月出版／估价：99.00元
PSN B-2013-361-1/1

流通蓝皮书
中国商业发展报告（2018~2019）
著(编)者：王雪峰　林诗慧
2018年7月出版／估价：99.00元
PSN B-2009-152-1/2

能源蓝皮书
中国能源发展报告（2018）
著(编)者：崔民选　王军生　陈义和
2018年12月出版／估价：99.00元
PSN B-2006-049-1/1

农产品流通蓝皮书
中国农产品流通产业发展报告（2017）
著(编)者：贾敬敦　张东科　张玉玺　张鹏毅　周伟
2018年6月出版／估价：99.00元
PSN B-2012-288-1/1

汽车工业蓝皮书
中国汽车工业发展年度报告（2018）
著(编)者：中国汽车工业协会
　　　　　中国汽车技术研究中心
　　　　　丰田汽车公司
2018年5月出版／估价：168.00元
PSN B-2015-463-1/2

汽车工业蓝皮书
中国汽车零部件产业发展报告（2017~2018）
著(编)者：中国汽车工业协会
　　　　　中国汽车工程研究院深圳市沃特玛电池有限公司
2018年9月出版／估价：99.00元
PSN B-2016-515-2/2

汽车蓝皮书
中国汽车产业发展报告（2018）
著(编)者：中国汽车工程学会
　　　　　大众汽车集团（中国）
2018年11月出版／估价：99.00元
PSN B-2008-124-1/1

世界茶业蓝皮书
世界茶业发展报告（2018）
著(编)者：李闽榕　冯廷佺
2018年5月出版／估价：168.00元
PSN B-2017-619-1/1

世界能源蓝皮书
世界能源发展报告（2018）
著(编)者：黄晓勇　2018年6月出版／估价：168.00元
PSN B-2013-349-1/1

石油蓝皮书
中国石油产业发展报告（2018）
著(编)者：中国石油化工集团公司经济技术研究院
　　　　　中国国际石油化工联合有限责任公司
　　　　　中国社会科学院数量经济与技术经济研究所
2018年2月出版／定价：98.00元
PSN B-2018-690-1/1

体育蓝皮书
国家体育产业基地发展报告（2016~2017）
著(编)者：李颖川　2018年6月出版／估价：168.00元
PSN B-2017-609-5/5

体育蓝皮书
中国体育产业发展报告（2018）
著(编)者：阮伟　钟秉枢
2018年12月出版／估价：99.00元
PSN B-2010-179-1/5

文化金融蓝皮书
中国文化金融发展报告（2018）
著(编)者：杨涛　金巍
2018年6月出版／估价：99.00元
PSN B-2017-610-1/1

新能源汽车蓝皮书
中国新能源汽车产业发展报告（2018）
著(编)者：中国汽车技术研究中心
　　　　　日产（中国）投资有限公司
　　　　　东风汽车有限公司
2018年8月出版／估价：99.00元
PSN B-2013-347-1/1

薏仁米产业蓝皮书
中国薏仁米产业发展报告No.2（2018）
著(编)者：李发耀　石明　秦礼康
2018年8月出版／估价：99.00元
PSN B-2017-645-1/1

邮轮绿皮书
中国邮轮产业发展报告（2018）
著(编)者：汪泓　2018年10月出版／估价：99.00元
PSN G-2014-419-1/1

智能养老蓝皮书
中国智能养老产业发展报告（2018）
著(编)者：朱勇　2018年10月出版／估价：99.00元
PSN B-2015-488-1/1

中国节能汽车蓝皮书
中国节能汽车发展报告（2017~2018）
著(编)者：中国汽车工程研究院股份有限公司
2018年9月出版／估价：99.00元
PSN B-2016-565-1/1

产业经济类·行业及其他类

中国陶瓷产业蓝皮书
中国陶瓷产业发展报告（2018）
著（编）者：左和平 黄速建
2018年10月出版 / 估价：99.00元
PSN B-2016-573-1/1

装备制造业蓝皮书
中国装备制造业发展报告（2018）
著（编）者：徐东华
2018年12月出版 / 估价：118.00元
PSN B-2015-505-1/1

行业及其他类

"三农"互联网金融蓝皮书
中国"三农"互联网金融发展报告（2018）
著（编）者：李勇坚 王弢
2018年8月出版 / 估价：99.00元
PSN B-2016-560-1/1

SUV蓝皮书
中国SUV市场发展报告（2017~2018）
著（编）者：靳军 2018年9月出版 / 估价：99.00元
PSN B-2016-571-1/1

冰雪蓝皮书
中国冬季奥运会发展报告（2018）
著（编）者：孙承华 伍斌 魏庆华 张鸿俊
2018年9月出版 / 估价：99.00元
PSN B-2017-647-2/3

彩票蓝皮书
中国彩票发展报告（2018）
著（编）者：益彩基金 2018年6月出版 / 估价：99.00元
PSN B-2015-462-1/1

测绘地理信息蓝皮书
测绘地理信息供给侧结构性改革研究报告（2018）
著（编）者：库热西·买合苏提
2018年12月出版 / 估价：168.00元
PSN B-2009-145-1/1

产权市场蓝皮书
中国产权市场发展报告（2017）
著（编）者：曹和平
2018年5月出版 / 估价：99.00元
PSN B-2009-147-1/1

城投蓝皮书
中国城投行业发展报告（2018）
著（编）者：华景斌
2018年11月出版 / 估价：300.00元
PSN B-2016-514-1/1

城市轨道交通蓝皮书
中国城市轨道交通运营发展报告（2017~2018）
著（编）者：崔学忠 贾文峥
2018年3月出版 / 定价：89.00元
PSN B-2018-694-1/1

大数据蓝皮书
中国大数据发展报告（No.2）
著（编）者：连玉明 2018年5月出版 / 估价：99.00元
PSN B-2017-620-1/1

大数据应用蓝皮书
中国大数据应用发展报告No.2（2018）
著（编）者：陈军君 2018年8月出版 / 估价：99.00元
PSN B-2017-644-1/1

对外投资与风险蓝皮书
中国对外直接投资与国家风险报告（2018）
著（编）者：中债资信评估有限责任公司
中国社会科学院世界经济与政治研究所
2018年6月出版 / 估价：189.00元
PSN B-2017-606-1/1

工业和信息化蓝皮书
人工智能发展报告（2017~2018）
著（编）者：尹丽波 2018年6月出版 / 估价：99.00元
PSN B-2015-448-1/6

工业和信息化蓝皮书
世界智慧城市发展报告（2017~2018）
著（编）者：尹丽波 2018年6月出版 / 估价：99.00元
PSN B-2017-624-6/6

工业和信息化蓝皮书
世界网络安全发展报告（2017~2018）
著（编）者：尹丽波 2018年6月出版 / 估价：99.00元
PSN B-2015-452-5/6

工业和信息化蓝皮书
世界信息化发展报告（2017~2018）
著（编）者：尹丽波 2018年6月出版 / 估价：99.00元
PSN B-2015-451-4/6

工业设计蓝皮书
中国工业设计发展报告（2018）
著（编）者：王晓红 于炜 张立群 2018年9月出版 / 估价：168.00元
PSN B-2014-420-1/1

公共关系蓝皮书
中国公共关系发展报告（2017）
著（编）者：柳斌杰 2018年1月出版 / 定价：89.00元
PSN B-2016-579-1/1

行业及其他类

皮书系列
2018全品种

公共关系蓝皮书
中国公共关系发展报告（2018）
著(编)者：柳斌杰　2018年11月出版／估价：99.00元
PSN B-2016-579-1/1

管理蓝皮书
中国管理发展报告（2018）
著(编)者：张晓东　2018年10月出版／估价：99.00元
PSN B-2014-416-1/1

轨道交通蓝皮书
中国轨道交通行业发展报告（2017）
著(编)者：仲建华　李闽榕
2017年12月出版／定价：98.00元
PSN B-2017-674-1/1

海关发展蓝皮书
中国海关发展前沿报告（2018）
著(编)者：干春晖　2018年6月出版／估价：99.00元
PSN B-2017-616-1/1

互联网医疗蓝皮书
中国互联网健康医疗发展报告（2018）
著(编)者：芮晓武　2018年6月出版／估价：99.00元
PSN B-2016-567-1/1

黄金市场蓝皮书
中国商业银行黄金业务发展报告（2017~2018）
著(编)者：平安银行　2018年6月出版／估价：99.00元
PSN B-2016-524-1/1

会展蓝皮书
中外会展业动态评估研究报告（2018）
著(编)者：张敏　任中峰　聂鑫焱　牛盼强
2018年12月出版／估价：99.00元
PSN B-2013-327-1/1

基金会蓝皮书
中国基金会发展报告（2017~2018）
著(编)者：中国基金会发展报告课题组
2018年6月出版／估价：99.00元
PSN B-2013-368-1/1

基金会绿皮书
中国基金会发展独立研究报告（2018）
著(编)者：基金会中心网　中央民族大学基金会研究中心
2018年6月出版／估价：99.00元
PSN G-2011-213-1/1

基金会透明度蓝皮书
中国基金会透明度发展研究报告（2018）
著(编)者：基金会中心网
　　　　　清华大学廉政与治理研究中心
2018年9月出版／估价：99.00元
PSN B-2013-339-1/1

建筑装饰蓝皮书
中国建筑装饰行业发展报告（2018）
著(编)者：葛道顺　刘晓一
2018年10月出版／估价：198.00元
PSN B-2016-553-1/1

金融监管蓝皮书
中国金融监管报告（2018）
著(编)者：胡滨　2018年3月出版／定价：98.00元
PSN B-2012-281-1/1

金融蓝皮书
中国互联网金融行业分析与评估（2018~2019）
著(编)者：黄国平　伍旭川　2018年12月出版／估价：99.00元
PSN B-2016-585-7/7

金融科技蓝皮书
中国金融科技发展报告（2018）
著(编)者：李扬　孙国峰　2018年10月出版／估价：99.00元
PSN B-2014-374-1/1

金融信息服务蓝皮书
中国金融信息服务发展报告（2018）
著(编)者：李平　2018年5月出版／估价：99.00元
PSN B-2017-621-1/1

金蜜蜂企业社会责任蓝皮书
金蜜蜂中国企业社会责任报告研究（2017）
著(编)者：殷格非　于志宏　管竹笋
2018年1月出版／定价：99.00元
PSN B-2018-693-1/1

京津冀金融蓝皮书
京津冀金融发展报告（2018）
著(编)者：王爱俭　王璟怡　2018年10月出版／估价：99.00元
PSN B-2016-527-1/1

科普蓝皮书
国家科普能力发展报告（2018）
著(编)者：王康友　2018年5月出版／估价：138.00元
PSN B-2017-632-4/4

科普蓝皮书
中国基层科普发展报告（2017~2018）
著(编)者：赵立新　陈玲　2018年9月出版／估价：99.00元
PSN B-2016-568-3/4

科普蓝皮书
中国科普基础设施发展报告（2017~2018）
著(编)者：任福君　2018年6月出版／估价：99.00元
PSN B-2010-174-1/3

科普蓝皮书
中国科普人才发展报告（2017~2018）
著(编)者：郑念　任嵘嵘　2018年7月出版／估价：99.00元
PSN B-2016-512-2/4

科普能力蓝皮书
中国科普能力评价报告（2018~2019）
著(编)者：李富强　李群　2018年8月出版／估价：99.00元
PSN B-2016-555-1/1

临空经济蓝皮书
中国临空经济发展报告（2018）
著(编)者：连玉明　2018年9月出版／估价：99.00元
PSN B-2014-421-1/1

皮书系列 2018全品种
行业及其他类

旅游安全蓝皮书
中国旅游安全发展报告（2018）
著(编)者：郑向敏 谢朝武　2018年5月出版 / 估价：158.00元
PSN B-2012-280-1/1

旅游绿皮书
2017~2018年中国旅游发展分析与预测
著(编)者：宋瑞　2018年1月出版 / 定价：99.00元
PSN G-2002-018-1/1

煤炭蓝皮书
中国煤炭工业发展报告（2018）
著(编)者：岳福斌　2018年12月出版 / 估价：99.00元
PSN B-2008-123-1/1

民营企业社会责任蓝皮书
中国民营企业社会责任报告（2018）
著(编)者：中华全国工商业联合会
2018年12月出版 / 估价：99.00元
PSN B-2015-510-1/1

民营医院蓝皮书
中国民营医院发展报告（2017）
著(编)者：薛晓林　2017年12月出版 / 定价：89.00元
PSN B-2012-299-1/1

闽商蓝皮书
闽商发展报告（2018）
著(编)者：李闽榕 王日根 林琛
2018年12月出版 / 估价：99.00元
PSN B-2012-298-1/1

农业应对气候变化蓝皮书
中国农业气象灾害及其灾损评估报告（No.3）
著(编)者：矫梅燕　2018年6月出版 / 估价：118.00元
PSN B-2014-413-1/1

品牌蓝皮书
中国品牌战略发展报告（2018）
著(编)者：汪同三　2018年10月出版 / 估价：99.00元
PSN B-2016-580-1/1

企业扶贫蓝皮书
中国企业扶贫研究报告（2018）
著(编)者：钟宏武　2018年12月出版 / 估价：99.00元
PSN B-2016-593-1/1

企业公益蓝皮书
中国企业公益研究报告（2018）
著(编)者：钟宏武 汪杰 黄晓娟
2018年12月出版 / 估价：99.00元
PSN B-2015-501-1/1

企业国际化蓝皮书
中国企业全球化报告（2018）
著(编)者：王辉耀 苗绿　2018年11月出版 / 估价：99.00元
PSN B-2014-427-1/1

企业蓝皮书
中国企业绿色发展报告No.2（2018）
著(编)者：李红玉 朱光辉
2018年8月出版 / 估价：99.00元
PSN B-2015-481-2/2

企业社会责任蓝皮书
中资企业海外社会责任研究报告（2017~2018）
著(编)者：钟宏武 叶柳红 张蒽
2018年6月出版 / 估价：99.00元
PSN B-2017-603-2/2

企业社会责任蓝皮书
中国企业社会责任研究报告（2018）
著(编)者：黄群慧 钟宏武 张蒽 汪杰
2018年11月出版 / 估价：99.00元
PSN B-2009-149-1/2

汽车安全蓝皮书
中国汽车安全发展报告（2018）
著(编)者：中国汽车技术研究中心
2018年8月出版 / 估价：99.00元
PSN B-2014-385-1/1

汽车电子商务蓝皮书
中国汽车电子商务发展报告（2018）
著(编)者：中华全国工商业联合会汽车经销商商会
　　　　　北方工业大学
　　　　　北京易观智库网络科技有限公司
2018年10月出版 / 估价：158.00元
PSN B-2015-485-1/1

汽车知识产权蓝皮书
中国汽车产业知识产权发展报告（2018）
著(编)者：中国汽车工程研究院股份有限公司
　　　　　中国汽车工程学会
　　　　　重庆长安汽车股份有限公司
2018年12月出版 / 估价：99.00元
PSN B-2016-594-1/1

青少年体育蓝皮书
中国青少年体育发展报告（2017）
著(编)者：刘扶民 杨桦　2018年6月出版 / 估价：99.00元
PSN B-2015-482-1/1

区块链蓝皮书
中国区块链发展报告（2018）
著(编)者：李伟　2018年9月出版 / 估价：99.00元
PSN B-2017-649-1/1

群众体育蓝皮书
中国群众体育发展报告（2017）
著(编)者：刘国永 戴健　2018年5月出版 / 估价：99.00元
PSN B-2014-411-1/3

群众体育蓝皮书
中国社会体育指导员发展报告（2018）
著(编)者：刘国永 王欢　2018年6月出版 / 估价：99.00元
PSN B-2016-520-3/3

人力资源蓝皮书
中国人力资源发展报告（2018）
著(编)者：余兴安　2018年11月出版 / 估价：99.00元
PSN B-2012-287-1/1

融资租赁蓝皮书
中国融资租赁业发展报告（2017~2018）
著(编)者：李光荣 王力　2018年8月出版 / 估价：99.00元
PSN B-2015-443-1/1

 行业及其他类

皮书系列 2018全品种

商会蓝皮书
中国商会发展报告No.5（2017）
著(编)者：王钦敏　　2018年7月出版／估价：99.00元
PSN B-2008-125-1/1

商务中心区蓝皮书
中国商务中心区发展报告No.4（2017~2018）
著(编)者：李国红　单菁菁　　2018年9月出版／估价：99.00元
PSN B-2015-444-1/1

设计产业蓝皮书
中国创新设计发展报告（2018）
著(编)者：王晓红　张立群　于炜
2018年11月出版／估价：99.00元
PSN B-2016-581-2/2

社会责任管理蓝皮书
中国上市公司社会责任能力成熟度报告No.4（2018）
著(编)者：肖红军　王晓光　李伟阳
2018年12月出版／估价：99.00元
PSN B-2015-507-2/2

社会责任管理蓝皮书
中国企业公众透明度报告No.4（2017~2018）
著(编)者：黄速建　熊梦　王晓光　肖红军
2018年6月出版／估价：99.00元
PSN B-2015-440-1/2

食品药品蓝皮书
食品药品安全与监管政策研究报告（2016~2017）
著(编)者：唐民皓　　2018年6月出版／估价：99.00元
PSN B-2009-129-1/1

输血服务蓝皮书
中国输血行业发展报告（2018）
著(编)者：孙俊　　2018年12月出版／估价：99.00元
PSN B-2016-582-1/1

水利风景区蓝皮书
中国水利风景区发展报告（2018）
著(编)者：董建文　兰思仁
2018年10月出版／估价：99.00元
PSN B-2015-480-1/1

数字经济蓝皮书
全球数字经济竞争力发展报告（2017）
著(编)者：王振　　2017年12月出版／定价：79.00元
PSN B-2017-673-1/1

私募市场蓝皮书
中国私募股权市场发展报告（2017~2018）
著(编)者：曹和平　　2018年12月出版／估价：99.00元
PSN B-2010-162-1/1

碳排放权交易蓝皮书
中国碳排放权交易报告（2018）
著(编)者：孙永平　　2018年11月出版／估价：99.00元
PSN B-2015-652-1/1

碳市场蓝皮书
中国碳市场报告（2018）
著(编)者：定金彪　　2018年11月出版／估价：99.00元
PSN B-2014-430-1/1

体育蓝皮书
中国公共体育服务发展报告（2018）
著(编)者：戴健　　2018年12月出版／估价：99.00元
PSN B-2013-367-2/5

土地市场蓝皮书
中国农村土地市场发展报告（2017~2018）
著(编)者：李光荣　　2018年6月出版／估价：99.00元
PSN B-2016-526-1/1

土地整治蓝皮书
中国土地整治发展研究报告（No.5）
著(编)者：国土资源部土地整治中心
2018年7月出版／估价：99.00元
PSN B-2014-401-1/1

土地政策蓝皮书
中国土地政策研究报告（2018）
著(编)者：高延利　张建平　吴次芳
2018年1月出版／定价：98.00元
PSN B-2015-506-1/1

网络空间安全蓝皮书
中国网络空间安全发展报告（2018）
著(编)者：惠志斌　覃庆玲
2018年11月出版／估价：99.00元
PSN B-2015-466-1/1

文化志愿服务蓝皮书
中国文化志愿服务发展报告（2018）
著(编)者：张永新　良警宇　　2018年11月出版／估价：128.00元
PSN B-2016-596-1/1

西部金融蓝皮书
中国西部金融发展报告（2017~2018）
著(编)者：李忠民　　2018年8月出版／估价：99.00元
PSN B-2010-160-1/1

协会商会蓝皮书
中国行业协会商会发展报告（2017）
著(编)者：景朝阳　李勇　　2018年6月出版／估价：99.00元
PSN B-2015-461-1/1

新三板蓝皮书
中国新三板市场发展报告（2018）
著(编)者：王力　　2018年8月出版／估价：99.00元
PSN B-2016-533-1/1

信托市场蓝皮书
中国信托业市场报告（2017~2018）
著(编)者：用益金融信托研究院
2018年6月出版／估价：198.00元
PSN B-2014-371-1/1

信息化蓝皮书
中国信息化形势分析与预测（2017~2018）
著(编)者：周宏仁　　2018年8月出版／估价：99.00元
PSN B-2010-168-1/1

信用蓝皮书
中国信用发展报告（2017~2018）
著(编)者：章政　田侃　　2018年6月出版／估价：99.00元
PSN B-2013-328-1/1

皮书系列 2018全品种 行业及其他类

休闲绿皮书
2017~2018年中国休闲发展报告
著(编)者：宋瑞　2018年7月出版 / 估价：99.00元
PSN G-2010-158-1/1

休闲体育蓝皮书
中国休闲体育发展报告（2017~2018）
著(编)者：李相如　钟秉枢
2018年10月出版 / 估价：99.00元
PSN B-2016-516-1/1

养老金融蓝皮书
中国养老金融发展报告（2018）
著(编)者：董克用　姚余栋
2018年9月出版 / 估价：99.00元
PSN B-2016-583-1/1

遥感监测绿皮书
中国可持续发展遥感监测报告（2017）
著(编)者：顾行发　汪克强　潘教峰　李闽榕　徐东华　王琦安
2018年6月出版 / 估价：298.00元
PSN B-2017-629-1/1

药品流通蓝皮书
中国药品流通行业发展报告（2018）
著(编)者：佘鲁林　温再兴
2018年7月出版 / 估价：198.00元
PSN B-2014-429-1/1

医疗器械蓝皮书
中国医疗器械行业发展报告（2018）
著(编)者：王宝亭　耿鸿武
2018年10月出版 / 估价：99.00元
PSN B-2017-661-1/1

医院蓝皮书
中国医院竞争力报告（2017~2018）
著(编)者：庄一强　2018年3月出版 / 定价：108.00元
PSN B-2016-528-1/1

瑜伽蓝皮书
中国瑜伽业发展报告（2017~2018）
著(编)者：张永建　徐华锋　朱泰余
2018年6月出版 / 估价：198.00元
PSN B-2017-625-1/1

债券市场蓝皮书
中国债券市场发展报告（2017~2018）
著(编)者：杨农　2018年10月出版 / 估价：99.00元
PSN B-2016-572-1/1

志愿服务蓝皮书
中国志愿服务发展报告（2018）
著(编)者：中国志愿服务联合会
2018年11月出版 / 估价：99.00元
PSN B-2017-664-1/1

中国上市公司蓝皮书
中国上市公司发展报告（2018）
著(编)者：张鹏　张平　黄胤英
2018年9月出版 / 估价：99.00元
PSN B-2014-414-1/1

中国新三板蓝皮书
中国新三板创新与发展报告（2018）
著(编)者：刘平安　闻召林
2018年8月出版 / 估价：158.00元
PSN B-2017-638-1/1

中国汽车品牌蓝皮书
中国乘用车品牌发展报告（2017）
著(编)者：《中国汽车报》社有限公司　博世（中国）投资有限公司　中国汽车技术研究中心数据资源中心
2018年1月出版 / 定价：89.00元
PSN B-2017-679-1/1

中医文化蓝皮书
北京中医药文化传播发展报告（2018）
著(编)者：毛嘉陵　2018年6月出版 / 估价：99.00元
PSN B-2015-468-1/2

中医文化蓝皮书
中国中医药文化传播发展报告（2018）
著(编)者：毛嘉陵　2018年7月出版 / 估价：99.00元
PSN B-2016-584-2/2

中医药蓝皮书
北京中医药知识产权发展报告No.2
著(编)者：汪洪　屠志涛　2018年6月出版 / 估价：168.00元
PSN B-2017-602-1/1

资本市场蓝皮书
中国场外交易市场发展报告（2016~2017）
著(编)者：高峦　2018年6月出版 / 估价：99.00元
PSN B-2009-153-1/1

资产管理蓝皮书
中国资产管理行业发展报告（2018）
著(编)者：郑智　2018年7月出版 / 估价：99.00元
PSN B-2014-407-2/2

资产证券化蓝皮书
中国资产证券化发展报告（2018）
著(编)者：沈炳熙　曹彤　李哲平
2018年4月出版 / 定价：98.00元
PSN B-2017-660-1/1

自贸区蓝皮书
中国自贸区发展报告（2018）
著(编)者：王力　黄育华
2018年6月出版 / 估价：99.00元
PSN B-2016-558-1/1

国际问题与全球治理类

"一带一路"跨境通道蓝皮书
"一带一路"跨境通道建设研究报(2017~2018)
著(编)者：余鑫 张秋生　2018年1月出版 / 定价：89.00元
PSN B-2016-557-1/1

"一带一路"蓝皮书
"一带一路"建设发展报告(2018)
著(编)者：李永全　2018年3月出版 / 定价：98.00元
PSN B-2016-552-1/1

"一带一路"投资安全蓝皮书
中国"一带一路"投资与安全研究报告(2018)
著(编)者：邹统钎 梁昊光　2018年4月出版 / 定价：98.00元
PSN B-2017-612-1/1

"一带一路"文化交流蓝皮书
中阿文化交流发展报告(2017)
著(编)者：王辉　2017年12月出版 / 定价：89.00元
PSN B-2017-655-1/1

G20国家创新竞争力黄皮书
二十国集团(G20)国家创新竞争力发展报告(2017~2018)
著(编)者：李建平 李闽榕 赵新力 周天勇
2018年7月出版 / 估价：168.00元
PSN Y-2011-229-1/1

阿拉伯黄皮书
阿拉伯发展报告(2016~2017)
著(编)者：罗林　2018年6月出版 / 估价：99.00元
PSN Y-2014-381-1/1

北部湾蓝皮书
泛北部湾合作发展报告(2017~2018)
著(编)者：吕余生　2018年12月出版 / 估价：99.00元
PSN B-2008-114-1/1

北极蓝皮书
北极地区发展报告(2017)
著(编)者：刘惠荣　2018年7月出版 / 估价：99.00元
PSN B-2017-634-1/1

大洋洲蓝皮书
大洋洲发展报告(2017~2018)
著(编)者：喻常森　2018年10月出版 / 估价：99.00元
PSN B-2013-341-1/1

东北亚区域合作蓝皮书
2017年"一带一路"倡议与东北亚区域合作
著(编)者：刘亚政 金美花
2018年5月出版 / 估价：99.00元
PSN B-2017-631-1/1

东盟黄皮书
东盟发展报告(2017)
著(编)者：杨静林 庄国土　2018年6月出版 / 估价：99.00元
PSN Y-2012-303-1/1

东南亚蓝皮书
东南亚地区发展报告(2017~2018)
著(编)者：王勤　2018年12月出版 / 估价：99.00元
PSN B-2012-240-1/1

非洲黄皮书
非洲发展报告No.20(2017~2018)
著(编)者：张宏明　2018年7月出版 / 估价：99.00元
PSN Y-2012-239-1/1

非传统安全蓝皮书
中国非传统安全研究报告(2017~2018)
著(编)者：潇枫 罗中枢　2018年8月出版 / 估价：99.00元
PSN B-2012-273-1/1

国际安全蓝皮书
中国国际安全研究报告(2018)
著(编)者：刘慧　2018年7月出版 / 估价：99.00元
PSN B-2016-521-1/1

国际城市蓝皮书
国际城市发展报告(2018)
著(编)者：屠启宇　2018年2月出版 / 定价：89.00元
PSN B-2012-260-1/1

国际形势黄皮书
全球政治与安全报告(2018)
著(编)者：张宇燕　2018年1月出版 / 定价：99.00元
PSN Y-2001-016-1/1

公共外交蓝皮书
中国公共外交发展报告(2018)
著(编)者：赵启正 雷蔚真　2018年6月出版 / 估价：99.00元
PSN B-2015-457-1/1

海丝蓝皮书
21世纪海上丝绸之路研究报告(2017)
著(编)者：华侨大学海上丝绸之路研究院
2017年12月出版 / 定价：89.00元
PSN B-2017-684-1/1

金砖国家黄皮书
金砖国家综合创新竞争力发展报告(2018)
著(编)者：赵新力 李闽榕 黄茂兴
2018年8月出版 / 估价：128.00元
PSN Y-2017-643-1/1

拉美黄皮书
拉丁美洲和加勒比发展报告(2017~2018)
著(编)者：袁东振　2018年6月出版 / 估价：99.00元
PSN Y-1999-007-1/1

澜湄合作蓝皮书
澜沧江-湄公河合作发展报告(2018)
著(编)者：刘稚　2018年9月出版 / 估价：99.00元
PSN B-2011-196-1/1

国际问题与全球治理类

欧洲蓝皮书
欧洲发展报告（2017～2018）
著（编）者：黄平 周弘 程卫东
2018年6月出版 / 估价：99.00元
PSN B-1999-009-1/1

葡语国家蓝皮书
葡语国家发展报告（2016～2017）
著（编）者：王成安 张敏 刘金兰
2018年6月出版 / 估价：99.00元
PSN B-2015-503-1/2

葡语国家蓝皮书
中国与葡语国家关系发展报告·巴西（2016）
著（编）者：张曙光
2018年8月出版 / 估价：99.00元
PSN B-2016-563-2/2

气候变化绿皮书
应对气候变化报告（2018）
著（编）者：王伟光 郑国光
2018年11月出版 / 估价：99.00元
PSN G-2009-144-1/1

全球环境竞争力绿皮书
全球环境竞争力报告（2018）
著（编）者：李建平 李闽榕 王金南
2018年12月出版 / 估价：198.00元
PSN G-2013-363-1/1

全球信息社会蓝皮书
全球信息社会发展报告（2018）
著（编）者：丁波涛 唐涛 2018年10月出版 / 估价：99.00元
PSN B-2017-665-1/1

日本经济蓝皮书
日本经济与中日经贸关系研究报告（2018）
著（编）者：张季风 2018年6月出版 / 估价：99.00元
PSN B-2008-102-1/1

上海合作组织黄皮书
上海合作组织发展报告（2018）
著（编）者：李进峰 2018年6月出版 / 估价：99.00元
PSN Y-2009-130-1/1

世界创新竞争力黄皮书
世界创新竞争力发展报告（2017）
著（编）者：李建平 李闽榕 赵新力
2018年6月出版 / 估价：168.00元
PSN Y-2013-318-1/1

世界经济黄皮书
2018年世界经济形势分析与预测
著（编）者：张宇燕 2018年1月出版 / 定价：99.00元
PSN Y-1999-006-1/1

世界能源互联互通蓝皮书
世界能源清洁发展与互联互通评估报告（2017）：欧洲篇
著（编）者：国网能源研究院
2018年1月出版 / 定价：128.00元
PSN B-2018-695-1/1

丝绸之路蓝皮书
丝绸之路经济带发展报告（2018）
著（编）者：任宗哲 白宽犁 谷孟宾
2018年1月出版 / 估价：89.00元
PSN B-2014-410-1/1

新兴经济体蓝皮书
金砖国家发展报告（2018）
著（编）者：林跃勤 周文
2018年8月出版 / 估价：99.00元
PSN B-2011-195-1/1

亚太蓝皮书
亚太地区发展报告（2018）
著（编）者：李向阳 2018年5月出版 / 估价：99.00元
PSN B-2001-015-1/1

印度洋地区蓝皮书
印度洋地区发展报告（2018）
著（编）者：汪戎 2018年6月出版 / 估价：99.00元
PSN B-2013-334-1/1

印度尼西亚经济蓝皮书
印度尼西亚经济发展报告（2017）：增长与机会
著（编）者：左志刚 2017年11月出版 / 定价：89.00元
PSN B-2017-675-1/1

渝新欧蓝皮书
渝新欧沿线国家发展报告（2018）
著（编）者：杨柏 黄森
2018年6月出版 / 估价：99.00元
PSN B-2017-626-1/1

中阿蓝皮书
中国-阿拉伯国家经贸发展报告（2018）
著（编）者：张廉 段庆林 王林聪 杨巧红
2018年12月出版 / 估价：99.00元
PSN B-2016-598-1/1

中东黄皮书
中东发展报告No.20（2017～2018）
著（编）者：杨光 2018年10月出版 / 估价：99.00元
PSN Y-1998-004-1/1

中亚黄皮书
中亚国家发展报告（2018）
著（编）者：孙力
2018年3月出版 / 定价：98.00元
PSN Y-2012-238-1/1

国别类 · 文化传媒类

皮书系列
2018全品种

国别类

澳大利亚蓝皮书
澳大利亚发展报告（2017-2018）
著（编）者：孙有中 韩锋　2018年12月出版／估价：99.00元
PSN B-2016-587-1/1

巴西黄皮书
巴西发展报告（2017）
著（编）者：刘国枝　2018年5月出版／估价：99.00元
PSN Y-2017-614-1/1

德国蓝皮书
德国发展报告（2018）
著（编）者：郑春荣　2018年6月出版／估价：99.00元
PSN B-2012-278-1/1

俄罗斯黄皮书
俄罗斯发展报告（2018）
著（编）者：李永全　2018年6月出版／估价：99.00元
PSN Y-2006-061-1/1

韩国蓝皮书
韩国发展报告（2017）
著（编）者：牛林杰 刘宝全　2018年6月出版／估价：99.00元
PSN B-2010-155-1/1

加拿大蓝皮书
加拿大发展报告（2018）
著（编）者：唐小松　2018年9月出版／估价：99.00元
PSN B-2014-389-1/1

美国蓝皮书
美国研究报告（2018）
著（编）者：郑秉文 黄平　2018年5月出版／估价：99.00元
PSN B-2011-210-1/1

缅甸蓝皮书
缅甸国情报告（2017）
著（编）者：祝湘辉
2017年11月出版／定价：98.00元
PSN B-2013-343-1/1

日本蓝皮书
日本研究报告（2018）
著（编）者：杨伯江　2018年4月出版／定价：99.00元
PSN B-2002-020-1/1

土耳其蓝皮书
土耳其发展报告（2018）
著（编）者：郭长刚 刘义　2018年9月出版／估价：99.00元
PSN B-2014-412-1/1

伊朗蓝皮书
伊朗发展报告（2017~2018）
著（编）者：冀开运　2018年10月／估价：99.00元
PSN B-2016-574-1/1

以色列蓝皮书
以色列发展报告（2018）
著（编）者：张倩红　2018年8月出版／估价：99.00元
PSN B-2015-483-1/1

印度蓝皮书
印度国情报告（2017）
著（编）者：吕昭义　2018年6月出版／估价：99.00元
PSN B-2012-241-1/1

英国蓝皮书
英国发展报告（2017~2018）
著（编）者：王展鹏　2018年12月出版／估价：99.00元
PSN B-2015-486-1/1

越南蓝皮书
越南国情报告（2018）
著（编）者：谢林城　2018年11月出版／估价：99.00元
PSN B-2006-056-1/1

泰国蓝皮书
泰国研究报告（2018）
著（编）者：庄国土 张禹东 刘文正
2018年10月出版／估价：99.00元
PSN B-2016-556-1/1

文化传媒类

"三农"舆情蓝皮书
中国"三农"网络舆情报告（2017~2018）
著（编）者：农业部信息中心
2018年6月出版／估价：99.00元
PSN B-2017-640-1/1

传媒竞争力蓝皮书
中国传媒国际竞争力研究报告（2018）
著（编）者：李本乾 刘强 王大可
2018年8月出版／估价：99.00元
PSN B-2013-356-1/1

传媒蓝皮书
中国传媒产业发展报告（2018）
著（编）者：崔保国
2018年5月出版／估价：99.00元
PSN B-2005-035-1/1

传媒投资蓝皮书
中国传媒投资发展报告（2018）
著（编）者：张向东 谭云明
2018年6月出版／估价：148.00元
PSN B-2015-474-1/1

皮书系列 2018全品种 — 文化传媒类

非物质文化遗产蓝皮书
中国非物质文化遗产发展报告（2018）
著（编）者：陈平　2018年6月出版／估价：128.00元
PSN B-2015-469-1/2

非物质文化遗产蓝皮书
中国非物质文化遗产保护发展报告（2018）
著（编）者：宋俊华　2018年10月出版／估价：128.00元
PSN B-2016-586-2/2

广电蓝皮书
中国广播电影电视发展报告（2018）
著（编）者：国家新闻出版广电总局发展研究中心
2018年7月出版／估价：99.00元
PSN B-2006-072-1/1

广告主蓝皮书
中国广告主营销传播趋势报告No.9
著（编）者：黄升民　杜国清　邵华冬　等
2018年10月出版／估价：158.00元
PSN B-2005-041-1/1

国际传播蓝皮书
中国国际传播发展报告（2018）
著（编）者：胡正荣　李继东　姬德强
2018年12月出版／估价：99.00元
PSN B-2014-408-1/1

国家形象蓝皮书
中国国家形象传播报告（2017）
著（编）者：张昆　2018年6月出版／估价：128.00元
PSN B-2017-605-1/1

互联网治理蓝皮书
中国网络社会治理研究报告（2018）
著（编）者：罗昕　支庭荣
2018年9月出版／估价：118.00元
PSN B-2017-653-1/1

纪录片蓝皮书
中国纪录片发展报告（2018）
著（编）者：何苏六　2018年10月出版／估价：99.00元
PSN B-2011-222-1/1

科学传播蓝皮书
中国科学传播报告（2016~2017）
著（编）者：詹正茂　2018年6月出版／估价：99.00元
PSN B-2008-120-1/1

两岸创意经济蓝皮书
两岸创意经济研究报告（2018）
著（编）者：罗昌智　董泽平
2018年10月出版／估价：99.00元
PSN B-2014-437-1/1

媒介与女性蓝皮书
中国媒介与女性发展报告（2017~2018）
著（编）者：刘利群　2018年5月出版／估价：99.00元
PSN B-2013-345-1/1

媒体融合蓝皮书
中国媒体融合发展报告（2017~2018）
著（编）者：梅宁华　支庭荣
2017年12月出版／定价：98.00元
PSN B-2015-479-1/1

全球传媒蓝皮书
全球传媒发展报告（2017~2018）
著（编）者：胡正荣　李继东　2018年6月出版／估价：99.00元
PSN B-2012-237-1/1

少数民族非遗蓝皮书
中国少数民族非物质文化遗产发展报告（2018）
著（编）者：肖远平（彝）　柴立（满）
2018年10月出版／估价：118.00元
PSN B-2015-467-1/1

视听新媒体蓝皮书
中国视听新媒体发展报告（2018）
著（编）者：国家新闻出版广电总局发展研究中心
2018年7月出版／估价：118.00元
PSN B-2011-184-1/1

数字娱乐产业蓝皮书
中国动漫产业发展报告（2018）
著（编）者：孙立军　孙平　牛兴侦
2018年10月出版／估价：99.00元
PSN B-2011-198-1/2

数字娱乐产业蓝皮书
中国游戏产业发展报告（2018）
著（编）者：孙立军　刘跃军　2018年10月出版／估价：99.00元
PSN B-2017-662-2/2

网络视听蓝皮书
中国互联网视听行业发展报告（2018）
著（编）者：陈鹏　2018年2月出版／定价：148.00元
PSN B-2018-688-1/1

文化创新蓝皮书
中国文化创新报告（2017·No.8）
著（编）者：傅才武　2018年6月出版／估价：99.00元
PSN B-2009-143-1/1

文化建设蓝皮书
中国文化发展报告（2018）
著（编）者：江畅　孙伟平　戴茂堂
2018年5月出版／估价：99.00元
PSN B-2014-392-1/1

文化科技蓝皮书
文化科技创新发展报告（2018）
著（编）者：于平　李凤亮　2018年10月出版／估价：99.00元
PSN B-2013-342-1/1

文化蓝皮书
中国公共文化服务发展报告（2017~2018）
著（编）者：刘新成　张永新　张旭
2018年12月出版／估价：99.00元
PSN B-2007-093-2/10

文化蓝皮书
中国少数民族文化发展报告（2017~2018）
著（编）者：武翠英　张晓明　任乌晶
2018年9月出版／估价：99.00元
PSN B-2013-369-9/10

文化蓝皮书
中国文化产业供需协调检测报告（2018）
著（编）者：王亚南　2018年3月出版／定价：99.00元
PSN B-2013-323-8/10

皮书系列 2018全品种

文化传媒类 · 地方发展类-经济

文化蓝皮书
中国文化消费需求景气评价报告（2018）
著（编）者：王亚南　2018年3月出版／定价：99.00元
PSN B-2011-236-4/10

文化蓝皮书
中国公共文化投入增长测评报告（2018）
著（编）者：王亚南　2018年3月出版／定价：99.00元
PSN B-2014-435-10/10

文化品牌蓝皮书
中国文化品牌发展报告（2018）
著（编）者：欧阳友权　2018年5月出版／估价：99.00元
PSN B-2012-277-1/1

文化遗产蓝皮书
中国文化遗产事业发展报告（2017~2018）
著（编）者：苏杨　张颖岚　卓杰　白海峰　陈晨　陈叙图
2018年8月出版／估价：99.00元
PSN B-2008-119-1/1

文学蓝皮书
中国文情报告（2017~2018）
著（编）者：白烨　2018年5月出版／估价：99.00元
PSN B-2011-221-1/1

新媒体蓝皮书
中国新媒体发展报告No.9（2018）
著（编）者：唐绪军　2018年7月出版／估价：99.00元
PSN B-2010-169-1/1

新媒体社会责任蓝皮书
中国新媒体社会责任研究报告（2018）
著（编）者：钟瑛　2018年12月出版／估价：99.00元
PSN B-2014-423-1/1

移动互联网蓝皮书
中国移动互联网发展报告（2018）
著（编）者：余清楚　2018年6月出版／估价：99.00元
PSN B-2012-282-1/1

影视蓝皮书
中国影视产业发展报告（2018）
著（编）者：司若　陈鹏　陈锐
2018年6月出版／估价：99.00元
PSN B-2016-529-1/1

舆情蓝皮书
中国社会舆情与危机管理报告（2018）
著（编）者：谢耘耕
2018年9月出版／估价：138.00元
PSN B-2011-235-1/1

中国大运河蓝皮书
中国大运河发展报告（2018）
著（编）者：吴欣　2018年2月出版／估价：128.00元
PSN B-2018-691-1/1

地方发展类-经济

澳门蓝皮书
澳门经济社会发展报告（2017~2018）
著（编）者：吴志良　郝雨凡
2018年7月出版／估价：99.00元
PSN B-2009-138-1/1

澳门绿皮书
澳门旅游休闲发展报告（2017~2018）
著（编）者：郝雨凡　林广志
2018年5月出版／估价：99.00元
PSN G-2017-617-1/1

北京蓝皮书
北京经济发展报告（2017~2018）
著（编）者：杨松　2018年6月出版／估价：99.00元
PSN B-2006-054-2/8

北京旅游绿皮书
北京旅游发展报告（2018）
著（编）者：北京旅游学会
2018年7月出版／估价：99.00元
PSN G-2012-301-1/1

北京体育蓝皮书
北京体育产业发展报告（2017~2018）
著（编）者：钟秉枢　陈杰　杨铁黎
2018年9月出版／估价：99.00元
PSN B-2015-475-1/1

滨海金融蓝皮书
滨海新区金融发展报告（2017）
著（编）者：王爱俭　李向前　2018年4月出版／估价：99.00元
PSN B-2014-424-1/1

城乡一体化蓝皮书
北京城乡一体化发展报告（2017~2018）
著（编）者：吴宝新　张宝秀　黄序
2018年5月出版／估价：99.00元
PSN B-2012-258-2/2

非公有制企业社会责任蓝皮书
北京非公有制企业社会责任报告（2018）
著（编）者：宋贵伦　冯培
2018年6月出版／估价：99.00元
PSN B-2017-613-1/1

地方发展类-经济

福建旅游蓝皮书
福建省旅游产业发展现状研究（2017~2018）
著(编)者：陈敏华 黄远水　2018年12月出版 / 估价：128.00元
PSN B-2016-591-1/1

福建自贸区蓝皮书
中国(福建)自由贸易试验区发展报告(2017~2018)
著(编)者：黄茂兴　2018年6月出版 / 估价：118.00元
PSN B-2016-531-1/1

甘肃蓝皮书
甘肃经济发展分析与预测（2018）
著(编)者：安文华 罗哲　2018年1月出版 / 定价：99.00元
PSN B-2013-312-1/6

甘肃蓝皮书
甘肃商贸流通发展报告（2018）
著(编)者：张应华 王福生 王晓芳
2018年1月出版 / 定价：99.00元
PSN B-2016-522-6/6

甘肃蓝皮书
甘肃县域和农村发展报告（2018）
著(编)者：包东红 朱智文 王建兵
2018年1月出版 / 定价：99.00元
PSN B-2013-316-5/6

甘肃农业科技绿皮书
甘肃农业科技发展研究报告（2018）
著(编)者：魏胜文 乔德华 张东伟
2018年12月出版 / 估价：198.00元
PSN B-2016-592-1/1

甘肃气象保障蓝皮书
甘肃农业对气候变化的适应与风险评估报告（No.1）
著(编)者：鲍文中 周广胜
2017年12月出版 / 定价：108.00元
PSN B-2017-677-1/1

巩义蓝皮书
巩义经济社会发展报告（2018）
著(编)者：丁同民 朱军　2018年6月出版 / 估价：99.00元
PSN B-2016-532-1/1

广东外经贸蓝皮书
广东对外经济贸易发展研究报告（2017~2018）
著(编)者：陈万灵　2018年6月出版 / 估价：99.00元
PSN B-2012-286-1/1

广西北部湾经济区蓝皮书
广西北部湾经济区开放开发报告（2017~2018）
著(编)者：广西壮族自治区北部湾经济区和东盟开放合作办公室
　　　　　广西社会科学院
　　　　　广西北部湾发展研究院
2018年5月出版 / 估价：99.00元
PSN B-2010-181-1/1

广州蓝皮书
广州城市国际化发展报告（2018）
著(编)者：张跃国　2018年8月出版 / 估价：99.00元
PSN B-2012-246-11/14

广州蓝皮书
中国广州城市建设与管理发展报告（2018）
著(编)者：张其学 陈小钢 王宏伟　2018年8月出版 / 估价：99.00元
PSN B-2007-087-4/14

广州蓝皮书
广州创新型城市发展报告（2018）
著(编)者：尹涛　2018年6月出版 / 估价：99.00元
PSN B-2012-247-12/14

广州蓝皮书
广州经济发展报告（2018）
著(编)者：张跃国 尹涛　2018年7月出版 / 估价：99.00元
PSN B-2005-040-1/14

广州蓝皮书
2018年中国广州经济形势分析与预测
著(编)者：魏明海 谢博能 李华
2018年6月出版 / 估价：99.00元
PSN B-2011-185-9/14

广州蓝皮书
中国广州科技创新发展报告（2018）
著(编)者：于欣伟 陈爽 邓佑满　2018年8月出版 / 估价：99.00元
PSN B-2006-065-2/14

广州蓝皮书
广州农村发展报告（2018）
著(编)者：朱名宏　2018年7月出版 / 估价：99.00元
PSN B-2010-167-8/14

广州蓝皮书
广州汽车产业发展报告（2018）
著(编)者：杨再高 冯兴亚　2018年7月出版 / 估价：99.00元
PSN B-2006-066-3/14

广州蓝皮书
广州商贸业发展报告（2018）
著(编)者：张跃国 陈杰 荀振英
2018年7月出版 / 估价：99.00元
PSN B-2012-245-10/14

贵阳蓝皮书
贵阳城市创新发展报告No.3（白云篇）
著(编)者：连玉明　2018年5月出版 / 估价：99.00元
PSN B-2015-491-3/10

贵阳蓝皮书
贵阳城市创新发展报告No.3（观山湖篇）
著(编)者：连玉明　2018年5月出版 / 估价：99.00元
PSN B-2015-497-9/10

贵阳蓝皮书
贵阳城市创新发展报告No.3（花溪篇）
著(编)者：连玉明　2018年5月出版 / 估价：99.00元
PSN B-2015-490-2/10

贵阳蓝皮书
贵阳城市创新发展报告No.3（开阳篇）
著(编)者：连玉明　2018年5月出版 / 估价：99.00元
PSN B-2015-492-4/10

贵阳蓝皮书
贵阳城市创新发展报告No.3（南明篇）
著(编)者：连玉明　2018年5月出版 / 估价：99.00元
PSN B-2015-496-8/10

贵阳蓝皮书
贵阳城市创新发展报告No.3（清镇篇）
著(编)者：连玉明　2018年5月出版 / 估价：99.00元
PSN B-2015-489-1/10

地方发展类-经济

贵阳蓝皮书
贵阳城市创新发展报告No.3（乌当篇）
著(编)者：连玉明　2018年5月出版／估价：99.00元
PSN B-2015-495-7/10

贵阳蓝皮书
贵阳城市创新发展报告No.3（息烽篇）
著(编)者：连玉明　2018年5月出版／估价：99.00元
PSN B-2015-493-5/10

贵阳蓝皮书
贵阳城市创新发展报告No.3（修文篇）
著(编)者：连玉明　2018年5月出版／估价：99.00元
PSN B-2015-494-6/10

贵阳蓝皮书
贵阳城市创新发展报告No.3（云岩篇）
著(编)者：连玉明　2018年5月出版／估价：99.00元
PSN B-2015-498-10/10

贵州房地产蓝皮书
贵州房地产发展报告No.5（2018）
著(编)者：武廷方　2018年7月出版／估价：99.00元
PSN B-2014-426-1/1

贵州蓝皮书
贵州册亨经济社会发展报告（2018）
著(编)者：黄德林　2018年6月出版／估价：99.00元
PSN B-2016-525-8/9

贵州蓝皮书
贵州地理标志产业发展报告（2018）
著(编)者：李发耀 黄其松　2018年8月出版／估价：99.00元
PSN B-2017-646-10/10

贵州蓝皮书
贵安新区发展报告（2017~2018）
著(编)者：马长青 吴大华　2018年6月出版／估价：99.00元
PSN B-2015-459-4/10

贵州蓝皮书
贵州国家级开放创新平台发展报告（2017~2018）
著(编)者：申晓庆 吴大华 季泓
2018年11月出版／估价：99.00元
PSN B-2016-518-7/10

贵州蓝皮书
贵州国有企业社会责任发展报告（2017~2018）
著(编)者：郭丽　2018年12月出版／估价：99.00元
PSN B-2015-511-6/10

贵州蓝皮书
贵州民航业发展报告（2017）
著(编)者：申振东 吴大华　2018年6月出版／估价：99.00元
PSN B-2015-471-5/10

贵州蓝皮书
贵州民营经济发展报告（2017）
著(编)者：杨静 吴大华　2018年6月出版／估价：99.00元
PSN B-2016-530-9/9

杭州都市圈蓝皮书
杭州都市圈发展报告（2018）
著(编)者：洪庆华 沈翔　2018年4月出版／定价：98.00元
PSN B-2012-302-1/1

河北经济蓝皮书
河北省经济发展报告（2018）
著(编)者：马树强 金浩 张贵　2018年6月出版／估价：99.00元
PSN B-2014-380-1/1

河北蓝皮书
河北经济社会发展报告（2018）
著(编)者：康振海　2018年1月出版／定价：99.00元
PSN B-2014-372-1/3

河北蓝皮书
京津冀协同发展报告（2018）
著(编)者：陈璐　2017年12月出版／定价：79.00元
PSN B-2017-601-2/3

河南经济蓝皮书
2018年河南经济形势分析与预测
著(编)者：王世炎　2018年3月出版／估价：89.00元
PSN B-2007-086-1/1

河南蓝皮书
河南城市发展报告（2018）
著(编)者：张占仓 王建国　2018年5月出版／估价：99.00元
PSN B-2009-131-3/9

河南蓝皮书
河南工业发展报告（2018）
著(编)者：张占仓　2018年5月出版／估价：99.00元
PSN B-2013-317-5/9

河南蓝皮书
河南金融发展报告（2018）
著(编)者：喻新安 谷建全
2018年6月出版／估价：99.00元
PSN B-2014-390-7/9

河南蓝皮书
河南经济发展报告（2018）
著(编)者：张占仓 完世伟
2018年6月出版／估价：99.00元
PSN B-2010-157-4/9

河南蓝皮书
河南能源发展报告（2018）
著(编)者：国网河南省电力公司经济技术研究院
　　　　　河南省社会科学院
2018年6月出版／估价：99.00元
PSN B-2017-607-9/9

河南商务蓝皮书
河南商务发展报告（2018）
著(编)者：焦锦淼 穆荣国　2018年5月出版／估价：99.00元
PSN B-2014-399-1/1

河南双创蓝皮书
河南创新创业发展报告（2018）
著(编)者：喻新安 杨雪梅
2018年8月出版／估价：99.00元
PSN B-2017-641-1/1

黑龙江蓝皮书
黑龙江经济发展报告（2018）
著(编)者：朱宇　2018年1月出版／定价：89.00元
PSN B-2011-190-2/2

皮书系列 2018全品种 — 地方发展类-经济

湖南城市蓝皮书
区域城市群整合
著(编)者：童中贤 韩未名　2018年12月出版 / 估价：99.00元
PSN B-2006-064-1/1

湖南蓝皮书
湖南城乡一体化发展报告（2018）
著(编)者：陈文胜 王文强 陆福兴
2018年8月出版 / 估价：99.00元
PSN B-2015-477-8/8

湖南蓝皮书
2018年湖南电子政务发展报告
著(编)者：梁志峰　2018年5月出版 / 估价：128.00元
PSN B-2014-394-6/8

湖南蓝皮书
2018年湖南经济发展报告
著(编)者：卞鹰　2018年5月出版 / 估价：128.00元
PSN B-2011-207-2/8

湖南蓝皮书
2016年湖南经济展望
著(编)者：梁志峰　2018年5月出版 / 估价：128.00元
PSN B-2011-206-1/8

湖南蓝皮书
2018年湖南县域经济社会发展报告
著(编)者：梁志峰　2018年5月出版 / 估价：128.00元
PSN B-2014-395-7/8

湖南县域绿皮书
湖南县域发展报告（No.5）
著(编)者：袁准 周小毛 黎仁寅
2018年6月出版 / 估价：99.00元
PSN G-2012-274-1/1

沪港蓝皮书
沪港发展报告（2018）
著(编)者：尤安山　2018年9月出版 / 估价：99.00元
PSN B-2013-362-1/1

吉林蓝皮书
2018年吉林经济社会形势分析与预测
著(编)者：邵汉明　2017年12月出版 / 定价：89.00元
PSN B-2013-319-1/1

吉林省城市竞争力蓝皮书
吉林省城市竞争力报告（2017~2018）
著(编)者：崔岳春 张磊
2018年3月出版 / 定价：89.00元
PSN B-2016-513-1/1

济源蓝皮书
济源经济社会发展报告（2018）
著(编)者：喻新安　2018年6月出版 / 估价：99.00元
PSN B-2014-387-1/1

江苏蓝皮书
2018年江苏经济发展分析与展望
著(编)者：王庆五 吴先满
2018年7月出版 / 估价：128.00元
PSN B-2017-635-1/3

江西蓝皮书
江西经济社会发展报告（2018）
著(编)者：陈石俊 龚建文　2018年10月出版 / 估价：128.00元
PSN B-2015-484-1/2

江西蓝皮书
江西设区市发展报告（2018）
著(编)者：姜玮 梁勇
2018年10月出版 / 估价：99.00元
PSN B-2016-517-2/2

经济特区蓝皮书
中国经济特区发展报告（2017）
著(编)者：陶一桃　2018年1月出版 / 估价：99.00元
PSN B-2009-139-1/1

辽宁蓝皮书
2018年辽宁经济社会形势分析与预测
著(编)者：梁启东 魏红江　2018年6月出版 / 估价：99.00元
PSN B-2006-053-1/1

民族经济蓝皮书
中国民族地区经济发展报告（2018）
著(编)者：李曦辉　2018年7月出版 / 估价：99.00元
PSN B-2017-630-1/1

南宁蓝皮书
南宁经济发展报告（2018）
著(编)者：胡建华　2018年9月出版 / 估价：99.00元
PSN B-2016-569-2/3

内蒙古蓝皮书
内蒙古精准扶贫研究报告（2018）
著(编)者：张志华　2018年1月出版 / 定价：89.00元
PSN B-2017-681-2/2

浦东新区蓝皮书
上海浦东经济发展报告（2018）
著(编)者：周小平 徐美芳
2018年1月出版 / 估价：89.00元
PSN B-2011-225-1/1

青海蓝皮书
2018年青海经济社会形势分析与预测
著(编)者：陈玮　2018年1月出版 / 定价：98.00元
PSN B-2012-275-1/2

青海科技绿皮书
青海科技发展报告（2017）
著(编)者：青海省科学技术信息研究所
2018年3月出版 / 估价：98.00元
PSN G-2018-701-1/1

山东蓝皮书
山东经济形势分析与预测（2018）
著(编)者：李广杰　2018年7月出版 / 估价：99.00元
PSN B-2014-404-1/5

山东蓝皮书
山东省普惠金融发展报告（2018）
著(编)者：齐鲁财富网
2018年9月出版 / 估价：99.00元
PSN B2017-676-5/5

地方发展类-经济 | 皮书系列 2018全品种

山西蓝皮书
山西资源型经济转型发展报告（2018）
著(编)者：李志强　2018年7月出版／估价：99.00元
PSN B-2011-197-1/1

陕西蓝皮书
陕西经济发展报告（2018）
著(编)者：任宗哲　白宽犁　裴成荣
2018年1月出版／定价：89.00元
PSN B-2009-135-1/6

陕西蓝皮书
陕西精准脱贫研究报告（2018）
著(编)者：任宗哲　白宽犁　王建康
2018年4月出版／定价：89.00元
PSN B-2017-623-6/6

上海蓝皮书
上海经济发展报告（2018）
著(编)者：沈开艳　2018年2月出版／定价：89.00元
PSN B-2006-057-1/7

上海蓝皮书
上海资源环境发展报告（2018）
著(编)者：周冯琦　胡静　2018年2月出版／定价：89.00元
PSN B-2006-060-4/7

上海蓝皮书
上海奉贤经济发展分析与研判（2017～2018）
著(编)者：张兆安　朱平芳　2018年3月出版／定价：99.00元
PSN B-2018-698-8/8

上饶蓝皮书
上饶发展报告（2016～2017）
著(编)者：廖其志　2018年6月出版／定价：128.00元
PSN B-2014-377-1/1

深圳蓝皮书
深圳经济发展报告（2018）
著(编)者：张骁儒　2018年6月出版／定价：99.00元
PSN B-2008-112-3/7

四川蓝皮书
四川城镇化发展报告（2018）
著(编)者：侯水平　陈炜　2018年6月出版／定价：99.00元
PSN B-2015-456-7/7

四川蓝皮书
2018年四川经济形势分析与预测
著(编)者：杨钢　2018年1月出版／定价：158.00元
PSN B-2007-098-2/7

四川蓝皮书
四川企业社会责任研究报告（2017～2018）
著(编)者：侯水平　盛毅　2018年5月出版／定价：99.00元
PSN B-2014-386-4/7

四川蓝皮书
四川生态建设报告（2018）
著(编)者：李晟之　2018年5月出版／定价：99.00元
PSN B-2015-455-6/7

四川蓝皮书
四川特色小镇发展报告（2017）
著(编)者：吴志强　2017年11月出版／定价：89.00元
PSN B-2017-670-8/8

体育蓝皮书
上海体育产业发展报告（2017～2018）
著(编)者：张林　黄海燕
2018年10月出版／定价：99.00元
PSN B-2015-454-4/5

体育蓝皮书
长三角地区体育产业发展报（2017～2018）
著(编)者：张林　2018年6月出版／定价：99.00元
PSN B-2015-453-3/5

天津金融蓝皮书
天津金融发展报告（2018）
著(编)者：王爱俭　孔德昌
2018年5月出版／定价：99.00元
PSN B-2014-418-1/1

图们江区域合作蓝皮书
图们江区域合作发展报告（2018）
著(编)者：李铁　2018年6月出版／定价：99.00元
PSN B-2015-464-1/1

温州蓝皮书
2018年温州经济社会形势分析与预测
著(编)者：蒋儒标　王春光　金浩
2018年6月出版／定价：99.00元
PSN B-2008-105-1/1

西咸新区蓝皮书
西咸新区发展报告（2018）
著(编)者：李扬　王军
2018年6月出版／定价：99.00元
PSN B-2016-534-1/1

修武蓝皮书
修武经济社会发展报告（2018）
著(编)者：张占仓　袁凯声
2018年10月出版／定价：99.00元
PSN B-2017-651-1/1

偃师蓝皮书
偃师经济社会发展报告（2018）
著(编)者：张占仓　袁凯声　何武周
2018年7月出版／定价：99.00元
PSN B-2017-627-1/1

扬州蓝皮书
扬州经济社会发展报告（2018）
著(编)者：陈扬
2018年12月出版／定价：108.00元
PSN B-2011-191-1/1

长垣蓝皮书
长垣经济社会发展报告（2018）
著(编)者：张占仓　袁凯声　秦保建
2018年10月出版／定价：99.00元
PSN B-2017-654-1/1

遵义蓝皮书
遵义发展报告（2018）
著(编)者：邓彦　曾征　龚永育
2018年9月出版／定价：99.00元
PSN B-2014-433-1/1

地方发展类-社会

安徽蓝皮书
安徽社会发展报告（2018）
著(编)者：程桦 2018年6月出版 / 估价：99.00元
PSN B-2013-325-1/1

安徽社会建设蓝皮书
安徽社会建设分析报告（2017~2018）
著(编)者：黄家海 蔡宪
2018年11月出版 / 估价：99.00元
PSN B-2013-322-1/1

北京蓝皮书
北京公共服务发展报告（2017~2018）
著(编)者：施昌奎 2018年6月出版 / 估价：99.00元
PSN B-2008-103-7/8

北京蓝皮书
北京社会发展报告（2017~2018）
著(编)者：李伟东
2018年7月出版 / 估价：99.00元
PSN B-2006-055-3/8

北京蓝皮书
北京社会治理发展报告（2017~2018）
著(编)者：殷星辰 2018年7月出版 / 估价：99.00元
PSN B-2014-391-8/8

北京律师蓝皮书
北京律师发展报告No.4（2018）
著(编)者：王隽 2018年12月出版 / 估价：99.00元
PSN B-2011-217-1/1

北京人才蓝皮书
北京人才发展报告（2018）
著(编)者：敏华 2018年12月出版 / 估价：128.00元
PSN B-2011-201-1/1

北京社会心态蓝皮书
北京社会心态分析报告（2017~2018）
北京市社会心理服务促进中心
2018年10月出版 / 估价：99.00元
PSN B-2014-422-1/1

北京社会组织管理蓝皮书
北京社会组织发展与管理（2018）
著(编)者：黄江松
2018年6月出版 / 估价：99.00元
PSN B-2015-446-1/1

北京养老产业蓝皮书
北京居家养老发展报告（2018）
著(编)者：陆杰华 周明明
2018年8月出版 / 估价：99.00元
PSN B-2015-465-1/1

法治蓝皮书
四川依法治省年度报告No.4（2018）
著(编)者：李林 杨天宗 田禾
2018年3月出版 / 定价：118.00元
PSN B-2015-447-2/3

福建妇女发展蓝皮书
福建省妇女发展报告（2018）
著(编)者：刘群英 2018年11月出版 / 估价：99.00元
PSN B-2011-220-1/1

甘肃蓝皮书
甘肃社会发展分析与预测（2018）
著(编)者：安文华 谢增虎 包晓霞
2018年1月出版 / 定价：99.00元
PSN B-2013-313-2/6

广东蓝皮书
广东全面深化改革研究报告（2018）
著(编)者：周екс生 涂成林
2018年12月出版 / 估价：99.00元
PSN B-2015-504-3/3

广东蓝皮书
广东社会工作发展报告（2018）
著(编)者：罗观翠 2018年6月出版 / 估价：99.00元
PSN B-2014-402-2/3

广州蓝皮书
广州青年发展报告（2018）
著(编)者：徐柳 张强
2018年8月出版 / 估价：99.00元
PSN B-2013-352-13/14

广州蓝皮书
广州社会保障发展报告（2018）
著(编)者：张跃国 2018年8月出版 / 估价：99.00元
PSN B-2014-425-14/14

广州蓝皮书
2018年中国广州社会形势分析与预测
著(编)者：张强 郭志勇 何镜清
2018年6月出版 / 估价：99.00元
PSN B-2008-110-5/14

贵州蓝皮书
贵州法治发展报告（2018）
著(编)者：吴大华 2018年5月出版 / 估价：99.00元
PSN B-2012-254-2/10

贵州蓝皮书
贵州人才发展报告（2017）
著(编)者：于杰 吴大华
2018年9月出版 / 估价：99.00元
PSN B-2014-382-3/10

贵州蓝皮书
贵州社会发展报告（2018）
著(编)者：王兴骥 2018年6月出版 / 估价：99.00元
PSN B-2010-166-1/10

杭州蓝皮书
杭州妇女发展报告（2018）
著(编)者：魏颖
2018年10月出版 / 估价：99.00元
PSN B-2014-403-1/1

河北蓝皮书
河北法治发展报告（2018）
著（编）者：康振海　2018年6月出版 / 估价：99.00元
PSN B-2017-622-3/3

河北食品药品安全蓝皮书
河北食品药品安全研究报告（2018）
著（编）者：丁锦霞
2018年10月出版 / 估价：99.00元
PSN B-2015-473-1/1

河南蓝皮书
河南法治发展报告（2018）
著（编）者：张林海　2018年7月出版 / 估价：99.00元
PSN B-2014-376-6/9

河南蓝皮书
2018年河南社会形势分析与预测
著（编）者：牛苏林　2018年5月出版 / 估价：99.00元
PSN B-2005-043-1/9

河南民办教育蓝皮书
河南民办教育发展报告（2018）
著（编）者：胡大白　2018年9月出版 / 估价：99.00元
PSN B-2017-642-1/1

黑龙江蓝皮书
黑龙江社会发展报告（2018）
著（编）者：王爱丽　2018年1月出版 / 定价：89.00元
PSN B-2011-189-1/2

湖南蓝皮书
2018年湖南两型社会与生态文明建设报告
著（编）者：卞鹰　2018年5月出版 / 估价：128.00元
PSN B-2011-208-3/8

湖南蓝皮书
2018年湖南社会发展报告
著（编）者：卞鹰　2018年5月出版 / 估价：128.00元
PSN B-2014-393-5/8

健康城市蓝皮书
北京健康城市建设研究报告（2018）
著（编）者：王鸿春　盛继洪
2018年9月出版 / 估价：99.00元
PSN B-2015-460-1/2

江苏法治蓝皮书
江苏法治发展报告No.6（2017）
著（编）者：蔡道通　龚廷泰
2018年8月出版 / 估价：99.00元
PSN B-2012-290-1/1

江苏蓝皮书
2018年江苏社会发展分析与展望
著（编）者：王庆五　刘旺洪
2018年8月出版 / 估价：128.00元
PSN B-2017-636-2/3

民族教育蓝皮书
中国民族教育发展报告（2017·内蒙古卷）
著（编）者：陈中永
2017年12月出版 / 定价：198.00元
PSN B-2017-669-1/1

南宁蓝皮书
南宁法治发展报告（2018）
著（编）者：杨维超　2018年12月出版 / 估价：99.00元
PSN B-2015-509-1/3

南宁蓝皮书
南宁社会发展报告（2018）
著（编）者：胡建华　2018年10月出版 / 估价：99.00元
PSN B-2016-570-3/3

内蒙古蓝皮书
内蒙古反腐倡廉建设报告 No.2
著（编）者：张志华　2018年6月出版 / 估价：99.00元
PSN B-2013-365-1/1

青海蓝皮书
2018年青海人才发展报告
著（编）者：王宇燕　2018年9月出版 / 估价：99.00元
PSN B-2017-650-2/2

青海生态文明建设蓝皮书
青海生态文明建设报告（2018）
著（编）者：张西明　高华　2018年12月出版 / 估价：99.00元
PSN B-2016-595-1/1

人口与健康蓝皮书
深圳人口与健康发展报告（2018）
著（编）者：陆杰华　傅崇辉
2018年11月出版 / 估价：99.00元
PSN B-2011-228-1/1

山东蓝皮书
山东社会形势分析与预测（2018）
著（编）者：李善峰　2018年6月出版 / 估价：99.00元
PSN B-2014-405-2/5

陕西蓝皮书
陕西社会发展报告（2018）
著（编）者：任宗哲　白宽犁　牛昉
2018年1月出版 / 估价：89.00元
PSN B-2009-136-2/6

上海蓝皮书
上海法治发展报告（2018）
著（编）者：叶必丰　2018年9月出版 / 估价：99.00元
PSN B-2012-296-6/7

上海蓝皮书
上海社会发展报告（2018）
著（编）者：杨雄　周海旺
2018年2月出版 / 定价：89.00元
PSN B-2006-058-2/7

皮书系列 2018全品种　　地方发展类-社会 · 地方发展类-文化

社会建设蓝皮书
2018年北京社会建设分析报告
著(编)者：宋贵伦 冯虹　　2018年9月出版 / 估价：99.00元
PSN B-2010-173-1/1

深圳蓝皮书
深圳法治发展报告（2018）
著(编)者：张晓儒　　2018年6月出版 / 估价：99.00元
PSN B-2015-470-6/7

深圳蓝皮书
深圳劳动关系发展报告（2018）
著(编)者：汤庭芬　　2018年8月出版 / 估价：99.00元
PSN B-2007-097-2/7

深圳蓝皮书
深圳社会治理与发展报告（2018）
著(编)者：张晓儒　　2018年6月出版 / 估价：99.00元
PSN B-2008-113-4/7

生态安全绿皮书
甘肃国家生态安全屏障建设发展报告（2018）
著(编)者：刘举科 喜文华
2018年10月出版 / 估价：99.00元
PSN G-2017-659-1/1

顺义社会建设蓝皮书
北京市顺义区社会建设发展报告（2018）
著(编)者：王学武　　2018年9月出版 / 估价：99.00元
PSN B-2017-658-1/1

四川蓝皮书
四川法治发展报告（2018）
著(编)者：郑泰安　　2018年6月出版 / 估价：99.00元
PSN B-2015-441-5/7

四川蓝皮书
四川社会发展报告（2018）
著(编)者：李羚　　2018年6月出版 / 估价：99.00元
PSN B-2008-127-3/7

四川社会工作与管理蓝皮书
四川省社会工作人力资源发展报告（2017）
著(编)者：边慧敏　　2017年12月出版 / 定价：89.00元
PSN B-2017-683-1/1

云南社会治理蓝皮书
云南社会治理年度报告（2017）
著(编)者：晏雄 韩全芳
2018年5月出版 / 估价：99.00元
PSN B-2017-667-1/1

地方发展类-文化

北京传媒蓝皮书
北京新闻出版广电发展报告（2017~2018）
著(编)者：王志　　2018年11月出版 / 估价：99.00元
PSN B-2016-588-1/1

北京蓝皮书
北京文化发展报告（2017~2018）
著(编)者：李建盛　　2018年5月出版 / 估价：99.00元
PSN B-2007-082-4/8

创意城市蓝皮书
北京文化创意产业发展报告（2018）
著(编)者：郭万超 张京成　　2018年12月出版 / 估价：99.00元
PSN B-2012-263-1/7

创意城市蓝皮书
天津文化创意产业发展报告（2017~2018）
著(编)者：谢思全　　2018年6月出版 / 估价：99.00元
PSN B-2016-536-7/7

创意城市蓝皮书
武汉文化创意产业发展报告（2018）
著(编)者：黄永林 陈汉桥　　2018年12月出版 / 估价：99.00元
PSN B-2013-354-4/7

创意上海蓝皮书
上海文化创意产业发展报告（2017~2018）
著(编)者：王慧敏 王兴全　　2018年8月出版 / 估价：99.00元
PSN B-2016-561-1/1

非物质文化遗产蓝皮书
广州市非物质文化遗产保护发展报告（2018）
著(编)者：宋俊华　　2018年12月出版 / 估价：99.00元
PSN B-2015-589-1/1

甘肃蓝皮书
甘肃文化发展分析与预测（2018）
著(编)者：马廷旭 戚晓萍　　2018年1月出版 / 定价：99.00元
PSN B-2013-314-3/6

甘肃蓝皮书
甘肃舆情分析与预测（2018）
著(编)者：王俊莲 张谦元　　2018年1月出版 / 定价：99.00元
PSN B-2013-315-4/6

广州蓝皮书
中国广州文化发展报告（2018）
著(编)者：屈哨兵 陆志强　　2018年6月出版 / 估价：99.00元
PSN B-2009-134-7/14

广州蓝皮书
广州文化创意产业发展报告（2018）
著(编)者：徐咏虹　　2018年7月出版 / 估价：99.00元
PSN B-2008-111-6/14

海淀蓝皮书
海淀区文化和科技融合发展报告（2018）
著(编)者：陈名杰 孟景伟　　2018年5月出版 / 估价：99.00元
PSN B-2013-329-1/1

地方发展类-文化

皮书系列 2018全品种

河南蓝皮书
河南文化发展报告(2018)
著(编)者：卫绍生　2018年7月出版 / 估价：99.00元
PSN B-2008-106-2/9

湖北文化产业蓝皮书
湖北省文化产业发展报告(2018)
著(编)者：黄晓华　2018年9月出版 / 估价：99.00元
PSN B-2017-656-1/1

湖北文化蓝皮书
湖北文化发展报告(2017~2018)
著(编)者：湖北大学高等人文研究院
　　　　　中华文化发展湖北省协同创新中心
2018年10月出版 / 估价：99.00元
PSN B-2016-566-1/1

江苏蓝皮书
2018年江苏文化发展分析与展望
著(编)者：王庆五　樊和平　2018年9月出版 / 估价：128.00元
PSN B-2012-637-3/3

江西文化蓝皮书
江西非物质文化遗产发展报告(2018)
著(编)者：张圣才　傅安平　2018年12月出版 / 估价：128.00元
PSN B-2015-499-1/1

洛阳蓝皮书
洛阳文化发展报告(2018)
著(编)者：刘福兴　陈启明　2018年7月出版 / 估价：99.00元
PSN B-2015-476-1/1

南京蓝皮书
南京文化发展报告(2018)
著(编)者：中共南京市委宣传部
2018年12月出版 / 估价：99.00元
PSN B-2014-439-1/1

宁波文化蓝皮书
宁波"一人一艺"全民艺术普及发展报告(2017)
著(编)者：张爱琴　2018年11月出版 / 估价：128.00元
PSN B-2017-668-1/1

山东蓝皮书
山东文化发展报告(2018)
著(编)者：涂可国　2018年5月出版 / 估价：99.00元
PSN B-2014-406-3/5

陕西蓝皮书
陕西文化发展报告(2018)
著(编)者：任宗哲　白宽犁　王长寿
2018年1月出版 / 定价：89.00元
PSN B-2009-137-3/6

上海蓝皮书
上海传媒发展报告(2018)
著(编)者：强荧　焦雨虹　2018年2月出版 / 定价：89.00元
PSN B-2012-295-5/7

上海蓝皮书
上海文学发展报告(2018)
著(编)者：陈圣来　2018年6月出版 / 估价：99.00元
PSN B-2012-297-7/7

上海蓝皮书
上海文化发展报告(2018)
著(编)者：荣跃明　2018年6月出版 / 估价：99.00元
PSN B-2006-059-3/7

深圳蓝皮书
深圳文化发展报告(2018)
著(编)者：张骁儒　2018年7月出版 / 估价：99.00元
PSN B-2016-554-7/7

四川蓝皮书
四川文化产业发展报告(2018)
著(编)者：向宝云　张立伟　2018年6月出版 / 估价：99.00元
PSN B-2006-074-1/7

郑州蓝皮书
2018年郑州文化发展报告
著(编)者：王哲　2018年9月出版 / 估价：99.00元
PSN B-2008-107-1/1

社会科学文献出版社　　皮书系列

✤ 皮书起源 ✤

"皮书"起源于十七、十八世纪的英国,主要指官方或社会组织正式发表的重要文件或报告,多以"白皮书"命名。在中国,"皮书"这一概念被社会广泛接受,并被成功运作、发展成为一种全新的出版形态,则源于中国社会科学院社会科学文献出版社。

✤ 皮书定义 ✤

皮书是对中国与世界发展状况和热点问题进行年度监测,以专业的角度、专家的视野和实证研究方法,针对某一领域或区域现状与发展态势展开分析和预测,具备原创性、实证性、专业性、连续性、前沿性、时效性等特点的公开出版物,由一系列权威研究报告组成。

✤ 皮书作者 ✤

皮书系列的作者以中国社会科学院、著名高校、地方社会科学院的研究人员为主,多为国内一流研究机构的权威专家学者,他们的看法和观点代表了学界对中国与世界的现实和未来最高水平的解读与分析。

✤ 皮书荣誉 ✤

皮书系列已成为社会科学文献出版社的著名图书品牌和中国社会科学院的知名学术品牌。2016年,皮书系列正式列入"十三五"国家重点出版规划项目;2013~2018年,重点皮书列入中国社会科学院承担的国家哲学社会科学创新工程项目;2018年,59种院外皮书使用"中国社会科学院创新工程学术出版项目"标识。

中国皮书网

（网址：www.pishu.cn）

发布皮书研创资讯，传播皮书精彩内容
引领皮书出版潮流，打造皮书服务平台

栏目设置

关于皮书：何谓皮书、皮书分类、皮书大事记、皮书荣誉、
皮书出版第一人、皮书编辑部

最新资讯：通知公告、新闻动态、媒体聚焦、网站专题、视频直播、下载专区

皮书研创：皮书规范、皮书选题、皮书出版、皮书研究、研创团队

皮书评奖评价：指标体系、皮书评价、皮书评奖

互动专区：皮书说、社科数托邦、皮书微博、留言板

所获荣誉

2008年、2011年，中国皮书网均在全国新闻出版业网站荣誉评选中获得"最具商业价值网站"称号；

2012年，获得"出版业网站百强"称号。

网库合一

2014年，中国皮书网与皮书数据库端口合一，实现资源共享。

权威报告·一手数据·特色资源

皮书数据库
ANNUAL REPORT(YEARBOOK) DATABASE

当代中国经济与社会发展高端智库平台

所获荣誉

- 2016年,入选"'十三五'国家重点电子出版物出版规划骨干工程"
- 2015年,荣获"搜索中国正能量 点赞2015""创新中国科技创新奖"
- 2013年,荣获"中国出版政府奖·网络出版物奖"提名奖
- 连续多年荣获中国数字出版博览会"数字出版·优秀品牌"奖

成为会员

通过网址www.pishu.com.cn或使用手机扫描二维码进入皮书数据库网站,进行手机号码验证或邮箱验证即可成为皮书数据库会员(建议通过手机号码快速验证注册)。

会员福利

- 使用手机号码首次注册的会员,账号自动充值100元体验金,可直接购买和查看数据库内容(仅限使用手机号码快速注册)。
- 已注册用户购书后可免费获赠100元皮书数据库充值卡。刮开充值卡涂层获取充值密码,登录并进入"会员中心"—"在线充值"—"充值卡充值",充值成功后即可购买和查看数据库内容。

数据库服务热线:400-008-6695　　　　图书销售热线:010-59367070/7028
数据库服务QQ:2475522410　　　　　　图书服务QQ:1265056568
数据库服务邮箱:database@ssap.cn　　　图书服务邮箱:duzhe@ssap.cn

更多信息请登录

皮书数据库
http://www.pishu.com.cn

中国皮书网
http://www.pishu.cn

皮书微博
http://weibo.com/pishu

皮书微信"皮书说"

请到当当、亚马逊、京东或各地书店购买,也可办理邮购

咨询 / 邮购电话:010-59367028　59367070

邮　　箱:duzhe@ssap.cn

邮购地址:北京市西城区北三环中路甲29号院3号楼
　　　　　华龙大厦13层读者服务中心

邮　编:100029

银行户名:社会科学文献出版社

开户银行:中国工商银行北京北太平庄支行

账　号:0200010019200365434